中华传世藏书

【图文珍藏版】

资治通鉴

[北宋]司马光·原著

姜涛·主编

线装书局

资治通鉴第一百一十九卷

宋纪一

【原文】

高祖武皇帝永初元年（庚申，420年）

宋王欲受禅而难于发言，乃集朝臣宴饮，从容言曰："桓玄篡位，鼎命已移。我首唱大义，兴复帝室，南征北伐，平定四海，功成业著，遂荷九锡。今年将衰暮，崇极如此，物忌盛满，非可久安；今欲奉还爵位，归老京师。"群臣惟盛称功德，莫谕其意。日晚，坐散。中书令傅亮还外，乃悟，而宫门已闭，亮叩扉请见，王即开门见之。亮入，但曰："臣暂宜还都。"王解其意，无复他言，直云："须几人自送？"亮曰："数十人可也。"即时奉辞。亮出，已夜，见长星竟天，拊髀叹曰："我常不信天文，今始验矣。"亮至建康，夏，四月，征王入辅。王留子义康为都督豫·司·雍·并四州诸军事、豫州刺史，镇寿阳。义康尚幼，以相国参军南阳刘湛为长史，决府、州事。湛自弱年即有宰物之情，常自比管、葛，博涉书史，不为文章，不喜谈议。王甚重之。

六月，壬戌，王至建康。傅亮讽晋恭帝禅位于宋，具诏草呈帝，使书之。帝欣然操笔，谓左右曰："桓玄之时，晋氏已无天下，重为刘公所延，将二十载；今日之事，本所甘心。"遂书赤纸为诏。

甲子，帝逊于琅邪第，百官拜辞，秘书监徐广流涕哀恸。

丁卯，王为坛于南郊，即皇帝位。

凉公歆欲乘虚袭张掖；宋繇、张体顺切谏，不听。太后尹氏谓歆曰："汝新造之国，地狭民希，自守犹惧不足，何暇伐人！先王临终，殷勤戒汝，深慎用兵，保境宁民，以俟天时。言犹在耳，奈何弃之！蒙逊善用兵，非汝之敌，数年以来，常有兼并之志。汝国虽小，足为善政，修德养民，静以待之。彼若昏暴，民将归汝；若其休明，汝将事之；岂得轻为举动，侥冀非望！以吾观之，非但丧师，殆将亡国！"亦不听。宋繇叹曰："今兹大事去矣！"

歆将步骑三万东出。蒙逊闻之曰："歆已入吾术中；然闻吾旋师，必不敢前。"乃露布西境，云已克浩亹，将进攻黄谷。歆闻之，喜，进入都渎涧。蒙逊引兵击之，战于怀城，歆大败。或劝歆还保酒泉。歆曰："吾违老母之言以取败，不杀此胡，何面目复见我母！"遂勒兵战于蓼泉，为蒙逊所杀。歆弟酒泉太守翻、新城太守预、领羽林右监密、左将军眺、右将军亮西奔敦煌。

蒙逊入酒泉，禁侵掠，士民安堵。以宋繇为吏部郎中，委之选举；凉之旧臣有才望者，咸礼而用之。以其子牧犍为酒泉太守。敦煌太守李恂，翻之弟也，与翻等弃敦煌奔北山。蒙逊以索嗣之子元绪行敦煌太守。

蒙逊还姑臧，见凉太后尹氏而劳之。尹氏曰："李氏为胡所灭，知复何言！"或谓尹氏曰："今母子之命在人掌握，奈何傲之！且国亡子死，曾无忧色，何也？"尹氏曰："存亡死生，皆有天命，奈何更如凡人，为儿女子之悲乎！吾老妇人，国亡家破，岂可复惜余生，为人臣妾乎！惟速死为幸耳。"蒙逊嘉而赦之，娶其女为牧犍妇。

【译文】

宋武帝永初元年（庚申，公元420年）

东晋宋王刘裕希望晋恭帝司马德文能以禅让的形式把帝位传给自己，却难于启齿，于是，他召集手下朝臣饮酒欢宴。在筵席上，刘裕若无其事地说："当年桓玄篡位，晋国大权旁落。是我首先提倡大义，复兴皇帝宗室，南征北讨，平定了天下，可谓大功告成，业绩卓著，于是承蒙皇上恩赐而有九锡之尊。如今我的年纪也快老了，地位又如此尊崇，无以复加，天下的事最忌讳装得太满而盈溢出来，那样就不可以得到长久的安宁了，现在我要将爵位奉还皇上，回到京师颐养天年。"群臣不理解他的真正含意，只是一味盛称他的功德。这日天色已晚，群臣散去。中书令傅亮走出宫门，方才悟出宋王一席话的真实用意，但是宫门已经关闭，傅亮便叩门请求见宋王，宋王即令开门召见他。傅亮入宫，只说："我暂且应该返回京师。"宋王刘裕明白他的用意，不再多说别的，直接问："你需要多少人护送？"傅亮回答说："数十人就足够了。"随即与宋王刘裕辞别。傅亮出宫时已是半夜时分，只见彗星划过夜空，傅亮拍腿叹曰："我过去常常不信天象，今天看来天象开始应验了。"傅

刘裕

亮来到京师建康，当时正值初夏四月，晋恭帝征召刘裕入京辅弼。宋王刘裕让他的儿子刘义康留守，都督豫、司、雍、并四州诸军事，豫州刺史，坐镇寿阳。刘义康年纪还很幼小，刘裕于是任用相国参军南阳人刘湛为长史，帮助决策和处理府、州日常军政事务。刘湛自幼就有做宰辅的远大志向，常常以管仲、诸葛亮自比，他博览书史，却不喜做文章，不爱空发议论，因此刘裕特别器重他的才干。

六月，壬戌（初九），宋王刘裕来到建康。傅亮用委婉的语言暗示晋恭帝将帝位禅让给宋王，并且草拟了退位诏书呈给晋恭帝，让他亲自抄写一遍。晋恭帝欣然提笔，并对左右侍臣说："桓玄之乱的时候，晋朝已失掉天下，后来幸赖刘公才得以延续将近二十年；今日禅位给他，是我甘心所为。"于是将傅亮呈来的草稿作为正式诏书抄写在红纸上。

甲子（六月十一日），晋恭帝司马德文让位，回到了琅邪旧邸，百官叩拜辞别，秘书监徐广痛哭流涕，不胜哀恸。

丁卯（六月十四日），宋王刘裕在南郊设坛，即帝位。

西凉公李歆得到沮渠蒙逊进攻浩亹的消息，便想要乘北凉西部防务空虚，进攻张掖。右长史宋繇、左长史张体顺恳切地劝阻他，李歆不听。李歆的母亲、太后尹氏警告李歆说："你的王国是一个新建的国家，地狭民少，自卫还怕力量不够，哪有余力去讨伐别人！先王临死时，一再叮咛你，对于军事行动千万要慎重，要保境安民，等待良机。言犹在耳，为什么就抛在一边？沮渠蒙逊善于用兵，你不是他的

对手，何况他多年来一直有吞并我们的野心。你的王国虽然很小，但足以施行善政，修德养民，冷静地休养生息以等待时机。沮渠蒙逊如果昏庸暴虐，人民自会归附于你；他如果英明有德政，你应该事奉于他。怎么可以轻举妄动，去讨伐别人，只图侥幸成功。依我看来，你此番举动，不但会全军覆没，还将亡国！"李歆还是不接受。宋繇叹息说："到如此地步，大势去矣！"

李歆率领步、骑兵三万人自都城酒泉向东进发。沮渠蒙逊闻知大喜，说："李歆已经中了我的圈套，但是如果他听说我回军埋伏，一定不敢继续前进。"于是沮渠蒙逊下令在西部边境，遍传攻克浩亹的消息，并扬言大军还要进攻黄谷。李歆得到这个消息，大喜，立即率大军开进都渎涧，沮渠蒙逊率军进攻，两支军队在怀城决战，结果李歆率领的西凉军大败。有人劝李歆退军保卫都城酒泉。李歆说："我违背母亲的教训才遭到如此挫败，不杀掉这个胡蛮，我有何面目再见老母。"于是又率领手下的将士在蓼泉与蒙逊军队展开第二次会战，西凉军大败，李歆被沮渠蒙逊杀掉。李歆的弟弟酒泉太守李翻、新城太守李预、领御林军右监李密、左将军李眺、右将军李亮，向西逃往敦煌。

沮渠蒙逊于是进入酒泉，他严明纪律，禁止士兵抢劫，人民生活安定。沮渠蒙逊任命宋繇为吏部郎中，掌管全国官员的任免和升迁调补。西凉旧有臣僚中有才干和声望的，都以礼对待他们并延聘任官。沮渠蒙逊任命他的儿子沮渠牧犍为酒泉太守。西凉敦煌太守李恂，是李翻的弟弟，这时也与李翻等一道放弃敦煌，逃往北山。沮渠蒙逊任命索嗣的儿子索元绪代理敦煌太守。

沮渠蒙逊返回都城姑臧，见到西凉国尹太后，极尽安抚慰问。尹太后说："李氏家族为胡人所灭，还有什么可说。"有人对尹太后说："而今，你们母子的性命都握在别人手中，怎么可以如此傲慢！况且国家灭亡，儿子被杀，你却连一点忧色都没有，为什么？"尹太后说："存亡生死，都是上天的旨意，为什么要像普通人那样，作小儿女般的悲恸？我已经是个老太婆了，如今国破家亡，怎么可以爱惜余生，为人家臣妾呢！我只求快快死掉，就是万幸了。"沮渠蒙逊嘉许她的言行，赦免了她，并娶她的女儿做自己儿子沮渠牧犍的妻子。

【原文】

二年（辛酉，421年）

河西王蒙逊筑堤壅水以灌敦煌；李恂乞降，不许。恂将宋承等举城降，恂自杀。蒙逊屠其城，获恂弟子宝，囚于姑臧。于是西域诸国皆请诣蒙逊称臣朝贡。

上之为宋公也，谢瞻为宋台中书侍郎，其弟晦为右卫将军。时晦权遇已重，自彭城还都迎家，宾客辐凑，门巷填咽。瞻在家惊骇，谓晦曰："汝名位未多，而人归趣乃尔！吾家素以恬退为业，不愿干豫时事，交游不过亲朋。而汝遂势倾朝野，此岂门户之福邪！"乃以篱隔门庭曰："吾不忍见此。"及还彭城，言于宋公曰："臣本素士，父祖位不过二千石。弟年始三十，志用凡近，荣冠台府，位任显密。福过灾生，其应无远，特乞降黜，以保衰门。"前后屡陈之。晦或以朝廷密事语瞻，瞻故向亲旧陈说，用为戏笑，以绝其言。及上即位，晦以佐命功，位任益重，瞻愈忧惧。是岁，瞻为豫章太守，遇病不疗。临终，遗晦书曰："吾得启体幸全，亦何所恨！弟思自勉励，为国为家。"

【译文】

二年（辛酉，公元421年）

北凉河西王沮渠蒙逊兴筑长堤，采用水攻的方法，把敦煌城围困起来；李恂请求投降，沮渠蒙逊拒绝。李恂手下的大将宋承等再次背叛，举献城池投降了沮渠蒙逊，李恂自杀。沮渠蒙逊下令屠城，生擒了李恂的侄儿李宝，送到姑臧囚禁起来。于是，西域各国纷纷请求归附北凉，自称臣属，遣使朝贡。

刘宋武帝刘裕还是东晋的宋公时，谢瞻为宋国的中书侍郎，他的弟弟谢晦为右卫将军。当时谢晦的权势和地位已经很重，他自彭城回京迎接家属，宾客们从四面八方涌来，车马盈门堵塞巷口。谢瞻在家看到如此情形不胜惊骇，对谢晦说："你的声望和职位并不很高，人们却如此奉承你！我们谢家一向淡泊权利，不愿干预朝政，交游的人不是亲戚便是朋友。而你却权倾朝野，这哪里是家门之福！"于是，他用篱笆把两家门庭隔开说："我不忍心见到这种场面。"等到回到彭城，谢瞻对宋公刘裕说:"我本出身于清贫之家,祖、父的官禄不过二千石,我的弟弟谢晦年方三十,志向平庸,才能不高,却荣居高位,地位格外尊崇,掌理机要。享福太过,灾难必生,应验不远,请求您贬降谢晦的官阶,以保存我们衰微的家门!"此后又多次向刘裕陈请。谢晦有时把朝廷中的机密告诉谢瞻,谢瞻就故意传给亲戚朋友,作为取笑的谈资,目的在于使谢晦闭口。宋公刘裕即位后,谢晦因有辅助开国的功劳,官位更高,责任愈重,谢瞻也为此更加忧惧。这年,谢瞻担任豫章太守,患病不治。临终前,他留一封遗嘱给谢晦,说:"我幸能保全一身,还有什么恨事?你要自思勉励,为国为家。"

【原文】

三年(壬戌,422年)

三月,上不豫,太尉长沙王道怜、司空徐羡之、尚书仆射傅亮、领军将军谢晦、护军将军檀道济并入侍医药。群臣请祈祷神祇,上不许,唯使侍中谢方明以疾告宗庙而已。上性不信奇怪,微时多符瑞,及贵,史官审以所闻,上拒而不答。

檀道济出为镇北将军、南兖州刺史,镇广陵,悉监淮南诸军。

皇太子多狎群小,谢晦言于上曰:"陛下春秋既高,宜思存万世,神器至重,不可使负荷非才。"上曰:"庐陵何如?"晦曰:"臣请观焉。"出造庐陵王义真,义真盛欲与谈,晦不甚答。还曰:"德轻于才,非人主也。"丁未,出义真为都督南豫·豫·雍·司·秦·并六州诸军事、车骑将军、开府仪同三司、南豫州刺史。是后,大州率加都督,多者或至五十州,不可复详载矣。

五月,帝疾甚,召太子诫之曰:"檀道济虽有干略,而无远志,非如兄韶有难御之气也。徐羡之、傅亮,当无异图。谢晦数从征伐,颇识机变,若有同异,必此人也。"又为手诏曰:"后世若有幼主,朝事一委宰相,母后不烦临朝。"司空徐羡之、中书令傅亮、领军将军谢晦、镇北将军檀道济同被顾命。癸亥,帝殂于西殿。帝清简寡欲,严整有法度,被服居处,俭于布素,游宴甚稀,嫔御至少。

太子即皇帝位,年十七,大赦,尊皇太后曰太皇太后,立妃司马氏为皇后。后,晋恭帝女海盐公主也。

魏主服寒食散，频年药发，灾异屡见，颇以自忧。遣中使密问白马公崔浩曰："属者日食赵、代之分。朕疾弥年不愈，恐一旦不讳，诸子并少，将若之何？其为我思身后之计！"浩曰："陛下春秋富盛，行就平愈，必不得已，请陈瞽言。自圣代龙兴，不崇储贰，是以永兴之始，社稷几危。今宜早建东宫，选贤公卿以为师傅，左右信臣以为宾友；入总万机，出抚戎政。如此，则陛下可以优游无为，颐神养寿。万岁之后，国有成主，民有所归，奸宄息望，祸无自生矣。皇子焘年将周星，明睿温和，立子以长，礼之大经，若必待成人然后择之，倒错天伦，则召乱之道也。"魏主复以问南平公长孙嵩。对曰："立长则顺，置贤则人服；焘长且贤，天所命也。"帝从之，立太平王焘为皇太子，使之居正殿临朝，为国副主。以长孙嵩及山阳公奚斤、北新公安同为左辅，坐东厢，西面；崔浩与太尉穆观、散骑常侍代人丘堆为右弼，坐西厢，东面；百官总己以听焉。帝避居西宫，时隐而窥之，听其决断，大悦，谓侍臣曰："嵩宿德旧臣，历事四世，功存社稷；斤辩捷智谋，名闻遐迩；同晓解俗情，明练于事；观达于政要，识吾旨趣；浩博闻强识，精察天人；堆虽无大用，然在公专谨。以此六人辅相太子，吾与汝曹巡行四境，伐叛柔服，足以得志于天下矣。"

【译文】

三年（壬戌，公元422年）

三月，刘宋武帝病重，太尉长沙王刘道怜、司空徐羡之、尚书仆射傅亮、领军将军谢晦、护军将军檀道济一道进宫，侍候刘裕治疗服药。朝中大臣们请求向神灵祈祷，刘裕不许，只派侍中谢方明到宗庙焚香，把病情向祖先报告。刘裕一向不信神怪，当他还是一个平民的时候，曾有许多祥兆，等到后来大贵，史官们向他查证传闻，刘裕都拒而不答。

檀道济出任镇北将军、南兖州刺史，镇守广陵，兼领淮南各路军队。

皇太子刘义符常和一些奸佞小人厮混，谢晦曾对刘宋武帝说："陛下年事已高，应考虑如何使大业万世长存，帝位至关重要，不能交给没有才能的人。"刘裕问道："你看庐陵王刘义真如何？"谢晦说："且容我观察观察！"出宫后即去拜访庐陵王刘义真。刘义真盛情款待谢晦,并想要与他长谈,谢晦支吾其词,不愿答话。回宫对宋武帝刘裕说:"德行低于才能,不是人主呵。"丁未(三月初五),刘裕命刘义真出任都督南豫、豫、雍、司、秦、并六州诸军事及车骑将军、开府仪同三司、南豫州刺史。从此以后,大州州牧官职之上又加都督之职便成定例,有的都督所辖,最多达到五十个州,已无法详细列出。

五月,刘宋武帝病重,他把太子刘义符召到床前,告诫他说:"檀道济虽有才干,精于谋略,却无野心,不像他的哥哥檀道韶,有一种难以驾驭的气质。徐羡之、傅亮,当不会有其他企图。谢晦多次随我南北征战,善于随机应变,将来如果有问题,一定是他。"然后,刘裕又亲笔写下遗诏:"后世如果出现年幼的君主,朝中政事一概委托给宰相,皇太后用不着临朝主政。"司空徐羡之、中书令傅亮、领军将军谢晦、镇北将军檀道济,共同接受遗命。癸亥(二十一日),刘宋武帝刘裕在西殿去世。刘裕生前清心寡欲,生活简朴,起居有常,严整有度。衣服和住所都很朴素,游览欢宴十分稀有,后宫嫔妃极少。

皇太子刘义符即皇帝位,年仅十七岁,下令大赦,尊皇太后萧文寿为太皇太后;封太子妃司马茂英为皇后。司马茂英是晋恭帝的女儿海盐公主。

北魏国主拓跋嗣,服用寒食散,一连几年,药性发作,天上变异与地上灾难也屡屡出现,他自己深感忧虑。于是派宦官秘密询问白马公崔浩说:"最近,赵、代地区多次发生日食,而朕的病又多年不愈,我担心如果我一旦去世,皇子们还都年幼,那该如何是好?请你为我考虑考虑身后的办法。"崔浩回答说:"陛下正值壮年,您的病很快就会痊愈。如果您一定要听听我的意见,那我就说几句不一定合适的话。自从我们魏国创立以来,一向不注重选立储君。所以永兴初年发生的宫廷巨变,国家几乎倾覆。现在我们亟待要做的就是早早建东宫立太子,遴选贤明的公卿做太子的师傅,让您左右亲信的大臣作他的宾客和朋友;让太子在京师时主持朝政,出京时则统率军队安抚百姓,讨伐敌人。如果这样,陛下您就可以身心悠闲,不必亲自处理政事,在宫中颐养天年。陛下百年之后,国家有确定的君主,百姓亦有所归附,奸佞之徒不敢再生其他企图,灾祸也无从出现。皇子拓跋焘,年将十二岁,聪明睿智,性情温和,以长子立为太子,是礼制的最高原则,如果一定要等到他们长大成人,再在他们中间选择太子,那就很可能废长立幼,使天伦倒错,从而招致天下大乱。"北魏国主又就立太子的问题征询南平公长孙嵩的意见。长孙嵩回答说："立长为储君,名正言顺,选贤为太子,则人心信服。拓跋焘既是长子又很贤能,这是上天的旨意。"北魏国主同意他的意见,于是,下诏立太平王拓跋焘为皇太子,并让他坐在正殿,处理朝中大事,作为国家的副主。北魏国主又任命长孙嵩及山阳公奚斤、北新公安同等为左辅官,座位设在东厢,面向西方;命白马公崔浩、太尉穆观、散骑常侍代郡人丘堆为右辅官,座位设在西厢,面向东方,共同辅弼太子。百官则居于左右辅官之下,听候差遣。拓跋嗣则避居西宫,但亦不时悄悄出来,从旁窥视,观察太子和辅臣如何裁断政事。他听后非常高兴,对左右侍臣们说:"长孙嵩是德高望重的老臣,曾经事奉过四代皇帝,功在国家;奚斤足智多谋,能言善辩,远近闻名;安同通晓世情,了解民间疾苦,处事明达干练;穆观深通政务,能领悟我的旨意;崔浩博闻强记,精于观察天象和民情;丘堆虽无大才,但他专心为公,谨慎处世。用这样六个人来辅佐太子,我跟你们只要巡视四方边境,对叛逆加以讨伐,对臣服者加以安抚,就足以称霸天下了。"

【原文】

营阳王景平元年(癸亥,423 年)

庚申,檀道济军于彭城。

魏叔孙建入临淄,所向城邑皆溃。竺夔聚民保东阳城,其不入城者,使各依据山险,芟夷禾稼,魏军至,无所得食。济南太守垣苗帅众依夔。

刁雍见魏主于邺,魏主曰:"叔孙建等入青州,民皆藏避,攻城不下。彼素服卿威信,今遣卿助之。"乃以雍为青州刺史,给雍骑,使行募兵以取青州。魏兵济河向青州者凡六万骑,刁雍募兵得五千人,抚慰士民,皆送租供军。

柔然寇魏边。二月,戊辰,魏筑长城,自赤城西至五原,延袤二千余里,备置戍卒,以备柔然。

魏奚斤、公孙表等共攻虎牢,魏主自邺遣兵助之。毛德祖于城内穴地入七丈,分为六道,出魏围外;募敢死之士四百人,使参军范道基等帅之,从穴中出,掩袭其后。魏军惊扰,斩首数百级,焚其攻具而还。魏兵虽退散,随复更合,攻之益急。

毛德祖出兵与公孙表大战，从朝至晡，杀魏兵数百。会奚斤自许昌还，合击德祖，大破之，亡甲士千余人，复婴城自守。

叔孙建将三万骑逼东阳城，城中文武才一千五百人，竺夔、垣苗悉力固守，时出奇兵击魏，破之。魏步骑绕城列陈十余里，大治攻具；夔作四重堑，魏人填其三重，为橦车以攻城，夔遣人从地道中出，以大麻絙挽之令折。魏人复作长围，进攻逾急。历时浸久，城转堕坏，战士多死伤，余众困乏，旦暮且陷。檀道济至彭城，以司、青二州并急，而所领兵少，不足分赴；青州道近，竺夔兵弱，乃与王仲德兼行先救之。

魏主又遣并州刺史伊楼拔助奚斤攻虎牢；毛德祖随方抗拒，颇杀魏兵，而将士稍零落。

【译文】

宋营阳王景平元年（癸亥，公元423年）

庚申（正月二十二日），刘宋檀道济的大军驻扎在彭城。

北魏叔孙建攻入临淄，他的大军所到，刘宋城池全部崩溃。刘宋青州刺史竺夔召集百姓，于东阳城固守城垣。凡是不愿入城的居民，也令他们分别依据险要的山势，把田野里的庄稼全部割掉，使北魏军来到后，无法就地取得粮食。济南太守垣苗率众投靠了竺夔。

北魏刁雍前往邺城晋见北魏国主拓跋嗣，拓跋嗣说："叔孙建等进入青州地区，老百姓纷纷躲藏，而城又久攻不下。你在青州一向有威信，现在我派你前去助阵。"于是，任命刁雍为青州刺史，拨付给他马匹，命他一路招募士卒来攻取青州。北魏南征军渡过黄河，奔赴青州的骑兵共有六万，刁雍一路募兵又集结五千人，他对境内的绅士平民，竭力安抚慰劳，当地人都愿为刁雍的军队提供粮草。

柔然汗国南下侵略北魏的边境。二月，戊辰（初一），北魏兴筑长城，从赤城往西直到五原，连绵二千余里，同时在边境各要塞配备戍卒，以抵御柔然。

北魏大将奚斤、公孙表等合兵进攻虎牢，北魏国主拓跋嗣从邺城遣兵助战。刘

宋司州刺史毛德祖，在虎牢城内挖掘地道，深达七丈，分为六道，直通魏军的包围圈外。同时又招募敢死勇士四百人，由参军范道基率领，从地道爬出去袭击敌人的后背，北魏军队不胜惊慌。范道基斩杀敌人数百，然后焚毁了敌人攻城的器械，返回城中。北魏兵虽然暂时溃散，很快又集结到一起，更猛烈地进攻。

毛德祖率兵出城与北魏公孙表大战，从早晨到傍晚，斩杀魏兵数百人。正巧奚斤从许昌得胜而回，二人合击毛德祖，毛德祖大败，损失士卒一千多人，只好固守城池坚持守御。

北魏叔孙建率领三万骑兵进逼东阳城，城中文武官兵才一千五百人。竺夔、垣苗全力固守，而且不时出奇兵袭击魏军，击败了北魏的进攻。于是北魏步、骑兵绕城排列，阵地纵深十多里，大规模地兴造攻城武器。竺夔组织挖掘的四道堑濠，魏军填平了三道，并制造橦车撞击城墙。竺夔派人从地道中出击，用粗绳把撞车拉翻，使它摧折。魏军又组成大的包围圈，攻势越发凶猛。时间一久，东阳城城墙纷纷崩溃，战士死伤惨重，剩下的残兵，又困又乏，东阳城陷落在即。这时，刘宋镇北将军檀道济率军抵达彭城，因司州、青州同时告急，所率军队人数太少，不能分兵救援。因距青州的东阳城道路较近，竺夔兵力又弱，檀道济便与徐州刺史王仲德日夜兼程，赶赴东阳城救援。

北魏国主拓跋嗣又派遣并州刺史伊楼拔帮助奚斤进攻虎牢；刘宋守将毛德祖随机应变，顽强抵抗，斩杀很多魏兵，而自己的将士也日渐减少。

宋纪二

【原文】

太祖文皇帝上之上元嘉元年（甲子，424年）

营阳王居丧无礼，好与左右狎昵，游戏无度。特进致仕范泰上封事曰："伏闻陛下时在后园，颇习武备，鼓鞞在宫，声闻于外。黩武掖庭之内，喧哗省闼之间，非徒不足以威四夷，只生远近之怪。陛下践阼，委政宰臣，实同高宗谅暗之美；而更亲狎小人，惧非社稷至计，经世之道也。"不听。泰，宁之子也。南豫州刺史庐陵王义真，警悟爱文义，而性轻易，与太子左卫率谢灵运、员外常侍颜延之、慧琳道人情好款密。尝云："得志之日，以灵运、延之为宰相，慧琳为西豫州都督。"灵运，玄之孙也，性褊傲，不遵法度；朝廷但以文义处之，不以为有实用。灵运自谓才能宜参权要，常怀愤邑。延之，含之曾孙也，嗜酒放纵。

徐羡之等恶义真与灵运等游，义真故吏范晏从容戒之，义真曰："灵运空疏，延之隘薄，魏文帝所谓'古今文人类不护细行'者也；但性情所得，未能忘言于悟赏耳。"于是羡之等以为灵运、延之构扇异同，非毁执政，出灵运为永嘉太守，延之为始安太守。

徐羡之等以南兖州刺史檀道济先朝旧将，威服殿省，且有兵众，乃召道济及江州刺史王弘入朝；五月，皆至建康，以废立之谋告之。

甲申，谢晦以领军府屋败，悉令家人出外，聚将士于府内；又使中书舍人邢安泰、潘盛为内应。夜，邀檀道济同宿，晦悚动不得眠，道济就寝便熟，晦以此服之。

时帝于华林园为列肆，亲自沽卖；又与左右引船为乐，夕，游天渊池，即龙舟而寝。乙酉诘旦，道济引兵居前，羡之等继其后，入自云龙门；安泰等先诫宿卫，莫有御者。帝未兴，军士进杀二侍者，伤帝指，扶出东阁，收玺绶，群臣拜辞，卫送故太子宫。

　　待中程道惠劝羡之等立皇弟南豫州刺史义恭。羡之等以宜都王义隆素有令望，又多符瑞，乃称皇太后令，数帝过恶，废为营阳王，以宜都王纂承大统，赦死罪以下。

　　傅亮帅行台百官奉法驾迎宜都王于江陵。祠部尚书蔡廓至寻阳，遇疾不堪前；亮与之别。廓曰："营阳在吴，宜厚加供奉；一旦不幸，卿诸人有弑主之名，欲立于世，将可得邪！"时亮已与羡之议害营阳王，乃驰信止之，不及。羡之大怒曰："与人共计议，如何旋背即卖恶于人邪！"羡之等又遣使者杀前庐陵王义真于新安。

　　八月，丙申，宜都王至建康，群臣迎拜于新亭。徐羡之问傅亮曰："王可方谁？"亮曰："晋文、景以上人。"羡之曰："必能明我赤心。"亮曰："不然。"

　　癸卯，徐羡之进位司徒，王弘进位司空，傅亮加开府仪同三司，谢晦进号卫将军，檀道济进号征北将军。

【译文】

宋文帝元嘉元年（甲子，公元424年）

　　营阳王刘义符在为其父宋武帝刘裕服丧期间，喜欢与左右侍从亲昵轻佻，嬉戏游乐，不能自我节制。以特进衔退休的范泰呈上一本用皂囊封板的奏章，说："我听说陛下常常在后花园习武练功，鼓鞞虽在宫中，鼓声却远传宫外，在禁宫深院，打闹砍杀，又在朝廷各部公堂之间，喧哗嘶喊。如此，则不但不能威服四方夷族，而只能使远近各邦觉得怪诞不经。陛下即位以来，把政务都交给了宰相大臣，实际上同商朝的高宗武丁一样，有着服丧期间闭口不言的美誉。想不到您却与小人亲近，恐怕这不是治理国家的好办法和维持世风的好策略。"刘义符没有理会范泰的劝告。范泰是范宁的儿子。

　　刘宋南豫州刺史庐陵王刘义真，聪睿敏捷，喜爱文学，但是性情轻浮，常与太子左卫率谢灵运、员外常侍颜延之以及慧琳道人等情投意合,过从甚密。刘义真曾经说:"有朝一日我当上皇帝,就任命谢灵运、颜延之任宰相,慧琳道人为西豫州都督。"谢灵运是谢玄的孙子,性情傲慢偏激,不遵守法令及世俗的约束。当时朝廷只把他放在文学侍从之臣的位置上,却不认为他有从事实际工作的才干。而谢灵运却自认为他的才能应该参与朝廷机要,因而常常愤愤不平。颜延之是颜含的曾孙,喜爱饮酒,放荡不羁。

司空徐羡之等对刘义真与谢灵运的交游,十分厌恶。刘义真的旧部范晏曾婉言规劝刘义真,刘义真说:"谢灵运思想空疏不切实际,颜延之心胸狭窄,见识浅薄,正如魏文帝曹丕所说的,'古今文人,多不拘小节'呀!然而,我们几人性情相投,不能像古人说的互相理解而忘了言语那样。"于是,徐羡之等认为谢灵运、颜延之挑拨是非,离间亲王与朝廷的关系,诽谤朝廷要臣,贬谢灵运为永嘉太守,颜延之为始安太守。

刘宋司空徐羡之等因南兖州刺史檀道济是刘宋武帝时代的大将,威望震慑朝廷内外,而且掌握强大的军队,于是,便征召檀道济及江州刺史王弘入朝。五月,二人先后抵达京师建康,徐羡之等就把废立皇帝的计划告诉了他们。

甲申(四月二十四日),领军将军谢晦声称:领军将军府第破败,于是将家人全部迁到别的地方,而在府中聚集了将士,又派中书舍人邢安泰、潘盛为内应。这天夜里,谢晦邀请檀道济同居一室,谢晦又紧张又激动,不能合眼,檀道济却倒头便睡,十分酣畅,谢晦不由得大为敬服。

当时,少帝刘义符在皇家华林园造了一排商店,亲自买入卖出,讨价还价;又跟左右佞臣一起,划船取乐。傍晚,刘义符又率左右游逛天渊池,夜里就睡在龙舟上。乙酉(四月二十五日)凌晨,檀道济引兵开路,徐羡之等随后继进,从云龙门入宫。邢安泰等已先行说服了皇家禁卫军,所以没有人出来阻挡。刘义符还没有起床,军士已经闯入,杀掉刘义符的两个侍从,砍伤刘义符的手指,将刘义符扶持出东阁,收缴了皇帝的玉玺和绶带。文武百官向他叩拜辞行,由军士把刘义符送回到他的故居太子宫。

侍中程道惠劝徐羡之等人拥立皇弟、南豫州刺史刘义恭。徐羡之等却认为宜都王刘义隆一向有很高的声望,又多有祥瑞之兆出现,于是,就宣称奉皇太后张氏之命，列举刘义符过失罪恶，废为营阳王，而由宜都王刘义隆继承皇帝之位，赦免死罪以下人犯。

刘宋尚书令傅亮率领行台的文武百官，携带皇帝专用的法驾，前往江陵迎接宜都王刘义隆。随行的祠部尚书蔡廓走到寻阳，患病不能继续前进。傅亮与蔡廓辞别时，蔡廓说："如今营阳王刘义符在吴郡，朝廷的供奉应十分优厚。万一发生不幸，你们几人有弑君之罪名，到那时候，仍想活在世上就难了！"当时，傅亮已经与徐羡之商量好，决定谋害营阳王刘义符，听了蔡廓这番话后，便急忙写信给徐羡之，阻止这次行动，但已来不及。徐羡之大怒，说："与人共同商议的计划，怎么能够转过身就改变主意，而把恶名加给别人呢！"徐羡之等又派人杀死了流放在新安的庐陵王刘义真。

八月，丙申（初八），宜都王刘义隆抵达京师建康，朝廷文武百官都赶赴新亭迎接叩拜。徐羡之问傅亮说："宜都王可以比历史上的谁？"傅亮说："比晋文帝、景帝还要高明。"徐羡之说："他一定明白我们的一片忠心。"傅亮说："不是这样。"

癸卯（八月十五日），宋文帝刘义隆下诏，擢升司空徐羡之为司徒，王弘晋升为司空，傅亮加授开府仪同三司，谢晦则加授卫将军，檀道济进号征北将军。

【原文】

二年（乙丑，425年）

春，正月，徐羡之、傅亮上表归政；表三上，帝乃许之。丙寅，始亲万机。羡之仍逊位还第；徐佩之、程道惠及吴兴太守王韶之等并谓非宜，敦劝甚苦；乃复奉诏视事。

癸卯，魏主大伐柔然，五道并进：长孙翰等从东道，出黑漠，廷尉卿长孙道生等出白、黑二漠之间，魏主从中道，东平公娥清出栗园，奚斤等从西道，出尔寒山。诸军至漠南，舍辎重，轻骑，赍十五日粮，度漠击之。柔然部落大惊，绝迹北走。

初，会稽孔宁子为帝镇西咨议参军，及即位，以宁子为步兵校尉；与侍中王华并有富贵之愿，疾徐羡之、傅亮专权，日夜构之于帝。

会谢晦二女当适彭城王义康、新野侯义宾，遣其妻曹氏及长子世休送女至建康。帝欲诛羡之、亮，并发兵讨晦，声言当伐魏，又言拜京陵，治行装舰。

亮与晦书曰："薄伐河朔，事犹未已，朝野之虑，忧惧者多。"又言"朝士多谏北征，上当遣外监万幼宗往相咨访。"时朝廷处分异常，其谋颇泄。

【译文】

二年（乙丑，公元425年）

春季，正月，刘宋司徒徐羡之、尚书令傅亮上书刘宋文帝，请求文帝亲自主持朝政，归还政权，一连上奏了三次，文帝才批准。丙寅（初十），文帝开始亲自处理朝廷政务。徐羡之于是辞职返回私宅。徐佩之、侍中程道惠、吴兴太守王韶之等都认为徐羡之此举不合适，苦苦规劝敦促徐羡之返回朝廷。徐羡之于是接受诏书，当朝视事。

癸卯（二十一日），北魏国主拓跋焘大规模讨伐柔然汗国，五路兵马，同时并进。司徒长孙翰等从东路，出兵黑漠；廷尉卿长孙道生等出兵白漠、黑漠之间；拓跋焘亲自率军，从中道直入；东平公娥清出兵栗园；奚斤等从西道，出兵尔寒山。几路军队到达漠南以后，舍弃辎重，改作轻骑兵，每人带十五天的干粮，深入大漠攻击。柔然各部落大吃一惊，全部撤退，向北逃窜。

最初，刘宋会稽人孔宁子为刘义隆镇西咨议参军。刘义隆即位以后，任命孔宁子为步兵校尉。孔宁子与侍中王华都有追求荣华富贵的强烈愿望，对徐羡之、傅亮等专揽大权深怀不满。于是，他们日夜在刘义隆面前，捏造罪状，陷害徐、傅二人。

正巧，谢晦的两个女儿将分别嫁给彭城王刘义康、新野侯刘义宾，所以，谢晦派他的妻子曹氏和长子谢世休送女儿抵达建康。文帝打算诛杀徐羡之、傅亮，并准备发兵讨伐谢晦。于是，他宣称要征伐北魏，又声称到京口的兴宁陵祭拜祖母孝懿皇后，整治行装，放到战舰上。

傅亮写信给谢晦说："目前，朝廷就要动员讨伐黄河以北，事情并不到此为止。

朝廷内外的官吏和百姓，对此多深感忧虑和恐惧。"又写道："朝中多数官员都劝阻皇上北征，皇上将要派遣外监万幼宗去荆州听取你的意见。"当时朝廷的举动不同寻常，文帝的清洗计划有些泄漏。

【原文】

三年（丙寅，426年）

帝以王弘、檀道济始不预废弑之谋，弘弟昙首又为帝所亲委，事将发，密使报弘，且召道济，欲使讨晦。王华等皆以为不可，帝曰："道济止于胁从，本非创谋，杀害之事，又所不关；吾抚而使之，必将无虑。"乙丑，道济至建康。

丙寅，下诏暴羡之、亮、晦杀营阳、庐陵王之罪，命有司诛之，且曰："晦据有上流，或不即罪，朕当亲帅六师为其过防。可遣中领军到彦之即日电发，征北将军檀道济骆驿继路，符卫军府州，以时收翦，已命雍州刺史刘粹等断其走伏。罪止元凶，余无所问。"

是日，诏召羡之、亮。羡之行至西明门外，谢晹正直，遣报亮云："殿内有异处分。"亮辞以嫂病暂还，遣使报羡之，羡之还西州，乘内人问讯车出郭，步走至新林，入陶灶中自经死。亮乘车出郭门，乘马奔兄迪墓，屯骑校尉郭泓收之。至广莫门，上遣中书舍人以诏书示亮，并谓曰："以公江陵之诚，当使诸子无恙。"亮读诏书讫，曰："亮受先帝布衣之眷，遂蒙顾托。黜昏立明，社稷之计也。欲加之罪，其无辞乎！"于是诛亮而徙其妻子于建安；诛羡之二子，而宥其兄子佩之。又诛晦子世休，收系谢晹。

帝将讨谢晦，问策于檀道济，对曰："臣昔与晦同从北征，入关十策，晦有其九，才略明练，殆为少敌。然未尝孤军决胜，戎事恐非其长。臣悉晦智，晦悉臣勇。今奉王命以讨之，可未陈而擒也。"丁卯，征王弘为侍中、司徒、录尚书事、扬州刺史，以彭城王义康为都督荆·湘等八州诸军事、荆州刺史。

乐冏复遣使告谢晦以徐、傅及晹等已诛。晦先举羡之、亮哀，次发子弟凶问，既而自出射堂勒兵。晦从高祖征讨，指麾处分，莫不曲尽其宜，数日间，四远投集，得精兵三万人。乃奉表称羡之、亮等忠贞，横被冤酷。且言："臣等若志欲执权,不专为国,初废营阳,陛下在远,武皇之子尚有童劝,拥以号令,谁敢非之!岂得溯流三千里,虚馆七旬,仰望鸾旗者哉!故庐陵王,于营阳之世积怨犯上,自贻非命。不有所废,将何以兴!耿弇不以贼遗君、父,臣亦何负于宋室邪!此皆王弘、王昙首、王华险躁猜忌,谗构成祸。今当举兵以除君侧之恶。"

帝下诏戒严,大赦,诸军相次进路以讨谢晦。晦以弟遁为竟陵内史,将万人总留任,帅众二万发江陵,列舟舰自江津至于破冢,旌旗蔽日。叹曰:"恨不得以此为勤王之师。"

谢晦自江陵东下,何承天留府不从。晦至江口,到彦之已至彭城洲。庾登之据巴陵,畏懦不敢进,会霖雨连日,参军刘和之曰:"彼此共有雨耳;檀征北寻至,东军方强,惟宜速战。"登之悝怯,使小将陈祐作大囊,贮茅悬于帆樯,云可以焚舰,用火宜须晴,以缓战期。晦然之,停军十五日。乃使中兵参军孔延秀攻将军萧欣于彭城洲,破之。又攻洲口栅,陷之。诸将咸欲退还夏口,到彦之不可,乃保隐圻。晦又上表自讼,且自矜其捷,曰:"陛下若枭四凶于庙庭,悬三监于绛阙,臣便勒众旋旗,还保所任。"

【译文】

三年(丙寅,公元426年)

刘宋文帝认为王弘、檀道济在开始并没有参与废弑刘义真、刘义符的阴谋,王弘的弟弟王昙首又是刘宋文帝亲近信任的心腹。所以,在开始行动之前,刘义隆秘密派人告诉王弘,并且召见檀道济,打算派檀道济去讨伐谢晦。王华等刘义隆身边的大臣都坚决反对。刘义隆说:"檀道济当初只不过是被胁迫而随从徐羡之等行事,本不是他主动提出,而谋杀的事,更与他没有关系。我安抚并使用他,不必有其他顾虑。"乙丑(正月十五日),檀道济抵达建康。

丙寅(正月十六日),刘宋文帝下诏公布徐羡之、傅亮、谢晦杀害营阳王刘义符、庐陵王刘义真的罪状,命有关部门逮捕诛杀,并且说:"谢晦据守长江上游,可能不会立即伏法。朕将亲自统率朝廷的大军前往讨伐。可派中领军到彦之即日开始急速出发,征北将军檀道济陆续出发为后继。符卫军府及荆州官属,应及时逮捕并诛杀谢晦。已命雍州刺史刘粹等截击,切断其逃跑或潜伏的道路。罪犯只限谢晦一人,其他胁从者一律不加追究。"

这天,文帝下诏召见徐羡之、傅亮。徐羡之走到建康城西明门外,谢㬫正在值班,派人飞报傅亮说:"殿内举动异常!"傅亮马上借口嫂嫂生病,暂时回家,派人通知徐羡之,徐羡之回到西城,乘坐宫廷内部人出差的车逃出建康城,又步行走到新林,在一个烧陶器的窑里,自缢身死。傅亮乘车逃出建康城,再乘马奔其兄傅迪的墓园,屯骑校尉郭泓将他逮捕。到建康城北门广莫门,文帝刘义隆派中书舍人拿诏书给傅亮看,对他说:"因你当初在江陵迎驾时,态度至为诚恳,所以饶恕你的儿子们不死。"傅亮读过诏书说:"我出身平民,蒙先帝垂爱,赋予托孤大任。废黜昏君,迎立明主,全是为国家百年大计。要想把罪过强加在我身上,还怕没有借口吗?"于是,傅亮被杀,他的妻室和子女被放逐到建安。又斩杀了徐羡之的两个儿子,而饶恕了他的侄儿徐佩之。诛杀了谢晦的儿子谢世休,逮捕谢㬫。

刘宋文帝将要讨伐谢晦,向檀道济询问策略,檀道济说:"我当年与谢晦一同北伐,当时得以入关的十项计策,有九项是由谢晦提出的。谢晦才略精明老练,大约很少有敌手。但他从没有单独带领部队打过胜仗,战场上的军事行动,恐怕不是他所擅长的。我了解谢晦的才智,谢晦也了解我的勇敢。今天我奉皇帝的命令来讨伐他,可以在他没有摆开阵势以前,就把他擒获。"丁卯(十七日),宋文帝召见王弘,并任命他为侍中、司徒、录尚书事和扬州刺史;任命彭城王刘义康为都督荆、湘等八州诸军事和荆州刺史。

辅国府中兵参军乐冏,再派人报告谢晦,说徐羡之、傅亮、谢㬫等已被杀。于是,谢晦先为徐羡之、傅亮举行祭礼,又为弟弟及儿子发布死讯。然后亲自走出虎帐统率军队。谢晦当年随刘宋武帝南征北讨,经验丰富,所以发号施令,指挥调动,莫不切实妥当,几天之间,人们从四面八方投奔谢晦,很快就聚集了精兵三万人。于是,谢晦上表,盛赞徐羡之、傅亮等都是忠贞之臣,却遭受横暴的冤杀。又说:"我们这些人如果想长久地把握权柄,不一心为国家着想,我们当初在废黜营阳王时,陛下您远在荆州,武皇帝的儿子中还有幼童,我们完全可以拥戴小皇帝,发号施令,谁敢说个不字!怎么会逆流而上三千里,虚位七十多天,去迎接陛下的鸾旗!已故的庐陵王刘义真,在营阳王在位的时候,就曾积恨,冒犯皇上,是他自己死于非命。不有所废黜,怎么会有兴起!耿弇不曾把贼寇遗留给君王,我又有什么地方辜负了宋皇室呢!这都是因为王弘、王昙首、王华一伙阴险、狂暴,多所猜忌和挑拨离间造成的灾祸。现在,我要发动大军,以清除陛下身边的邪恶之徒。"

文帝下诏戒严,实行大赦,各路军队依次出发,讨伐谢晦。谢晦任命他的弟弟谢遁为竟陵内史,率领一万人留守江陵。他自己则亲自率兵二万人从江陵出发,他指挥的战舰,从江津一直排列到破冢,旌旗招展,遮天蔽日,谢晦长叹一声,说:"真恨不得这是一支保护皇家的大军!"

谢晦从江陵东下,何承天留守江陵没有随从。谢晦抵达西江口,到彦之的军队已开进彭城洲。庾登之据守巴陵,胆怯畏缩,不敢前进。当时正值大雨连绵,数日不停,参军刘和之警告庾登之说:"我们遇雨,敌人也遇雨,征北将军檀道济的大军不久就要到了,官军实力正强,我们应该速战速决才好。"庾登之还是畏惧不敢战,却令手下的小军官陈祐,制造了一个大型口袋,装满茅草悬挂在桅杆之上,声称可以用来焚毁敌人的舰船。用火攻必须等到天晴,他用这个办法,延缓会战的日期。谢晦却同意了庾登之的做法,逗留了十五日,才派中兵参军孔延秀进攻驻扎在彭城洲的将军萧欣,大败萧欣的军队,又进攻彭城洲口官军营垒阵地,一举攻克。官军的大小将领都主张退走,据守夏口,到彦之反对,于是退守隐圻。谢晦又上疏为自己辩护,并且十分骄傲地夸耀自己在军事上的胜利,说:"陛下如果把'四凶'斩首,把'三监'的人头悬挂在宫墙上,我就立刻停止进攻,回转旌旗,折返我的任所。"

【原文】

四年(丁卯,427年)

乙卯,帝如丹徒;己巳,谒京陵。初,高祖既贵,命藏微时耕具以示子孙。帝至故宫,见之,有惭色。近侍或进曰:"大舜躬耕历山,伯禹亲事水土。陛下不睹遗物,安知先帝之至德,稼穑之艰难乎!"

魏主至拔邻山,筑城,舍辎重,以轻骑三万倍道先行。群臣咸谏曰:"统万城坚,非朝夕可拔。今轻军讨之,进不可克,退无所资,不若与步兵、攻具一时俱往。"帝曰："用兵之术，攻城最下；必不得已，然后用之。今以步兵、攻具皆进，彼必惧而坚守。若攻不时拔，食尽兵疲，外无所掠，进退无地。不如以轻骑直抵其城，彼见步兵未至，意必宽弛；吾赢形以诱之，彼或出战，则成擒矣。所以然者，吾之军士去家二千余里，又隔大河，所谓'置之死地而后生'者也。故以之攻城则不足，决战则有余矣。"遂行。

魏主至统万，分军伏于深谷，以少众至城下。夏将狄子玉降魏，言："夏主闻有魏师，遣使召平原公定，定曰：'统万坚峻，未易攻拔。待我擒奚斤，然后徐往，内外击之，蔑不济矣。'故夏主坚守以待之。"魏主患之，乃退军以示弱，遣娥清及永昌王健帅骑五千西掠居民。

魏军士有得罪亡奔夏者，言魏军粮尽，士卒食菜，辎重在后，步兵未至，宜急击之。夏主从之，甲辰，将步骑三万出城。长孙翰等皆言："夏兵步陈难陷，宜避其锋。"魏主曰："吾远来求贼，惟恐不出。今既出矣，乃避而不击，彼奋我弱，非计也。"遂收众伪遁，引而疲之。

魏人乘胜逐夏主至城北，杀夏主之弟河南公满及兄子蒙逊，死者万余人。夏主不及入城，遂奔上邽。魏主微服逐奔者，入其城；拓跋齐固谏，不听。夏人觉之，诸门悉闭；魏主因与齐等入其宫中，得妇人裙，系之槊上，魏主乘之而上，仅乃得免。会日暮，夏尚书仆射问至奉夏主之母出走，长孙翰将八千骑追夏主至高平，不及而还。

【译文】

四年（丁卯，公元427年）

乙卯（二月十一日），刘宋文帝前往丹徒。己巳（二十五日），祭拜京陵。最初，刘宋武帝在富贵之后，下令把他幼年贫穷微贱时所用耕田农具收藏起来，以展示给子孙。文帝抵达故宫，看到他父亲早年用过那些耕具，深感惭愧。他身边侍臣中有人进言说："当年大舜亲自在历山耕田种地，大禹也曾亲自治理水土。陛下不看到这些遗物，怎么能够知道先帝崇高的仁德和耕种的艰难呢！"

北魏国主拓跋焘抵达拔邻山，在那里兴筑城堡，留下辎重，然后率领轻骑兵三

位于今陕西榆林的统万城遗址

万人,加速先行进发。朝中随行的文武官员都劝阻他说:"统万城十分坚固,不是一日之内就可以攻克的。如今您率领轻装部队去讨伐,恐怕不能一时攻破,想要退回又没有粮饷及其他军用物资,不如与步兵一道,携带攻城械具进攻统万。"拓跋焘说:"用兵的策略,攻城是最下策;非到万不得已,不可使用。现在我们如果以步兵携攻城械具一起开进,敌人见状,一定会恐惧并坚守城池。如果我们不能按时攻下,粮食吃完,兵士疲劳,城外又没什么可以抢夺的,那时我们就会进退不得,陷入窘境。不如先用骑兵长驱直抵统万城下,敌人见到我们的步兵没有来,一定不太在意。我们再故意装出羸弱不堪的样子,引诱他们出击,他们如果出城迎战,就会被我们生擒。所以这样的原因,是因为我们的将士离家二千余里,又隔着一条黄河,这就是所谓'置之死地而后生'啊!三万人的轻骑兵,攻城自然不够,但用来决战,还绰绰有余。"于是大军启程。

　　北魏国主拓跋焘抵达统万,大军分别埋伏在深谷之中,只派少数部队来到城下。夏国的大将狄子玉投降了北魏,他向拓跋焘报告说:"夏王赫连昌听说北魏大军将到,就派人征召平原公赫连定回军,赫连定说:'统万城坚固险峻,不容易攻破,等我生擒奚斤然后再赶赴统万,内外夹击北魏大军,没有不成功的道理。'所以夏王赫连昌专心守城,等待赫连定。"拓跋焘听到这席话,十分忧虑。于是命令军队撤退，显示懦弱。又派遣娥清和永昌王拓跋健率领骑兵五千人向西大肆劫掠居民。

北魏军中的士卒有人因犯罪逃走，投降了夏军，他向夏国报告说："魏军的粮草已经用尽，军中士卒每天只吃菜，而辎重补给还在后方，步兵也尚未到达，应当乘机急速地袭击他们。"赫连昌同意。甲辰（六月初二），赫连昌亲自统率步、骑兵共三万人出城。北魏的大臣司徒长孙翰等人都说："夏国的骑、步兵的阵势难以攻破，我们应该避开他的锋锐。"拓跋焘说："我们远道而来，就是要引诱敌人出城，唯恐他们不出。现在他们既然出城了，我们却避而不打，只能使敌人士气旺盛，我们却被削弱，这不是用兵的好计策！"于是，命令部队集结假装逃走，引诱敌人追赶，使他们疲惫。

北魏国部队乘胜把夏国残兵追到统万城北，杀死了夏王赫连昌的弟弟河南公赫连满和侄儿赫连蒙逊，杀死士卒一万多人。夏王赫连昌来不及跑进城去，于是便逃奔上邽。北魏国主拓跋焘换上士兵的服装追赶逃跑的敌人，并进入了统万城。拓跋齐苦苦劝阻，拓跋焘坚决不听。后来夏国人发觉了这件事，把几个城门都关了起来。拓跋焘于是与拓跋齐等人混进内宫之中，弄到了几件女人穿的裙子，用它当绳索，绑在铁槊上，拓跋焘借此爬上城墙，逃出城外，才免于被擒。等到了黄昏的时候，夏国的尚书仆射问至保护着赫连昌的母亲逃出城外。北魏司徒长孙翰率领八百骑兵追赶夏王赫连昌，一直追到高平，没有追上，便回来了。

宋纪三

【原文】

太祖文皇帝上之中元嘉五年（戊辰，428年）

荆州刺史、彭城王义康，性聪察，在州职事修治。左光禄大夫范泰谓司徒王弘曰："天下事重，权要难居。卿兄弟盛满，当深存降挹。彭城王，帝之次弟，宜征还入朝，共参朝政。"弘纳其言。时大旱、疾疫，弘上表引咎逊位，帝不许。

河西王蒙逊因秦丧，伐秦西平，西平太守麹承谓之曰："殿下若先取乐都，则西平必为殿下之有；苟望风请服，亦明主之所疾也。"蒙逊乃释西平，攻乐都。相国元基帅骑三千救乐都，甫入城，而河西兵至，攻其外城，克之；绝其水道，城中饥渴，死者太半。东羌乞提从元基救乐都，阴与河西通谋，下绳引内其兵，登城者百余人，鼓噪烧门；元基帅左右奋击，河西兵乃退。

初，文昭王疾病，谓暮末曰："吾死之后，汝能保境则善矣。沮渠成都为蒙逊所亲重，汝宜归之。"至是，暮末遣使诣蒙逊，许归成都以求和。蒙逊引兵还，遣使入秦吊祭。暮末厚资送成都，遣将军王伐送之。蒙逊犹疑之，使恢武将军沮渠奇珍伏兵于扪天岭，执伐并骑士三百人以归。既而遣尚书郎王杼送伐还秦，并遗暮末马千匹及锦罽银缯。秋，七月，暮末遣记室郎中马艾如河西报聘。秘书监谢灵运，自以名辈才能，应参时政；上唯接以文义，每侍宴谈赏而已。王昙首、王华、殷景仁，名位素出灵运下，并见任遇，灵运意甚不平，多称疾不朝直；或出郭游行，且二百里，经旬不归，既无表闻，又不请急。上不欲伤大臣意，讽令自解。灵运乃上表陈疾，上赐假，令还会稽；而灵运游饮自若，为法司所纠，坐免官。

【译文】

宋文帝元嘉五年（戊辰，公元 428 年）

刘宋荆州刺史、彭城王刘义康，生性聪明，详察下情，他在荆州，凡是职权范围内的事都办得很好。刘宋左光禄大夫范泰对司徒王弘说："国家大事，责任很重，权要的地位，也很难久居。"你们兄弟的权力和地位，已经达到了顶峰，应该深深地想到要谦虚谨慎。彭城王刘义康是皇上的二弟，最好征召他回京，共同参与处理朝廷大事。"王弘接受了范泰的劝告。当时，刘宋境内正遭受严重的旱灾，瘟疫流行，王弘上疏引咎自责，请求解除自己的职务，宋文帝刘义隆没有批准。

北凉河西王沮渠蒙逊利用乞伏炽磐去世的机会，进攻西秦所属的西平，西平太守麴承，对前来攻城的沮渠蒙逊说："殿下如果能够先攻取乐都，那么西平一定会归附殿下。假如我望风而降，英明君主也看不起这样的守将。"沮渠蒙逊于是放弃西平，改变方向去进攻乐都。西秦的相国乞伏元基率领骑兵三千人救援乐都。乞伏元基的援兵刚刚进城，沮渠蒙逊的大军也开到了城下，开始攻击，很快就攻陷了乐都外城；切断了乐都城的水源，城中有一半以上的人死于饥渴。东羌部落酋长乞提本来跟随乞伏元基救援乐都，却暗中与城外的北凉军队勾结，从城上抛下绳索，从内部牵引北凉士卒登城，很快登城的北凉军士达百余人，他们大声呐喊，纵火焚烧城门，乞伏元基率领左右亲军奋力抗击，北凉的军队才被打退。

最初，文昭王乞伏炽磐重病时，曾对太子乞伏暮末说："我死以后，你能够保住国土不失，就已经不错了。沮渠成都一向得到沮渠蒙逊的信任和重用，你应该把他送回国去。"这时，乞伏暮末遣使来到沮渠蒙逊的营中，答应归还沮渠成都，请求和解。沮渠蒙逊接受了西秦的建议，撤军回国，随即又派遣使臣赴西秦吊丧。乞伏暮末用厚重的礼物，送沮渠成都回国，并派将军王伐护送。沮渠蒙逊对西秦的做法仍深怀疑虑，就派恢武将军沮渠奇珍，在扪天岭设下埋伏，擒获王伐及其三百骑兵回国。不久，又派尚书郎王杼护送王伐返回了西秦，并送给乞伏暮末战马一千匹以及其他锦缎绫罗。秋季，七月，乞伏暮末派遣记室郎中马艾前往北凉回聘。

刘宋秘书监谢灵运，自以为他的才能、名望和辈分，都足以有资格参与朝政。

可是刘宋文帝只看重他的文才，只是常常让他参加宴会，跟他谈论和欣赏诗文而已。王昙首、王华、殷景仁的名望和地位，一向居于谢灵运之下，他们都得到了重用，并被委以国家机要大事，谢灵运因此愤愤不平，经常声称有病，不参加朝会；有时出城游玩旅行，走出二百里，十余日也不回来，既不上疏奏报，也从不请假。刘宋文帝不愿伤害大臣的面子，婉转地让他自己辞职。谢灵运于是上书，声称自己有病。刘义隆批准他休假，让他返回会稽养病。谢灵运回会稽后，仍然游乐欢宴，被法司纠举，于是被免除了官职。

【原文】

六年（己巳，429年）

春，正月，王弘上表乞解州、录，以授彭城王义康，帝优诏不许。癸丑，以义康为侍中、都督扬·南徐·兖三州诸军事、司徒、录尚书事、领南徐州刺史。弘与义康二府并置佐领兵，共辅朝政。弘既多疾，且欲委远大权，每事推让义康；由是义康专总内外之务。

又以抚军将军江夏王义恭为都督荆·湘等八州诸军事、荆州刺史，以侍中刘湛为南蛮校尉，行府州事。帝与义恭书，诫之曰："天下艰难，家国事重，虽曰守成，实亦未易。隆替安危，在吾曹耳，岂可不感寻王业，大惧负荷！

汝性褊急，志之所滞，其欲必行；意所不存，从物回改；此最弊事，宜念裁抑。卫青遇士大夫以礼，与小人有恩；西门、安于，矫性齐美；关羽、张飞，任偏同弊；行己举事，深宜鉴此！

若事异今日，嗣子幼蒙，司徒当周公之事，汝不可不尽祗顺之理。尔时天下安危，决汝二人耳。

汝一月自用钱不可过三十万，若能省此，益美。西楚府舍，略所谙究，计当不须改作，日求新异。凡讯狱多决当时，难可逆虑，此实为难；至讯日，虚怀博尽，慎无以喜怒加人。能择善者而从之，美自归己；不可专意自决，以矜独断之明也！

名器深宜慎惜，不可妄以假人；昵近爵赐，尤应裁量。吾于左右虽为少恩，如闻外论不以为非也。

以贵凌物，物不服；以威加人，人不厌；此易达事耳。

声乐嬉游，不宜令过；蒲酒渔猎，一切勿为。供用奉身，皆有节度，奇服异器，不宜兴长。

又宜数引见佐史。相见不数，则彼我不亲；不亲，无因得尽人情；人情不尽，复何由知众事也！"

【译文】

六年（己巳，公元429年）

春季，正月，刘宋扬州刺史王弘上疏要求辞去扬州刺史和录尚书事等职，并请求皇上把这两项要职委任给彭城王刘义康。刘宋文帝下达一份褒奖诏书，但没有批准。癸丑（二十日），下诏任命刘义康为侍中，都督扬、南徐、兖三州诸军事，司徒，录尚书事，领南徐州刺史。王弘与刘义康二人的官署，都设置属官卫，二人共同辅佐朝廷政务。王弘体弱多病，况且又早下决心远离权势，因此每件事都推给刘义康处理。刘义康于是一个人总管内外事务。

刘宋文帝又任命抚军将军、江夏王刘义恭为都督荆、湘等八州诸军事，兼任荆州刺史；任命侍中刘湛为南蛮校尉，代理府、州政务。刘宋文帝写信给刘义恭，告诫他说："天下时事，十分艰难，家事国事，关系重大。虽说是继承并保住现成的基业，实际上也还是相当不容易。国家的兴隆或衰落、安定或危覆都在于我们的努力，怎么可以不感到王业艰难而寻求治国之道，从而对自己肩负重担而惶恐不安呢！

你的性情急躁偏激，心里想着什么，就要不顾一切地达到目的。有时你的心里并没有某些愿望，一受外界引诱，你就立刻产生欲望，这是最容易招致祸端的，应该时刻提醒自己，极力克制。卫青对待士大夫礼貌谦恭，对小人也有恩惠；西门豹性情刚直急躁，常常佩带苇草；董安于性情宽容，做事缓慢，常常佩带弓弦，都是为了警告自己，矫正自己的性情，他们的美名一齐得到了后世的传颂。关羽、张飞则不然，二人的性格都任性偏激，缺点相同。你待己处事，要深刻体会古人的行为，作为借鉴。

倘若有一天朝中发生不测，我的儿子年纪还小，身为司徒的刘义康必然要负起周公的责任，你也不可不尽到恭敬辅弼的道义。到那个时候，国家的安危存亡，就全取决于你们二人了。

你每月的私人开支，不能超过三十万，倘若还能比这节省，那就更好。荆州的府舍，我略为熟悉了解，估计还不用重新改建，去追求新异。至于讯案断狱，大多要当时裁决，很难事先做周到的考虑，当然，这是一件很不容易的事。在审讯的时候，要虚心听取各方面的陈述，千万谨慎处置，不要把自己的喜怒强加于人。平时做事，能择善而从，自己就会获得好的声誉，切不可一意孤行，来炫耀自己的独断和英明。

名分一定要谨慎珍惜，不可以随便赏给他人；对亲近的人封赐爵位，则更应再三考虑定夺。我对于身边的人，虽然很少有特别的赏赐，但如果听说外面有人议论我，我也不认为他们说的不对。

凭权势欺凌别人，别人自然不服，用威望统辖别人，别人便不会满意，这是显而易见的事。

声色犬马，嬉戏游乐都不应过分。饮酒赌博、捕鱼狩猎这一切都不应该做，日常用品、衣服饮食，都应有节制。至于新奇的服饰和器物，不应鼓励制作。

"你还应该多多接见府中的官员，召见的次数少，就会彼此不亲近；不亲近，你就没有办法知道官员们的思想感情，不了解他们的思想感情，因此也就无法知道民间的具体情况。"

【原文】

七年（庚午，430年）

帝自践位以来，有恢复河南之志。三月，戊子，诏简甲卒五万给右将军到彦之，统安北将军王仲德、兖州刺史竺灵秀舟师入河，又使骁骑将军段宏将精骑八千直指虎牢，豫州刺史刘德武将兵一万继进，后将军长沙王义欣将兵三万监征讨诸军事。义欣，道怜之子也。

先遣殿中将军田奇使于魏，告魏主曰："河南旧是宋土，中为彼所侵，今当修

复旧境，不关河北。"魏主大怒曰："我生发未燥，已闻河南是我地。此岂可得！必若进军，今当权敛戍相避，须冬寒地净，河冰坚合，自更取之。"

魏南边诸将表称："宋人大严，将入寇，请兵三万，先其未发，逆击之，足以挫其锐气，使不敢深入。"因请悉诛河北流民在境上者以绝其乡导。魏主使公卿议之，皆以为当然。崔浩曰："不可。南方下湿，入夏之后，水潦方降，草木蒙密，地气郁蒸，易生疾疠，不可行师。且彼既严备，则城守必固。留屯久攻，则粮运不继；分军四掠，则众力单寡，无以应敌。以今击之，未见其利。彼若果能北来，宜待其劳倦，秋凉马肥，因敌取食，徐往击之，此万全之计也。朝廷群臣及西北守将，从陛下征伐，西平赫连，北破蠕蠕，多获美女、珍宝，牛马成群。南边诸将闻而慕之，亦欲南钞以取资财，皆营私计，为国生事，不可从也。"魏主乃止。

魏主使平南大将军、丹阳王大毗屯河上，以司马楚之为安南大将军，封琅邪王，屯颍川以备宋。

到彦之自淮入泗，水渗，日行才十里，自四月至秋七月，始至须昌。乃溯河西上。

魏主以河南四镇兵少，命诸军悉收众北渡。戊子，魏碻磝戍兵弃城去；戊戌，滑台戍兵亦去。庚子，魏主以大鸿胪阳平公杜超为都督冀·定·相三州诸军事、太宰，晋爵阳平王，镇邺，为诸军节度。超，密太后之兄也。庚戌，魏洛阳、虎牢戍兵皆弃城去。

到彦之留朱脩之守滑台，尹冲守虎牢，建武将军杜骥守金塘。骥，预之玄孙也。诸军进屯灵昌津，列守南岸，至于潼关。于是司、兖既平，诸军皆喜，王仲德独有忧色，曰："诸贤不谙北土情伪，必堕其计。胡虏虽仁义不足，而凶狡有余，今敛戍北归，必并力完聚。若河冰既合，将复南来，岂可不以为忧乎！"

魏河北诸军会于七女津。到彦之恐其南渡，遣裨将王蟠龙溯流夺其船，杜超等击斩之。安颉与龙骧将军陆候进攻虎牢，辛巳，拔之；尹冲及荥阳太守清河崔模降魏。

壬辰，加征南大将军檀道济都督征讨诸军事，帅众伐魏。

甲午，魏寿光侯叔孙建、汝阴公长孙道生济河而南。

到彦之闻洛阳、虎牢不守，诸军相继奔败，欲引兵还。殿中将军垣护之以书谏之，以为宜使竺灵秀助朱脩之守滑台，自帅大军进拟河北，且曰："昔人有连年攻战，失众乏粮，犹张胆争前，莫肯轻退。况今青州丰穰，济漕流通，士马饱逸，威力无损。若空弃滑台，坐丧成业，岂朝廷受任之旨邪！"彦之不从。护之，苗之子也。

彦之欲焚舟步走，王仲德曰："洛阳既陷，虎牢不守，自然之势也。今虏去我犹千里，滑台尚有强兵，若遽舍舟南走，士卒必散。当引舟入济，至马耳谷口，更详所宜。"彦之先有目疾，至是大动；且将士疾疫，乃引兵自清入济。南至历城，焚舟弃甲，步趋彭城。竺灵秀弃须昌，南奔湖陆，青、兖大扰。长沙王义欣在彭城，将佐恐魏兵大至，劝义欣委镇还都，义欣不从。

【译文】

七年（庚午，公元 430 年）

刘宋文帝自从即位以来，就有收复黄河以南失地的雄心。三月，戊子（初二），文帝下诏挑选披甲精兵五万人，分配给右将军到彦之，并责令到彦之统率安北将军王仲德、兖州刺史竺灵秀带水军进入黄河。同时，文帝又派骁骑将军段宏率领精锐骑兵八千人，直指虎牢；命令豫州刺史刘德武率军一万人随后进发；命令后将军、长沙王刘义欣统兵三万人，监征讨诸军事。刘义欣是刘道怜的儿子。

在军事行动开始以前，刘宋文帝先派殿中将军田奇出使北魏，正告北魏国主拓跋焘说："黄河以南的土地本来就是宋国的领土，中途却被你们侵占。现在，我们收复旧土恢复旧日疆界，与黄河以北的国家毫无关系。"拓跋焘暴怒如雷，喝道："我生下来头发还没干，就已经听说黄河以南是我国的土地。这块土地怎么是你们能妄想得到的呢！你们如果一定要出兵攻取，现在我们会暂且撤军相避，等到冬天天寒地净，黄河结上坚冰，我们自然会重新夺回来。"

北魏守卫南方边境的将领们上疏说："宋人已经戒严，很快就要向我们进攻，我们请求增援三万人，在他们尚未进攻之前先发制人迎击敌人。这样，足以挫折他们的锐气，使他们不敢深入我们国土。"因而请求把边境一带黄河以北的流民全部屠杀，以便断绝刘宋军的向导。拓跋焘命令朝廷中的文武大臣讨论，大家全都同意。崔浩却说："不行。南方地势低洼潮湿，入夏以后雨水增多，草木茂盛，地气闷热，容易生病，不利于军事行动。况且，宋国已经加强戒备，因此城防一定坚固。我们的军队驻守城下长期进攻，后方粮秣就会供应接继不上；把军队分散，四处掠夺，就会使本来集中的力量分散削弱，没有办法对付敌人。所以，在眼下这个季节出师进攻宋国，还没看出有什么好处。宋国的军队假如真的敢来进攻，我们应当以逸待劳，与他们周旋，等到秋天天气凉爽战马肥壮的时候，夺取敌人的粮食，慢慢地进行反击，这才是万全之计呀。朝廷中文武群臣和西北边防守将跟从陛下出征作战，向西削平了夏国的赫连氏，向北大破柔然汗国，俘获了许多美女、珍宝和成群的牛马。驻守南部边防的将领们听说后早就美慕不已，也想南下攻打宋国，抢劫资财，他们都是为自己的利益，却为国家惹是生非，他们的请求，万万不能答应。"拓跋焘才停止。

北魏国主拓跋焘命令平南大将军、丹阳王拓跋大毗驻防黄河北岸；任命司马楚之为安南大将军，封琅邪王，屯驻颍川来防备宋军的进攻。

刘宋右将军到彦之率领大军从淮河进入泗水，天旱水浅，每天行军才十里，从四月出发一直到秋季七月，才抵达须昌。于是，进入黄河逆流而上。

北魏国主拓跋焘认为黄河以南四个军事重镇的兵力太少，命令坐镇的各路将军一律收兵，撤退到黄河以北。戊子（七月初四），北魏驻防在碻磝的军队弃城而去；戊戌（七月十四日），滑台的守军也撤离。庚子（七月十六日），拓跋焘任命大鸿胪、阳平公杜超为都督定、相、冀三州诸军事，太宰，晋封为阳平王，负责镇守邺城，总领各路大军。杜超是拓跋焘乳娘密太后杜氏的哥哥。庚戌（七月二十六日），洛阳、虎牢两镇北魏的守军也都弃城逃去。

到彦之留下司徒从事郎中朱脩之镇守滑台，司州刺史尹冲驻守虎牢、建武将军杜骥驻守金塘。杜骥是杜预的玄孙。刘宋其他各路大军进驻灵昌津，沿黄河南岸列阵守御，一直到潼关。于是，司州、兖州全部收复，各路军队都大喜过望。只有安北将军王仲德满面忧愁，说："各位将军完全不解北方的真实情况，一定会中敌人的计谋。胡虏虽仁义道德不足，凶险狡诈却有余，他们今天弃城北归，一定正在集结会师。如果黄河冰封，势必会再次南下进攻，怎能不让人担忧！"

北魏黄河以北的各路军队在七女津会师。到彦之担心敌人要渡过黄河南下进攻，就派副将王蟠龙逆流而上，劫夺敌人的战船，却被北魏阳平王杜超等击败，王蟠龙被杀。于是，北魏冠军将军安颉、龙骧将军陆俟合兵进攻虎牢。辛巳（十月二十八日），攻克虎牢城。司州刺史尹冲以及荥阳太守清河人崔模投降了北魏。

壬辰（十一月初十），刘宋加授征南大将军檀道济为都督征讨诸军事，统率大队人马讨伐北魏。

甲午（十一月十二日），北魏寿光侯叔孙建、汝阴公长孙道生渡过黄河南下。

到彦之听说洛阳、虎牢失守，各路军队相继失败的消息，打算撤军。殿中将军垣护之写信给到彦之劝阻他，认为到彦之应派竺灵秀帮助朱脩之死守滑台，然后亲自统率军队进攻黄河以北，还说："过去，曾有人连年攻战，损兵折将，粮草断绝，仍然奋勇出击，不肯轻易向后退却。何况如今青州粮食丰收，粮草充足，济河漕运畅通，将士战马都饱食强健，战斗力并没有受到削弱。如果白白地放弃滑台，坐视成功的大业丢失，岂不是辜负了朝廷的重托吗！"到彦之没有接受。垣护之是垣苗的儿子。

到彦之打算烧毁战船步行撤退，安北将军王仲德说："洛阳陷落，虎牢失守，这是必然的趋势。但是，现在敌人距我们还有千里之遥，滑台城又有强兵把守，如果突然放弃战船步行逃走，士卒们一定会四处溃散。我们应该乘战船进入济河，等到了马耳谷的关口，再做进一步的决定。"到彦之原先就有眼病，这时更加严重，疼痛难忍。况且军中将士染上瘟疫的人也很多，到彦之于是率军从清口驶进济水，又南下抵达历城，焚毁战舟，抛弃铠甲，步行直奔彭城。兖州刺史竺灵秀也放弃须昌，南下逃往湖陆，青州、兖州陷于混乱。长沙王刘义欣这时正在彭城，他的将领们惧怕北魏大军大批攻来，都劝刘义欣放弃彭城返回京师，刘义欣没有听从。

宋纪四

【原文】

太祖文皇帝上之下元嘉八年（辛未，431年）

丙申，檀道济等自清水救滑台，魏叔孙建、长孙道生拒之。丁酉，道济至寿张，遇魏安平公乙旃眷，道济帅宁朔将军王仲德、骁骑将军段宏奋击，大破之；转战至高粱亭，斩魏济州刺史悉烦库结。

檀道济等进至济上，二十余日间，前后与魏三十余战，道济多捷。军至历城，叔孙建等纵轻骑邀其前后，焚烧草谷，道济军乏食，不能进；由是安颉、司马楚之等得专力攻滑台，魏主复使楚兵将军王慧龙助之。朱脩之坚守数月，粮尽，与士卒熏鼠食之。辛酉，魏克滑台，执脩之及东郡太守申谟，虏获万余人。谟，钟之曾孙也。

檀道济等食尽，自历城引还；军士有亡降魏者，具告之。魏人追之，众恟惧，将溃。道济夜唱筹量沙，以所余少米覆其上。及旦，魏军见之，谓道济资粮有余，

檀道济唱筹量沙

以降者为妄而斩之。时道济兵少,魏兵甚盛,骑士四合。道济命军士皆被甲,己白服乘舆,引兵徐出。魏人以为有伏兵,不敢逼,稍稍引退,道济全军而返。

初,帝之遣到彦之也,戒之曰:"若北国兵动,先其未至,径前入河;若其不动,留彭城勿进。"及安颉得宋俘,魏主始闻其言。谓公卿曰:"卿辈前谓我用崔浩计为谬,惊怖固谏。常胜之家,始皆自谓逾人,至于归终,乃不能及。"

魏主欲选使者诣河西,崔浩荐尚书李顺,乃以顺为太常,拜河西王蒙逊为侍中、都督凉州·西域·羌·戎诸军事、太傅、行征西大将军、凉州牧、凉王,王武威、张掖、敦煌、酒泉、西海、金城、西平七郡;册曰:"盛衰存亡,与魏升降。北尽穷发,南极庸、嶲,西被崑岭,东至河曲,王实征之,以夹辅皇室。"置将相、群卿、百官,承制假授;建天子旌旗,出入警跸,如汉初诸侯王故事。

初,魏昭成帝始制法令:"反逆者族;其余当死者听入金、马赎罪;杀人者听与死家牛马、葬具以平之;盗官物,一备五;私物,一备十。"四部大人共坐王庭决辞讼,无系讯连逮之苦,境内安之。太祖入中原,患前代律令峻密,命三公郎王德删定,务崇简易。季年被疾,刑罚滥酷;太宗承之,吏文亦深。冬,十月,戊寅,世祖命崔浩更定律令,除五岁、四岁刑,增一年刑;巫蛊者,负羖羊、抱犬沈诸渊。初令官阶九品者得以官爵除刑。妇人当刑而孕,产后百日乃决。阙左悬登闻鼓以达冤人。

【译文】

宋文帝元嘉八年(辛未,公元431年)

丙申(正月十五日),刘宋檀道济等从清水出兵,救援被北魏军围攻的滑台。北魏叔孙建、长孙道生率军抵抗。丁酉(正月十六日),檀道济的军队抵达寿张,与北魏安平公拓跋乙旃眷的军队遭遇。檀道济率领宁朔将军王仲德、骁骑将军段宏奋勇抗击魏军,大破拓跋乙旃眷的军队。又转战开进高梁亭,斩杀北魏济州刺史悉烦库结。

刘宋檀道济的军队开进济水,二十多天的时间里,先后与魏军交战三十多次,而檀道济多半取胜。宋军开到历城,北魏叔孙建等派遣轻骑兵往来截击,出没在大军的前前后后，还纵火焚烧了刘宋军的粮草，檀道济因为军中缺粮，不能前进。所以北魏冠军将军安颉、安南大将军司马楚之等能够以全部力量进攻滑台。拓跋焘又派楚兵将军王慧龙增援。刘宋滑台守将朱修之坚守滑台已有几个月之久，城中粮食吃光了，士卒们用烟熏出老鼠，烤熟吃掉。辛西（二月初十），北魏军攻破滑台，朱修之和东郡太守申谟以及一万余名士卒被俘。申谟是申钟的曾孙。

刘宋檀道济的大军因为粮尽，只好从历城撤军。军中有逃走投降北魏军的士卒，把刘宋军的困难境遇，一一报告给北魏军。于是，北魏军追击刘宋军，刘宋军军心涣散，人人自危，马上就要溃散。檀道济利用夜色的掩护，命士卒把沙子当作粮食，一斗一斗地量，而且边量边唱出数字，然后用军中仅剩下的一点谷米覆在沙子上。第二天早晨，北魏看到这种情况，以为檀道济军中的粮食还很充裕，就给那个降卒定了欺军之罪杀掉了。当时，檀道济兵员很少，而北魏兵人多势众，骑兵部队从四面八方包围了檀道济军。檀道济命令军士们都披上铠甲，而自己则穿着白色的便服，率领军队缓缓地出城。北魏军以为檀道济有伏兵，不敢逼近，而且还稍稍撤退，这样，檀道济保全了军队，安全撤军。

当初，刘宋文帝派到彦之北伐出征前，就告诫他说："如果魏国的军队有所举动，你们应该在敌人没有攻到之前，先行渡过黄河；如果他们没有动静，你们就要留守彭城，不要前进。"等到安颉俘虏刘宋的将士，拓跋焘才听到刘义隆的这席话，对朝中的文武大臣们说："以前，你们总说我用崔浩的计策是错误的，以致惊惧失措，百般劝阻。一直打胜仗的人，开始都自以为超过了别人，到了最后，才发现自己还不如别人。"

北魏国主拓跋焘打算选派使者出使北凉。崔浩推荐尚书李顺。于是拓跋焘任命李顺为太常，前去任命北凉河西王沮渠蒙逊为侍中，都督凉州、西域、羌、戎诸军事，太傅，征西大将军，凉州牧和凉王，采邑包括武威、张掖、敦煌、酒泉、西海、金城、西平等七郡。册封的诏书上说："凉国的盛衰存亡，与魏国密切相关，死生与共。北到穷发，南到上庸和嶓山，西至昆仑山，东至河曲的广大地区，都归凉王征讨统治，从旁辅佐皇室。"同时，在凉国设置将军、宰相、各位公卿、文武百官，凉王可以代表皇帝直接任命。还可以竖起天子专用的旌旗，出行时开路清道，戒备森严，全然仿照汉朝初年各侯王的制度。

当初，北魏昭成帝时开始制定法令："谋反叛逆者诛灭全族；其他犯有死罪的人可以缴纳金钱、马匹赎罪；杀人凶手允许他们给死者家属牛马、葬具私自和解；盗窃官府财物，偷一赔五；盗窃私物，偷一赔十。"当时，四部总监共同坐在公堂之上，一道处理诉讼案件，从没有羁押、囚禁、久拖不决的苦处，境内安定。道武帝拓跋珪进入中原以后，认为前代的法律过于苛刻严密，于是，命令三公郎王德重新删改，制定新的法律，一切都以简单易懂为原则，拓跋珪晚年身患重病，滥施刑罚，法律残酷。明元帝拓跋嗣继位后，继承了前代的法律制度，对官吏权限职责等的规定，也有些过于苛刻。冬季，十月，戊寅（初一），太武帝拓跋焘命令司徒崔浩重新制定法令，废除了五年、四年有期徒刑，增设一年有期徒刑。用巫术毒害人的人，身背黑色羊，胸前抱狗，投入河潭。新定法令，凡官阶在九品之内的官员犯法，可以用官职和爵位赎罪。妇人当执行死刑而怀有身孕的，生产一百天后再予处决。又规定在宫阙的左边悬挂登闻鼓，使有冤情的人，能够击鼓申冤。

【原文】

九年（壬申，432年）

壬申，吐谷浑王慕璝送赫连定于魏，魏人杀之。慕璝上表曰："臣俘擒僭逆，献捷王府，爵秩虽崇而土不增廓，车旗既饰而财不周赏；愿垂鉴察。"魏主下其议。公卿以为："慕璝所致唯定而已，塞外之民皆为己有，而贪求无厌，不可许也。"魏主乃诏曰："西秦王所得金城、枹罕、陇西之地，朕即与之，乃是裂土，何须复廓。西秦款至，绵绢随使疏数，临时增益，非一赐而止也。"自是慕璝贡使至魏者稍简。

乙未，以吐谷浑王慕璝为都督西秦·河·沙三州诸军事、征西大将军、西秦·河二州刺史，晋爵陇西王，且命慕璝悉归南方将士先没于夏者，得百五十余人。

壬寅，以江夏王义恭为都督南兖等六州诸军事、开府仪同三司、南兖州刺史，临川王义庆为都督荆·雍等七州诸军事、荆州刺史，竟陵王义宣为中书监，衡阳王义季为南徐州刺史。初，高祖以荆州居上流之重，土地广远，资实兵甲居朝廷之半，故遗诏令诸子居之。上以义庆宗室令美，且烈武王有大功于社稷，故特用之。

燕石城太守李崇等十郡降于魏。魏主发其民三万穿围堑以守和龙。崇，绩之子也。

八月，燕王使数万人出战，魏昌黎公丘等击破之，死者万余人。燕尚书高绍帅万余家保羌胡固；辛巳，魏主攻绍，斩之。平东将军贺多罗攻带方，抚军大将军永昌王健攻建德，骠骑大将军乐平王丕攻冀阳，皆拔之。

九月，乙卯，魏主引兵西还，徙营丘、成周、辽东、乐浪、带方、玄菟六郡民三万家于幽州。

燕尚书郭渊劝燕王送款献女于魏，乞为附庸。燕王曰："负衅在前，结忿已深，降附取死，不如守志更图也。"

初，燕王嫡妃王氏，生长乐公崇，崇于兄弟为最长。及即位，立慕容氏为王后，王氏不得立，又黜崇，使镇肥如。崇母弟广平公朗、乐陵公邈相谓曰："今国家将亡，人无愚智皆知之。王复受慕容后之谮，吾兄弟死无日矣。"乃相与亡奔辽西，说崇使降魏，崇从之。会魏主使给事郎王德招崇，十二月，己丑，崇使邈如魏，请举郡降。燕王闻之，使其将封羽围崇于辽西。

魏主征诸名士之未仕者，州郡多逼遣之。魏主闻之，下诏令守宰以礼申谕，任其进退，毋得逼遣。

魏李顺复奉使至凉。凉王蒙逊遣中兵校郎杨定归谓顺曰："年衰多疾，腰髀不随，不堪拜伏；比三五日消息小差，当相见。"顺曰："王之老疾，朝廷所知；岂得自安，不见诏使！"明日，蒙逊延顺入至庭中，蒙逊箕坐隐几，无动起之状。顺正色大言曰："不谓此叟无礼乃至于此！今不忧覆亡而敢陵侮天地；魂魄逝矣，何用见之！"握节将出。凉王使定归追止之，曰："太常既雅恕衰疾，传闻朝廷有不拜之诏，是以敢自安耳。"顺曰："齐桓公九合诸侯，一匡天下；周天子赐胙，命无下拜，桓公犹不敢失臣礼，下拜登受。今王虽功高，未如齐桓；朝廷虽相崇重，未有不拜之诏；而遽自偃蹇，此岂社稷之福邪！"蒙逊乃起，拜受诏。

使还，魏主问以凉事。顺曰："蒙逊控制河右，逾三十年，经涉艰难，粗识机变，绥集荒裔，群下畏服；虽不能贻厥孙谋，犹足以终其一世。然礼者德之舆，敬者身之基也；蒙逊无礼、不敬，以臣观之，不复年矣。"魏主曰："易世之后，何时当灭？"顺曰："蒙逊诸子，臣略见之，皆庸才也。如闻敦煌太守牧犍，器性粗立，继蒙逊者，必此人也。然比之于父，皆云不及。此殆天之所以资圣明也。"魏主曰：

"朕方有事东方,未暇西略。如卿所言,不过数年之外,不为晚也。"

【译文】

九年(壬申,公元432年)

壬申(三月二十八日),吐谷浑汗国可汗慕容慕璝将夏王赫连定献给北魏,北魏斩杀赫连定。慕容慕璝上疏说:"我生擒了叛逆赫连定,呈献给皇上。陛下赏赐的官爵虽然尊崇,但土地却没有增加;车辆旗帜虽然已经得到装饰,但是却没有财物赏赐部下,希望您能俯察下情。"拓跋焘把他的奏章交给朝廷文武官员们讨论。大臣们认为:"慕容慕璝的功劳,不过是俘虏了赫连定而已,塞外的百姓都已归吐谷浑汗国所有。但慕容慕璝却贪得无厌,不能答应他的要求。"拓跋焘于是下诏说:"西秦王慕容慕璝所攻下的金城、枹罕、陇西等地,我同意归你,这已经是分封给你的采邑了,还有什么必要再增加土地?西秦对我们具有诚意,我们赏赐的绵绢,根据来使次数是否频繁,临时增加,并不是只赏赐一次,以后不再有。"从此,慕容慕璝所派的出使北魏的贡使稍加减少。

乙未(六月二十二日),刘宋任命吐谷浑可汗慕容慕璝为都督西秦、河、沙三州诸军事,征西大将军,西秦、河二州刺史,封爵为陇西王。又命令慕容慕璝全部归还被夏国俘获的南方将士,共一百五十余人。

壬寅(六月二十九日),刘宋朝廷任命江夏王刘义恭为都督南兖等六州诸军事,开府仪同三司,南兖州刺史;任命临川王刘义庆为都督荆、雍等七州诸军事,荆州刺史;任命竟陵王刘义宣为中书监;衡阳王刘义季为南徐州刺史。当初,刘宋武帝刘裕认为,荆州是长江上游的军事重镇,土地辽阔,财物和军事实力占全国的一半,所以临死前下遗诏,命令必须由皇子来镇守。刘宋文帝刘义隆认为刘义庆是宗室子弟,并有美好的声誉。何况他的父亲烈武王刘道规,对宋国的建立有大功,所以特别擢用了他。

北燕石城太守李崇等十个郡,投降了北魏大军。北魏国主拓跋焘,征发北燕百姓三万人,兴筑工事,挖掘壕沟,守卫和龙城。李崇是李绩的儿子。

八月,北燕王派数万人出城迎战北魏军,北魏昌黎公拓跋丘击败北燕军,斩杀一万多人。北燕国尚书高绍率领一万余家,退保羌胡固。辛巳(初九),拓跋焘亲自率军进攻高绍的军队,斩杀了高绍。与此同时,北魏的平东将军贺多罗进攻带方,抚军大将军、永昌王拓跋健进攻建德,骠骑大将军、乐平王拓跋丕进攻冀阳,全部攻克。

九月,乙卯(十四日),拓跋焘班师,西去回国。同时,北魏军强行将营丘、成周、辽东、乐浪、带方、玄菟等六个郡的百姓三万家迁徙到幽州。

北燕尚书郭渊,曾经劝北燕王冯弘,向北魏表示诚意,献上女儿,充当北魏的藩属。冯弘说:"两国之间早就产生裂痕,结下的仇怨已经很深了,降附北魏是自取灭亡,还不如固守城池,等待转机。"

当初,北燕王冯弘的嫡妃王氏,生下了长乐公冯崇,冯崇在他的兄弟中年纪最大。等到冯弘即位后,立慕容氏为王后,王氏却不能当王后。接着冯弘又废黜了冯崇,派他出去镇守肥如。冯崇的同胞弟弟广平公冯朗和乐陵公冯邈私下商量说:"如今国家危在旦夕,不论是聪明人还是愚昧的人都看得非常清楚。现在父王又听信慕容王后的谗言,我们兄弟死期不远了。"于是兄弟两人相伴一同逃往辽西,劝说冯崇投降北魏,冯崇同意了。正巧,北魏国主拓跋焘派给事郎王德,向冯崇招降。十二月,己丑(十九日),冯崇派冯邈前往北魏,准备献出全郡投降。冯弘听到这个消息,派将领封羽在辽西团团包围了冯崇。

北魏国主拓跋焘,征召国内没有做官的知名人士,地方州郡官府多强行逼迫遣送。拓跋焘听到这个消息,立即颁下诏书,命令地方官要有礼节地传达皇上的旨意,让他们自己决定去留,不得强行遣送。

北魏太常李顺,再次出使北凉。北凉王沮渠蒙逊派中兵校郎杨定归对李顺说:"我年老多病,腰腿不太灵便,不能下跪叩拜。等三五天稍稍好转,再与你相见。"李顺说:"你年迈多疾,朝廷早就知道,怎么可以自己苟且偷安,不出来会见钦差大使!"第二天,沮渠蒙逊请李顺入宫,来到庭上,沮渠蒙逊靠着几案坐在那里不动,全无起身行礼的表示。李顺态度严肃,大声说:"没有想到你这个老头儿竟无礼到这种地步!如今你不担心国破家亡,竟敢侮辱天地,你已经魂飞魄散了,还有什么必要见你。"于是,他带着符节,转身就要出去。沮渠蒙逊急忙让杨定归追上,并劝阻他说:"太常你既然已经宽恕我们主上年老有病,而且又听说朝廷有特许不行叩拜大礼的诏命，所以才敢这样放肆。"李顺说："当年齐桓公九次荣任各诸侯国的盟主，匡扶号令天下。周天子赏赐他祭祀用的肉，命他不必叩拜，齐桓公却仍不失臣子对君主的礼节，仍在台下即拜，再上台接受祭肉。如今大王的功德虽高，终究比不上齐桓公。朝廷虽然特别尊重你，却从来没有下过特许不拜的诏书，而你自己却举止傲慢，这怎么能是贵国的福分！"沮渠蒙逊这才起身叩拜，接受诏书。

李顺回到平城，北魏国主拓跋焘询问北凉的情况。李顺回答说："沮渠蒙逊控制河西，已超过三十年了。他历经艰难，也多少知道随机应变。怀柔远方民族，群臣及部众既敬畏又服从。虽不能给子孙留下基业，仍足以在有生之年掌握大权。然而，礼仪是道德的表现，恭敬是修身的基础。沮渠蒙逊无礼、不敬，在我看来，他的日子也不长了。"拓跋焘说："下一代继位后，什么时候会灭亡？"李顺说："沮渠蒙逊的几个儿子，经我大致考察，都是平庸无能之辈。而我听说敦煌太守沮渠牧犍还比较成器，将来继承王位的一定是他。可是他与他的父亲蒙逊相比还差得很远。这是上天帮助您建立伟业呀！"拓跋焘说："我现在正在东方，与燕国用兵，还没有机会进攻西方。如果真的像你所说的那样，我们吞并凉国也就是数年之后的事，并不算晚。"

【原文】

十一年（甲戌，434年）

杨难当以克汉中告捷于魏，送雍州流民七千家于长安。萧思话至襄阳，遣横野司马萧承之为前驱。承之缘道收兵，得千人，进据磝头。杨难当焚掠汉中，引众西还，留赵温守梁州；又遣其魏兴太守薛健据黄金山。思话遣阴平太守萧坦攻铁城戍，拔之。

杨难当遣其子和将兵与蒲甲子等共击萧承之，相拒四十余日，围承之数十重，短兵接，弓矢无所复施。氐悉衣犀甲，戈矛所不能入。承之断矟长数尺，以大斧椎之，一矟辄贯数人。氐不能当，烧营走，据大桃。闰月，承之等追击之，至南城。氐败走，斩获甚众，悉收汉中故地，置戍于葭萌水。

燕王不遣太子质魏，散骑常侍刘滋谏曰："昔刘禅有重山之险，孙皓有长江之阻，皆为晋擒。何则？强弱之势异也。今吾弱于吴、蜀而魏强于晋，不从其欲，将有危亡之祸。愿亟遣太子，而修政事，抚百姓，收离散，赈饥穷，劝农桑，省赋役，社稷犹庶几可保。"燕王怒，杀之。

辛亥，魏主遣抚军大将军永昌王健等伐燕，收其禾稼，徙民而还。

秋，七月，壬午。魏主如美稷，遂至隰城，命阳平王它督诸军击山胡白龙于西河。它，熙之子也。

九月，戊子，大破胡众，斩白龙，屠其城。冬，十月，甲午，魏人破白龙余党于五原，诛数千人，以其妻子赐将士。

【译文】

十一年（甲戌，公元434年）

氐王杨难当把他攻克宋汉中的捷报奏报北魏朝廷，并把雍州逃到汉中的流民七千多家送往长安。刘宋新委任的梁州、南秦州刺史萧思话，抵达襄阳后，立即派遣横野将军府司马萧承之为前锋，准备收复失地。萧承之沿途招兵买马，募集一千人，进驻磻头。杨难当在汉中大肆烧杀抢劫，然后率众离开了汉中，向西返回仇池。留下赵温据守梁州，又派他的魏兴太守薛健屯驻黄金山。萧思话派阴平太守萧坦进攻铁城戍，攻克了铁城戍。

杨难当派他的儿子杨和率兵与蒲甲之等共同进攻萧承之，双方对峙四十多天。氐王的军队将萧承之的部队包围了几十重，两军短兵相接，弓箭飞石都无法施用。氐军士卒，都身穿犀牛皮制成的铠甲，刀砍不入，枪刺不进。萧承之命令折断长矟，仅留几尺长，然后用大斧捶击断矟，一矟可以穿透数个敌人。氐军不能抵挡，纵火焚烧了大营，仓皇逃走，屯据大桃。闰三月，萧承之等率军乘胜追击，直抵南城。氐军战败逃走，被斩杀的士卒众多。这样，刘宋全部收复了汉中故土，在葭萌水设置戍所。

北燕王冯弘不愿意把太子冯王仁送到北魏充当人质。散骑常侍刘滋劝他说："当年，刘禅拥有重山作为屏障，孙晧也拥有长江天险，结果还是都被晋朝生擒。这是为什么呢？是由于实力的强弱太悬殊了。如今，我国的势力比当年的吴国、蜀国还弱，而魏国的势力比当年的晋国还要强盛。不满足魏国的要求，国家会有危亡的惨祸。希望您尽快遣送太子到魏国，稳定局势，然后在国内整顿吏治，安抚百姓，招集流离失所的难民，赈济穷困饥饿中的人，发展农业，鼓励种桑养蚕，减轻赋役，燕国的江山社稷或许还能保住。"冯弘大怒，杀掉了刘滋。

辛亥（六月二十日），北魏国主拓跋焘派抚军大将军、永昌王拓跋健等人讨伐北燕，收获了当地的庄稼，强行胁迫北燕的百姓随军班师回国。

秋季，七月，壬午（二十一日），北魏国主拓跋焘抵达美稷，又前往隰城。在那里，拓跋焘下令阳平王拓跋它，督率各路兵马在西河进攻山胡部落酋长白龙。拓跋它是拓跋熙的儿子。

九月，戊子（二十八日），北魏军大败山胡部落，斩杀了山胡首长白龙，屠杀了全城的居民。冬季，十月，甲午（初五），北魏军又攻克白龙余党据守的五原，诛杀几千人，拓跋焘把被杀的山胡部落士卒的妻子女儿赏赐给军中将士。

【原文】

十二年（乙亥，435年）

领军将军刘湛与仆射殷景仁素善，湛之入也，景仁实引之。湛既至，以景仁位遇本不逾己，而一旦居前，意甚愤愤；俱被时遇，以景仁专管内任，谓为间己，猜隙渐生。知帝信仗景仁，不可移夺，时司徒义康专秉朝权，湛尝为义康上佐，遂委心自结，欲因宰相之力以回上意，倾黜景仁，独当时务。

夏，四月，己巳，帝加景仁中书令、中护军，即家为府；湛加太子詹事。湛愈愤怒，使义康毁景仁于帝，帝遇之益隆。景仁对亲旧叹曰："引之令人，入便噬人！"乃称疾解职，表疏累上；帝不许，使停家养病。

湛议遣人若劫盗者于外杀之，以为帝虽知，当有以解之，不能伤义康至亲之爱。帝微闻之，迁护军府于西掖门外，使近宫禁，故湛谋不行。

扬州诸郡大水，己酉，运徐、豫、南兖谷以赈之。扬州西曹主簿沈亮建议，以为酒糜谷而不足疗饥，请权禁止；诏从之。亮，林子之子也。

魏人数伐燕，燕日危蹙，上下忧惧。太常杨崏复劝燕王速遣太子入侍。燕王

曰："吾未忍为此。若事急，且东依高丽以图后举。"嶷曰："魏举天下以击一隅，理无不克。高丽无信，始虽相亲，终恐为变。"燕王不听，密遣尚书阳伊请迎于高丽。

【译文】

十二年（乙亥，公元435年）

刘宋领军将军刘湛与仆射殷景仁一向私交很好。刘湛入朝做官，实际上是由殷景仁推荐的。刘湛任职以后，却认为殷景仁的职位本来不比自己高，而现在竟位居自己之上，于是愤愤不平。当时刘、殷二人都被刘宋文帝宠信，刘湛认为殷景仁专门负责内部事务，恐怕会离间自己与皇上的关系，逐渐萌生了猜忌之心。刘湛深知皇帝信任并依靠殷景仁，难以夺宠。当时司徒刘义康掌握朝中大权，刘湛曾经担任过刘义康的上佐，于是他尽力结交刘义康，打算用刘义康的影响改变皇上的意图，罢黜殷景仁，以独揽朝政。

夏季，四月，己巳（疑误），刘宋文帝加授殷景仁中书令、中护军等官职，可以在私宅办公。刘湛也加授太子詹事。刘湛因此更加恼怒，怂恿刘义康在文帝面前诋毁殷景仁，而文帝却更加信任殷景仁。殷景仁对亲朋旧友叹息道："我把他引荐入朝，进了朝廷就咬人！"于是，殷景仁称病要求辞职，一再上疏，刘宋文帝没有批准，让他在家安心养病。

刘湛建议刘义康乘殷景仁外出时，派人假扮强盗杀掉他。即使皇上知道了真相，也可以想办法解释，总不致因殷景仁的缘故伤害了与刘义康的手足之情。文帝略知他们的阴谋，就把殷景仁的私宅中护军府迁到西掖门外，使它靠近皇宫禁院。因此，刘湛的阴谋不能施行。

刘宋扬州各郡发生严重水灾。己酉（六月二十三日），刘宋朝廷运送徐州、豫州、南兖州的谷米到扬州，赈济灾民。扬州西曹主簿沈亮建议，酿酒浪费谷米而不能充饥，请朝廷下诏暂时禁止。刘宋文帝下诏依从这个建议。沈亮是沈林子的儿子。

北魏多次派兵讨伐北燕，北燕国势危急，全国上下都笼罩在恐惧的氛围中。太常杨崏再次劝说北燕王冯弘，迅速派太子冯王仁到魏国充作人质。冯弘说："我实在不忍心这样做。如果国家危急，我打算暂且去东方投靠高句丽，等待时机，再重新振兴国家。"杨崏说："北魏发动全国的军队来攻打一个小国，没有不攻克的道理。高句丽王室一向不讲信用，开始时虽然表示亲近，最后恐怕还是会发生变化。"冯弘不听，秘密派遣尚书阳伊去高句丽，请求派军迎接。

资治通鉴第一百二十三卷

宋纪五

【原文】

太祖文皇帝中之上元嘉十三年（丙子，436年）

司空、江州刺史、永脩公檀道济，立功前朝，威名甚重，左右腹心并经百战，诸子又有才气，朝廷疑畏之。帝久疾不愈，刘湛说司徒义康，以为"宫车一日晏驾，道济不复可制。"会帝疾笃，义康言于帝，召道济入朝。其妻向氏谓道济曰："高世之勋，自古所忌。今无事相召，祸其至矣。"既至，留之累月。帝稍间，将遣还，已下渚，未发；会帝疾动，义康矫诏召道济入祖道，因执之。三月，己未，下诏称："道济潜散金货，招诱剽猾，因朕寝疾，规肆祸心。"收付廷尉，并其子给事黄门侍郎植等十一人诛之，唯宥其孙孺。又杀司空参军薛肜、高进之；二人皆道济腹心，有勇力，时人比之关、张。

道济见收，愤怒，目光如炬，脱帻投地曰："乃坏汝万里长城！"魏人闻之，喜曰："道济死，吴子辈不足复惮。"

辛未，魏平东将军娥清、安西将军古弼将精骑一万伐燕，平州刺史拓跋婴帅辽西诸军会之。

夏，四月，魏娥清、古弼攻燕白狼城，克之。

高丽遣其将葛卢孟光将众数万随阳伊至和龙迎燕王。高丽屯于临川。燕尚书令郭生因民之惮迁，开城门纳魏兵，魏人疑之，不入。生遂勒兵攻燕王，王引高丽兵入自东门，与生战于阙下，生中流矢死。葛卢孟光入城，命军士脱弊褐，取燕武库精仗以给之，大掠城中。

五月，乙卯，燕王帅龙城见户东徙，焚宫殿，火一旬不灭；令妇人被甲居中，阳伊等勒精兵居外，葛卢孟光帅骑殿后，方轨而进，前后八十余里。古弼部将高苟子帅骑欲追之，弼醉，拔刀止之，故燕王得逃去。魏主闻之，怒，槛车征弼及娥清至平城，皆黜为门卒。

【译文】

宋文帝元嘉十三年（丙子，公元436年）

　　刘宋司空、江州刺史、永脩公檀道济，在刘裕时代就立下奇功，享有很重的威名。他左右心腹战将都身经百战，几个儿子都有才气，刘宋文帝对他又猜忌又畏惧。这时，文帝久病不愈，领军将军刘湛劝说司徒刘义康说："皇上一旦驾崩，檀道济将不可控制。"正巧文帝的病情加重，刘义康劝说文帝，征召檀道济入京朝见。檀道济的妻子向氏对他说："高于当世的功勋大臣，自古以来都易被猜忌。如今没有战事却召你入京，大祸降临了。"檀道济来到建康以后，文帝留他在京一个多月。文帝病情稍稍好转，就要遣送他回到任所，船已下到码头，还没有出发。而文帝的病情突然加重，刘义康假传圣旨召回檀道济到祭祀路神的地方，声称为他设宴饯行，将他逮捕。三月，己未（初八），刘宋文帝下诏称："檀道济暗中散发金银财物，招募地痞无赖。乘我病重之时，图谋不轨。"将檀道济交到专管司法的廷尉处理，连同他的儿子、给事黄门侍郎檀植等十一人，一并诛杀，仅仅饶恕了他年幼的孙子。同时，又杀死了司空参军薛彤、高进之二人，他们都是檀道济的心腹爱将，勇猛善战，当时的人把他们比作关羽、张飞。

　　檀道济被逮捕时，怒不可遏，两道目光像火炬一样，把头巾狠狠地摔在地上说："你们是在毁坏你们自己的万里长城！"北魏人听到檀道济被杀的消息非常高兴，都说："檀道济死了，东吴那些竖子就没有值得我们忌惮的了。"

　　辛未（二十日），北魏平东将军娥清、安西将军古弼统率精锐骑兵一万人，讨伐北燕。平州刺史拓跋婴，率领辽西各路军队与娥清等会师。

　　夏季，四月，北魏大将娥清、古弼围攻北燕的白狼城，一举攻克。

　　高丽派遣将领葛卢孟光率领几万部众，随同北燕的使臣阳伊来到和龙迎接北燕王冯弘。然后高丽军队屯驻在临川。北燕尚书令郭生因为百姓不愿迁徙他乡，开启城门迎接城外的北魏军，魏军却以为北燕故意诱敌深入，不敢进城。郭生于是指挥军队，进攻冯弘。冯弘开启东门迎接高丽军入城，与郭生的叛军在皇宫前会战，郭生身中流箭阵亡。葛卢孟光率军进入和龙城，他命令高丽将士脱掉身上的破军衣，夺取了北燕的军械库和国库，重新武装自己的军队，在和龙城中大肆抢劫。

五月，乙卯（初五），冯弘率领和龙城中所有的居民向东迁徙。临走前，北燕军纵火焚烧了宫殿，大火烧了十天还不曾熄灭。北燕逃亡的队伍中，由妇女身披铠甲在大军中间，阳伊等率精兵在外，高句丽的将领葛卢孟光率领骑兵殿后，组成方阵前进，前后长达八十余里。北魏安西将军古弼的部将高苟子打算率领骑兵追赶，古弼当时酩酊大醉，拔出佩刀阻止高苟子，因此，冯弘等得以逃脱。北魏国主拓跋焘听说后，怒不可止，把古弼和娥清装入囚车，押返平城，二人都罢黜官职，贬为看门士卒。

【原文】

十四年（丁丑，437年）

魏主以民官多贪，夏，五月，己丑，诏吏民得举告守令不如法者。于是奸猾专求牧宰之失，迫胁在位，横于闾里；而长吏咸降心待之，贪纵如故。

魏主复遣散骑侍郎董琬、高明等多赍金帛使西域，招抚九国。琬等至乌孙，其王甚喜，曰："破落那、者舌二国皆欲称臣致贡于魏，但无路自致耳，今使君宜过抚之。"乃遣导译送琬诣破落那，明诣者舌。旁国闻之，争遣使者随琬等入贡，凡十六国，自是每岁朝贡不绝。

李顺自河西还，魏主问之曰："卿往年言取凉州之策，朕以东方有事，未遑也。今和龙已平，吾欲即以此年西征，可乎？"对曰："臣畴昔所言，以今观之，私谓不谬。然国家戎车屡动，士马疲劳，西征之议，请俟他年。"魏主乃止。

【译文】

十四年（丁丑，公元437年）

北魏国主拓跋焘认为地方郡守、县令大多贪赃枉法。夏季，五月，己丑（十五日），拓跋焘下诏，命令官吏和百姓可以检举告发地方郡守、县令贪污不法的行为。从此，地方一些地痞流氓乘机专挑地方官的过失，威胁要挟在位的地方官，在民间横行。地方官则自低身份对待这些人，照样贪赃枉法。

北魏国主拓跋焘再次派遣散骑侍郎董琬、高明等携带大批金银绸缎出使西域，招抚西域九国。董琬等人来到乌孙，乌孙国王大为欢喜，说："破落那、者舌二国，也都想向魏国称臣进贡，可是没有门路可以表达自己的意向，如今你们应绕道前往安抚他们。"于是，乌孙国王特派向导兼翻译送董琬前往破落那，高明前往者舌。邻近其他国家听到这个消息，也争先恐后地派遣使臣，随同董琬等人一道向北魏进贡，共有十六国之多。从此以后，西域各国每年都到北魏朝贡，从不停止。

北魏尚书李顺从北凉回国，拓跋焘问他说："你当年提出的攻取北凉的计划，我当时因为正对燕国用兵，没有来得及实行。如今和龙已经平定，我打算立即在年内西征，你看怎么样？"李顺回答说："我当年说的那番话，用今天的形势来验证，我自以为没有错误。但是国家频频兴兵，东征西讨，士卒和战马都疲劳不堪，西征的计划，还是请推迟几年再说。"拓跋焘同意了。

【原文】

十五年（戊寅，438年）

初，燕王弘至辽东，高丽王琏遣使劳之曰："龙城王冯君，爰适野次，士马劳乎？"弘惭怒，称制让之；高丽处之平郭，寻徙北丰。弘素侮高丽，政刑赏罚，犹如其国；高丽乃夺其侍人，取其太子王仁为质。弘怨高丽，遣使上表求迎，上遣使者王白驹等迎之，并令高丽资遣。高丽王不欲使弘南来，遣将孙漱、高仇等杀弘于北丰，并其子孙十余人，谥弘曰昭成皇帝。白驹等帅所领七千余人掩讨漱、仇，杀仇，生擒漱。高丽王以白驹等专杀，遣使执送之。上以远国，不欲违其意，下白驹等狱，已而原之。

帝性仁厚恭俭，勤于为政；守法而不峻，容物而不弛。百官皆久于其职，守宰以六期为断；吏不苟免，民有所系。三十年间，四境之内，晏安无事，户口蕃息，出租供徭，止于岁赋，晨出暮归，自事而已，间阎之间，讲诵相闻；士敦操尚，乡耻轻薄。江左风俗，于斯为美，后之言政治者，皆称元嘉焉。

【译文】

十五年（戊寅，公元438年）

当初，北燕王冯弘来到辽东以后，高丽王高琏派遣使臣慰劳他说："龙城王冯君，光临敝国荒郊，人马都很劳苦吧？"冯弘又惭愧又恼怒，以国王的身份斥责高琏。高丽把冯弘安置在平郭，不久，又迁往北丰。冯弘一向轻侮高丽，政务刑法，奖励惩罚，仍然像在北燕国一样。高丽于是强行夺走了冯弘的侍从，逼迫北燕的太子冯王仁作人质。冯弘怨恨高丽，派使臣到刘宋请求迎他南下。刘宋文帝派使臣王白驹等迎接冯弘一行，并令高丽出资遣送。高丽王高琏不愿放冯弘南下，就派他手下的将领孙漱、高仇等人，在北丰杀掉了冯弘及其子孙十余人。追赠冯弘谥号为昭成皇帝。刘宋使臣王白驹等率领七千多人讨伐孙漱、高仇，斩杀了高仇，生擒孙漱。高琏认为王白驹在他的国土上擅自杀害他的大将，派人逮捕王白驹，遣送回国。文帝认为高丽是远方小国，不愿让高琏失望，就把王白驹等人关进监狱。不久宽恕了他们。

刘宋文帝性情宽厚仁慈，恭谨勤俭，勤奋刻苦，从不荒怠朝廷政务。他遵循法规而不苛刻，对人宽容却不放纵。朝廷的文武百官都能久居职位。郡守、县宰也都以六年为一任期。官吏不轻易免职，百姓才有所依托。三十年间，刘宋境内，平安无事，人口繁盛。至于租赋徭役，从不增加，只收取常赋，从不额外征收。百姓早晨出去耕作，晚上回家休息，可以随意做事，安居乐业。乡里街巷之间，读书的声音不绝于耳。士大夫重视操守，乡下人也讨厌轻薄无识的人。江左的风俗，在这个时代最为美好。后代评论前世政治得失的人，都称道元嘉治世。

【原文】

十七年（庚辰，440年）

司徒义康专总朝权。上羸疾积年，心劳辄发，屡至危殆；义康尽心营奉，药石非口所亲尝不进，或连夕不寐；内外众事皆专决施行。性好吏职，纠剔文案，莫不精尽。上由是多委以事，凡所陈奏，入无不可；方伯以下，并令义康选用，生杀大事，或以录命断之。势倾远近，朝野辐凑，每旦府门常有车数百乘，义康倾身引接，未尝懈倦。复能强记，耳目所经，终身不忘，好于稠人广席，标题所忆以示聪明。士之干练者，多被意遇。尝谓刘湛曰："王敬弘、王球之属，竟何所堪！坐取富贵，复那可解！"然素无学术，不识大礼，朝士有才用者皆引入己府，府僚无施及忤旨者乃斥为台官。自谓兄弟至亲，不复存君臣形迹，率心而行，曾无猜防。私置僮六千余人，不以言台，四方献馈，皆以上品荐义康而以次者供御；上尝冬月啖甘，叹其形味并劣。义康曰："今年甘殊有佳者。"遣人还东府取甘，大供御者三寸。

殷景仁密言于上曰："相王权重，非社稷计，宜少加裁抑！"上阴然之。

司徒左长史刘斌，湛之宗也；大将军从事中郎王履，谧之孙也；及主簿刘敬文，祭酒鲁郡孔胤秀，皆以倾谄有宠于义康；见上多疾，皆谓"宫车一日晏驾，宜立长君。"上尝疾笃，使义康具顾命诏，义康还省，流涕以告湛及景仁。湛曰："天下艰难，讵是幼主所御！"义康、景仁并不答。而胤秀等辄就尚书议曹索晋咸康末立康帝旧事，义康不知也；及上疾瘳，微闻之。而斌等密谋，欲使大业终归义康，遂邀结朋党，伺察禁省，有不与己同者，必百方构陷之，又采拾景仁短长，或虚造异同以告湛。自是主、相之势分矣。

上以司徒彭城王义康嫌隙已著，将成祸乱，冬，十月，戊申，收刘湛付廷尉，下诏暴其罪恶，就狱诛之，并诛其子黯、亮、俨及其党刘斌、刘敬文、孔胤秀等八人，徙尚书库部郎何默子等五人于广州，因大赦。是日，敕义康入宿，留止中书省。其夕，分收湛等；青州刺史杜骥勒兵殿内以备非常，遣人宣旨告义康以湛等罪状。义康上表逊位，诏以义康为江州刺史，侍中、大将军如故，出镇豫章。

【译文】

十七年（庚辰，公元440年）

刘宋司徒刘义康独揽朝政大权。文帝多年患病，稍微操劳，旧病就复发，多次病危。刘义康对文帝尽心侍奉，药物非经自己亲口尝过，绝不让文帝服用，有时一连几夜都不睡觉。朝廷内外的大小事务，他都一个人决定施行。因为生性就喜爱办理公务，所以阅读公文，处理诉讼等政务，他都处理得无不精密妥善。文帝因此把很多大事都委派给他。刘义康只要有奏请，立即就被批准。州刺史以下官员的入选，文帝都授权刘义康选拔任用。至于赦免和诛杀这类大事，有时刘义康就以录尚书事的身份裁决。因而，刘义康的势力倾动远近，朝野上下的各方人士，都集中在他周围。每天早晨，刘义康府第前面常有车数百辆，刘义康对来访客人亲自接待，从不懈怠。刘义康记忆力极强，一经耳闻目睹，终生不忘，他喜好在大庭广众的场合下，提起自己记忆中的事情，用来显示自己的聪明才干。许多有才能的士大夫，都被他委以重任。刘义康曾对刘湛说："王敬弘、王球这些人，有什么能力？坐享荣华富贵，真让人费解！"然而，刘义康一向没有学问，不识大体，朝中有才干的士大夫都被他延聘到府中来，府中没有才能的，或冒犯他的幕僚，都被贬斥到朝廷机构任职。他自以为，兄弟之间是至亲手足，因此他也不严格用君臣的礼节约束自己的行为，常常任性行事，从不考虑他的行为是否会触犯禁忌。他在府中私养僮仆六千多人，未曾上奏朝廷。各地进贡的物品，都把上品呈献给刘义康，而把次等的呈献文帝。有一年冬天文帝吃柑，叹息柑的外形和味道太差。刘义康说："今年的柑也有好的！"于是派人到府中去取，取来的柑比进贡文帝的直径大三寸。

殷景仁秘密报告文帝说："相王刘义康权势太重，不符合国家久远的利益，应该对他稍加抑制！"文帝心里暗暗同意。

司徒左长史刘斌是刘湛的同族，大将军从事中郎王履是王谧的孙子，他们和主簿刘敬文，祭酒、鲁郡人孔胤秀都因为阴险谄媚，排挤别人，而深得刘义康的宠信。他们看到文帝多病，都说"皇上一旦晏驾，应该拥护年长的人为君主。"文帝一度病重，命刘义康起草托孤诏书。刘义康回到府中，痛哭流涕地告诉刘湛和殷景仁，刘湛说："治理国家，不胜艰难，怎么是年幼君主所能胜任的！"刘义康、殷景仁都没有搭腔。而孔胤秀等人擅自前往尚书议曹，索取当年晋成帝去世，改立他的弟弟晋康帝的旧档案，刘义康并不知道这件事。等到文帝病愈后，略微听到这些情况。而刘斌等人却加紧活动，秘密策划，打算让刘义康最后登上帝位。于是，他们结成死党，窥视朝廷和宫中的变化，凡是与自己不同心的，就千方百计地陷害他。同时，他们又百般搜集殷景仁的材料，或者捏造事实提供给刘湛。从此以后，文帝与宰相之间，离心离德。

刘宋文帝认为司徒、彭城王刘义康的猜忌怨恨已经明显，势必酿成祸乱。冬季，十月，戊申（疑误），命令逮捕刘湛交付廷尉，并且下诏公布刘湛的罪行，在狱中就地处决，同时斩杀了刘湛的儿子刘黯、刘亮、刘俨以及刘湛的党羽刘斌、刘敬文、孔胤秀等八人，下令将尚书库部郎何默子等五人，流放到广州，因此下令大赦。这天，文帝命令刘义康进宫值班，随即把他软禁在中书省。晚上，分别逮捕了刘湛等人。青州刺史杜骥统兵在金銮殿防备意外情况发生。最后，文帝派人把刘湛等人的罪状传达给刘义康。刘义康上疏请求辞职，文帝下诏命刘义康为江州刺史，仍然保留侍中、大将军职，出京镇守豫章。

【原文】

十八年（辛巳，441年）

彭城王义康至豫章，辞刺史，甲辰，以义康都督江、交、广三州诸军事。前龙骧参军巴东扶令育诣阙上表，称："昔袁盎谏汉文帝曰：'淮南王若道路遇霜露死，陛下有杀弟之名。'文帝不用，追悔无及。彭成王义康，先朝之爱子，陛下之次弟，若有迷谬之愆，正可数之以善恶，导之以义方，奈何信疑似之嫌，一旦黜削，远送南垂！草莱黔首，皆为陛下痛之。庐陵往事，足为龟鉴。恐义康年穷命尽，奄忽于南，臣虽微贱，窃为陛下羞之。陛下徒知恶枝之宜伐，岂知伐枝之伤树！伏愿亟召义康返于京甸，兄弟协和，群臣辑睦，则四海之望塞，多言之路绝矣。何必司徒公、扬州牧然后可以置彭城王哉。若臣所言于国为非，请伏重诛以谢陛下。"表奏，即收付建康狱，赐死。

魏寇谦之言于魏主曰:"今陛下以真君御世,建静轮天宫之法,开古以来,未之有也。应登受符书以彰圣德。"帝从之。

【译文】

十八年（辛巳,公元441年）

刘宋彭城王刘义康抵达豫章,辞去江州刺史的职务。甲辰（正月二十一日）,文帝任命刘义康为都督江、交、广三州诸军事。前龙骧将军、巴东人扶令育前往皇宫,呈上奏章,说:"当年袁盎劝阻汉文帝说:'淮南王刘长如果在路上遇到风霜而死,陛下有杀弟的罪名。'汉文帝没有接受,后悔也来不及了。彭城王刘义康是先帝钟爱的儿子,是陛下的二弟。如果一时糊涂犯了错误,陛下可以用善恶的标准责备他,用道义来引导他,怎么可以相信未加证实的嫌疑,一日之间被罢官黜爵,贬谪到南方边陲！荒野小民,都为陛下痛心。庐陵王被迁被杀的往事,足以引为借鉴。深恐刘义康一旦不幸丧命,死在南方,我虽然身份低微卑贱,也暗为陛下羞惭。陛下只知坏掉的枝叶应该砍掉,怎么不知道砍枝叶也会伤及树干呢！我诚心希望陛下把刘义康迅速召回京师,兄弟和睦友爱,君臣互相勉励,这样,四海之内的怨恨就会消除了,诽谤的谣言也可以息止了。并不一定非要重新把彭城王置于司徒公、扬州牧的位子上呵！如果我的话对国家有害,我愿意被处死向陛下谢罪。"奏章呈上以后,朝廷便把他逮捕,投入建康监狱,命他自杀。

北魏道士寇谦之对北魏国主拓跋焘说:"现在陛下是以真君的名义统治天下,建立静轮天宫大法,这是开天辟地以来从未有过的事。应该登台接受符书表彰和宣扬皇上圣明的恩德。"拓跋焘同意了。

资治通鉴第一百二十四卷

宋纪六

【原文】

太祖文皇帝中之中元嘉十九年（壬午，442年）

春，正月，甲申，魏主备法驾，诣道坛受符箓，旗帜尽青。自是每帝即位皆受箓。谦之又奏作静轮宫，必令其高不闻鸡犬，欲以上接天神。崔浩劝帝为之，功费万计，经年不成。太子晃谏曰："天人道殊，卑高定分，不可相接，理在必然。今虚耗府库，疲弊百姓，为无益之事，将安用之！必如谦之所言，请因东山万仞之高，为功差易。"帝不从。

【译文】

宋文帝元嘉十九年（壬午，公元442年）

春季，正月，甲申（初七），北魏国主拓跋焘备好车驾，打着全青色的旗帜来到道教神坛前接受符箓。从此以后，北魏每位皇帝即位时都要接受符箓。寇谦之又奏请建造静轮宫，并一定要建得很高，高到人在上面听不到鸡鸣犬吠之声，目的是想伸向天上与天神相接。宰相崔浩也力劝拓跋焘兴建，花费了数以万计的财力物力，建了几年仍未完工。太子拓跋晃劝谏太武帝说："上天与世人的道不同，谁高谁低已有定分，二者不能相接，这是理所当然的事。现在我们白白地浪费财力物力，老百姓也累得疲惫不堪，做这种无益的事，干什么用呢？如果一定要照寇谦之所说的去做，我请求建造在万仞高的东山上，这样做工事就容易些。"拓跋焘没有接受。

【原文】

二十年（癸未，443年）

九月，辛巳，魏主如漠南。甲辰，舍辎重，以轻骑袭柔然，分军为四道：乐安王范、建宁王崇各统十五将出东道，乐平王丕督十五将出西道，魏主出中道，中山王辰督十五将为后继。

魏主至鹿浑谷，遇敕连可汗。太子晃言于魏主曰："贼不意大军猝至，宜掩其不备，速进击之。"尚书令刘絜固谏。以为"贼营中尘盛，其众必多，出至平地，恐为所围，不如须诸军大集，然后击之"。晃曰："尘之盛者，由军士惊怖扰乱故也，何得营上而有此尘乎！"魏主疑之，不急击。柔然遁去，追至石水，不及而还。既而获柔然候骑曰："柔然不觉魏军至，上下惶骇，引众北走，经六七日，知无追者，乃始徐行。"魏主深恨之。自是军国大事，皆与太子谋之。

司马楚之别将兵督军粮，镇北将军封沓亡降柔然，说柔然令击楚之以绝军食。俄而军中有告失驴耳者，诸将莫晓其故，楚之曰："此必贼遣奸人入营觇伺，割驴耳以为信耳。贼至不久，宜急为之备。"乃伐柳为城，以水灌之令冻；城立而柔然至，冰坚滑，不可攻，乃散走。

【译文】

二十年（癸未，公元443年）

九月，辛巳（疑误），北魏国主前往漠南。甲辰（初六），魏军舍弃辎重，率轻骑袭击柔然。分兵四路：乐安王拓跋范、建宁王拓跋崇各率十五名将领从东路进军，乐平王拓跋丕督统十五名将领从西路进军，北魏国主从中路进军，中山王拓跋辰督统十五名将领作为后援。

北魏国主来到鹿浑谷，正好与柔然国的敕连可汗相遇。太子拓跋晃对北魏国主说："柔然贼兵没想到我们的大部队突然到此，我们该趁他们没有防备时立刻进攻。"尚书令刘絜却竭力劝阻，他认为："柔然军营中尘土很大，他们的人一定很多,到平地去与他们交战,恐怕会被柔然军队包围,不如等到各路大军会集到这里之后再攻打。"拓跋晃说:"柔然军营尘土飞扬,是因为柔然士卒惊慌失措到处乱跑所造成的,不然,怎么会在军营上空有如此多的尘土呢!"北魏国主为此也将信将疑,没有马上攻打。柔然部队趁机逃走,北魏国主追赶到石水,没有追上而返回。不久,俘获了柔然的侦察骑兵说:"柔然国没有发觉魏兵的到来,所以当得知魏兵已到时,整个军营慌作一团,敕连可汗赶快率将士向北而逃,跑了六七天,知道后面没有追赶的魏兵,才开始缓步行进。"北魏国主听后非常后悔。从此以后,每遇军队或国家大事,北魏国主都要和拓跋晃商量。

琅邪王司马楚之另外率领一支部队督运军粮。镇北将军封沓逃走归降柔然,他劝说柔然攻打司马楚之,以断绝北魏兵士的粮饷。不久,司马楚之军中有人报告说有一头驴子的耳朵没有了,各位将领不知这是什么缘故,司马楚之说:"这一定是贼军派奸人偷偷到我们这里察看动静,割掉一只驴的耳朵作为证据。贼军马上就会来进犯,我们应该迅速做好准备。"于是,司马楚之命砍伐柳树建造城堡,然后把水浇在上面使之结冰。城堡刚刚建好,柔然兵就到了,由于城堡地面冰坚而滑,柔然兵无法攻城,于是就撤走了。

【原文】

二十一年(甲申,444年)

壬寅,魏太子始总百揆,命侍中·中书监穆寿、司徒崔浩、侍中张黎、古弼辅太子决庶政,上书者皆称臣,仪与表同。

古弼为人,忠慎质直;尝以上谷苑囿太广,乞减太半以赐贫民,入见魏主,欲奏其事。帝方与给事中刘树围棋,志不在弼;弼侍坐良久,不获陈闻。忽起,捽树头,掣下床,搏其耳,殴其背,曰:"朝廷不治,实尔之罪!"帝失容,舍棋曰:"不听奏事,朕之过也,树何罪!置之!"弼具以状闻,帝皆可其奏。弼曰:"为人臣无礼至此,其罪大矣。"出诣公车,免冠徒跣请罪。帝召入,谓曰:"吾闻筑社之役,蹇蹶而筑之,端冕而事之,神降之福。然则卿有何罪!其冠履就职。苟可以利社稷,便百姓者,竭力为之,勿顾虑也。"

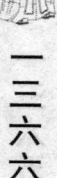

太子课民稼穑，使无牛者借人牛以耕种，而为之芸田以偿之，凡耕种二十二亩而芸七亩，大略以是为率。使民各标姓名于田首以知其勤惰，禁饮酒游戏者。于是垦田大增。八月，乙丑，魏主畋于河西，尚书令古弼留守。诏以肥马给猎骑，弼悉以弱者给之。帝大怒曰："笔头奴敢裁量朕！朕还台，先斩此奴！"弼头锐，故帝常以笔目之。弼官属惶怖，恐并坐诛，弼曰："吾为人臣，不使人主盘于游畋，其罪小；不备不虞，乏军国之用，其罪大。今蠕蠕方强，南寇未灭，吾以肥马供军，弱马供猎，为国远虑，虽死何伤！且吾自为之，非诸君之忧也。"帝闻之，叹曰："有臣如此，国之宝也。"赐衣一袭，马二匹，鹿十头。

他日，魏主复畋于山北，获麋鹿数千头。诏尚书发车五百乘以运之。诏使已去，魏主谓左右曰："笔公必不与我，汝辈不如以马运之。"遂还。行百余里，得弼表曰："今秋谷悬黄，麻菽布野，猪鹿窃食，鸟雁侵费，风雨所耗，朝夕三倍。乞赐矜缓，使得收载。"帝曰："果如吾言，笔公可谓社稷之臣矣！"

【译文】

二十一年（甲申，公元444年）

壬寅（正月初六），北魏太子拓跋晃开始总管百官事务。拓跋焘任命侍中、中书监穆寿，司徒崔浩，侍中张黎，古弼辅佐太子拓跋晃裁决日常政务。凡上书给太子时都要称臣，礼仪与所称呼的尊卑一致。

古弼为人忠厚谨慎，善良正直，曾经因为上谷的皇家苑囿占地面积太大而请求减去一半面积，赐给平民百姓。当他进宫晋见拓跋焘打算奏请这件事时，拓跋焘正在同给事中刘树下围棋，他的心思没在古弼身上。古弼坐等许久，没有得到说话的机会，他忽然跳起来，揪住刘树的头发，把他拉下床，揪着他的耳朵殴打他的后背说："朝廷没有治理好，实在是你的罪过！"拓跋焘大惊失色，放下棋子说："不听你奏请事情，是我的过错，刘树有什么罪过！放了他！"古弼把要奏请的事情全都说了出来，拓跋焘完全同意。古弼说："我身为臣属，竟无礼到这种程度，罪过实在太大。"说完出宫来到公车官署，脱掉帽子、光着脚请求处罚。拓跋焘召他入宫，对他说："我听说过建造社坛的工事，是要一跛一拐地去干活；完工后，要衣冠端正地去祭祀，神灵就降福于他。可是你有什么罪过呢！戴上帽子穿上鞋做你该做的事去吧。如果是对国家有利，方便百姓的事，就要尽全力去做，不要有任何顾虑。"

太子拓跋晃督促百姓种庄稼，让没有牛的人家去向有牛的人家借牛来耕种，然后再替有牛的人家锄地来作为偿还，通常是耕种二十二亩，替人家锄地七亩，大概都以这种比例来进行。让百姓把自己的姓名标在地头，这样就可以看到谁勤谁懒。同时，禁止百姓喝酒和游玩。因此，开垦的农田大大增加。

八月，乙丑（初三），北魏国主拓跋焘去河西狩猎，尚书令古弼留守平城。拓跋焘下诏让古弼将肥壮的马送给打猎骑兵，但古弼提供的却全是瘦弱的马。拓跋焘勃然大怒说："笔头奴胆敢对我的诏令打折扣。我回去，先斩了这个奴才！"古弼的头长得很尖，拓跋焘经常把他的脑袋比作笔尖。古弼的属下官员惶然恐怖，唯恐自己受牵连被杀。古弼却说："我身为人臣，不让人主沉湎于游玩狩猎之中，这个罪过是小的。如果不预防国家出现的不测之事，使国家缺少军队所用的物资，这个罪过才是大的。现在蠕蠕正处于强盛时期，南方贼寇还未消灭，我把肥壮的马供军队所用，瘦弱的马供打猎所用，这是为国家做长远打算，虽然被处死了又有什么关系呢？！况且这一切是我一个人所做的，你们不要担心。"拓跋焘听说后，感叹说："我有这样的臣子，是国家之宝呀。"赏赐给古弼一套礼服、两匹马和十头鹿。

又一天，拓跋焘再次去山北打猎，捕获了几千头麋鹿。拓跋焘下诏给尚书，让尚书派出五百辆车来运送麋鹿。拿着诏书的信使已经走了，拓跋焘对左右将士说："笔头公一定不会给我这么多车，你们不如用马来运送。"说完他就回宫了。拓跋焘刚走了一百多里，就收到古弼的奏表说："今年秋天谷穗下垂而且颜色金黄，桑麻大豆遍布在田野里，野猪野鹿偷吃，飞鸟大雁啄食，加之风吹雨打，这样损耗早晚就会相差三倍。乞请允许推迟延缓运送麋鹿，以便把谷子尽快收割运送完毕。"拓跋焘说："果然如我所说的那样，笔头公可称得上是国家栋梁之臣啦！"

【原文】

二十二年（乙酉，445年）

初，鲁国孔熙先博学文史，兼通数术，有纵横才志；为员外散骑侍郎，不为时所知，愤愤不得志。父默之为广州刺史，以赃获罪，大将军彭城王义康为救解得免。及义康迁豫章，熙先密怀报效。且以为天文、图谶，帝必以非道晏驾，由骨肉相残；江州应出天子。以范晔志意不满，欲引与同谋，而熙先素不为晔所重。太子中舍人谢综，晔之甥也，熙先倾身事之，综引熙先与晔相识。

熙先家饶于财，数与晔博，故为拙行，以物输之。晔既利其财，又爱其文艺，由是情好款洽。熙先乃从容说晔曰："大将军英断聪敏，人神攸属，失职南垂，天下愤怨。小人受先君遗命，以死报大将军之德。顷人情骚动，天文舛错，此所谓时运之至，不可推移者也。若顺天人之心，结英豪之士，表里相应，发于肘腋；然后诛除异我，崇奉明圣，号令天下，谁敢不从！小人请以七尺之躯，三寸之舌，立功立事而归诸君子，文人以为何如？"晔甚愕然。熙先曰："昔毛玠竭节于魏武，张温毕议于孙权，彼二人者，皆国之俊乂，岂言行玷缺，然后至于祸辱哉？皆以廉直劲正，不得久容。丈人之于本朝，不深于二主，人间雅誉，过于两臣，逸夫侧目，为日久矣，比肩竞逐，庸可遂乎！近者殷铁一言而刘班碎首，彼岂父兄之仇，百世之怨乎？所争不过荣名势利先后之间耳。及其末也，唯恐陷之不深，发之不早；戮及百口，犹曰未厌。是可为寒心悼惧，岂书籍远事也哉！今建大勋，奉贤哲，图难于易，以安易危，享厚利，收鸿名，一旦苞举而有之，岂可弃置而不取哉！"晔犹疑未决。熙先曰："又有过于此者，愚则未敢道耳。"晔曰："何谓也？"熙先曰："丈人奕叶清通，而不得连姻帝室，人以犬豕相遇，而丈人曾不耻之，欲为之死，不亦惑乎？"晔门无内行，故熙先以此激之。晔默然不应，反意乃决。

晔与沈演之并为帝所知，晔先至，必待演之俱入，演之先至，尝独被引，晔以此为怨。晔累经义康府佐，中间获罪于义康。谢综及父述，皆为义康所厚，综弟约娶义康女。综为义康记室参军，自豫章还，申义康意于晔，求解晚隙，复敦往好。大将军府史仲承祖，有宠于义康，闻熙先有谋，密相结纳。丹杨尹徐湛之，素为义康所爱，承祖因此结事湛之，告以密计。道人法略、尼法静，皆感义康旧恩，并与熙先往来。法静妹夫许曜，领队在台，许为内应。法静之豫章，熙先付以笺书，陈说图谶。于是密相署置，及素所不善者，并入死目。熙先又使弟休先作檄文，称："贼臣赵伯符肆兵犯跸，祸流储宰，湛之、晔等投命奋戈，即日斩伯符首及其党与。今遣护军将军臧质奉玺绶迎彭城王正位辰极。"熙先以为举大事宜须以义康之旨谕众,晔又诈作义康与湛之书,令诛君侧之恶,宣示同党。

【译文】

二十二年(乙酉,公元445年)

当初,鲁国人孔熙先精通文学和历史,并通晓数术,有纵横天下的才气和抱负。担任员外散骑侍郎时,不被当世人所了解,愤愤而不得志。他的父亲孔默之任广州刺史,因为贪赃枉法犯罪,多亏大将军彭城王刘义康相救才免于判刑。刘义康被贬到豫章时,孔熙先感激刘义康,决心效力报恩。而且他又认为根据天文、图谶,刘宋文帝一定死于非命,原因是骨肉互相残杀,江州应该出天子。孔熙先感到范晔心中也有对朝廷的不满情绪,想拉范晔一起来谋划。但是,孔熙先平时并不被范晔所看重。太子中舍人谢综是范晔的外甥,孔熙先倾身下己来巴结谢综,谢综将孔熙先引见给范晔,让他们相识。

孔熙先家非常富有,他常常和范晔在一块儿赌博,他故意赌得不好,将钱输给范晔。范晔既爱他的钱财,又喜欢他的才华,由此,二人慢慢亲近起来。孔熙先才渐渐地游说范晔道:"大将军刘义康果断聪敏,百姓及神明都愿归属于他,但他却被罢免职务发配到南部边陲,普天之下都为他愤恨不平。小人我接受了先父的遗言,要以死来报答大将军刘义康的大恩大德。近来,天下人心骚动不定,天象错乱,这就是人们常说的时运已经来到,这是不可以改变的事情。如果我们顺应上天、百姓的心愿,结交英雄豪杰,内外接应,在宫廷内起兵,尔后杀掉反对我们的人,拥戴圣明的天子,号令天下,有谁能敢不服从呢!小人我愿意用我这七尺之躯、三寸不烂之舌,建立大功、成就大事而归之于各位君子,老人家认为怎么样?"范晔感到非常吃惊。孔熙先说:"从前,毛玠对魏武帝曹操忠心耿耿,张温对孙权侃侃而谈,那二人都是国家的俊杰,难道他们是因为自己的言行不当而后招致祸害屈辱的吗?他们都是因为自己太廉洁正直、刚烈清正而不能长期被人所容纳。老人家您在本朝受到的信任程度并不比曹操、孙权宠信毛玠、张温更深,可是您在老百姓中间的名声却远远超过那两个忠臣。想要诬陷您的人对您侧目而视已经很久了,而您却要同他们肩并肩地平等竞争,这怎么能够办得到呢!最近,殷铁(景仁)只一句话，刘班就被击碎头颅，他们难道是因为杀父杀兄的仇恨或是存有百代的宿怨吗？他们之间所争夺的实际上不过是名利、权势谁先谁后的问题。争到最后，双方都怕自己陷入不深、动手不早，杀了一百人还说自己并未满足。这可以说是令人心寒、恐慌的，这难道是书读得多了就不懂得世事的缘故吗！现在，是建立大的功业，崇奉贤明睿智之人的良好时机，在容易的时候图谋难办的事，用安逸代替危险，而且，也可以享受荣华富贵，坐收大的美名，一个早晨举兵就能够得到这些，怎么能放弃而不去争取呢！"范晔犹豫不决。孔熙先说："还有比这更厉害的事情，我不敢说出来。"范晔说："是什么？"孔熙先说："老人家您代代清白，却不能和皇室联姻，人家把您当作猪狗来对待，而您却不曾认为这是一种耻辱，还想要为皇帝献身，这不也是很糊涂的事吗？!"范晔家人内行不正，所以，孔熙先就用这些来激怒范晔。范晔默不作声，造反的决心于是下定了。

范晔和吏部尚书沈演之都为文帝所信任。每次范晔先到朝廷时，一定要等待沈演之，然后一同入宫。可是沈演之先到，却曾经单独被文帝先行召见，范晔因为这事怀有怨气。范晔曾经一直做刘义康的府佐，在此期间，他得罪过刘义康。但谢综和他的父亲谢述却都受到刘义康的厚待，谢综的弟弟谢约又娶了刘义康的女儿。谢综现在是刘义康的记室参军，他从豫章回到建康，向范晔申述了刘义康对他所表示的歉意，请求范晔谅解过去的隔阂，于是，二人又像往日一样友好。大将军府史仲承祖受到刘义康的宠爱，听说孔熙先图谋反叛，于是与他秘密结交。丹杨尹徐湛之平素也一直被刘义康所喜爱，所以仲承祖便因此极力结交侍奉徐湛之，并把孔熙先等人的秘密计划告诉了徐湛之。道士法略、尼姑法静都感激刘义康的旧恩，也跟孔熙先来往。法静的妹夫许曜在宫廷中率领禁卫，他向孔熙先等人许诺做他们的内应。法静到豫章，孔熙先交给她一封信，向刘义康陈说图谶的含义。这样，他们暗地计划部署，对于平素与他们关系不好的人，都一并列入诛死的名册里。孔熙先又派他的弟弟孔休先作一篇声讨的文章，言称："叛臣赵伯符恣意使用武器冒犯皇帝，并对皇太子刘劭造成了极大的威胁，为此，徐湛之、范晔等人不顾自己的性命奋力挥戈战斗，即日内杀赵伯符和他的党羽。现在，派护军将军臧质捧着皇帝的玉玺绶带去迎接彭城王刘义康正式登基。"孔熙先认为发起大事应该用刘义康的旨令告谕大家，于是，范晔又伪造刘义康写给徐湛之的书信，命令他杀掉文帝身边的坏人，把这封信拿给同党们看。

【原文】

二十三年（丙戌，446年）

魏主与崔浩皆信重寇谦之，奉其道。浩素不喜佛法，每言于魏主，以为佛法虚诞，为世费害，宜悉除之。及魏主讨盖吴，至长安，入佛寺，沙门饮从官酒；从官入其室，见大有兵器，出以白帝，帝怒曰："此非沙门所用，必与盖吴通谋，欲为乱耳。"命有司按诛阖寺沙门，阅其财产，大得酿具及州郡牧守、富人所寄藏物以万计，又为窟室以匿妇女。浩因说帝悉诛天下沙门，毁诸经像，帝从之。寇谦之与浩固争，浩不从。先尽诛长安沙门，焚毁经像，并敕留台下四方，令一用长安法。诏曰："昔后汉荒君，信惑邪伪以乱天常，自古九州之中，未尝有此。夸诞大言，不本人情，叔季之世，莫不眩焉。由是政教不行，礼义大坏，九服之内，鞠为丘墟。朕承天绪，欲除伪定真，复羲、农之治，其一切荡除，灭其踪迹。自今已后，敢有事胡神及造形象泥人、铜人者门诛。有非常之人，然后能行非常之事，非朕孰能去此历代之伪物！有司宣告征镇诸军、刺史，诸有浮图形像及胡经，皆击破焚烧，沙门无少长悉坑之！"太子晃素好佛法，屡谏不听；乃缓宣诏书，使远近豫闻之，得各为计，沙门多亡匿获免，或收藏经像，唯塔庙在魏境者无复孑遗。

【译文】

二十三年（丙戌，公元446年）

北魏国主拓跋焘同司徒崔浩都很尊重信任寇谦之，也信奉寇谦之的道教。崔浩向来就不喜欢佛教，经常向拓跋焘进言，认为佛教虚幻荒诞，在世上浪费财物损害百姓，应该全部灭掉。拓跋焘讨伐盖吴，后来到长安，进入一座佛教寺院，和尚让拓跋焘的侍从将官们喝酒。拓跋焘的侍从将官来到和尚居住的房里时，发现那里有许多兵器，出来告诉了拓跋焘。拓跋焘勃然大怒，说："这不是和尚应该使用的东西，他们一定是同盖吴相通，想作乱的。"于是，命令有关部门将全寺院的和尚都杀了。查封寺院的财产时，又发现酿酒的工具及州郡牧守、富人们所寄藏在这里数以万计的东西，又发现和尚挖的地下密室用来藏匿妇女。崔浩因此劝说拓跋焘将世上的和尚全都斩尽杀绝，毁掉各种佛经佛像，拓跋焘接受了他的建议。寇谦之极力劝阻崔浩，崔浩不听。他们首先杀了长安的和尚，焚毁佛经和佛像，并下诏给留台，让他通令全国，按长安诛杀和尚的办法去做。诏书上说："从前，后汉荒淫无道的昏君信奉迷惑人的又假又邪的神来扰乱天道常规，这是自古以来，在九州之内未曾发生过的事。夸张荒诞的大话，根本不符合人的常情常理，在国家将要灭亡时是没有人不受到迷惑的。因此，国家政治教化不能推行，礼义大遭破坏，普天之下，荡乏穷困，都变成了荒丘废墟。我承继上天的旨令，想要铲除伪善，保留真正实在的东西，恢复伏羲、神农时期的太平安定的社会，应将佛教全都荡除，消灭它的痕迹。从今以后，胆敢事奉胡人所信奉的神以及塑造这些神的泥像、铜像者满门抄斩。有不平常的人，然后才会实行不平常的事。不是我，又有谁能消除这历经多少代的虚假的东西！有关部门要通告在外地征战或驻守的各位将领、刺史，凡有佛像和佛经等等的东西都必须打毁焚烧，和尚不管年纪大小都活埋了。"太子拓跋晃平素就喜欢佛法，他多次劝谏，但拓跋焘不听。他只好拖延时间，慢慢将诏书发下去，这就使远近寺院的和尚事先得到消息，各自想办法脱身，许多和尚都逃走藏了起来，幸免于难，有的把佛经佛像收藏起来，只有在北魏境内的佛塔、寺庙全都不复存在。

宋纪七

【原文】

太祖文皇帝中之下元嘉二十四年（丁亥，447年）

初，上以货重物轻，改铸四铢钱。民多翦凿古钱，取铜盗铸。上患之。录尚书事江夏王义恭建议，请以大钱一当两。右仆射何尚之议曰："夫泉贝之兴，以估货为本，事存交易，岂假多铸！数少则币重，数多则物重，多少虽异，济用不殊。况复以一当两，徒崇虚价者邪！若今制遂行，富人之赀自倍，贫者弥增其困，惧非所以使之均壹也。"上卒从义恭议。

【译文】

宋文帝元嘉二十四年（丁亥，公元447年）

当初，刘宋文帝认为钱币贵而货物贱，下令改铸新的四铢钱，老百姓也有很多人把古钱毁掉，用这些铜自己偷偷铸造新钱，文帝为此很忧心。录尚书事江夏王刘义恭向文帝建议，请求用一个大钱当两个小钱。右仆射何尚之发表议论说："钱币的兴起，是以估量货物的价值为标准的，这种事情只要有买卖交易就会存在，怎能凭借多铸钱币来影响它呢！钱币数量少钱币价值就高，钱币数量多货物价值就高，钱币的数量多少虽然不一样，但它们的使用功能却没有什么不同。何况用一个大钱当作二个小钱，只是增加了表面价值呢！如果我们实行这个以一个大钱当二个小钱花的办法，富人的财物自然会成倍增加，贫苦百姓则会更加贫困起来，这样做恐怕并不是我们要使社会达到贫富均衡的好办法。"文帝最终采纳了刘义恭的建议。

【原文】

二十七年（庚寅，450年）

魏司徒崔浩，自恃才略及魏主所宠任，专制朝权，尝荐冀、定、相、幽、并五州之士数十人，皆起家为郡守。太子晃曰："先征之人，亦州郡之选也；在职已久，勤劳未答，宜先补郡县，以新征者代为郎吏。且守令治民，宜得更事者。"浩固争而遣之。中书侍郎、领著作郎高允闻之，谓东宫博士管恬曰："崔公其不免乎！苟遂其非而校胜于上，将何以堪之！"

魏主以浩监秘书事，使与高允等共撰《国记》，曰："务从实录。"著作令史闵湛、郗标，性巧佞，为浩所宠信。浩尝注《易》及《论语》《诗》《书》，湛、标上疏言："马、郑、王、贾不如浩之精微，乞收境内诸书，班浩所注，令天下习业。并求敕浩注《礼传》，令后生得观正义。"浩亦荐湛、标有著述才。湛、标又劝浩刊所撰国史于石，以彰直笔。高允闻之，谓著作郎宗钦曰："湛、标所营，分寸之间，恐为崔门万世之祸，吾徒亦无噍类矣！"浩竟用湛、标议，刊石立于郊坛东，方百步，用功三百万。浩书魏之先世，事皆详实，列于衢路，往来见者咸以为言。北人无不忿恚，相与谮浩于帝，以为暴扬国恶。帝大怒，使有司按浩及秘书郎吏等罪状。

及崔浩被收，太子召允至东宫，因留宿。明旦，与俱入朝，至宫门，谓允曰："入见至尊，吾自导卿；脱至尊有问，但依吾语。"允曰："为何等事也？"太子曰："入自知之。"太子见帝，言"高允小心缜密，且微贱；制由崔浩，请赦其死！"帝召允，问曰："《国书》皆浩所为乎？"对曰："《太祖记》，前著作郎邓渊所为；《先帝记》及《今记》，臣与浩共为之。然浩所领事多，总裁而已，至于著述，臣多于浩。"帝怒曰："允罪甚于浩，何以得生！"太子惧曰："天威严重，允小臣，迷乱失次耳。臣向问，皆云浩所为。"帝问允："信如东宫所言乎？"对曰："臣罪当灭族，不敢虚妄。殿下以臣侍讲日久，哀臣，欲丐其生耳。实不问臣，臣亦无此言，不敢迷乱。"帝顾太子曰："直哉！此人情所难，而允能为之！临死不易辞，信也；为臣不欺君，贞也。宜特除其罪以旌之。"遂赦之。

于是召浩前，临诘之。浩惶惑不能对。允事事申明，皆有条理。帝命允为诏，诛浩及僚属宗钦、段承根等，下至僮吏，凡百二十八人，皆夷五族；允持疑不为。帝频使催切，允乞更一见，然后为诏。帝引使前，允曰："浩之所坐，若更有余衅，非臣敢知；若直以触犯，罪不至死。"帝怒，命武士执允。太子为之拜请，帝意解，乃曰："无斯人，当有数千口死矣。"

【译文】

二十七年（庚寅，公元450年）

北魏司徒崔浩，自恃才能谋略很高并被北魏国主所宠爱信任，独揽朝中大权。他曾经推荐冀、定、相、幽、并五洲的士人几十人直接做郡守。太子拓跋晃说："早先征聘的人才，也是被作为州郡官入选的，他们担任这一职务已经很久了，辛勤劳苦却一直没得到过朝廷的报答，应该首先补充他们作郡县守令，让新征聘的人代替他们做郎吏。而且太守、县令管理百姓，应该由经历过世面有经验的人来担当。"但是，崔浩坚持力争，派这些人就任。中书侍郎兼著作郎高允听说后对东宫博士管恬说："崔浩恐怕免不了一场灾祸。为了顺遂自己未必正确的私心而同朝廷有权势的人对抗争胜，他将用什么来保全自己呢？"

北魏国主任命崔浩兼管秘书事务，让他和高允等人共同撰写《国记》，对他们说："一定要根据事实撰写。"著作令史闵湛、郗标，性情乖巧、奸佞，很受崔浩宠信，崔浩曾经注解《易经》《论语》《诗经》《书经》，闵湛、郗标就上疏建议说："马融、郑玄、王肃、贾逵所做的注解，都不如崔浩的准确有深度，我们恳求陛下没收国内由这些人作注的各种书，颁布崔浩的注本，命令全国上下都来学习。我们还请求陛下下令让崔浩继续注解《礼传》，使后人将来能看到正确的释义。"崔浩也极力推荐闵湛、郗标有著书立说的才能。而闵湛、郗标反过来又建议崔浩把他所撰写的《国史》刻在石碑上，以此来显示作者崔浩的秉笔直书。高允听说这件事后又对著作郎宗钦说："闵湛、郗标所搞的这一切，若有一点差错，恐怕就会给崔家带来万世的灾祸，我们这些人也不会幸免。"崔浩竟然采纳了闵湛、郗标的建议，把《国史》刻在石碑上，立在郊外祭祀的神坛东侧，占地一百步见方，这一工程共使用劳力三百万。崔浩写北魏祖先们的事迹，每件事都非常详细真实，他把这些陈列在交通要道上，来来往往过路的人看见后都用这些作为谈论的材料，北方鲜卑人对此没有非常愤怒的，他们纷纷向北魏国主说崔浩的坏话，认为这是大肆张扬祖先的过错和污点。北魏国主大怒，派有关部门调查处理崔浩和其他秘书郎吏的罪。

  等到崔浩被捕入狱，太子拓跋晃召高允到东宫，留他住了一夜。第二天早晨，拓跋晃与高允一同进宫朝见，二人来到宫门时，拓跋晃对高允说："我们进去拜见皇上，我自会引导你该做些什么。一旦皇上有什么问话，你只管按照我的话去回答。"高允问他说："出了什么事吗？"太子拓跋晃说："你进去自然就知道了。"太子拜见北魏国主说："高允做事小心审慎，而且地位卑贱，人微言轻，所有的一切都是由崔浩主管制定的，我请求您赦免他的死罪。"北魏国主召见高允，问高允说："《国书》都是崔浩一人写的吗？"高允回答说："《太祖记》由前著作郎邓渊撰写，《先帝记》和《今记》是我和崔浩两人共同撰写的。但是崔浩兼事很多，他只不过是总揽了《国书》的大纲而已，并未亲自撰写多少，至于撰写工作，我做得要比崔浩多得多。"北魏国主大怒说："高允的罪行要比崔浩要严重，怎么能让他不死呢？"太子拓跋晃很害怕，说："陛下盛怒之下威严凝重，高允这么一个小臣被您的威严吓得惊慌失措、失去理智而语无伦次了。我以前曾经问过他这件事，他说全是崔浩一人干的。"北魏国主质问高允说："真的像太子所说的那样吗？"高允回答说："以我的罪过是应该灭族的，不敢用虚假的话欺骗您。太子是因为我很久以来一直在他身边侍奉讲书而可怜我的遭遇，想要放我一条生路。实际上，他确实没有问过我，我也确实没有对他说这些话，我不敢胡言乱语欺骗您。"北魏国主回过头去对太子说："这就是正直呵！这在人情上很难做到，而高允却能做得到！马上就要死了却也不改变他说的话，这就是诚实。作为臣子，不欺骗皇帝，这就是忠贞。应该特别免除他的罪，作为榜样而褒扬他的品质。"于是，赦免了高允。

  此时，北魏国主又召见崔浩前来，亲自审问他。崔浩恐慌迷惑回答不上来。而高允当时却是件件事申述得明明白白，有条有理。北魏国主于是命令高允写诏书：诛斩崔浩和他的幕僚宗钦、段承根等人，以及他们的部属、僮仆，共有一百二十八人，全都夷灭五族。高允犹豫不敢下笔，北魏国主多次派人催促，高允恳求再晋见北魏国主一次，然后再写诏书。北魏国主命人将他带到自己跟前，高允说："崔浩被捕入狱，如果还有其他别的原因，我不敢多说。如果仅仅是因为他冒犯了皇族，他的罪过还达不到被处死的程度。"北魏国主大怒，命令武士逮捕高允。太子拓跋晃为他求情，北魏国主的怒气才稍稍平息，说："没有这个人，就该会有几千人被处死。"

资治通鉴第一百二十六卷

宋纪八

【原文】

太祖文皇帝下之上元嘉二十八年（辛卯，451年）

魏主就臧质求酒，质封溲便与之；魏主怒，筑长围，一夕而合；运东山土石以填堑，作浮桥于君山，绝水陆道。魏主遗质书曰："吾今所遣斗兵，尽非我国人，城东北是丁零与胡，南是氐、羌。设使丁零死，正可减常山、赵郡贼；胡死，减并州贼；氐、羌死，减关中贼。卿若杀之，无所不利。"质复书曰："省示，具悉奸怀。尔自恃四足，屡犯边。王玄谟退于东，申坦散于西，尔知其所以然邪？尔独不闻童谣之言乎？盖卯年未至，故以二军开饮江之路耳；冥期使然，非复人事。寡人受命相灭，期之白登，师行未远。尔自送死，岂容复令尔生全，飨有桑乾哉！尔有幸得为乱兵所杀，不幸则生相锁缚，载以一驴，直送都市耳。我本不图全，若天地无灵，力屈于尔，赍之，粉之，屠之，裂之，犹未足以谢本朝。尔智识及众力，岂能胜苻坚邪！今春雨已降，兵力四集，尔但安意攻城，勿遽走！粮食乏者可见语，当出廪相贻。得所送剑刃，欲令我挥之尔身邪？"魏主大怒，作铁床，于其上施铁镵，曰："破城得质，当坐之此上。"质又与魏众书曰："尔语房中诸士庶佛狸所与书，相待如此。尔等正朔之民，何为自取糜灭，岂可不知转祸为福邪！"并写台格以与之云："斩佛狸首，封万户侯，赐布、绢各万匹。"

魏人以钩车钩城楼，城内系以驱絙，数百人叫呼引之，车不能退。既夜，缒桶悬卒出，截其钩，获之。明旦，又以冲车攻城，城土坚密，每至，颓落不过数升。魏人乃肉薄登城，分番相代，坠而复升，莫有退者，杀伤万计，尸与城平。凡攻之三旬,不拔。会魏军中多疾疫,或告以建康遣水军自海入淮,又敕彭城断其归路;二月,丙辰朔,魏主烧攻具退走。盱眙人欲追之,沈璞曰:"今兵不多,虽可固守,不可出战,但整舟楫,示若欲北渡者:以速其走,计不须实行也。"

臧质以璞城主,使之上露版,璞固辞,归功于质。上闻,益嘉之。

魏人凡破南兖、徐、兖、豫、青、冀六州,杀伤不可胜计,丁壮者即加斩截,婴儿贯于槊上,盘舞以为戏。所过郡县,赤地无馀,春燕归,巢于林木。魏之士马死伤亦过半,国人皆尤之。

上每命将出师,常授以成律,交战日时,亦待中诏,是以将帅趑趄,莫敢自决。又江南白丁,轻易进退,此其所以败也。自是邑里萧条,元嘉之政衰矣。

【译文】

宋文帝元嘉二十八年(辛卯,公元451年)

北魏国主派人向盱眙守将臧质索要好酒,臧质在罐子里撒了泡尿送给他。北魏国主大怒,下令修筑长围墙,一个晚上就修好接在了一起。又搬来东山上的泥土石头填平壕沟,在君山上造起了一座浮桥,从而彻底切断了盱眙的水陆通道。北魏国主给臧质写了封信,说:"我现在派出去的攻城军队,都不是我们本国本族人,城东北的是丁零人和匈奴人,城南的是氐人和羌人,假设让丁零人死了,正可以减少常山、赵郡的贼寇;匈奴人死了,正好减少了并州的贼寇;氐人、羌人死了,当然也就减少了关中的贼寇。你如果真的杀掉了他们,对我们没有什么不利的地方。"臧质回信说:"看了你的信,我完全明白了你的奸诈之心。你自己依仗着马匹,多次进犯我国边境。王玄谟被你击败在东边,申坦军又在西边被你攻散,你知道这是为什么吗?你难道没有听见一首童谣里所说的吗?只因卯年还没有来到,所以,我们用两路军队引导着你们走上饮长江水的道路罢了。冥期已经注定,这并不是任何人所能改变得了的。我奉命前来消灭你们,原预定要到达白登,可是,军队还没有走出多远,就遇到你们自己前来送死了,我怎么能让你再活着回去,到桑乾河享受荣华富贵呢?如果你幸运的话,当被乱军所杀;如果你不走运,被我们活捉后,就会用锁链锁住你的脖子,让一头小毛驴驮着你,把你一直押送到我们的都城建康。

我本来就不打算全尸,如果天地没有显灵,我被你打败,即使被剁成肉酱,碾成粉末,宰割车裂,也都不足以向我们朝廷表示我的歉疚。你的智慧见识以及军队的力量,哪里超得过苻坚呢!如今,已经下起春雨,我们的各路大军就要集合起来,你只管一心一意去攻城吧,千万不要立刻逃走!如果你们粮食不够吃,可以告诉我们,我们一定会打开粮仓馈赠给你们。你派人送来的刀剑我已收到,你的意思是不是想让我挥刀斩了你呢?"北魏国主看完臧质的信,气得浑身发抖,他命令手下人制造了一个大铁床,把刀尖锥尖朝上放在铁床上,说:"攻破城池,抓住臧质,我一定让他坐在这张铁床上。"臧质又给北魏大军写了封信,说:"你们告诉胡房中各位士人百姓:佛狸拓跋焘在给我写的信上,这样对待你们。你们本来是刘宋臣民,为什么要去自取灭亡呢?你们怎么不知道转祸为福呢?"同时,臧质又将朝廷的悬赏写在信上告诉他们说:"砍下佛狸的人头的,封为万户侯,赏赐棉布、丝绸各一万匹。"

北魏军队用钩车钩住城楼,城内军队就用铁环制成的大铁链,拴住钩车,然后再让几百士卒高声呼喊拉住铁链使北魏军的钩车无法后退。入夜以后,守军用大桶把军士从城上放下,砍断北魏军的车钩,缴获了这种工具。第二天天亮,北魏军又改用冲城车攻城,但城墙坚硬牢固,冲城车每次冲撞,撞下墙土也不超过几升。于是,北魏军就采用肉搏战术开始攻城,他们把士卒分为几个梯队,轮番往城墙上爬,从城上摔下又继续向上爬,没有一个人后退,死伤士卒数以万计,尸体堆积得与城墙一样高。北魏军这样围攻了三十天,仍未攻下。这时,又赶上北魏军中瘟疫流行,有人报告说,宋朝水军从东海进入淮河了,刘宋朝廷又下令彭城守军切断北魏军队回归的道路。二月,丙辰朔(疑误),北魏国主下令焚毁攻城器具,而后撤退。盱眙守军想要追击,沈璞说:"现在,我们的兵力并不多,虽然可以固守城池,却不可以出城讨战。不过,我们仍然要整治好船只,做出要北渡淮河的样子,这样,就可以促使他们更快地离开,估计并不需要真的去做。"

臧质认为沈璞是盱眙城主,就请他向朝廷发出报捷的奏表,沈璞坚决辞让,而把功劳全都归于臧质一人。文帝听说后,对他更是倍加嘉许。

北魏军队一共击破了南兖、徐、北兖、豫、青、冀等六州,杀死杀伤的人无法统计。他们抓到青壮年立即斩首或拦腰砍断,婴幼儿则用铁矛刺穿,然后挥动铁矛进行游戏。魏军经过的郡县，都成千里荒地。春天，燕子回来了，只能在树林里筑巢。北魏军的人马也死伤了一多半，北魏国人也都大有怨言。

文帝每次命令将领们率兵作战，常常把已拟定好的作战计划交给他们，甚至交战的日子，也都要等待皇帝的命令，因此，军中将帅总是犹犹豫豫，没有谁胆敢自己决定什么。此外，没有经过训练的江南士卒，常常是打胜了就争着前进，打败了则争先恐后地逃命，这就是刘宋军所以战败的重要原因。从此以后，刘宋国内走向萧条衰败阶段，元嘉时代的盛况日趋衰落了。

【原文】

二十九年（壬辰，452年）

魏世祖追悼景穆太子不已；中常侍宗爱惧诛，二月甲寅，弑帝，尚书左仆射兰延、侍中和疋、薛提等秘不发丧。疋以皇孙浚冲幼，欲立长君，征秦王翰，置之秘室；提以浚嫡皇孙，不可废。议久不决。宗爱知之，自以得罪于景穆太子，而素恶秦王翰，善南安王余，乃密迎余自中宫便门入禁中，矫称赫连皇后令召延等。延等以爱素贱，不以为疑，皆随入。爱先使宦者三十人持兵伏于禁中，延等入，以次收缚，斩之；杀秦王翰于永巷而立余。大赦，改元承平，尊皇后为皇太后，以爱为大司马、大将军、太师、都督中外诸军事、领中秘书，封冯翊王。

初，潘淑妃生始兴王浚。元皇后性妒，以淑妃有宠于上，恚恨而殂，淑妃专总内政。由是太子劭深恶淑妃及浚。浚惧为将来之祸，乃曲意事劭，劭更与之善。

吴兴巫严道育，自言能辟谷服食，役使鬼物；因东阳公主婢王鹦鹉出入主家。道育谓主曰：“神将有符赐主。”主夜卧，见流光若萤，飞入书笥，开视，得二青珠；由是主与劭、浚皆信惑之。劭、浚并多过失，数为上所诘责；使道育祈请，欲令过不上闻。道育曰：“我已为上天陈请，必不泄露。”劭等敬事之，号曰天师。其后遂与道育、鹦鹉及东阳主奴陈天与、黄门陈庆国共为巫蛊，琢玉为上形像，埋于含章殿前；劭补天与为队主。

东阳主卒，鹦鹉应出嫁，劭、浚恐语泄，浚府佐吴兴沈怀远，素为浚所厚，以鹦鹉嫁之为妾。

上闻天与领队，以让劭曰："汝所用队主副，并是奴邪？"劭惧，以书告浚。浚复书曰："彼人若所为不已，正可促其余命，或是大庆之渐耳。"劭、浚相与往来书疏，常谓上为"彼人"，或曰"其人"，谓江夏王义恭为"佞人"。

鹦鹉先与天与私通，既适怀远，恐事泄，白劭使密杀之。陈庆国惧，曰："巫蛊事，惟我与天与宣传往来。今天与死，我其危哉！"乃具以其事白上。上大惊，即遣收鹦鹉；封籍其家，得劭、浚书数百纸，皆咒咀巫蛊之言；又得所埋玉人，命有司穷治其事。道育亡命，捕之不获。

先是，浚自扬州出镇京口，及庐陵王绍以疾解扬州，意谓已必复得之。既而上用南谯王义宣，浚殊不乐，乃求镇江陵；上许之。浚入朝，遣还京口，为行留处分，至京口数日而巫蛊事发。上惋叹弥日，谓潘淑妃曰："太子图富贵，更是一理，虎头复如此，非复思虑所及。汝母子岂可一日无我邪！"遣中使切责劭、浚，劭、浚惶惧无辞，惟陈谢而已。上虽怒甚，犹未忍罪也。

【译文】

二十九年（壬辰，公元452年）

北魏国主一直在追念、哀痛太子拓跋晃。中常侍宗爱害怕自己被杀，二月，甲寅（初五），刺杀了北魏国主。尚书左仆射兰延、侍中和疋、薛提等人，没有宣布死讯。和疋认为皇孙拓跋浚年纪尚小，所以，打算立年龄稍大的君王。于是，征召秦王拓跋翰入宫，把他安置在一个秘密房间里。但薛提却认为拓跋浚是嫡亲皇孙，不应该废黜。反复讨论很久也没有决定下来。宗爱得到消息，自认为他已得罪于景穆太子，而平时一向就讨厌秦王拓跋翰，只跟南安王拓跋余关系密切，于是，他就把拓跋余秘密迎来，从中宫小门进入后宫，然后，他假传赫连皇后的命令，召见兰延等人。兰延等人认为宗爱的地位一向很低，所以根本没有怀疑，全都随宗爱进宫了。在这之前，宗爱就已经派三十个宦官手持武器在宫中埋伏起来，兰延等人入宫，就被这些伏兵一个个抓起来杀了。在永巷把秦王拓跋翰杀掉，而拥护南安王拓跋余登基。拓跋余登基后，实行大赦，改年号为承平，将皇后赫连尊立为皇太后，任命宗爱为大司马、大将军、太师、都督中外诸军事及领中秘书，封为冯翊王。

当初，刘宋文帝潘淑妃生下了刘濬，被封为始兴王。元皇后袁妢生性好嫉妒，因为潘淑妃很受文帝的宠爱，她自己怨恨而死，潘淑妃开始总管皇宫内政事务。因此，太子刘劭对潘淑妃和刘濬都深为痛恨。刘濬害怕成为将来的后患，于是就委曲求全，极力讨好刘劭，刘劭也慢慢解除了自己的敌意，跟刘濬的感情也越来深厚了。

吴兴女巫严道育，自称能不食人间烟火，驱使鬼神做事。由于东阳公主刘英娥的婢女王鹦鹉的推荐，使得她也得以出入公主家宅。严道育对公主说："神灵要有吉祥物赏赐给公主。"晚上，公主躺在床上，果然就看见一道像萤火样的流光闪过，飞进竹制的书箱里，打开书箱一看，看见里面有两颗青色宝珠。自此以后，刘英娥和刘劭、刘濬三兄妹，都对严道育的巫术深信不疑。刘劭、刘濬二人犯了很多错误，为此也多次受文帝的责怪盘问，于是，二人就请严道育祈求鬼神，请求鬼神帮忙，要让文帝再也听不到他们犯的错误。严道育说："我已经替你们向上天诉说你们的情况，上天已经答应以后一定不会再让皇上知道你们的过失。"刘劭等对严道育更加尊敬，恭敬侍奉，称她为天师。从此以后，刘劭、刘濬就跟严道育、王鹦鹉及东阳公主刘英娥的家奴陈天与、黄门陈庆国一起从事巫术害人的活动，他们用玉石雕刻了一座文帝的雕像，把它埋在含章殿前。刘劭又增补陈天与为太子宫的队主。

东阳公主刘英娥去世，王鹦鹉应该出嫁，但刘劭、刘濬唯恐他们的巫术活动泄露出去。刘濬府中的辅佐、吴兴人沈怀远一向受刘濬的厚爱，刘濬就把王鹦鹉嫁给了沈怀远为妾。

文帝听到陈天与担任队主的消息后，责怪刘劭说："你所任用的队主、队副，为什么都是家奴？"刘劭听后非常害怕，就写信告诉了刘濬，刘濬回信说："那个人如果一直问个不休，正可以加速缩短他的余生，或许这也是值得大庆的日子即将到来了。"在刘劭和刘濬二人相互往来的信件上，经常把文帝称为："彼人"，"其人"，而把江夏王刘义恭称为"佞人"。

王鹦鹉以前曾和陈天与私通过，嫁给沈怀远以后，她害怕过去的奸情败露出去，就把此事告诉了刘劭，让刘劭派人暗地里把陈天与杀了灭口。陈天与被杀后，陈庆国害怕了，说："巫术害人之事，只有我和陈天与上下传达。如今陈天与死了，我也就岌岌可危了。"于是，就将以上所有事情全都报告了文帝。文帝听后大吃一惊，马上派人逮捕了王鹦鹉，搜查了她的家，在她家里找到了刘劭、刘濬二人的几百封往来信件，信上所写的都是些巫术害人的话。又挖出了埋藏在含章殿前的玉石雕刻的文帝像。文帝下令有关部门将这件事严加追查。严道育出走逃命，没有抓到。

在此以前，刘濬从扬州而被调到京口镇守。庐陵王刘绍因病辞去扬州刺史时，刘濬心想，自己一定会再次得到扬州刺史这一官职。不久，文帝却任用了南谯王、荆州刺史刘义宣为扬州刺史，刘濬很不高兴，于是，他向文帝请求去镇守江陵，文帝答应了他的要求。刘濬就从京口回到京师朝见文帝，文帝让他再回京口，办理交接等事情。他回到京口几天，他们的巫术害人一事败露。文帝为此整天惊叹、惋惜，对潘淑妃说："太子刘劭贪图荣华富贵，还可以理解他有自己的理由，但虎头（刘濬）也做出这样的事来，这不是我反复思考所能想到的事。你们母子二人怎么能够可以一天没有我呢？"文帝又派中使严厉斥责刘劭和刘濬兄弟二人。刘劭和刘濬惶惶然，无言对答，只是认罪，请求文帝处罚而已。文帝虽然十分气愤，但最终还是不忍心处罚他们。

宋纪九

【原文】

太祖文皇帝下之下元嘉三十年（癸巳，453年）

严道育之亡命也，上分遣使者搜捕甚急。道育变服为尼，匿于东宫，又随始兴王浚至京口，或出止民张旿家。浚入朝，复载还东宫，欲与俱往江陵。丁巳，上临轩，浚入受拜。是日，有告道育在张旿家者，上遣掩捕，得其二婢，云道育随征北还都。上谓浚与太子劭已斥遣道育，而闻其犹与往来，惆怅惋骇，乃命京口送二婢，须至检覆，乃治劭、浚之罪。

潘淑妃抱浚泣曰："汝前祝诅事发，犹冀能刻意思愆；何意更藏严道育！上怒甚，我叩头乞恩不能解，今何用生为！可送药来，当先自取尽，不忍见汝祸败也。"浚奋衣起曰："天下事寻自当判，愿小宽虑，必不上累！"

帝欲废太子劭，赐始兴王浚死，先与侍中王僧绰谋之；使僧绰寻汉魏以来废太子、诸王典故，送尚书仆射徐湛之及吏部尚书江湛。

僧绰曰："建立之事，仰由圣怀。臣谓唯宜速断，不可稽缓。'当断不断，反受其乱。'愿以义割恩，略小不忍；不尔，便应坦怀如初，无烦疑论。事机虽密，易致宣广，不可使难生虑表，取笑千载。"帝曰："卿可谓能断大事。然此事至重，不可不殷勤三思。且彭城始亡，人将谓我无复慈爱之道。"僧绰曰："臣恐千载之后，言陛下惟能裁弟，不能裁儿。"帝默然。江湛同侍坐，出阁，谓僧绰曰："卿向言将不太伤切直！"僧绰曰："弟亦恨君不直！"

铄自寿阳入朝，既至，失旨。帝欲立宏，嫌其非次，是以议久不决。每夜与湛

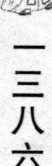

之屏人语，或连日累夕。常使湛之自秉烛，绕壁检行，虑有窃听者。帝以其谋告潘淑妃，淑妃以告濬，濬驰报劭。劭乃密与腹心队主陈叔儿、斋帅张超之等谋为逆。

【译文】

宋文帝元嘉三十年（癸巳，公元453年）

  女巫严道育逃走之后，文帝派出人马，到各地严加搜捕，形势很紧迫。严道育把自己打扮成尼姑的样子，一直躲藏在太子宫内，后来又随始兴王刘濬到了京口，有时，她也出入当地居民张旿家里。刘濬进京朝见文帝，又把她偷偷带回到了太子宫，打算携她一道前往江陵。丁巳（正月十一日），文帝升殿，刘濬入殿，接受荆州刺史之职。当天，有人向朝廷告发严道育藏在张旿家，文帝派人突然前去搜捕，抓到了严道育的两个婢女，供说严道育已经跟着征北将军刘濬回到了京都。文帝一直认为刘濬和太子刘劭已经赶走了严道育，现在忽然听说他仍然和严道育秘密来往，不禁大为惊异叹惋，非常伤心。他命令京口官府把两个婢女押送到京师，等到调查完后，再决定如何定刘劭和刘濬的罪过。

  潘淑妃抱住刘濬，哭着说："你上次与严道育一起进行巫咒蛊惑的事情败露，当时我还希望你能仔细反省自己的过失，哪里想到你还把严道育窝藏起来了！皇上气得不得了，尽管我跪下叩头乞求他开恩，都不能使他平息愤怒，现在这样，我活着还有什么用呢？你可以先把毒药给我送来，我该先行一步自杀，因为我实在不忍心看见你自己闯祸，弄得身败名裂啊。"刘濬听完，立刻挣脱开母亲，跳起来说："天下大事都要靠自己来解决裁断，我希望您能稍放宽心，我肯定不会连累您！"

南朝青釉博山炉

  文帝打算废黜太子刘劭，并要赐始兴王刘濬自杀，事先和侍中王僧绰商议。文帝让王僧绰查找汉魏以来废黜太子、诸亲王的事例，分别送给尚书仆射徐湛之和吏部尚书江湛。

  王僧绰说："封立太子这件事，应由陛下做主决定。我以为应该立即决断，不能再等待拖延了。'当断不断，反受其乱。'但愿陛下您能用国家大义去割舍您的骨肉亲情，不要在小事上不忍。不然您就应该像当初那样以父情对待儿子，不再不厌其烦地怀疑谈论这些事。决定重新封立太子一事虽然是在极保密的情况下进行的，最终也还是容易泄漏出去，不应该让灾难发生在您的意料之外，而被后世所耻笑。"文帝说："你真可以说是能够决断大事的人。可是，这件事事关重大，不能不非常小心谨慎，三思而后行。而且，彭城王刘义康刚刚去世，我这样做，别人将会说我是不再有慈爱之心的人了。"王僧绰说："我恐怕千年以后，人们会说陛下您只能制裁弟弟，而不能制裁儿子。"文帝沉默无语。当时，江湛也一同陪坐，出了宫门后，他对王僧绰说："你刚才说的那些话，恐怕过于直切些了！"王僧绰回答说："我也很遗憾你太不直切了。"

　　刘铄从寿阳回朝，到京之后，很令文帝失望。文帝打算封立刘宏为太子，可是，他又担心不符合长幼次序，因而，商议许久也决定不下来。每天夜里，文帝都要跟徐湛之秘密商谈，有时甚至是整天整夜。文帝还经常让徐湛之亲自举着蜡烛，绕着墙壁进行检查，唯恐有人窃听。文帝把这一计划告诉了潘淑妃。潘淑妃告诉了刘浚，刘浚骑马飞奔去告诉了刘劭。刘劭于是立刻和他的心腹、队主陈叔儿及斋帅张超之等人谋划制造叛乱。

资治通鉴第一百二十八卷

宋纪十

【原文】

世祖孝武皇帝上孝建元年（甲午，454年）

诏右仆射考延孙使荆、江二州，旌别枉直，就行诛赏；且分割二州之地，议更置新州。

初，晋氏南迁，以扬州为京畿，谷帛所资皆出焉；以荆、江为重镇，甲兵所聚尽在焉，常使大将居之。三州户口，居江南之半，上恶其强大，故欲分之。癸未，分扬州浙东五郡置东扬州，治会稽；分荆、湘、江、豫州之八郡置郢州，治江夏；罢南蛮校尉，迁其营于建康。太傅义恭议使郢州治巴陵，尚书令何尚之曰："夏口在荆、江之中，正对沔口，通接雍、梁，实为津要。由来旧镇，根基不易，既有见城，浦大容舫，于事为便。"上从之。既而荆、扬因此虚耗。尚之请复合二州，上不许。

【译文】

宋孝武帝孝建元年（甲午，公元454年）

孝武帝刘骏诏令右仆射刘考孙前往荆州和江州，调查甄别忠奸曲直，就地进行奖赏和惩处。并且，将这二州的地区进行分割，拟议再设置一个新州。

当初，晋朝向南迁移时，曾经把扬州作为京畿，朝廷所需要的布帛粮食等等，都由扬州提供。同时，晋朝又把荆州和江州作为军事要镇，全国的精锐部队全都聚

集在这二州，常派大将驻守。这三个州的人口数目，占了长江以南地区人口总数的一半。如今，孝武帝嫌这三地的军力、民力过于强大，所以打算把它们分割开来。癸未（六月十八日），在京畿地区扬州分出浙江以东五个郡，设立东扬州，治所设在会稽。又从荆州、湘州、江州、豫州中分出八个郡，设立郢州，治所设置在江夏。撤销南蛮校尉，将其所属部队调回建康。太傅刘义恭打算让郢州州府设在巴陵，尚书令何尚之说："夏口位于荆州和江州中间，正对着沔口，又直接通向雍州和梁州，实在是一个险要的津口，它自古以来就是军事重镇，基础稳固，不容易改变，而且，它既有现成的城池，又有很大的港湾，可以停泊很多船只，在此设立州府，是再合适不过的了。"孝武帝批准。不久，荆州和扬州由于这种变动而财力消耗很多。尚书令何尚之请求重新恢复这二州原来的辖地，孝武帝不允许。

【原文】

三年（丙申，456年）

元嘉中，官铸四铢钱，轮郭、形制与五铢同，用费无利，故民不盗铸。及上即位，又铸孝建四铢，形式薄小，轮郭不成。于是盗铸者众，杂以铅、锡；翦凿古钱，钱转薄小。守宰不能禁，坐死、免者相继。盗铸益甚，物价踊贵，朝廷患之。去岁春，诏钱薄小无轮郭者悉不得行，民间喧扰。是岁，始兴郡公沈庆之建议，以为"宜听民铸钱，郡县置钱署，乐铸之家皆居署内，平其准式，去其杂伪。去春所禁新品，一时施用，今铸悉依此格。万税三千，严检盗铸。"丹杨尹颜竣驳之，以为"五铢轻重，定于汉世，魏、晋以降，莫之能改；诚以物货既均，改之伪生故也。今云去春所禁一时施用；若巨细总行而不从公铸，利己既深，情伪无极，私铸、翦凿尽不可禁，财货未赡，大钱已竭，数岁之间，悉为尘土矣。今新禁初行，品式未一，须臾自止，不足以垂圣虑；唯府藏空匮，实为重忧。今纵行细钱，官无益赋之理；百姓虽赡，无解官乏。唯简费去华，专在节俭，求赡之道，莫此为贵耳。"议者又以为"铜转难得，欲铸二铢钱。"竣曰："议者以为官藏空虚，宜更改铸；天下铜少，宜减钱式以救交弊，赈国舒民。愚以为不然。今铸二铢，恣行新细，于官无解于乏，而民间奸巧大兴，天下之货将糜碎至尽；空严立禁，而利深难绝，不一二年，其弊不可复救。民惩大钱之改，兼畏近日新禁，市井之间，必生纷扰。远利未闻，切患猥及，富商得志，贫民困窘，此皆甚不可者也。"乃止。

金紫光禄大夫颜延之卒。延之子竣贵重，凡所资供，延之一无所受，布衣茅屋，萧然如故。常乘羸牛笨车，逢竣卤簿，即屏住道侧。常语竣曰："吾平生不意见要人，今不幸见汝！"竣起宅，延之谓曰："善为之，无令后人笑汝拙也。"延之尝早诣竣，见宾客盈门，竣尚未起，延之怒曰："汝出粪土之中，升云霞之上，遽骄傲如此，其能久乎！"竣丁父忧，裁逾月，起为右将军，丹杨尹如故。竣固辞，表十上；上不许，遣中书舍人戴明宝抱竣登车，载之郡舍，赐以布衣一袭，絮以彩纶，遣主衣就衣诸体。

【译文】

三年（丙申，公元456年）

元嘉时期，官方铸制了四铢钱，四铢钱的轮廓、外形、样式和五铢钱一样，铸造这种钱没有什么赢利，因此，民间老百姓就没有人偷偷仿制这种钱。孝武帝即位，又继续铸制孝建四铢钱，这种钱币外形又薄又小，轮廓也不清楚明显。仿造的人很多，有的又在钱里掺杂上铅、锡；敲凿古钱，以图得到铸钱的原料，致使古钱又薄又小。守宰等地方官们禁绝不了偷铸制钱币，为此，被处死或被免职的事接连不断发生。偷铸钱币的反而越来越多，物价飞涨，朝廷深为忧患。去年春季，朝廷颁下诏令，说钱太薄太小而且轮廓不清的，一律不能使用，立刻引起民间的喧嚷骚动。这一年，始兴郡公沈庆之提出一个建议："我们应该允许老百姓自己铸造钱币，各郡县都设立一个钱署，把愿意铸造钱币的人家全都安排在钱署里，由朝廷制定一定的铸钱标准，不准他们在钱内掺加杂物。去年春天朝廷所查禁的那些新铸的钱币也都拿出来，允许继续使用一段时间，而从此以后，铸造钱币全都按照新制定的规格标准进行，一万钱收取税三千，严格检查是否还有偷偷铸币的人家。"但是，丹杨尹颜竣却反对这样做，他反驳说："五铢钱币的轻重，是从汉代开始就规定了的标准，魏、晋以后，还没有谁能够更改。这实是由于钱币的价值和货物的价值已经相等，随意改变就是一定会出现掺假的钱币的缘故。现在说去年春天所禁止使用的钱币还可以继续使用，如果让这些大小薄厚不均的钱币，全都可以在公开场合下流通，而不用由朝廷监制，可以说，这对个人有很大的好处，重利之下，作奸犯事的就会没有穷尽，而私自铸造钱币和偷偷剪凿破旧钱币的，也就永远不能禁绝。这样一来，财货还没有增加，而大钱却已用尽，用不了几年时间，四铢钱全都会变成尘土了。现在，新的禁令刚刚开始实行，市面上流通的钱币的样式标准还没有统一。老百姓的骚动喧扰之声，不久自然而然就会停止，这不足以让皇上忧虑。库藏出现亏空，才是最令人担忧的事。如今，即使是允许使用小钱，朝廷也没有增加赋税的道理。即使老百姓富足起来了，也解决不了朝廷财力物力上的短缺。现在，我们只有崇尚俭朴、反对浪费奢华，把心思都用在勤俭节约上，寻求富裕之路，没有比这更好的了。"讨论这个问题的人中，又有人认为："铜矿不容易找到，应该改铸二铢钱"。颜竣说："提这一建议的人都认为现在国库财物缺乏，应该改铸钱币。天下铜很少，就应该减轻钱币的重量，以此来制止恶性循环的局面，使国家富足，老百姓宽裕。我认为这些想法并不是好办法。现在如果铸造二铢钱，只是一味地使用小钱薄钱，这样做，并不能解决朝廷的困难，而民间反而会发生更多的作奸犯科的事，天下的所有财货也将会被人们抢先用尽。只是空口说应该严格禁绝，但是获利大，就很难禁绝。不用一二年，这一弊病就会达到令人无法挽救的地步。老百姓已经察觉到了我们要把大钱改为小钱，加之，他们害怕近日颁布的新的禁令，在市井街巷肯定会发生混乱、纠纷。我们还没有看到长远的利益，而急切的弊端就已经显露出来了。致使豪富的商贾们越来越有钱、越来越逞心，而贫苦百姓们的生活却是越来越穷困、越来越艰难，这样做，是绝对不行的。"于是，这场争论才停止了。

  刘宋金紫光禄大夫颜延之去世。颜延之的儿子颜竣人贵位重，颜延之对于儿子所送给他的财物等等，一律都不接受。他们仍身穿粗陋的布衣，住在茅草房里，清贫地生活，一如往昔。平时，颜延之经常乘坐由羸弱的老牛拉着的破车，有时，在街上碰见颜竣的开路卫队仪仗，就马上躲藏在路边。颜延之还经常对儿子颜竣说："我平生都不喜欢看见身居要位的重要人物，今天不幸的是我看见了你。"颜竣要兴建自己的宅邸，颜延之对他说："好好地盖房子，不要让后代耻笑你笨拙无能。"颜延之曾经在某天早上前去看望儿子颜竣，看见前来求见他的宾客、下属们挤满了屋子，可是颜竣却还没有起床。颜延之见状，勃然大怒，说："你是出身于粪土之中的人，好不容易升到了云霄之上，就立刻骄横傲慢到如此地步，你怎么能够持久呢？"颜延之去世后，按照规定，颜竣应该离职回家，为父亲服孝三年，可是，才刚刚过了一个月，孝武帝就征召他回来，起用他为右将军，同时仍旧保留丹杨尹的官职。颜竣坚决推辞，写了十次奏章，孝武帝还是没有答应，派中书舍人戴明宝把颜竣抱上驿车，将他拉到了丹杨郡府。孝武帝赐给颜竣一身布织衣服，里面絮上一层染色的棉絮，派主衣官亲自送上门去，给颜竣穿上。

【原文】

大明元年（丁酉，457年）

春，正月，辛亥朔，改元，大赦。

雍州所统多侨郡县，刺史王玄谟上言："侨郡县无有境土，新旧错乱，租课不时，请皆土断。"秋，七月，辛未，诏并雍州三郡十六县为一郡。郡县流民不愿属籍，讹言玄谟欲反。时柳元景宗强，群从多为雍部二千石，乘声皆欲讨玄谟。玄谟令内外晏然以解众惑，驰使启上，具陈本末。上知其虚，遣主书吴喜抚慰之，且报曰："七十老公，反欲何求！君臣之际，足以相保，聊复为笑，伸卿眉头耳。"玄谟性严，未尝妄笑，故上以此戏之。

【译文】

大明元年（丁酉，公元457年）

春季，正月，辛亥朔（初一），刘宋改年号，宣布大赦。

刘宋雍州境内，设有很多侨郡县，刺史王玄谟向孝武帝进言说："侨郡县没有真正的领地，新设立的和过去的相互交错在一起，十分混乱，田赋捐税无法按时征收，请求在这些新侨郡县中整顿户籍，让百姓纳税服役。"秋季，七月，辛未（二十四日），朝廷颁下诏令，将雍州的三个郡十六个县合并成一个郡。侨郡、侨县一些流亡百姓不愿意归属于当地的户籍，就制造谣言，谎称王玄谟打算起来反叛朝廷。当时，骠骑将军柳元景家族势力很强。族兄族弟中有很多人在王玄谟手下做官，这些人也想利用这些谣言声讨王玄谟。王玄谟马上命令大家安静下来，再解除大家的疑虑。随后，王玄谟派人骑马奔回建康，向孝武帝详细陈述了事情的始末。孝武帝知道所谓王玄谟图谋反叛的消息是假的，就派主书吴喜专程前去安慰王玄谟，告诉王玄谟说："已经是七十岁的老翁了，谋反想要得到什么呢？君臣之间，足可以相互作保。这事就算跟你开个玩笑，把你紧锁的眉头伸展开吧。"王玄谟生性严肃，从没有随随便便开过玩笑，所以，孝武帝就借此事跟他开玩笑。

【原文】

二年（戊戌，458年）

丙辰，魏高宗还平城，起太华殿。是时，给事中郭善明，性倾巧，说帝大起宫室，中书侍郎高允谏曰："太祖始建都邑，其所营立，必因农隙。况建国已久，永安前殿足以朝会，西堂、温室足以宴息，紫楼足以临望；纵有修广，亦宜驯致，不可仓猝。今计所当役凡二万人，老弱供饷又当倍之，期半年可毕。一夫不耕，或受之饥，况四万人之劳费，可胜道乎！此陛下所宜留心也。"帝纳之。

允好切谏，朝廷事有不便，允辄求见，帝常屏左右以待之。或自朝至暮，或连日不出；群臣莫知其所言。语或痛切，帝所不忍闻，命左右扶出，然终善遇之。时有上事为激讦者，帝省之，谓群臣曰："君、父一也。父有过，子何不作书于众中谏之？而于私室屏处谏者，岂非不欲其父之恶彰于外邪！至于事君，何独不然。君有得失，不能面陈，而上表显谏，欲以彰君之短，明己之直，此岂忠臣所为乎！如高允者，乃忠臣也。朕有过，未尝不面言，至有朕所不堪闻者，允皆无所避。朕知其过而天下不知，可不谓忠乎！"

允所与同征者游雅等皆至大官，封侯，部下吏至刺史，二千石者亦数十百人，而允为郎，二十七年不徙官。帝谓群臣曰："汝等虽执弓刀在朕左右，徒立耳，未尝有一言规正；唯伺朕喜悦之际，祈官乞爵，今皆无功而至王公。允执笔佐我国家数十年，为益不小，不过为郎，汝等不自愧乎！"乃拜允中书令。

时魏百官无禄，允常使诸子樵采以自给。司徒陆丽言于帝曰："高允虽蒙宠待，而家贫，妻子不立。"帝曰："公何不先言，今见朕用之，乃言其贫乎！"即日，至允第，惟草屋数间，布被，缊袍，厨中盐菜而已。帝叹息，赐帛五百匹，粟千斛，拜长子悦为长乐太守。允固辞，不许。帝重允，常呼为令公而不名。

游雅常曰："前史称卓子康、刘文饶之为人，褊心者或不之信。余与高子游处四十年，未尝见其喜愠之色，乃知古人为不诬耳。高子内文明而外柔顺，其言呐呐不能出口。昔崔司徒尝谓余云：'高生丰才博学，一代佳士，所乏者，矫矫风节耳。'余亦以为然。及司徒得罪，起于纤微，诏指临责，司徒声嘶股栗，殆不能言；宗钦已下，伏地流汗，皆无人色。高子独敷陈事理，申释是非，辞义清辩，音韵高亮。人主为之动容，听者无不神耸，此非所谓矫矫者乎！宗爱方用事，威振四海。尝召百官于都坐，王公已下皆趋庭望拜，高子独升阶长揖。由此观之，汲长孺可以卧见卫青，何抗礼之有！此非所谓风节者乎！夫人固未易知；吾既失之于心，崔又漏之于外，此乃管仲所以致恸于鲍叔也。"

【译文】

二年（戊戌，公元458年）

丙辰（三月十二日），北魏文成帝返回平城，兴建太华殿。当时，给事中郭善明生性乖巧善变，他又游说文成帝大肆兴筑宫殿。中书侍郎高允劝谏说："太祖时开始兴建城池街市，兴建时他一定让人利用农闲的时节。何况，我们国家已经建立很久了，永安前殿足够朝会时使用。宴请、歇息，有西堂、温室也足够了。紫楼足可以用来登高远眺。况且，纵然要扩大建设工程，也应该慢慢进行，不能仓促行事。现在核算一下，要抽调民伕差役二万人，而羸老、病弱供应饭食的，又得增加一倍，预期半年可以完工。一个农夫不种田，就会有人挨饿，何况现在是动用四万人，劳力和费用是无法计算的。这是陛下您所应该留心的事。"文成帝接受了他的劝谏。

高允喜欢直言相谏，朝廷内有什么事做得不适当时，他就立刻请求晋见。文成帝常常屏退左右侍从，单独一人和他商谈。有时，二人从早到晚相谈，甚至一连几天都不出来，各位大臣不知他们谈些什么。有时，高允说话时言辞激烈、切中要害，文成帝听不下去，就命令左右侍从把高允搀扶下去，但是他始终对高允很好。当时，有人上书措辞激烈地批评朝政，文成帝看完后对大臣们说："君王和父亲是

完全一样的。父亲有错，儿子为什么不把它写在纸上，在大庭广众之中进行劝谏，而偏偏私下在隐蔽之处劝谏？这难道不是不想让他父亲的罪恶昭彰在外，让天下人都知道吗？至于说臣子侍奉君主，又何尝不是这样？君主有了什么过失，作为臣子，不能够当面直言劝谏，却要上书进行公开指责，这是想要使君主的短处昭彰于世，显示他自己的正直，这难道是一名忠君之臣所应该做的事吗？像高允那样的人，才是地地道道的忠君之臣。朕有了过失，他没有不当面直接批评的，甚至有时有些话，朕已经难以接受，但高允并不回避。朕由此知道了自己的过失，但天下人却不知道，难道这不能说是忠心吗？"

与高允同时被征召的游雅等人，全都做了大官，被封为侯，部下们官至刺史、有两千石俸禄的人也有几十成百名了，可是，高允还仍然为著作郎，二十七年从来没有升过官。文成帝对各大臣说："你们这些人虽然每天手持刀剑，站在朕旁边侍候，却不过是白白地站着，没有一个人劝谏过我一句话。而只是在看到我心情高兴时，要求赏赐一官半爵，现在，你们全都没有什么功劳，却做了王公。高允仅用一支笔辅佐治理国家几十年了，他的贡献不小，可他仍然不过是个郎官，你们这些人难道不感到惭愧吗？"于是，提升高允为中书令。

当时，北魏文武百官们都没有俸禄，高允常让他的儿子们上山砍柴，来维持家里的生计。司徒陆丽对文成帝说："高允虽然蒙受您的优待，但是，他家的生活却相当贫困，他的妻子和孩子也没有生活来源。"文成帝说："你为什么不早说？偏偏看朕重用了高允，才告诉我说他穷。"当天，文成帝亲自来到高允家，看见高允家里只有几间草房，几床粗布被褥和用旧麻絮做的棉袍，厨房里也只有一些青菜和盐。文成帝忍不住叹息，赏赐给高允家五百匹绢帛，一千斛粟米，任命高允的长子高悦为长乐太守。高允竭力推辞，但文成帝不同意。文成帝很器重高允，平时经常称高允为令公，而不叫他的名字。

游雅常说："从前史书上曾经称赞汉代卓茂、刘宽的为人，心地狭窄的人不相信那是真的。我和高允相处为官四十年了，从未看见他把喜怒哀乐表现在脸上，为此，我才知道古人古事都不是假的。高允内心文采光明，外表温和柔顺，他说话时总是慢腾腾的，就好像不会表达一样。从前，司徒崔浩曾经对我说：'高允博才多学，是一代俊杰，他所缺乏的，只是刚毅的风骨罢了。'我也认为是这样，直到崔浩犯了罪，不过是因为一些细微小事,可是,皇上亲自审问时,崔浩吓得腿发抖,声音嘶哑,几乎说不出话来。宗钦以下的官员,也都吓得趴在地上,汗流浃背,个个都面无人色。只有高允一人站在那里详细陈说事件的经过,进一步阐述是非曲直,表达清晰而有条理,阐明的事理清楚有深度,且声音高亢、洪亮,皇上听着都为之动容,听的人没有不为他捏着一把汗的,这种行为,不是人们所说的刚毅的风骨吗!在宗爱正把持着大权的时候,其威风凛凛,震撼四海。宗爱曾经召集文武百官到朝堂论事,王公以下的官员,全都小步前行到宗爱面前,向宗爱叩拜,只有高允一人走上台阶,对宗爱长揖了一下。从这件事上看,汉汲黯可以躺在床上会见卫青,有什么对等的礼节!这不就是人们所说的高风亮节吗?了解一个人,本来就不是一件容易的事。我已经看错了他的内在品德,而崔浩又漏掉了他的外在气质,这就是管仲对鲍叔牙的死感到万分悲痛的真正原因啊!"

资治通鉴第一百二十九卷

宋纪十一

【原文】

世祖孝武皇帝下大明三年（己亥，459年）

竟陵王诞知上意忌之，亦潜为之备；因魏人入寇，修城浚隍，聚粮治仗。诞记室参军江智渊知诞有异志，请假先还建康，上以为中书侍郎。智渊，夷之弟子也，少有操行，沈怀文每称之曰："人所应有尽有，人所应无尽无者，其唯江智渊乎！"

是时，道路皆云诞反。会吴郡民刘成上书称："息道龙昔事诞，见诞在石头城修乘舆法物，习唱警跸。道龙忧惧，私与伴侣言之，诞杀道龙。"又豫章民陈谈之上书称："弟咏之在诞左右，见诞书陛下年纪姓讳，往巫郑师怜家祝诅。咏之密以启闻，诞诬咏之乘酒骂詈，杀之。"上乃令有司奏诞罪恶，请收付廷尉治罪。乙卯，诏贬诞爵为侯，遣之国。诏书未下，先以羽林禁兵配兖州刺史垣阆，使以之镇为名，与给事中戴明宝袭诞。

阆至广陵，诞未悟也。明宝夜报诞典签蒋成，使明晨开门为内应。成以告府舍人许宗之，宗之入告诞；诞惊起，呼左右及素所畜养数百人执蒋成，勒兵自卫。天将晓，明室与阆帅精兵数百人猝至，而门不开；诞已列兵登陴，自在门上斩蒋成，赦作徒、系囚，开门击阆，杀之，明宝从间道逃还。诏内外纂严。以始兴公沈庆之为车骑大将军、开府仪同三司、南兖州刺史，将兵讨诞。甲子，上亲总禁兵顿宣武堂。

沈庆之至欧阳，诞遣庆之宗人沈道愍赍书说庆之，饷以玉环刀。庆之遣道愍反，数以罪恶。诞焚郭邑，驱居民悉使入城，闭门自守，分遣书檄，邀结远近。时山阳内史梁旷，家在广陵，诞执其妻子，遣使邀旷，旷斩使拒之；诞怒，灭其家。

诞举表投之城外曰："陛下信用谗言，遂令无名小人来相掩袭；不任枉酷，即加诛翦。雀鼠贪生，仰违诏敕。今亲勒部曲，镇捍徐、兖。先经何福，同生皇家？今有何愆，便成胡、越？陵锋蹈戈，万没岂顾；荡定之期，冀在旦夕。"又曰："陛下宫帏之丑，岂可三缄！"上大怒，凡诞左右腹心、同籍期亲在建康者并诛之，死者以千数，或有家人已死，方自城内出奔者。

庆之至城下，诞登楼谓之曰："沈公垂白之年，何苦来此！"庆之曰："朝廷以君狂愚，不足劳少壮故耳。"

上虑诞奔魏，使庆之断其走路，庆之移营白土，去城十八里，又进军新亭。豫州刺史宗悫、徐州刺史刘道隆并帅众来会；兖州刺史沈僧明，庆之兄子也，亦遣兵助庆之。先是诞诳其众，云"宗悫助我"；悫至，绕城跃马呼曰："我，宗悫也！"

诞见诸军大集，欲弃城北走，留中兵参军申灵赐守广陵；自将步骑数百人，亲信并自随，声云出战，邪趋海陵道，庆之遣龙骧将军武念追之。诞行十余里，众皆不欲去，互请诞还城，诞曰："我还易耳，卿能为我尽力乎！"众皆许诺。诞乃复还，筑坛歃血以誓众，凡府州文武皆加秩。以主簿刘琨之为中兵参军；琨之，遵考之子也，辞曰："忠孝不得并。琨之老父在，不敢承命。"诞囚之十余日，终不受，乃杀之。

右卫将军垣护之、虎贲中郎将殷孝祖等击魏还，至广陵，上并使受庆之节度。庆之进营，逼广陵城。诞饷庆之食，提挈者百余人，出自北门；庆之不开视，悉焚之。诞于城上授函表，请庆之为送，庆之曰："我受诏讨贼，不得为汝送表。汝必欲归死朝廷，自应开门遣使，吾为汝护送。"

上命沈庆之为三烽于桑里，若克外城，举一烽，克内城，举两烽，擒刘诞，举三烽；玺书督趣，前后相继。庆之焚其东门，塞堑，造攻道，立行楼、土山并诸攻具，值久雨，不得攻城，上使御史中丞庾徽之奏免庆之官，诏勿问，以激之。自四月至于秋七月，雨止，城犹未拔。上怒，命太史择日，将自济江讨诞；太宰义恭固谏，乃止。

沈庆之帅众攻城，身先士卒，亲犯矢石，乙巳，克其外城；乘胜而进，又克小城。诞闻兵入，走趋后园，队主沈胤之等追及之，击伤诞，坠水，引出，斩之。诞母、妻皆自杀。

上闻广陵平，出宣阳门，敕左右皆呼万岁。侍中蔡兴宗陪辇，上顾曰："卿何独不呼！"兴宗正色曰："陛下今日正应涕泣行诛，岂得皆称万岁！"上不悦。

诏贬诞姓留氏；广陵城中士民，无大小悉命杀之。沈庆之请自五尺以下全之，其余男子皆死，女子以为军赏；犹杀三千余口。长水校尉宗越临决，皆先刳肠抉眼，或笞面鞭腹，苦酒灌创，然后斩之，越对之，欣欣若有所得。上聚其首于石头南岸为京观，侍中沈怀文谏，不听。

【译文】

宋孝武帝大明三年（己亥，公元459年）

刘宋竟陵王刘诞知道孝武帝猜忌他，也私下里做好了应变的准备。他利用北魏大军侵入的时机，修筑城墙，疏通护城河，积蓄粮食，整治武器。刘诞手下的记室参军江智渊知道刘诞有谋反的打算，就向刘诞请假，先回到了建康，孝武帝刘骏任命他为中书侍郎。江智渊是江夷弟弟的儿子，从小就很有操行，沈怀文常常称赞他，说："人所应该具有的，他都有，人所不应该有的，他都没有，这样的人，恐怕就只有江智渊了吧！"

这时，人们都在传言，说刘诞就要反叛。偏巧，赶上吴郡平民刘成上书声称："我的儿子刘道龙过去在刘诞那儿做事，看见刘诞在石头城修治皇帝专用的马车和仪仗器物，并练习皇帝出宫时的警卫清道。刘道龙见后，又惊又怕，私下里把他所见到的事跟他的伙伴们说了，刘诞知道后斩了刘道龙。"与此同时，豫章平民陈谈之也上书称："我弟弟陈咏之在刘诞左右任职，看见刘诞写下陛下的年龄、姓名等避讳的东西，前往巫师郑师怜家里进行巫术诅咒活动。陈咏之马上把这一秘密呈报，但刘诞却反诬陈咏之这是借酒辱骂他，就把陈咏之杀了。"孝武帝立刻命令有关部门奏报刘诞的罪行，有关部门请求把刘诞抓进监狱，判刑惩治。乙卯（十八日），孝武帝下诏，将刘诞的爵位贬为侯爵，遣返回他所在的封国。诏书还没有颁下，孝武帝先把羽林禁卫军配给兖州刺史垣阆，让垣阆以前往镇守的名义和给事中戴明宝联合袭击刘诞。

垣阆到达广陵，刘诞还没有醒悟过来。戴明宝连夜通知刘诞的典签蒋成，命令他第二天早晨打开城门作为内应。蒋成马上把这事报告给了府舍人许宗之，许宗之又赶快进去报告给了刘诞。刘诞大吃一惊，从床上跳起，赶快召集左右人员和平常训练蓄养的将士几百人，逮捕了蒋成，下令军队进入临战状态，进行自卫。天色将要破晓时，戴明宝和垣阆率领精锐士卒几百人突然涌来，可是，城门却没有打开，刘诞则已登上城楼，列好队形，亲自在城楼上斩了蒋成，赦免了那些做奴工和被关押的囚徒，打开城门，迎击垣阆，并将垣阆杀死。戴明宝从小路逃回。孝武帝颁下诏令，命全国进入戒严状态。任命始兴公沈庆之为车骑大将军、开府仪同三司、南兖州刺史，率领大军，讨伐刘诞。甲子（二十七日），孝武帝亲自统领禁卫军，驻扎宣武堂。

沈庆之率军赶到欧阳，刘诞派沈庆之的同族人沈道愍带着自己的亲笔信，前去沈庆之那里游说，并送给沈庆之一把玉环刀。沈庆之将沈道愍送了回去，并向沈道愍列举了刘诞的种种罪状。刘诞放火烧了附近的城邑、村落，将老百姓全部驱赶到了城里，然后关闭城门，自行坚守。同时，他又分别让人送出文告，邀请结交远近人士起来响应。当时，山阳内史梁旷，家在广陵，刘诞把他的妻子、孩子抓了起来，然后，派遣使者邀请梁旷出兵响应，梁旷斩了使者，拒绝刘诞的邀约。刘诞大怒，杀了梁旷全家。

刘诞把呈送给孝武帝的奏章，投到了城外，说："陛下听信谗言，于是派无名小辈突然前来偷袭我。我忍受不了这种残酷的冤屈，所以就把他们诛杀了。麻雀、老鼠尚且贪生怕死，我不得不违抗圣旨。今天，亲自率领部下，誓死保卫徐州、兖州。以前，我有什么样的福分，和你一同生在了皇家？如今，我又有什么过失，同你成了胡、越那样的死敌？冒着刀锋，脚踩戈矛，我万死不辞，大局稳定的日子，希望就在早晚间实现。"又说："对陛下宫帷内的丑闻，我又怎能缄口不语？"孝武帝大怒，下令凡是在建康城内刘诞的左右心腹、同一个祖系中穿孝服一年以上的亲戚，全都杀头，当时被杀的数以千计。有些人家属已被杀了，本人却正从广陵城内逃出来。

沈庆之率军来到广陵城下，刘诞登上城楼，对沈庆之说："沈公已到了满头白发的年龄了，何苦还来此地呢！"沈庆之回答说："朝廷认为你狂妄愚蠢，所以不足以烦劳那些青壮年出马。"

孝武帝担心刘诞会投奔到北魏,所以,就派沈庆之切断了刘诞的逃路。沈庆之把军营移到了白土,该地距离广陵城有十八里。尔后,又进军新亭。豫州刺史宗悫、徐州刺史刘道隆,也一同率领大军和沈庆之会师。兖州刺史沈僧明,是沈庆之哥哥的儿子,他也派遣兵力前来援助沈庆之。在这之前,刘诞诳骗他的部下们说:"宗悫可以援助我们。"宗悫抵达这里后,骑马绕城一周,大声呼喊:"我就是宗悫。"

刘诞眼看朝廷各路大军聚集在广陵城下,打算放弃城池,向北逃跑,留下中兵参军申灵赐坚守广陵。他自己率领几百名步骑兵,连同跟随他的亲信随从,声称要出城作战,顺着斜路奔向海陵。沈庆之派龙骧将军武念前去追击。刘诞走了十几里,大家都不愿意离开,纷纷请求再回广陵城。刘诞说:"我们回去是很容易的事,回去之后,你们能为我竭心尽力吗?"大家都许下诺言。于是,刘诞又返回广陵。他建起一座高台,与众将士歃血为盟。将全体官员的官职都升了官级,任命主簿刘琨之为中兵参军。刘琨之是刘遵孝的儿子,他辞让说:"忠与孝不能两全,我老父还在建康,我不能接受任命。"刘诞囚禁了刘琨之十几天,刘琨之最终还是不接受任命,刘诞就把他杀了。

右卫将军垣护之、虎贲中郎将殷孝祖等进击北魏后班师回朝,走到广陵,孝武帝让他们一并听从沈庆之的指挥。沈庆之率军前进,直逼广陵城。刘诞派人将饭菜和美酒等送给沈庆之,由一百多人抬着从北门出来,沈庆之连打开看都没有看,就全都烧了。刘诞从城楼上把给孝武帝的奏章拿给他看,请求沈庆之能替他呈送给孝武帝。沈庆之说:"我是接受诏令前来讨伐叛贼的,不能替你呈送奏表。如果你一定要回到朝廷,接受死罪,你自己就应该打开城门,派遣使者,我为你护送前往。"

孝武帝命令沈庆之在桑里建造三座烽火台,攻克了广陵外城,就燃起一堆烽火;如果攻克了广陵内城,就点起两堆烽火;如果活捉了刘诞,就点起三堆烽火。孝武帝督促进攻的诏书一个接着一个,沈庆之烧了广陵城东门,填平了护城河,开掘进攻道路,竖起攻城楼车,造起土山,制造了其他攻城工具。这时正赶上广陵大雨连绵不断,不能攻城。孝武帝就让御史中丞庾徽之上书要求罢免沈庆之的官职,而又假装下诏说不要追究,想以此刺激沈庆之攻战。从四月直到秋季七月,大雨停止，广陵城还没有攻克下来。孝武帝大怒，命令太史选择日期，他要亲自渡过长江去讨伐刘诞。太宰刘义恭竭力劝谏，才没有去。

沈庆之率领士卒向广陵城发起猛攻，他身先士卒，亲自冒着飞箭和石头，向前冲杀。（六月）乙巳（疑误），攻克广陵外城。沈庆之又率大军乘胜追击，不久，又攻克内城。刘诞听说朝廷大军已攻入城内，就马上逃到后花园里。队主沈胤之等人追上，把他击伤。刘诞掉到水里，沈胤之等把他拉上来，斩了他。刘诞的母亲、妻子全都自杀。

孝武帝听说广陵叛乱被平，亲自走出宣阳门，下令左右一起高呼万岁。侍中蔡兴宗陪坐在辇车旁，孝武帝回过头问他说："你为何不喊？"蔡兴宗严肃地说："陛下今天正应该对施行诛杀痛哭流涕，怎么能让大家都喊万岁呢？"孝武帝很不高兴。

孝武帝颁下诏令，贬刘诞姓留。将广陵城内的所有居民，无论男女老少，全部杀掉。沈庆之请求留下身高五尺以下的人不杀，其余的男子全都处死，女子全都赏给将士们做妾或做婢女，最后还是杀了三千多人。长水校尉宗越，在执行这项诛杀任务时，对被处死的人他都要首先剖开肚子，挖出肠胃，再挖出眼珠，或者用鞭子抽打被诛者的脸和肚子，再在这些创口上浇上苦酒盐水，然后再杀了他们。宗越面对自己这种惨无人道的手法，欣欣然好像从中得到了什么。孝武帝下令，将死人的头颅送到石头南岸，堆成一座大坟。侍中沈怀文劝阻，但孝武帝没听。

【原文】

六年（壬寅，462年）

初，侍中沈怀文，数以直谏忤旨。怀文素与颜峻、周朗善，上谓怀文曰："竣若知我杀之，亦当不敢如此。"怀文嘿然。侍中王彧，言次称竣、朗人才之美，怀文与相酬和，颜师伯以白上，上益不悦。上尝出射雉，风雨骤至，怀文与王彧、江智渊约相与谏。会召入雉场，怀文曰："风雨如此，非圣躬所宜冒。"彧曰："怀文所启，宜从。"智渊未及言，上注弩作色曰："卿欲效颜竣邪，何以恒知人事！"又曰："颜竣小子，恨不先鞭其面！"每上燕集，在坐者皆令沈醉，嘲谑无度。怀文素不饮酒，又不好戏调，上谓故欲异己。谢庄尝戒怀文曰："卿每与人异，亦何可久!"怀文曰:"吾少来如此,岂可一朝而变!非欲异物,性所得耳。"上乃出怀文为晋安王子勋征虏长史,领广陵太守。

怀文诣建康朝正,事毕遣还,以女病求申期,至是犹未发;免官,禁锢十年。怀又卖宅,欲还东,上闻,大怒,收付廷尉,丁未,赐怀文死。怀文三子,澹、渊、冲,行哭为怀文请命,见者伤之。柳元景欲救怀文,言于上曰:"沈怀文三子,涂炭不可见;愿陛下速正其罪。"上竟杀之。

南徐州从事史范阳祖冲之上言,何承天历疏舛犹多,更造新历,以为:"旧法,冬至日有定处,未盈百载,辄差二度。今令冬至日度,岁岁微差,将来久用,无烦屡改。又,子为辰首,位在正北;虚为北方列宿之中。今历,上元日度,发自虚一。又,日辰之号,甲子为先;今历,上元岁在甲子。又,承天法,日、月、五星各自有元。今法,交会、迟疾,悉以上元岁首为始。"上令善历者难之,不能屈。会上晏驾,不果施行。

【译文】

六年(壬寅,公元462年)

当初,侍中沈怀文几次都因为直言劝谏而惹怒了孝武帝。沈怀文平日和颜竣、周朗关系不错,孝武帝对沈怀文说:"颜竣如果当初知道我会杀他,恐怕他也早就不致这样放肆无礼了。"沈怀文沉默无语。侍中王彧在言谈之间,称赞颜竣、周朗才华出众,沈怀文也同意这种赞誉,二人一唱一和。颜师伯立即把这件事报告给了孝武帝,孝武帝愈加不高兴。孝武帝曾经出外打野鸡,突然,刮起了大风,又下起了大雨,沈怀文和王彧、江智渊趁机约定进言劝谏。正巧,此时孝武帝召他们来到射猎野鸡的围场,沈怀文说:"暴风骤雨如此急迫,不是圣体所应该承受的。"王彧接着说:"沈怀文的启奏,应该听。"还未等江智渊接着说,孝武帝已是眼睛盯着弓箭,面带怒色说:"你想仿效颜竣吗?为什么要经常来管别人的事情?"接着,又说:"颜竣这小子,我至今仍恨不得先把他的脸抽个稀烂。"孝武帝每次在宴请时,都下令在座者必须喝得酩酊大醉,然后再对他们极力嘲讽、戏谑。沈怀文一向不喝酒,而且又不喜欢戏弄玩笑,孝武帝认为沈怀文是故意和自己作对。谢庄曾经警告过沈怀文，说："你每次都和别人不一样，这样，又怎么能长久下去呢？"沈怀文回答说："我从小就这个样子，哪里是一个早晨就能改变过来的！我并不是要故意和别人不一样，这不过是天性所致罢了。"于是，孝武帝命令沈怀文出任晋安王刘子勋的征虏长史，兼领广陵太守。

沈怀文到达建康参加朝廷举行的元旦朝拜后，孝武帝命令他返回任所。当时，沈怀文因为女儿生病，所以请求延长停留的期限，直到这时他还没有启程。于是，孝武帝免除沈怀文的官职，禁止从政十年。沈怀文将自己在京城的房宅卖了，想要东下回到吴兴老家。孝武帝听说后，怒不可遏，下令逮捕他交付廷尉，丁未（三月二十七日），命令沈怀文自杀。沈怀文的三个儿子，沈澹、沈渊、沈冲，一路哭着奔走，为父亲沈怀文请求饶命，沿途看见的人，无不为之难过。柳元景想要救沈怀文，就对孝武帝说："沈怀文的三个儿子，悲痛难过，祈愿陛下快点适当地为沈怀文定罪。"最后，孝武帝还是杀了沈怀文。

南徐州从事史范阳人祖冲之上书孝武帝说，何承天制定的历法错误、疏漏的地方还是很多，所以，他又另外制定了一部新历法，他认为："现在使用的历法，将冬至的节气固定在某一天，这样一来，每不到一百年，就会相差二度。如今要制定的新历法，是把冬至放到年终，每年只有微小的差距，将来长期使用下去，那么就不用再多次改动。另外，现行的历法是把'子'作为'辰'的开头，位置在正北方。'虚'又排列在北方各个星座之中。将要制订的历法，则是把上元放在年终，从虚一开始。另外，现行的历法是把日月星辰的标志，以甲子作为开头放在最前面。新历法则是将上元每年放在甲子上。另外，何承天的历法，是日、月、五星各自都有自己的元。而新的历法则是将日、月、五星的交会以及运行的快慢，全都以上元的岁首作为开始。"孝武帝命令对历法有研究的人同祖冲之辩论，但驳不倒祖冲之。不久，正赶上孝武帝驾崩，所以，祖冲之的新历法也没能实施起来。

【原文】

七年（癸卯，463年）

上为人，机警勇决，学问博洽，文章华敏；省读书奏，能七行俱下。又善骑射，而奢欲无度。自晋氏渡江以来，宫室草创，朝宴所临，东、西二堂而已。晋孝武末，始作清暑殿。宋兴，无所增改。上始大修宫室，土木被锦绣，嬖妾幸臣，赏赐倾府藏。坏高祖所居阴室，于其处起玉烛殿。与群臣观之，床头有土障，壁上挂葛灯笼、麻蝇拂。侍中袁顗因盛称高祖俭素之德。上不答，独曰："田舍公得此，已为过矣。"顗，淑之兄子也。

【译文】

七年（癸卯，公元463年）

孝武帝为人机智、警敏、勇敢、果断，学问渊博，文章写得敏捷华丽，他阅读书信或奏章能一目七行。同时，他又善于骑马和射箭，但是他奢侈、纵欲没有节制。从东晋渡过长江南下以来，宫殿都是草草建造的，朝会或宴请也不过在东堂或西堂而已。晋孝武帝末年才建造了清暑殿。刘宋兴起后，也没有什么增加或改动。到了孝武帝，就开始大兴土木，扩建宫室，墙上和柱子上都用锦绣装饰。对他宠爱的妻妾和臣属的赏赐，把国库内所有的东西都拿空了。他曾经毁掉武帝刘裕住过的屋子，在那里兴建了玉烛殿，和手下大臣一起前去观看，旧屋床头上还有一截土墙，墙上挂着麻葛灯笼和麻线蝇拂。侍中袁顗看完，盛赞武帝节俭朴素的品德。孝武帝没有回答什么，只是自言自语地说："庄稼汉得到这种享受已经是很过分的了。"袁顗是袁淑哥哥的儿子。

【原文】

八年（甲辰，464年）

上末年尤贪财利，刺史、二千石罢还，必限使献奉，又以蒲戏取之，要令罄尽乃止。终日酣饮，少有醒时。常凭几昏睡，或外有奏事，即肃然整容，无复酒态。由是内外畏之，莫敢弛惰。庚申，上殂于玉烛殿。遗诏："太宰义恭解尚书令，加中书监；以骠骑将军、南兖州刺史柳元景领尚书令，入居城内。事无巨细，悉关二公，大事与始兴公沈庆之参决；若有军旅，悉委庆之；尚书中事，委仆射颜师伯；外监所统，委领军将军王玄谟"。是日，太子即皇帝位，年十六；大赦。吏部尚书蔡兴宗亲奉玺绶，太子受之，傲惰无戚容。兴宗出，告人曰："昔鲁昭不戚，叔孙知其不终，家国之祸，其在此乎！"

【译文】

八年（甲辰，公元464年）

孝武帝晚年，更是贪财好利，凡是刺史、二千石官员免官回京时，一定限令他们进献贡奉，同时，还和他们一块儿赌博，直到把他们的钱赢光才停止。他整天都是开怀畅饮，很少有清醒的时候。经常是伏在案几上昏睡过去，有时一旦外面有急事呈奏，他马上抖擞精神，整理好容装，一点酒意都没有了。因此，内外臣僚们，对他都十分畏惧，没有一个人敢做事懈怠。庚申（闰五月二十三日），孝武帝在玉烛殿去世。留下遗诏说："免去太宰刘义恭的尚书令一职，加授中书监。任命骠骑将军、南兖州刺史柳元景兼任尚书令，进入内城居住。朝廷事务，无论大小，全都要奏启二人。国家大事要和始兴公沈庆之商量决定。如果有军务，就全都委托沈庆之处理。尚书府的事务，托付给仆射颜师伯处理。统领外监事务，交给领军将军王玄谟处理。"这一天，太子刘子业登基即位，时年十六岁，下令大赦。吏部尚书蔡兴宗亲自将玉玺捧上来，交给刘子业，刘子业接了过来，可是，他态度懈怠无礼，脸上一点悲哀的样子都没有。蔡兴宗退出来，对人说："从前，鲁昭公即位时，毫无悲伤之色，叔孙穆子就知道他不会有什么好结果。如今，刘宋国家的灾祸，莫非就要在此出现吗？"

资治通鉴第一百三十卷

宋纪十二

【原文】

太宗明皇帝上之上泰始元年（乙巳，465年）

夏，五月，癸卯，魏高宗殂。初，魏世祖经营四方，国颇虚耗，重以内难，朝野楚楚。高宗嗣之，与时消息，静以镇之，怀集中外，民心复安。甲辰，太子弘即皇帝位，大赦，尊皇后曰皇太后。

显祖时年十二，侍中、车骑大将军乙浑专权，矫诏杀尚书杨保年、平阳公贾爱仁、南阳公张天度于禁中。侍中、司徒、平原王陆丽治疾于代郡温泉，乙浑使司卫监穆多侯召之。多侯谓丽曰："浑有无君之心。今宫车晏驾，王德望素，奸臣所忌，宜少淹留以观之；朝廷安静，然后入，未晚也。"丽曰："安有闻君父之丧、虑患而不赴者乎！"即驰赴平城。乙浑所为多不法，丽数争之。戊申，浑又杀丽及穆多侯。多侯，寿之弟也。

废帝幼而狷暴。及即位，始犹难太后、大臣及戴法兴等，未敢自恣。太后既殂，帝年渐长，欲有所为，法兴辄抑制之，谓帝曰："官所为如此，欲作营阳邪！"帝稍不能平。所幸阉人华愿儿，赐与无算，法兴常加裁减，愿儿恨之。帝使愿儿于外察听风谣，愿儿言于帝曰："道路皆言'宫中有二天子：法兴真天子，官为赝天子。'且官居深宫，与人物不接，法兴与太宰、颜、柳共为一体，往来门客恒有数百，内外士庶莫不畏服。法兴是孝武左右，久在宫闱；今与他人作一家，深恐此坐席非复官有。"帝遂发诏免法兴，遣还田里，仍徙远郡。八月，辛酉，赐法兴死；解巢尚之舍人。

戊午，帝召诸妃、主列于前，强左右使辱之。南平王铄妃江氏不从。帝怒，杀妃三子南平王敬猷、庐陵王敬先、安南侯敬渊，鞭江妃一百。

先是民间讹言湘中出天子，帝将南巡荆、湘二州以厌之。明旦，欲先诛湘东王彧，然后发。初，帝既杀诸公，恐群下谋己，以直阁将军宗越、谭金、童太一、沈攸之等有勇力，引为爪牙，赏赐美人、金帛、充牣其家。越等久在殿省，众所畏服，皆为帝尽力；帝恃之，益无所顾惮，恣为不道，中外骚然。左右宿卫之士皆有异志，而畏越等不敢发。时三王久幽，不知所为。湘东王彧主衣会稽阮佃夫、内监始兴王道隆、学官令临淮李道儿与直阁将军柳光世及帝左右琅邪淳于文祖等谋弑帝。帝以立后故，假诸王阉人。彧左右钱蓝生亦在中，彧密使候帝动止。

先是帝游华林园竹林堂，使宫人倮相逐，一人不从命，斩之，夜，梦在竹林堂，有女子骂曰："帝悖虐不道，明年不及熟矣！"帝于宫中求得一人似所梦者斩之。又梦所杀者骂曰："我已诉上帝矣！"于是巫觋言竹林堂有鬼。是日晡时，帝出华林园。建安王休仁、山阳王休祐、会稽公主并从，湘东王彧独在秘书省，不被召，益忧惧。

帝素恶主衣吴兴寿寂之，见辄切齿，阮佃夫以其谋告寂之及外监典事东阳朱幼、细铠主南彭城姜产之、细铠将晋陵王敬则、中书舍人戴明宝，寂之等闻之，皆响应。幼豫约勒内外，使钱蓝生密报休仁、休祐。时帝欲南巡，腹心宗越等并听出外装束，唯队主樊僧整防华林阁。柳光世与僧整，乡人，因密邀之；僧整即受命。凡同谋十余人。阮佃夫虑力少不济，更欲招合，寿寂之曰："谋广或泄，不烦多人。"其夕，帝悉屏侍卫，与群巫及彩女数百人射鬼于竹林堂。事毕，将奏乐，寿寂之抽刀前入，姜产之次之，淳于文祖等皆随其后。休仁闻行声甚疾，谓休祐曰："事作矣！"相随奔景阳山。帝见寂之至，引弓射之，不中。彩女皆迸走，帝亦走，大呼"寂寂"者三，寂之追而弑之。宣令宿卫曰："湘东王受太皇太后令，除狂主，今已平定。"殿省惶惑，未知所为。

休仁就秘书省见湘东王，即称臣，引升西堂，登御座，召见诸大臣。于时事起仓猝，王失履，跣至西堂，犹著乌帽。坐定，休仁呼主衣以白帽代之。令备羽仪，虽未即位，凡事悉称令书施行。宣太皇太后令，数废帝罪恶，命湘东王纂承皇极。及明，宗越等始入，湘东王抚接甚厚。废帝母弟司徒、扬州刺史豫章王子尚，顽悖有兄风，己未，湘东王以太皇太后令，赐子尚及会稽公主死。建安王休仁等始得出居外舍。释谢庄之囚。废帝犹横尸太医阁口。蔡兴宗谓尚书右仆射王彧曰："此虽凶悖，要是天下之主，宜使丧礼粗足；若直如此，四海必将乘人。"乃葬之秣陵县南。

丙寅，湘东王即皇帝位，大赦，改元。其废帝时昏制谬封，并皆刊削。

【译文】

宋明帝泰始元年（乙巳，公元465年）

夏季，五月，癸卯（十一日），北魏国主文成帝拓跋濬去世。当初，北魏太武帝拓跋焘四处出兵，扩大疆土，国力空虚，再加上朝廷内部不断发生变乱，使朝廷官属与老百姓都十分痛苦。文成帝拓跋濬即位后，按照节令使老百姓得以休养生息、安心种植，尽量减少高压手段，实行怀柔统治，安抚远近内外民众，民心又安定下来了。甲辰（十二日），太子拓跋弘继承帝位，下令大赦，尊皇后冯氏为皇太后。

北魏献文帝拓跋弘这年十二岁。所以朝廷大权都握在侍中、车骑大将军乙浑手里。乙浑假传圣旨，在禁中杀害了尚书杨保年、平阳公贾爱仁、南阳公张天度。此时，侍中、司徒、平原王陆丽正因病在代郡温泉治疗，乙浑就派司卫监穆多侯前去征召他回京。穆多侯对陆丽说："乙浑已有反叛的心意，如今，先帝刚刚晏驾，大王您又是素来德高望重的，被奸佞贼臣所嫉恨，所以，您还是暂时留在这里，听听动静再说。待朝廷安静下来再回去也不晚啊。"陆丽说："哪有听说君父死了，忧虑自己的得失安危而不前去奔丧的人？"说完，就骑马赶往平城。乙浑所作所为大多不合法制，陆丽多次和他争辩。戊申（十六日），乙浑又杀了陆丽和穆多侯。穆多侯是穆寿的弟弟。

刘宋废帝刘子业年纪幼时就急躁粗暴。即位后，开始时他还多多少少接受母亲王太后、大臣以及戴法兴等人的管束，不敢放任。王太后去世后，他也慢慢长大了，他想要有所作为，但每次戴法兴都加以阻挠，对他说："你这么乱做，难道是想要当营阳王吗？"废帝听到这种威吓，心里越来越不高兴。废帝宠爱太监华愿儿，赏赐给他的金银财宝，不计其数，戴法兴经常加以限制，减少这一支出，华愿儿因此恨戴法兴。废帝令华愿儿到宫廷外打听老百姓对朝廷的议论，华愿儿对废帝说："外面人们都说'皇宫内有两个天子，戴法兴是真天子，您是假天子。'况且，您住在深宫之内，和外边没有接触，戴法兴和太宰刘义恭、颜师伯、柳元景是结为一体，他们门下来往的宾客，总有数百人之多，内外官民对他们没有不畏惧、服从的。戴法兴又是孝武帝的左右亲信，在宫廷内已经很久了，如今，他和别人合为一家，我生怕您这个位子不再会属于您所有。"废帝立刻下诏罢免了戴法兴，遣返他回到农村老家，又把他放逐到边远的郡县。八月，辛酉（初一），又命戴法兴自杀，免去巢尚之的中书通事舍人之职。

戊午（十一月二十九日），废帝召集所有妃子、公主排列在自己面前，然后强迫左右侍从侮辱她们。南平王刘铄的妃子江氏不从命，废帝大怒，杀了江氏的三个儿子：南平王刘敬猷、庐陵王刘敬先、安南侯刘敬渊，抽了江氏一百鞭。

在这之前，民间讹传说湘中要出天子，所以，废帝打算南巡荆州、湘州，以压制这种灾难。第二天天亮，想先杀了湘东王刘彧，然后出发。

当初，废帝杀了很多文武官属，所以，害怕臣属们谋害自己，又因为直阁将军宗越、谭金、童太一、沈攸之等人武勇有力，就把他们提拔起来做自己的爪牙，赏赐的美女、金帛，塞满他们家宅。宗越等人在朝廷保护废帝已有很长时间，大家都很畏服，他们也为废帝尽心尽力。废帝依仗他们更加无所忌惮、有恃无恐、无所不为，使宫内外人心为之骚动。左右的宿卫将士也都有背叛之心，只是害怕宗越等人，所以没敢发动。此时，刘彧等三王被幽禁已久，不知道如何是好。湘东王刘彧的主衣会稽人阮佃夫、内监始兴人王道隆、学官令临淮人李道儿，同直阁将军柳光世以及废帝侍从琅邪人淳于文祖等一起图谋杀废帝。废帝因为册封皇后，就调各王府宦官入宫帮忙。刘彧的侍从钱蓝生也在其中，刘彧就暗中命钱蓝生观察废帝的动静。

在这之前，废帝出游华林园竹林堂时，命令宫女赤裸身体相互追逐、嬉笑，有一宫女拒不从命，就杀了她。夜里，废帝做梦，梦见自己在竹林堂，有一个女子骂他说："你悖逆不道，活不到明年小麦成熟的时候。"于是，废帝在宫中找到一个和自己梦中所见模样相仿的人杀了。夜里，又梦见了所杀的女子骂他："我已经向上帝控诉你了！"于是，巫师巫婆们都说竹林堂里有鬼。这天中午过后，废帝从华林园出来，建安王刘休仁、山阳王刘休彧会稽公主都跟在他左右，湘东王刘彧一人在秘书省里，未被征召，他心里越发担忧恐惧。

废帝一向讨厌主衣吴兴人寿寂之，一见他便常常恨得咬牙切齿，阮佃夫把密谋告诉了寿寂之和外监典事东阳人朱幼、细铠主南彭城人姜产之、细铠将晋陵人王敬则、中书舍人戴明宝，寿寂之等人一听，也全都响应。朱幼在宫廷内外先做安排，他让钱蓝生秘密向刘休仁、刘休祐报告。此时，废帝正打算南巡，他的心腹宗越等人也被允许回家准备行装，只有队主樊僧整驻守在华林阁。柳光世和樊僧整是同乡，所以，柳光世就偷偷劝樊僧整参加行动，樊僧整一口答应下来，参与预谋有十几人。阮佃夫害怕力量太小，打算吸收更多的人参与，寿寂之说："筹谋的人多，或许会泄漏出去，不要烦劳多人。"这天晚上，废帝赶走所有的侍从、卫士，和一群女巫及宫女，约计几百人在竹林堂射鬼。射杀完毕，要演奏舞乐，寿寂之抽刀来到废帝面前，姜产之跟在寿寂之后面，淳于文祖等人也都紧随其后。刘休仁听见路上有十分急切的脚步声，对刘休祐说："事情已经开始了。"二人于是相跟着奔到了景阳山。废帝看见寿寂之来到，就开弓箭射向寿寂之，但没射中。宫女们全都向外逃散，废帝也跟着逃，大呼三声"寂寂"，寿寂之追上杀了他。然后就向宿卫宣布："湘东王接受太皇太后的命令，铲除发狂的主上，现在已经平定。"殿省内的人惶恐迷惑，不知是在干什么。

刘休仁跑到秘书省看见了湘东王刘彧，一见刘彧就称臣，接着就把刘彧拉到了西堂，登上皇帝座位，立即召见各位大臣。因为这件事来得太突然了，以至于刘彧连鞋都不知丢在哪儿了，只好光着脚来到西堂，刘彧的头上还仍然戴着一顶黑帽。等他坐定后，刘休仁立刻喊主衣换一顶白帽给刘彧戴上。刘休仁又下令准备好羽林仪仗队，虽然刘彧还没有登基即位，但所有的事情都用命令方式执行。接着，就开始宣称奉太皇太后令，列举废帝的罪行，命令湘东王刘彧继承帝位。等到天明，宗越等人才进宫。湘东王刘彧对他们好言安抚、极为宽厚。废帝的同母弟弟司徒、扬州刺史、豫章王刘子尚，顽劣残暴，很有他哥哥的风气。己未（三十日），刘彧又以太皇太后的名义，赐刘子尚和会稽公主刘楚玉自杀。建安王刘休仁等这才得以出宫，回到了自己的家。刘彧又下令把在狱中的谢庄释放。废帝的尸体仍然放在太医阁前。于是，蔡兴宗就对尚书右仆射王彧说："此人虽然凶残暴虐，也还是做过天下之主，应该为他举行个简单的葬礼。如果一直这样放着，四海之内肯定会有投机者趁机起事。"于是，就将废帝葬在秣陵县南部。

丙寅（十二月初七），湘东王刘彧登基即位，宣布大赦，改年号。废帝制定的一些荒唐的法规和封赏全都废除。

宋纪十三

资治通鉴第一百三十一卷

【原文】

太宗明皇帝上之下泰始二年（丙午，466年）

邓琬称说符瑞，诈称受路太后玺书，帅将佐上尊号于晋安王子勋。乙未，子勋即皇帝位于寻阳，改元义嘉。以安陆王子绥为司徒、扬州刺史；寻阳王子房、临海王子顼并加开府仪同三司；以邓琬为尚书右仆射，张悦为吏部尚书；袁顗加尚书左仆射；自余将佐及诸州郡，除官进爵号各有差。

是岁，四方贡计皆归寻阳，朝廷所保，唯丹杨、淮南等数郡，其间诸县或应子勋，东兵已至永世，宫省危惧。上集群臣以谋成败。蔡兴宗曰："今普天同叛，宜镇之以静，至信待人。叛者亲戚布在宫省，若绳之以法，则土崩立至，宜明罪不相及之义。物情既定，人有战心，六军精勇，器甲犀利，以待不习之兵，其势相万耳。愿陛下勿忧。"上善之。

殿中御史吴喜以主书事世祖，稍迁河东太守。至是，请得精兵三百，致死于东。上假喜建武将军，简羽林勇士配之。议者以"喜刀笔主者，未尝为将，不可遣。"中书舍人巢尚之曰："喜昔随沈庆之，屡经军旅，性既勇决，又习战陈；若能任之，必有成绩。诸人纷纭，皆是不别才耳。"乃遣之。喜先时数奉使东吴，性宽厚，所至人并怀之。百姓闻吴河东来，皆望风降散，故喜所至克捷。

邓琬以刘胡与沈攸之等相持久不决，乃加袁顗督征讨诸军事。六月，甲戌，顗帅楼船千艘，战士二万，来入鹊尾。顗本无将略，性又怯桡，在军中未尝戎服，语不及战陈，唯赋诗谈义而已，不复抚接诸将；刘胡每论事，酬对甚简。由此大失人情，胡常切齿恚恨。胡以南运米未至，军士匮乏，就颛借襄阳之资，颛不许，曰："都下两宅未成，方应经理。"又信往来之言，云"建康米贵，斗至数百，"以为将不攻自溃，拥甲以待之。

诸军与袁颛相拒于浓湖，久未决。龙骧将军张兴世建议曰："贼据上流，兵强地胜，我虽持之有余而制之不足。若以奇兵数千潜出其上，因险而壁，见利而动，使其首尾周遑，进退疑阻，中流既梗，粮运自艰，此制贼之奇也。钱溪江岸最狭，去大军不远，下临洄洑，船下必来泊岸，又有横浦可以藏船，千人守险，万夫不能过。冲要之地，莫出于此。"沈攸之、吴喜并赞其策。会庞孟虬引兵来助殷琰，刘勔遣使求援甚急，建安王休仁欲遣兴世救之。沈攸之曰："孟虬蚁聚，必无能为，遣别将马步数千，足以相制。兴世之行，是安危大机，必不可辍。"乃遣段佛荣将兵救勔，而选战士七千、轻舸二百配兴世。

兴世帅其众溯流稍上，寻复退归，如是者累日。刘胡闻之，笑曰："我尚不敢越彼下取扬州，张兴世何物人，欲轻据我上！"不为之备。一夕，四更，值便风，兴世举帆直前，渡湖、白，过鹊尾。胡既觉，乃遣其将胡灵秀将兵于东岸，翼之而进。戊戌夕，兴世宿景洪浦，灵秀亦留。兴世潜遣其将黄道标帅七十舸径趣钱溪，立营寨；己亥，兴世引兵进据之，灵秀不能禁。庚子，刘胡自将水步二十六军来攻钱溪。将士欲迎击之，兴世禁之曰："贼来尚远，气盛而矢骤；骤既易尽，盛亦易衰，不如待之。"令将士治城如故。俄而胡来转近，船入洄洑，兴世命寿寂之、任农夫帅壮士数百击之，众军相继并进，胡败走，斩首数百，胡收兵而下。时兴世城寨未固，建安王休仁虑袁颛并力更攻钱溪，欲分其势。辛丑，命沈攸之、吴喜等以皮舰进攻浓湖，斩获千数。是日，刘胡帅步卒二万、铁马一千，欲更攻兴世。未至钱溪数十里，袁颛以浓湖之急，遽追之，钱溪城由此得立。胡遣人传唱，"钱溪已平"，众并惧，沈攸之曰："不然。若钱溪实败，万人中应有一人逃亡得还者，必是彼战失利，唱空声以惑众耳。"勒军中不得妄动；钱溪捷报寻至。攸之以钱溪所送胡军耳鼻示浓湖，袁颛骇惧。攸之日暮引归。

张兴世既据钱溪，浓湖军乏食。邓琬大送资粮，畏兴世，不敢进。刘胡帅轻舸四百，由鹊头内路欲攻钱溪，既而谓长史王念叔曰："吾少习步战，未闲水斗。若步战，恒在数万人中；水战在一舸之上，舸舸各进，不复相关，正在三十人中，此非万全之计，吾不为也。"乃托疟疾，住鹊头不进，遣龙骧将军陈庆将三百舸向钱溪，戒庆不须战："张兴世吾之所悉，自当走耳。"陈庆至钱溪，军于梅根。

胡遣别将王起将百舸攻兴世，兴世击起，大破之。胡帅其余舸驰还，谓颛曰："兴世营寨已立，不可猝攻；昨日小战，未足为损。陈庆已与南陵、大雷诸军共遏其上，大军在此，鹊头诸将又断其下流；已堕围中，不足复虑。"颛怒胡不战，谓曰："粮运鲠塞，当如此何？"胡曰："彼尚得溯流越我而上，此运何以不得沿流越彼而下邪！"乃遣安北府司马沈仲玉将千人步趣南陵迎粮。

仲玉至南陵，载米三十万斛，钱布数十舫，竖榜为城，规欲突过。行至贵口，不敢进，遣间信报胡，令遣重军援接。张兴世遣寿寂之、任农夫等将三千人至贵口击之，仲玉走还颛营，悉虏其资实；胡众骇惧，胡将张喜来降。

镇东中兵参军刘亮进兵逼胡营，胡不能制。袁颛惧曰："贼入人肝脾里，何由得活！"胡阴谋遁去，己卯，诳颛云："欲更帅步骑二万，上取钱溪，兼下大雷余运。"令颛悉选马配之。其日，胡委颛去，径趣梅根。先令薛常宝办船，悉发南陵诸军，烧大雷诸城而走。至夜，颛方知之，大怒，骂曰："今年为小子所误！"呼取常所乘善马"飞燕"，谓其众曰："我当自追之！"因亦走。

庚辰，建安王休仁勒兵入颛营，纳降卒十万，遣沈攸之等追颛。颛走至鹊头，与戍主薛伯珍并所领数千人偕去，欲向寻阳。夜，止山间，杀马以劳将士，顾谓伯珍曰："我非不能死；且欲一至寻阳，谢罪主上，然后自刎耳。"因慷慨叱左右索节，无复应者。及旦，伯珍请屏人言事，遂斩颛首，诣钱溪军主襄阳俞湛之。湛之因斩伯珍，并送首以为己功。

刘胡帅二万人向寻阳，诈晋安王子勋云："袁颛已降，军皆散，唯己帅所领独返；宜速处分，为一战之资。当停据溢城，誓死不贰。"乃于江外夜趣沔口。

邓琬闻胡去，忧惶无计，呼中书舍人褚灵嗣等谋之，并不知所出。张悦诈称疾，呼琬计事，令左右伏甲帐后，戒之："若闻索酒，便出。"琬既至，悦曰："卿首唱此谋，今事已急，计将安出！"琬曰："正当斩晋安王，封府库，以谢罪耳。"悦曰："今日宁可卖殿下求活邪！"因呼酒。子洵提刀出斩琬。中书舍人潘欣之闻琬死，勒兵而至。悦使人语之曰："邓琬谋反，今已枭戮。"欣之乃还。取琬子，并杀之。悦因单舸赍琬首驰下，诣建安王休仁降。

寻阳乱。蔡那之子道渊在寻阳被系作部，脱锁入城，执子勋，囚之。沈攸之诸军至寻阳，斩晋安王子勋，传首建康，时年十一。

庚子，司徒体仁至寻阳，遣吴喜、张兴世向荆州，沈怀明向郢州，刘亮及宁朔将军南阳张敬儿向雍州，孙超之向湘州，沈思仁、任农夫向豫章，平定余寇。

是岁，侨立兖州，治淮阴；徐州治钟离；青、冀二州共一刺史，治郁洲。郁洲在海中，周数百里，累石为城，高八九尺，虚置郡县，荒民无几。

【译文】

宋明帝泰始二年（丙午，公元466年）

邓琬以上天显示的种种祥瑞为借口，诈称接到路太后的密诏，率领各将领、僚佐等向晋安王刘子勋奉上皇帝尊号。乙未（正月初七），刘子勋在寻阳登基称帝，改年号为义嘉。任命安陆王刘子绥为司徒、扬州刺史，寻阳王刘子房、临海王刘子顼，都加封为开府仪同三司，还任命邓琬为尚书右仆射，张悦为吏部尚书，加封袁顗为尚书左仆射。其他各将领、僚佐以及各州郡等地方长官，按等级晋官加爵。

这一年，各地的贡品和报告都送往寻阳。建康朝廷的势力范围，只剩下丹杨、淮南等几个郡，而这几个郡中又有很多县起兵响应刘子勋，东线的反朝廷军队已到达永世。建康朝廷惊恐危急。明帝召集群臣讨论国家的安危。蔡兴宗说："当今之时，几乎举国一起反叛，我们应该镇静，以诚待人。叛臣的亲戚，很多在宫廷或朝廷任职，如果绳之以法，我们就会立刻土崩瓦解。应该强调父子兄弟之间，犯罪互不株连的大义，民心安定之后，将士才能有斗志。朝廷的六军精练勇猛，武器犀利，用来对付那些没有经过训练的叛乱部队，形势相差很多，请陛下不要忧虑。"明帝认为他的分析有理。

殿中御史吴喜，原来是世祖孝武帝的主书，逐渐升到河东太守之职。到了这时，请求调给他精锐部队三百人，到东战场去效命。明帝暂时任命吴喜为建武将军，在羽林禁卫军中挑选勇士配备给他。有人认为："吴喜是个拿笔杆子的文官，从来没有当过将领，不可派他作战。"中书舍人巢尚之说："当年，吴喜曾跟随沈庆之，屡次出征，性情勇敢果决，见惯疆场阵战，如果能起用他，一定会有战绩，大家议论纷纷，都是由于不识人才。"于是命吴喜出发。吴喜过去曾任过朝廷的使节，多次去过东方吴地。他性情宽厚，所到过的地方，人民对他都很怀念，因此，老百姓听到他来，都闻风归顺或者逃散，所以吴喜所到之处，总能战胜，传出捷报。

邓琬因刘胡跟建康官军沈攸之等对阵僵持，很久分不出胜负，于是加授袁顗为督征讨诸军事。六月，甲戌（十八日），袁顗率楼船一千艘，兵士两万人，抵达鹊尾。袁顗本无大将的才略，又性情卑怯。在军营中，他从不穿军服，谈话也不涉及战阵，而只吟诗作赋，谈论义理，对各将领既不安抚鼓励，又不肯接见。刘胡每次讨论军事，袁顗对他的回答和应酬都很简略、怠慢。于是，袁顗大失人心，刘胡对他恨之入骨。刘胡因后方补给未到，士卒缺粮，向袁顗借襄阳的存粮，袁顗拒绝，说："京师还有两处住宅没有完工，正要用钱料理。"又相信过路人的传言，说："建康米价飞涨，一斗高达数百钱。"认为用不着进攻，建康将自行崩溃，所以按兵不动，坐等胜利。

各路官军与袁顗在浓湖对峙，很久不能决出胜负。龙骧将军张兴世建议说："叛贼盘踞上游，兵力强大，地势险要，我们的力量与他们对峙是绰绰有余，但不足以剿灭他们。若是派出数千奇兵潜入他们的背后，在险要的地方筑城布阵，伺机发动进攻，就会使他们首尾难顾，进退两难。上游一旦被我们切断，粮食运输一定艰难，这是克制叛贼的奇妙良策。钱溪一带长江两岸最为狭窄，又距大军不远，水道曲折湍急，船只经过必须紧靠岸边，那里又有天然的码头可以停船。千人把守，万人不能通过。其他要害之地，都不能超过此地。"沈攸之、吴喜全都赞成。这时，庞孟虬率兵前来增援殷琰，刘勔派人请求援兵，情况紧急。建安王刘休仁打算派张兴世率军增援刘勔，沈攸之说："庞孟虬的部队，像一群蚂蚁，一定没什么作为，派遣另一位将领，交给他步、骑兵数千人，足以把庞孟虬制住。张兴世这次攻击，可是安危成败的关键，决不可半途而废。"于是命段佛荣率军增援刘勔，而另外挑选战士七千人，轻快小船二百艘，配给张兴世。

张兴世率二百艘小船，逆流而上，接着又返回，一连数天，都是如此。刘胡听到消息，取笑说："我还不敢越过他们阵地，夺取扬州，张兴世是什么东西，居然想轻易占领我的上游阵地。"于是，不做防备。一天晚上四更，正好刮起顺风，张兴世的船队，张满风帆，向西鼓浪前进，穿过湖口、白水口，再过鹊尾。刘胡发觉之后，急忙派他的将领胡灵秀领兵在东岸追赶，紧跟张兴世的船队前进。戊戌（七月十三日），晚上，张兴世停泊于景洪浦，胡灵秀也留在此处。张兴世暗中派遣部将黄道标，率七十条快艇直插钱溪，安营扎寨。己亥（十四日），张兴世率主力西进，直接进驻钱溪新营，胡灵秀无法阻止。庚子（十五日），刘胡亲自率领水陆联合的二十六支军队，前来攻击钱溪，张兴世的将士打算迎战，张兴世不允许，说："贼寇离我们还远，气势旺盛，打起仗来，箭如雨下。然而气太盛，容易衰弱，箭射出太多，容易枯竭，不如等待。"命令将士照旧加强工事。不久，刘胡船队接近，进入漩涡，张兴世命寿寂之、任农夫率精壮军士数百人先行攻击，主力部队相继一起前进，刘胡败退，数百人阵亡，刘胡收兵而回。当时，张兴世营寨还不够坚固，建安王刘休仁担心袁顗回军与刘胡合力再攻钱溪，打算分散他们的势力。辛丑（十六日），命沈攸之、吴喜等用皮蒙在船上攻击浓湖，杀数千人。当天，刘胡率步兵两万人，披甲骑兵一千人，打算再攻张兴世，进抵钱溪相距只有数十里时，袁顗因浓湖吃紧，命刘胡回兵增援。钱溪的营寨因此得以建成。刘胡派人散布谣言说："钱溪已经平定。"官军大为恐惧，沈攸之说："不对，钱溪如果战败，众人中至少会有一人逃亡回来，必定是他们攻击失利，散布假情报扰乱军心。"下令军中不得妄动。不多时，钱溪捷报传到。沈攸之把钱溪送来刘胡士卒的耳朵、鼻子，送给浓湖守军，袁顗异常惊骇恐惧。沈攸之黄昏时回军。

张兴世占领钱溪之后，叛军浓湖大营粮食开始缺乏。郑琬打算运送大量军需物资接济，但怕张兴世截击，不敢前进。刘胡率轻装船只四百艘，从鹊头江中内航道前进，打算攻打钱溪，中途对长史王念叔说："我从小习惯于陆地打仗，不懂水战。步兵作战时，我是在数万人中间，可是水上作战，只能在一条船的上边，船与船单独行进，互相不能照顾，我在一船不过三十人中间，这不是安全之计，我不去干。"于是，推托得了疟疾，停靠鹊头，不敢前进。只派龙骧将军陈庆率三百艘船驶向钱溪，吩咐陈庆不要与敌人接战，说："张兴世这个人，我非常熟悉他，他会自动逃走的！"陈庆抵达钱溪，驻扎梅根。

刘胡又派部将王起率一百余艘船攻打张兴世，张兴世反击，大败王起军。刘胡率其余的船队撤回浓湖，对袁顗说："张兴世营寨已经建成，短期内不可能攻破。昨天小小交战，谈不上损失。陈庆已与南陵、大雷各军共同扼住张兴世的上游，我们大营在此，鹊头诸将领又切断了他的下游，他已坠入我们的包围圈中，不必再为此忧虑。"袁顗对刘胡不亲自作战，十分恼怒，对刘胡说："运粮路线被切断，对此我们应该怎么办？"刘胡说："他们能越过我们逆流而上，我们这次运粮为什么不能越过他们顺江而下呢？"于是派遣安北府司马沈仲玉带领一千人徒步前往南陵，迎接军粮。

沈仲玉到达南陵，把三十万斛的米装到船上，又装军饷、布匹等共数十船，在船上用木板钉成围墙，打算突围。可是船队行至贵口，不敢前进，派人抄小路报告刘胡，请求增派重兵前来迎接。张兴世命寿寂之、任农夫等率三千人直奔贵口，攻击沈仲玉。沈仲玉丢下辎重，逃回袁顗大营，所有军用物资，全被夺走。刘胡的部队惊恐万状，部将张喜投降朝廷官军。

镇东中兵参军刘亮向前推进，直逼刘胡军营，刘胡抵抗不住，袁顗惊慌地说："敌人已侵入我们的肝脾重地中间，怎么能活命！"刘胡准备暗中逃走，己卯（八月二十四日），谎报袁顗说："我打算率步、骑兵两万人，到上游夺回钱溪，并运回积存在大雷的余粮。"要求袁顗挑选马匹全都配备给他。当天，刘胡丢下袁顗，直奔梅根。先命薛常宝征集船只，又命南陵各军全部出发，纵火焚烧大雷各城而逃。当夜，袁顗才得知消息，勃然大怒，骂道："今年可被这小子害苦了！"呼唤侍从牵来他平日所骑的马，名叫"飞燕"，对他的部属说："我要亲自追击刘胡！"于是也乘机逃走。

庚辰（二十五日），建安王刘休仁率兵进入袁顗遗弃的大营，接纳十万人投降，同时派沈攸之等追捕袁顗。袁顗逃到鹊头，与镇守那里的主将薛伯珍会合，并带他所属的部队数千人一同向西撤退，打算前往寻阳。夜晚，住宿山间，袁顗杀马慰劳将士，回头对薛伯珍说："我并不是怕死，只不过想要到寻阳，在主上面前请罪，然后自刎！"慷慨激昂，吆喝左右侍从，取来刘子勋赐给的符节，左右侍从无人理他。等到天亮，薛伯珍请求与他单独谈话，遂砍下袁顗人头，前往钱溪，向军主襄阳人俞湛之投降。俞湛之斩薛伯珍，连同袁顗的人头一起上缴作为自己的功劳。

刘胡率两万人奔回寻阳，谎报晋安王刘子勋说："袁顗已经投降，全军溃散，只有我率领我的部属，单独逃回。应紧急采取措施，决一死战，我暂时驻防溢城，誓死效忠您。"于是，从江中外航道连夜直奔两口。

邓琬听到刘胡逃走的消息，惊恐忧虑，无计可施，急忙召集中书舍人褚灵嗣等策划对策，大家都不知如何是好。吏部尚书张悦假装有病，请邓琬到私宅商讨大事，密令左右全副武装，在帐后埋伏，吩咐："听见我命你们拿酒，便出来动手。"邓琬到后，张悦说："你当初第一个坚持称帝，今天事已吃紧，你有什么办法？"邓琬说："应当杀掉晋安王，查封仓库，以此来赎罪。"张悦说："现在你宁可出卖殿下，来保全自己活命吗！"于是呼唤拿酒。张悦的儿子张洵，提刀冲出，砍下邓琬人头。中书舍人潘欣之听说邓琬被杀的消息，率兵抵达张悦家门。张悦派人告诉潘欣之说："邓琬谋反，如今已经斩首。"潘欣之才撤回。张悦逮捕了邓琬的儿子，一并杀掉。张悦于是单乘一只小船带着邓琬的人头东下，向朝廷建安王刘休仁投降。

寻阳大乱，蔡那的儿子蔡道渊原被囚禁在寻阳专门制造兵器的作坊里，这时挣脱枷锁，进入寻阳城，逮捕了刘子勋，投入大牢。不久，沈攸之等大军抵达寻阳，杀掉刘子勋，把人头押送到建康。刘子勋时年十一岁。

庚子（九月十六日），司徒刘休仁抵达寻阳，分别派吴喜、张兴世进攻荆州，沈怀明进攻郢州，刘亮及宁朔将军南阳人张敬儿进攻雍州，孙超之进攻湘州，沈思仁、任农夫进攻豫章，平定刘子勋的残余力量。

这一年，刘宋设立侨居南方的兖州，治所设在淮阴，徐州治所设在钟离，青、冀二州共设一个刺史，治所设在郁州。郁洲在大海之中，方圆数百里，用石头筑城，高八九尺，虚设郡县，荒岛居民寥寥无几。

资治通鉴第一百三十二卷

宋纪十四

【原文】

太宗明皇帝中泰始三年（丁未，467年）

魏遣平东将军长孙陵等将兵赴青州，征南大将军慕容白曜将骑五万为之继援。白曜，燕太祖之玄孙也。白曜至无盐，欲攻之；将佐皆以为攻具未备，不宜遽进。左司马范阳郦范曰："今轻军远袭，深入敌境，岂宜淹缓！且申纂必谓我军来速，不暇攻围，将不为备；今若出其不意，可一鼓而克。"白曜曰："司马策是也。"乃引兵伪退。申纂不复设备，白曰夜中部分，三月，甲寅旦，攻城，食时，克之；纂走，追擒，杀之。白曜欲尽以无盐人为军赏，郦范曰："齐，形胜之地，宜远为经略。今王师始入其境，人心未洽，连城相望，咸有拒守之志，苟非以德信怀之，未易平也。"白曜曰："善！"皆免之。

白曜将攻肥城，郦范曰："肥城虽小，攻之引日；胜之不能益军势，不胜足以挫军威。彼见无盐之破，死伤涂地，不敢不惧；若飞书告谕，纵使不降，亦当逃散。"白曜从之，肥城果溃，获粟三十万斛。白曜谓范曰："此行得卿，三齐不足定也。"遂取垣苗、糜沟二戍，一旬中连拔四城，威震齐土。

房崇吉守升城，胜兵者不过七百人。慕容白曜筑长围以攻之，自二月至于夏四月，乃克之。白曜忿其不降，欲尽坑城中人，参军事昌黎韩麒麟谏曰："今勍敌在前而坑其民，自此以东，诸城人自为守，不可克也。师老粮尽，外寇乘之，此危道也。"白曜乃慰抚其民，各使复业。

崇吉脱身走，崇吉母傅氏，申纂妻贾氏，与济州刺史卢度世有中表亲，然已疏远。及为魏所虏，度世奉事甚恭，赡给优厚。度世闺门之内，和而有礼。虽世有屯夷，家有贫富，百口怡怡，丰俭同之。

崔道固闭门拒魏。沈文秀遣使迎降于魏，请兵援接，白曜欲遣兵赴之。郦范曰："文秀室家坟墓皆在江南，拥兵数万，城固甲坚，强则拒战，屈则遁去。我师未逼其城，无朝夕之急，何所畏忌而遽求援军！且观其使者，视下而色愧，语烦而志怯，此必挟诈以诱我，不可从也。不若先取历城，克盘阳，下梁邹，平乐陵，然后按兵徐进，不患其不服也。"白曜曰："崔道固等兵力单弱，不敢出战；吾通行无碍，直抵东阳，彼自知必亡，故望风求服，夫又何疑！"范曰："历城兵多粮足，非朝夕可拔。文秀坐据东阳，为诸城根本。今多遣兵则无以攻历城，少遣兵则不足以制东阳；若进为文秀所拒，退为诸城所邀，腹背受敌，必无全理。愿更审计，无堕贼彀中。"白曜乃止。文秀果不降。

魏尉元上表称："彭城贼之要藩，不有重兵积粟，则不可固守；若资储既广，虽刘彧师徒悉起，不敢窥淮北之地。"又言："若贼向彭城，必由清、泗过宿豫，历下邳；趋青州，亦由下邳、沂水经东安；此数者，皆为贼用师之要。今若先定下邳，平宿豫，镇淮阳，戍东安，则青、冀诸镇可不攻而克；若四城不服，青、冀虽拔，百姓狼顾，犹怀侥幸之心。臣愚以为，宜释青、冀之师，先定东南之地，断刘彧北顾之意，绝愚民南望之心；夏水虽盛，无津途可由，冬路虽通，无高城可固。如此，则淮北自举，暂劳永逸。兵贵神速，久则生变；若天雨既降，彼或因水通，运粮益众，规为进取，恐近淮之民翻然改图，青、冀二州猝未可拔也。"

【译文】

宋明帝泰始三年（丁未，公元467年）

北魏派平东将军长孙陵等领兵，进攻刘宋青州，征南大将军慕容白曜率领骑兵五万人，继续进发作为后援。慕容白曜是前燕国燕太祖的玄孙。慕容白曜抵达无盐，想要攻城，部属将领及僚佐都认为攻城的器具还不完备，不宜马上进攻。左司马范阳人郦范说："我们用轻装部队远途偷袭，深入敌人领土，怎么能作久留的打算！而且申纂一定认为我们来得太快，还来不及围攻，所以没有戒备，现在如果出其不意，可以一战而胜。"慕容白曜说："司马的主意很对。"于是率兵假装撤退。申纂果然不再戒备，慕容白曜在午夜时分进行部署。三月，甲寅（初三），凌晨，向无盐城进攻，早饭时，攻破。申纂逃走，被追捕生擒并斩首。慕容白曜打算将无盐全城人一律当作战利品赏赐部下，郦范说："古齐国地区，形势重要，应当有长远经营计划。而今，王师刚刚入境，人心还没有归顺，城池相连，互相观望，都有固守不降的志向，假如不以恩德和信誉安抚他们，不容易平定啊。"慕容白曜说："好！"便把百姓一律赦免。

慕容白曜将要进攻肥城，郦范说："肥城虽然很小，但攻打起来，很费时间，胜了他不能增加我们的声势，失败则有损于我们的军威。他们看到无盐城被攻陷的惨状，遍地死伤，也不会不感到恐惧，如果送去一封警告信，他们即使不投降，也会四处逃散。"慕容白曜同意，肥城果然崩溃，北魏大军缴获粟米三十万斛。慕容白曜对郦范说："这次出征，有你出谋，三齐不怕不能平定。"于是夺取垣苗、糜沟二城。十天之内，一连攻克四城，声威震撼齐地。

刘宋房崇吉坚守升城，能作战的士卒不过七百人。北魏慕容白曜兴筑长墙，发动攻击，自二月攻到夏季四月，才攻陷城池。慕容白曜对这么一个小城誓死不投降，大为愤怒，打算把城内百姓全部活埋，参军事昌黎人韩麒麟劝阻说："眼下强敌在前，而坑杀他们的百姓，恐怕从此向东，各个城的人都会坚守，无法攻克。军队出征太久，粮食吃尽，外面贼寇乘机进攻，这可是危险之道。"慕容白曜于是对百姓慰问安抚，使他们恢复正常生活。

房崇吉只身逃亡，他的母亲傅氏及申纂的妻子贾氏，与北魏济州刺史卢度世原是表亲，不过关系早已疏远。等到傅、贾两人被北魏军俘虏，卢度世对待她们十分恭敬，生活供给也非常优厚。卢度世家门之内，祥和而有礼节，虽然时势有时动乱有时安定，财产有的贫穷有的富有，但百口之家，心情欢快，苦乐共同承担。

崔道固关闭城门抗拒北魏军。沈文秀却派人向北魏投降，请求派兵增援，慕容白曜打算派兵前往。郦范说："沈文秀的家室和祖先坟墓，都在长江以南，掌握重兵数万，城墙坚固，武器精良，强大时挺身作战，衰弱时起身逃走，我军并未逼到他的城下，他也没有燃眉之急，有什么可怕的，而请求我们派兵增援？并且，我看他的使节，眼睛一直向下看，脸色惭愧，说话啰唆而胆怯，这一定心怀奸诈，引诱我们走进圈套，不可轻信。不如先夺取历城、盘阳，再拿下梁邹、乐陵，然后慢慢向前推进，不怕他们不屈服。"慕容白曜说："崔道固等兵力单薄，不敢出战，我们可以通行无阻，一直抵达东阳，沈文秀自知必亡，所以望风投降，又有什么可怀疑的！"郦范说："历城兵力雄厚，粮食充足，不是早晚之间就能攻克的。沈文秀雄踞东阳，是各城的根本。现在派兵太多，则无法攻打历城；派兵太少，又不足以制服东阳。如果前进遭沈文秀抵御，后退又被各城联军阻击，腹背受敌，绝对没有安全的道理。请再三考虑，不要落入贼寇的圈套。"慕容白曜才停止，而沈文秀果然不降。

北魏尉元上书朝廷说："彭城是贼寇的重要基地，如果不驻防重兵，储存粮草，就不能守住。如果军用物资丰富，就是刘彧出动全部军队，也不敢窥伺淮北之地。"又说："如果贼寇攻击彭城，一定经由清水、泗水，穿过宿豫、下邳。如果攻击青州，也要从下邳顺着沂水，穿过东安。这几个地方，都是贼寇用兵的要地。现在，如果我们能先占领下邳，平定宿豫，驻防淮阳，戍守东安，那么青州、冀州各个据点便可以不攻而破。如果这四个城池不肯屈服，那么青州、冀州虽然攻破，居民百姓回望刘彧，仍怀侥幸的心理。以我的愚见，应该召回逗留青、冀二州的部队，先平定东南地区，断了刘彧北伐的念头，清除愚民回归南方的愿望。使他们明白：夏季雨水虽大，却没有河道可走；冬天陆路虽通，却没有高大的城墙可用来固守。这样，淮河以北的土地就可以占领。暂时辛劳，可以换来永久安逸。兵贵神速，时间长就容易发生变化。如果进入雨季，对方因河路畅通，得以运送粮食，增派军队，再去进攻，恐怕淮河两岸居民将改变立场，青、冀二州仓促之间也就难以攻克了。"

【原文】

四年（戊申，468年）

先是，中书侍郎、舍人皆以名流为之，太祖始用寒士秋当，世祖犹杂选士庶，巢尚之、戴法兴皆用事。及上即位，尽用左右细人，游击将军阮佃夫、中书通事舍人王道隆、员外散骑侍郎杨运长等，并参与政事，权亚人主，巢、戴所不及也。佃夫尤恣横，人有顺迕，祸福立至。大纳货赂，所饷减二百匹绢，则不报书。园宅饮馔，过于诸王；妓乐服饰，宫掖不如也。朝士贵贱，莫不自结。仆隶皆不次除官，捉车人至虎贲中郎将，马士至员外郎。

【译文】

四年（戊申，公元 468 年）

在此之前，中书侍郎、中书舍人都是由社会上知名度很高的士族担任。刘宋文帝开始录用寒门出身的秋当。孝武帝时还混杂遴选士族和庶族出身的人联合担任，巢尚之、戴法兴都掌握大权。到了明帝即位，任用的全是地位低微的侍从。游击将军阮佃夫、中书通事舍人王道隆、员外散骑侍郎杨运长等，都参与政事，权力仅次于皇帝，当年巢尚之、戴法兴的权势也远不及他们。阮佃夫尤其骄纵横暴，肆无忌惮，有人谄媚他时，立刻受赏，偶尔冒犯，便大祸临头。他大肆收受贿赂，送给他的绢如少于二百匹，则连封信都不回。他的住宅、园林、饮食等等，豪华都超过诸王。他的歌女乐工的服饰，连宫廷里的人都赶不上。朝中无论大小官吏，没有一个不对他巴结奉承。他的奴仆差役，纷纷被破格提拔为官吏，车夫甚至当上了虎贲中郎将，马夫甚至成了员外郎。

【原文】

五年（己酉，469 年）

沈文秀守东阳，魏人围之三年，外无救援，士卒昼夜拒战，甲胄生虮虱，无离叛之志。乙丑，魏人拔东阳，文秀解戎服，正衣冠，取所持节坐斋内。魏兵交至，问："沈文秀何在？"文秀厉声曰："身是！"魏人执之，去其衣，缚送慕容白曜，使之拜，文秀曰："各两国大臣，何拜之有！"白曜还其衣，为之设馔，锁送平城。魏主数其罪而宥之，待为下客，给恶衣、疏食；既而重其不屈，稍嘉礼之，拜外都下大夫。于是青、冀之地尽入于魏矣。

【译文】

五年（己酉，公元469年）

沈文秀据守东阳，北魏军队围城已经三年。东阳外无援兵，士卒日夜抵抗，头盔铠甲不能离身，都生了虱子，但无背叛之心。乙丑（正月二十四日），北魏军队攻下东阳，沈文秀脱下戎衣，换穿文职官服，整理周正，手拿皇帝颁发的符节，端坐在屋里。北魏士卒先后捅到，问："沈文秀在哪里？"沈文秀大声说："我就是。"北魏士卒上去把他捉住，剥下他的衣服，捆绑着押送给慕容白曜，逼迫他叩头下拜，沈文秀说："两人都是国家的大臣，为什么要我下跪！"慕容白曜还给他衣服，送给他饭菜，加上脚镣手铐，押送平城。北魏国主列举他的罪过，加以斥责，然后赦免，把他当作下等宾客相待，穿粗布衣服，吃素食。不久，因为敬重他决不屈服的气概，稍稍以礼相待，任命他为外都下大夫。从此，青、冀之地全部并入北魏的版图。

【原文】

六年（庚戌，470年）

上宫中大宴，裸妇人而观之，王后以扇障面。上怒曰："外舍寒乞！今共为乐，何独不视！"后曰："为乐之事，其方自多；岂有姑姊妹集而裸妇人以为笑！外舍之乐，雅异于此。"上大怒，遣后起。后兄景文闻之曰："后在家劣弱，今段遂能刚正如此！"

南兖州刺史萧道成在军中久，民间或言道成有异相，当为天子。上疑之，征为黄门侍郎、越骑校尉。道成惧，不欲内迁，而无计得留。冠军参军广陵荀伯玉劝道成遣数十骑入魏境，安置标榜，魏果遣游骑数百履行境上；道成以闻，上使道成复本任。秋，九月，命道成迁镇淮阴。以侍中、中领军刘勔为都督南徐·兖等五州诸军事，镇广陵。

柔然部真可汗侵魏，魏主引群臣议之。尚书右仆射南平公目辰曰："若车驾亲征，京师危惧，不如持重固守。虏悬军深入，粮运无继，不久自退；遣将追击，破之必矣。"给事中张白泽曰:"蠢尔荒愚,轻犯王略,若銮舆亲行,必望麾崩散,岂可坐而纵敌!以万乘之尊,婴城自守,非所以威服四夷也。"魏主从之。白泽,衮之孙也。

魏主使京兆王子推等督诸军出西道,任城王云等督诸军出东道,汝阴王天赐等督诸军为前锋,陇西王源贺等督诸军为后继,镇西将军吕罗汉等掌留台事。诸将会魏主于女水之滨,与柔然战,柔然大败。乘胜逐北,斩首五万级,降者万余人,获戎马器械不可胜计。旬有九日,往返六千余里。改女水曰武川。司徒东安王刘尼坐昏醉,军陈不整,免官。壬申,还至平城。

【译文】

六年(庚戌,公元470年)

(六月)刘宋明帝刘彧在宫中大摆宴席,命妇女脱光衣服,让大家欣赏,皇后用扇子挡住面庞,明帝大怒说:"真是穷家的寒酸相!今天大家一同作乐,为什么只你不看!"皇后说:"作乐的事,方法很多,难道有姑嫂姐妹聚在一起而脱光妇女来取笑的!我们家的欢乐,与此不同。"明帝大怒,赶皇后出去。皇后的哥哥王景文听说这件事,说:"我妹妹在家时,性情柔弱,想不到这次竟如此刚正!"

南兖州刺史萧道成在军旅中已经很长时间。民间有人传言说萧道成的相貌和普通人不一样,应当做天子。明帝有了疑虑,下诏征召萧道成回京任黄门侍郎、越骑校尉。萧道成很恐惧,不想回京,可是又没有办法留下来不走。冠军参军广陵人荀伯玉劝萧道成派数十个骑兵,深入北魏国境,张贴布告,号召居民起义。北魏果然派出游骑兵数百人,沿边境巡逻。萧道成紧急报告朝廷,明帝才恢复萧道成的原职。秋季,九月,明帝命萧道成迁驻淮阴。任命侍中、中领军刘勔为都督南徐州、兖州等五州诸军事,镇守广陵。

柔然汗国部真可汗侵略北魏,北魏国主集合群臣商议。尚书右仆射南平公拓跋目辰说:"如果皇上御驾亲征,京师将陷入惊恐,不如小心慎重,采取守势。胡虏孤军深入,粮秣补给,不能供应,用不了多久,就会自行撤退;到那时派将士追击,一定会把他们击败。"给事中张白泽说:"蛮荒地带的愚蠢丑类,轻率冒犯边界,如果御驾能够亲征,望见我们旗帜,他们就会一哄而散,怎么能坐在这里放纵敌人横行!陛下以万乘之尊,而环城自守,这样不能威服四方夷族。"北魏国主同意。张白泽是张兖的孙子。

北魏国主命京兆王拓跋子推等率各军从西路进击,任城王拓跋云等率各军从东路进击,汝阴王拓跋天赐等率各军为先锋,陇西王源贺等率各军为后继部队,镇西将军吕罗汉等留守朝廷。各将领与北魏国主在女水河畔会合,迎战柔然汗国军队,柔然军队大败。北魏军乘胜追击,杀了五万人,受降一万多人,缴获战马、武器数不胜数。北魏军在十九天中,往返六千多里。女水从此改名为武川。司徒东安王刘尼因酒醉昏迷,军阵混乱不堪,被罢了官。壬申(九月十一日),返回平城。

资治通鉴第一百三十三卷

宋纪十五

【原文】

太宗明皇帝下泰始七年（辛亥，471年）

初，上为诸王，宽和有令誉，独为世祖所亲。即位之初，义嘉之党多蒙全宥，随才引用，有如旧臣。及晚年，更猜忌忍虐，好鬼神，多忌讳，言语、文书，有祸败、凶丧及疑似之言应回避者数百千品，有犯必加罪戮。改"骢"字为"骊"，以其似祸字故也。左右忤意，往往有刳斫者。

时淮、泗用兵，府藏空竭，内外百官，并断俸禄。而奢费过度，每所造器用，必为正御、副御、次副各三十枚。嬖幸用事，货赂公行。

上素无子，密取诸王姬有孕者内宫中，生男则杀其母，使宠姬子之。

至是寝疾，以太子幼弱，深忌诸弟。南徐州刺史晋平刺王休祐，前镇江陵，贪虐无度，上不使之镇，留之建康，遣上佐行府州事。休祐性刚狠，前后忤上非一，上积不能平；且虑将来难制，欲方便除之。甲寅，休祐从上于岩山射雉，左右从者并在仗后。日欲暗，上遣左右寿寂之等数人，逼休祐令坠马，因共殴，拉杀之，传呼"骠骑落马！"上阳惊，遣御医络驿就视，比其左右至，休祐已绝，去车轮，舆还第。追赠司空，葬之如礼。

建康民间讹言，荆州刺史巴陵王休若有至贵之相，上以此言报之，休若忧惧。戊午，以休若代休祐为南徐州刺史。休若腹心将佐，皆谓休若还朝，必不免祸，中兵参军京兆王敬先说休若曰："今主上弥留，政成省阁，群竖汹汹，欲悉去宗支以

便其私。殿下声著海内，受诏入朝，必往而不返。荆州带甲十余万，地方数千里，上可以匡天子，除奸臣，下可以保境土，全一身；孰与赐剑邸第，使臣妾饮泣而不敢葬乎！"休若素谨畏，伪许之。敬先出，使人执之，以白于上而诛之。

晋平剌王既死，建安王休仁益不自安。上与嬖臣杨运长等为身后之计，运长等亦虑上晏驾后，休仁秉政，已辈不得专权，弥赞成之。上疾尝暴甚，内外莫不属意于休仁，主书以下皆往东府访休仁所亲信，豫自结纳；其或在直不得出者，皆恐惧。上闻，愈恶之。五月，戊午，召休仁入见，既而谓曰："今夕停尚书下省宿，明可早来。"其夜，遣人赍药赐死。休仁骂曰："上得天下，谁之力邪！孝武以诛锄兄弟，子孙灭绝。今复为尔，宋祚其能久乎！"上虑有变，力疾乘舆出端门，休仁死，乃入。下诏称："休仁规结禁兵，谋为乱逆，朕未忍明法，申诏诘厉。休仁惭恩惧罪，遽自引决。可宥其二子，降为始安县王，听其子伯融袭封。"

魏显祖聪睿夙成，刚毅有断；而好黄、老、浮屠之学，每引朝士及沙门共谈玄理，雅薄富贵，常有遗世之心。以叔父中都大官京兆王子推沈雅仁厚，素有时誉，欲禅以帝位。时太尉源贺督诸军屯漠南，驰传召之。既至，会公卿大议，皆莫敢先言。任城王云，子推之弟也，对曰："陛下方隆太平，临覆四海，岂得上违宗庙，下弃兆民。且父子相传，其来久矣。陛下必欲委弃尘务，则皇太子宜承正统。夫天下者，祖宗之天下；陛下若更授旁支，恐非先圣之意，启奸乱之心，斯乃祸福之原，不可不慎也。"源贺曰："陛下今欲禅位皇叔，臣恐紊乱昭穆，后世必有逆祀之讥。愿深思任城之言。"东阳公丕等曰："皇太子虽圣德早彰，然实冲幼。陛下富于春秋，始览万机，奈何欲隆独善，不以天下为心，其若宗庙何！其若亿兆何！"尚书陆馛曰："陛下若舍太子，更议诸王，臣请刎颈殿庭，不敢奉诏！"帝怒，变色；以问宦者选部尚书酒泉赵黑，黑曰："臣以死奉戴皇太子，不知其他！"帝默然。时太子宏生五年矣，帝以其幼，故欲传位子推。中书令高允曰："臣不敢多言，愿陛下上思宗庙托付之重，追念周公抱成王之事。"帝乃曰："然则立太子，群公辅之，有何不可！"又曰："陆馛，直臣也，必能保吾子。"乃以馛为太保，与源贺持节奉皇帝玺绂传位于太子。丙午，高祖即皇帝位，大赦，改元延兴。

高祖幼有至性，前年，显祖病痈，高祖亲吮。及受禅，悲泣不自胜。显祖问其故，对曰："代亲之感，内切于心。"

丁未，显祖下诏曰："朕希心玄古，志存澹泊，爰命储宫践升大位，朕得优游恭己，栖心浩然。"

群臣奏曰："昔汉高祖称皇帝，尊其父为太上皇，明不统天下也。今皇帝幼冲，万机大政，犹宜陛下总之。谨上尊号曰太上皇帝。"显祖从之。

己酉，上皇徙居崇光宫，采椽不斫，土阶而已；国之大事咸以闻。崇光宫在北苑中，又建鹿野浮图于苑中之西山，与禅僧居之。

上以故第为湘宫寺，备极壮丽；欲造十级浮图而不能，乃分为二。新安太守巢尚之罢郡入见，上谓曰："卿至湘官寺未？此是我大功德，用钱不少。"通直散骑侍郎会稽虞愿侍侧，曰："此皆百姓卖儿贴妇钱所为，佛若有知，当慈悲嗟愍；罪高浮图，何功德之有！"侍坐者失色；上怒，使人驱下殿。愿徐去，无异容。

上好围棋，棋甚拙，与第一品彭城丞王抗围棋，抗每假借之，曰："皇帝飞棋，臣抗不能断。"上终不悟，好之愈笃。愿又曰："尧以此教丹朱，非人主所宜好也。"上虽怒甚，以愿王国旧臣，每优容之。

【译文】

宋明帝泰始七年（辛亥，公元471年）

当初，刘宋明帝还是亲王时，性情宽厚平和，有良好的声誉，只有他深受孝武帝的宠爱。即位初年，对拥护寻阳政权的官员，大多数都留住他们的性命，加以原谅，而且按照各人的才干，分别任用，像对旧有臣下一样对待。到了晚年，却猜疑、嫉妒、残忍、暴虐，迷信鬼神巫术，忌讳多端。无论言论、文书，对祸、败、凶、丧以及与之相似的话和字有成百上千条，都加以回避，如有触犯，一定加以惩罚和诛杀。把"骡"改成"驴"，因为"骡"看起来像"祸"字。左右官员只要触犯禁忌，常常有被挖心或剖出五脏的人。

当时，淮河、泗水一带多次发生军事行动，当地府库空竭，朝廷内外的百官，全都断了俸禄。但明帝却过度奢侈浪费，每次制造器物用具，都要分为正用、备用、次备用，各制三十件。侍候左右的亲信当权，贪赃枉法，贿赂公行。

明帝一直没有儿子，就把各亲王怀有身孕的姬妾秘密接到宫中，如生男孩，就

把生母杀掉，由他自己的宠妃认作儿子。

到这一年，明帝患病，因为太子年纪幼小，他唯恐自己的弟弟们篡夺政权。南徐州刺史晋平剌王刘休祐，从前镇守江陵时，贪污暴虐，无法无天。这次调任路过京师，明帝不让他去赴任，把他留在建康，派他的高级属官代理府州事务。刘休祐性情暴烈凶恶，前后冒犯明帝不止一次，明帝都记在心中，无法再忍，并且考虑到将来儿子没有能力控制他，想要找个机会把他除掉。甲寅（二月二十六日），刘休祐随同明帝前往岩山射猎野鸡，左右侍从被抛在后面。天将黄昏，明帝派亲信寿寂之等数人，把刘休祐从马背上挤下来，大家一拥而上，痛打一气，直至死亡，然后传呼："骠骑将军落马！"明帝假装大吃一惊，派出御医，一个接一个地前往诊视。等到刘休祐左右侍从赶到，刘休祐已气绝身亡，把他所乘车的轮子拆掉，改作病床，由人抬回家。明帝下诏追赠刘休祐为司空，用应有的丧礼安葬。

建康民间传播谣言，说荆州刺史巴陵王刘休若，有尊贵的面相。明帝写信将此言告诉了他，刘休若忧虑恐惧。戊午（三十日），明帝任命刘休若接替刘休祐为南徐州刺史。刘休若心腹将领一致认为：刘休若只要回到建康，就难逃大祸。中兵参军京兆人王敬先劝刘休若说："现在，皇上病重正处在弥留之际，朝廷大权握在省阁之手，一群奸恶之徒，来势汹汹，准备把皇上的兄弟全部铲除，以此来满足自己的私欲。殿下的名声，传播海内，如接受诏书，前往京师朝见，一定有去无回。荆州武装部队十余万，土地数千里。上可以辅佐天子，铲除奸臣；下可以保全一州，救自己一命。这和回到建康家宅，接受皇上赐给你自杀的佩剑，使你的臣妾饮泣吞声而不敢埋葬相比较，又怎么样呢！"刘休若一向谨慎胆怯，于是假装答应。王敬先一出王府，立刻派人把他抓起来，把他说的话奏报明帝，并将他处死。

晋平剌王刘休祐被杀之后，建安王刘休仁越发惶恐不安。明帝常跟亲信杨运长等商讨身后之计，杨运长等也担心明帝死了之后，刘休仁当政，他们这些人不能独断专行，所以都赞成明帝的计划。明帝一度病情十分危险，无论朝廷还是民间都把希望寄托在刘休仁主持朝政上，连主书以下的低级官员，都往东府拜访刘休仁的亲信，想预先结下交情。有些人正巧当班，不能出来从事结交活动，都心急而恐惧。明帝听说后，更为气愤。五月，戊午（初一），明帝命刘休仁进宫朝见，不久又通知他说："今晚你可在尚书下省安歇，明天一早再来。"当夜，明帝派人送去毒药，强迫他吞服。刘休仁骂道："你能得到天下，是谁的力量！孝武帝因为诛杀兄弟，子孙灭绝，今天你又要诛杀兄弟，宋的统治岂能长久！"明帝担心有变，提起精神，乘轿到皇城端门坐镇，直到刘休仁气绝，才回后宫，下诏宣布："刘休仁计划结交宫廷禁卫官兵，阴谋叛乱，朕不忍心把他交付法庭审判，而只下诏严厉斥责，刘休仁对自己的忘恩负义，畏惧羞愧，不能自容，服毒自杀。可以宽恕他的两个儿子，贬刘休仁为始安县王，由其子刘伯融继承爵位。"

北魏献文帝拓跋弘从小就聪明睿智，刚毅果断，爱好黄老哲学和佛学，每次接见朝廷官员及和尚僧侣，共同谈玄论理，对世俗的荣华富贵，非常淡泊鄙薄，时常有离家修行的想法。认为叔父中都大官、京兆王拓跋子推沉稳文雅仁厚，一向有较高的声誉，打算把帝位禅让给他。当时，太尉源贺率各军驻防漠南，献文帝迅速传召他回京。源贺抵达时，正举行公卿会议，没有一个人敢先发言。任城王拓跋云是拓跋子推的弟弟，他说："陛下正逢太平盛世，君临四海，怎么可以对上违背祖宗，对下抛弃人民。而且，父子相传，由来已久。陛下一定要放弃尘世上的俗务，那么皇太子理应继承大统。天下是祖先的天下，陛下如果把天下授予旁支，恐怕不是明圣祖先的本意，将要引起奸人的乱心，这是祸福的源头，不可不格外谨慎。"源贺说："陛下现今打算禅位给皇叔，我深恐扰乱皇家祖庙祭祀的顺序，后世将讥讽我们逆祀。请三思任城王之言。"东阳公拓跋丕等说："皇太子虽然神圣恩德早已彰显，但年龄实在太小，而陛下正当壮年，刚开始亲自主持朝政，为何只顾独善其身，不把天下放在心上？如果那样的话，皇家祖庙将怎么办，亿万人民将怎么办！"尚书陆馛说："陛下若舍弃太子，传位亲王，我宁可在金銮殿上自刎，也不敢奉诏。"献文帝勃然大怒，脸色霎时改变，转过头问宦官选部尚书酒泉人赵黑，赵黑说："我以死效忠皇太子，不知其他。"献文帝沉默不语。这一年，皇太子拓跋宏仅仅五岁。献文帝因他太小，所以准备传位给拓跋子推。中书令高允说："我不敢多言，愿陛下不忘祖先托付之重，而追念周公辅佐幼主成王的故事。"献文帝说："那么，让皇太子登基，由各位辅佐，有何不可！"又说："陆馛是忠直之臣，一定能保护我的儿子。"于是任命陆馛为太保，与源贺一同持节，把皇帝的玉玺呈献给皇太子拓跋宏。丙午（八月二十日），高祖孝文帝即位，宣布大赦，改年号为延兴。

孝文帝从小就感情丰富，两年前，献文帝身上长疮，孝文帝亲自用嘴为父亲吮脓。等到接受父亲的禅让，悲痛哭泣，不能自胜。献文帝问他缘故，他回答说："接替父亲位置的感受，内心非常深切。"

丁未（二十一日），献文帝下诏说："朕向往太古生活，志向恬淡，不图名利，特命太子升为皇帝，朕只求悠闲自得，修身养性。"

文武官员上奏说："从前，汉高祖刘邦当了皇帝，尊称他的父亲为太上皇，表明并非自己统治天下。而今，皇上年纪幼小，朝廷大政仍宜由陛下掌管，谨恭上尊号太上皇帝。"献文帝同意。

己酉（二十三日），太上皇帝迁到崇光宫居住，用刚刚采来未经砍伐的木材为房椽，台阶仍为土质，朝廷大事，仍向他请示。崇光宫在北苑中，又在苑中西山兴建佛教寺庙，名叫鹿野浮图，让和尚僧侣居住。

明帝把原来的府邸改为庙院，称湘宫寺，装潢修建，极为壮观华丽。准备兴建十层佛塔，不能成功，于是便修成两座。新安太守巢尚之解除职务后，回京朝见，明帝对他说："你去过湘宫寺没有？那可是我的大功德，花费不少钱。"通直散骑侍郎会稽人虞愿正在一边侍立，说："那是百姓用卖子、卖妻的钱所建造的，佛陀如果有灵，会慈悲为怀，哭泣哀叹。罪恶高过佛塔，有什么功德！"在座的人脸色全都大变，明帝大怒，命人把虞愿驱逐出殿。虞愿慢慢离开，没有恐惧的表情。

明帝爱下围棋，但棋艺非常拙劣，常跟围棋国手彭城丞王抗对弈。王抗只好常常暗中让他，说："皇上一飞，臣无法切断。"明帝始终不知内情，对围棋越发爱不释手。虞愿又说："这是尧用来教他儿子丹朱的玩意儿，不是人主所应该嗜好的。"明帝怒不可遏，但由于虞愿是自己任亲王时的旧属，所以总是非常宽容他。

【原文】

泰豫元年（壬子，472年）

己亥，上大渐，以江州刺史桂阳王休范为司空，又以尚书右仆射褚渊为护军将军，加中领军刘勔右仆射，诏渊、勔与尚书令袁粲、荆州刺史蔡兴宗、郢州刺史沈攸之并受顾命。褚渊素与萧道成善。引荐于上，诏又以道成为右卫将军，领卫尉，与袁粲等共掌机事。是夕，上殂。庚子，太子即皇帝位，大赦。时苍梧王方十岁，袁粲、褚渊秉政，承太宗奢侈之后，务弘节俭，欲救其弊；而阮佃夫、王道隆等用事，货赂公行，不能禁也。

【译文】

泰豫元年（壬子，公元472年）

己亥（四月十七日），明帝病危，任命江州刺史、桂阳王刘休范为司空，又命尚书右仆射褚渊为护军将军，加授中领军刘勔为右仆射。下诏指定褚渊、刘勔和尚书令袁粲、荆州刺史蔡兴宗、郢州刺史沈攸之同时接受托孤遗命。褚渊与萧道成的关系一向十分亲密，就把萧道成推荐给明帝，明帝再下诏，任命萧道成为右卫将军，兼卫尉，与袁粲等共同掌管朝廷大事。当晚，明帝去世。庚子（十八日），太子刘昱即皇帝位，宣布大赦。此时苍梧王刘昱年仅十岁。袁粲、褚渊主持朝政，在明帝奢侈糜烂的生活之后，力求节俭，想革除积弊。但是，阮佃夫、王道隆等人依然掌权，贿赂公开施行，袁粲、褚渊无力禁止。

【原文】

苍梧王上元徽元年（癸丑，473年）

桂阳王休范，素凡讷，少知解，不为诸兄所齿遇，物情亦不向之，故太宗之末得免于祸。及帝即位，年在冲幼，素族秉政，近习用权。休范自谓尊亲莫二，应入为宰辅；既不如志，怨愤颇甚。典签新蔡许公舆为之谋主，令休范折节下士，厚相资给，于是远近赴之，岁中万计；收养勇士，缮治器械。朝廷知其有异志，亦阴为之备。会夏口阙镇，朝廷以其地居寻阳上流，欲使腹心居之。二月，乙亥，以晋熙王燮为郢州刺史。燮始四岁，以黄门郎王奂为长史，行府州事，配以资力，使镇夏口；复恐其过寻阳为休范所劫留，使自太洑径去。休范闻之，大怒，密与许公舆谋袭建康；表治城隍，多解材板而蓄之。奂，景文之兄子也。

【译文】

宋苍梧王元徽元年（癸丑，公元473年）

桂阳王刘休范一向平凡庸俗，口舌木讷，愚昧无知，兄弟们都瞧不起他，社会上也没有人称赞他。所以，明帝对亲骨肉屠杀时，他得以幸免。太子刘昱即位时，年纪还幼小，寒门平民出身的官员主持朝政，左右亲近掌握大权。刘休范自认为无论是地位尊贵还是皇家血统，都没有人能超过他，他应该到朝廷担任宰相。意愿未得实现，就异常怨恨，不能自制。典签新蔡人许公舆做他的主要谋士，教刘休范礼贤下士，广交朋友，给他们优厚的待遇，于是，无论远近，许多人前来投奔，一年之中集结的人数以万计，并收养勇士，制造武器。朝廷察觉刘休范行为异常，定怀二心，因此也暗中戒备。此时，正赶上夏口无人镇守，朝廷认为那里位居寻阳上游，打算派亲信去镇守。二月，乙亥（二十八日），任命晋熙王刘燮为郢州刺史。刘燮本年才四岁，任命黄门郎王奂为长史代理府州事，配备雄厚的军事物资和兵力，镇守夏口，又唯恐刘燮等经过寻阳时被刘休范强行劫留，便让他们绕过寻阳，从太瞿小路前往。刘休范得知后，勃然大怒，跟许公舆密谋袭击建康。他上疏朝廷，要求整修城池，但背地里却把很多筑城用的木板储藏起来。王奂是王景文的侄儿。

【原文】

二年（甲寅，474年）

夏，五月，壬午，桂阳王休范反。掠民船，使军队称力请受，付以材板，合手装治，数日即办。丙戌，休范率众二万、骑五百发寻阳，昼夜取道；以书与诸执政，称："杨运长、王道隆蛊惑先帝，使建安、巴陵二王无罪被戮，望执录二竖，以谢冤魂。"

庚寅，大雷戍主杜道欣驰下告变，朝廷惶骇。护军褚渊、征北将军张永、领军刘勔、仆射刘秉、右卫将军萧道成、游击将军戴明宝、骁骑将军阮佃夫、右军将军王道隆、中书舍人孙千龄、员外郎杨运长集中书省计事，莫有言者。道成曰："昔上流谋逆，皆因淹缓致败，休范必远惩前失，轻兵急下，乘我无备。今应变之术，不宜远出；若偏师失律，则大沮众心。宜顿新亭、白下，坚守宫城、东府、石头，以待贼至。千里孤军，后无委积，求战不得，自然瓦解。我请顿新亭以当其锋，征北守白下，领军屯宣阳门为诸军节度；诸贵安坐殿中，不须竞出，我自破贼必矣。"因索笔下议，众并注"同"。孙千龄阴与休范通谋，独曰："宜依旧遣军据梁山。"道成正色曰："贼今已近，梁山岂可得至！新亭既是兵冲，所欲以死报国耳。常时乃可屈曲相从，今不得也！"坐起，道成顾谓刘勔曰："领军已同鄙议，不可改易！"袁粲闻难，扶曳入殿，即日，内外戒严。

道成将前锋兵出屯新亭，张永屯白下，前南兖州刺史沈怀明戍石头，袁粲、褚渊入卫殿省。时仓猝不暇授甲，开南北二武库，随将士意所取。

萧道成至新亭，治城垒未毕；辛卯，休范前军已至新林。道成方解衣高卧以安众心，徐索白虎幡，登西垣，使宁朔将军高道庆、羽林监陈显达、员外郎王敬则帅舟师与休范战，颇有杀获。壬辰，休范自新林舍舟步上，其将丁文豪请休范直攻台城。休范遣文豪别将兵趣台城，自以大众攻新亭垒。道成率将士悉力拒战，自巳至午，外势愈盛，众皆失色，道成曰："贼虽多而乱，寻当破矣。"

休范白服，乘肩舆，自登城南临沧观，以数十人自卫。屯骑校尉黄回与越骑校尉张敬儿谋许降以取之。回谓敬儿曰："卿可取之，我誓不杀诸王。"敬儿以白道成。道成曰："卿能办事，当以本州相赏。"乃与回出城南，放仗走，大呼称降。休范喜，召至舆侧。回阳致道成密意，休范信之，以二子德宣、德嗣付道成为质。二子至，道成即斩之，休范置回、敬儿于左右，所亲李恒、锺爽谏，不听。时休范日饮醇酒，回见休范无备，目敬儿；敬儿夺休范防身刀，斩休范首，左右皆散走。敬儿驰马持首归新亭。

道成遣队主陈灵宝送休范首还台。灵宝道逢休范兵，弃首于水，挺身得达，唱云："已平"，而无以为验，众莫之信。休范将士亦不之知，其将杜黑骡攻新亭甚急。萧道成在射堂，司空主簿萧惠朗帅敢死士数十人突入东门，至射堂下。道成上马，帅麾下搏战，惠朗乃退，道成复得保城。惠朗，惠开之弟也，其姊为休范妃。惠朗兄黄门郎惠明，时为道成军副，在城内，了不自疑。

道成与黑骡拒战，自晡达旦，矢石不息；其夜，大雨，鼓叫不复相闻。将士积日不得寝食,军中马夜惊,城内乱走。道成秉烛正坐,厉击呵之,如是者数四。

道成遣陈显达、张敬儿及辅师将军任农夫、马军主东平周盘龙等将兵自石头济淮,从承明门入卫官省。袁粲慷慨谓诸将曰:"今寇贼已逼而众情离沮,孤子受先帝付托,不能绥静国家,请与诸君同死社稷!"被甲上马,将驱之。于是陈显达等引兵出战,大破杜黑骡于杜姥宅,飞矢贯显达目。丙申,张敬儿等又破黑骡等于宣阳门,斩黑骡及丁文豪,进克东府,余党悉平。萧道成振旅还建康,百姓缘道聚观,曰:"全国家者此公也!"道成与袁粲、褚渊、刘秉皆上表引咎解职,不许。丁酉,解严,大赦。

【译文】

二年(甲寅,分公元474年)

夏季,五月,壬午(十二日),桂阳王刘休范起兵反抗朝廷。掠夺百姓船只,让各军各队根据实力申报所需数量,发给他们木板,依照规格装配船只,数日之间就办理完毕。丙戌(十六日),刘休范率军两万人,骑兵五百人,从寻阳出发,昼夜不停地前进。写信给朝廷各位执政官员,宣称:"杨运长、王道隆蛊惑蒙蔽先帝,使建安、巴陵二位亲王无罪被杀,请逮捕这两个奸臣,用来向冤魂谢罪。"

庚寅(二十日),大雷戍主杜道欣飞驰东下,报告事变,朝廷惶恐震惊。护军褚渊、征北将军张永、领军刘勔、仆射刘秉、右卫将军萧道成、游击将军戴明宝、骁骑将军阮佃夫、右军将军王道隆、中书舍人孙千龄、员外郎杨运长在中书省紧急集会,商讨对策,没有人肯先发言。萧道成说:"过去,凡是长江上游发动的叛乱,都因为行动迟缓,导致失败,刘休范一定吸取前人的教训,率轻装部队,急流东下,乘我们没有防备,来一个突然袭击。当今应变的策略,是不派军到远处出征,因为只要一支军队被击败,军心就会大受沮丧。我们应该防守新亭、白下,坚守宫城、东府、石头,等待贼寇攻击。他们一支孤军,千里而来,粮秣供应不上,求战不得,自然就会瓦解。我请求驻防新亭,首先抵挡叛军的前锋,张永驻守白下,刘勔驻扎宣阳门,指挥各军。其他尊贵官员,可安坐殿中,不必争着出来,我一定能够击破贼寇。"于是,索取笔墨,写下记录,大家全都签注"同意"。孙千龄秘密与刘休范通谋，唯有他反对，说："应该按照过去的办法，派军据守梁山。"萧道成严肃地说："贼寇已逼近梁山，我们派军怎么能赶到！新亭是必争之地，我打算以死报效国家罢了。平时我可以委曲求全，听你的意见，今天不行！"大家散会离座，萧道成回头看一下刘勔，说："刘领军已经完全同意我的意见，不可变更！"袁粲听到消息，让人扶着来到殿中。当天，朝廷内外戒严。

萧道成率领前锋军进驻新亭，张永进驻白下，前南兖州刺史沈怀明戍守石头，袁粲、褚渊进驻宫城，加强防卫。时间紧迫，来不及点发武器，只好打开南北两个大军械库，由将士自己随意挑选。

萧道成抵达新亭，开始修筑工事，但没有完成。辛卯（二十一日），刘休范前锋军已到新林，萧道成脱衣大睡，以安定军心，从容不迫地拿出白虎幡，登上西城墙，派宁朔将军高道庆、羽林监陈显达、员外郎王敬则，率舰队迎战刘休范，获得相当大的战果。壬辰（二十二日），刘休范自新林登岸，他的部将丁文豪，请求刘休范直接攻打台城，刘休范不同意，另派丁文豪手下其他将领攻打台城，而自己率大军攻击新亭萧道成的营垒。萧道成率军拼全力抵抗，从上午巳时苦战到午时，叛军攻势越来越猛，官军渐难支持，部众全都惊骇失色。萧道成说："贼寇虽然多，可是杂乱无章，不久我们就会把他们击败。"

刘休范身穿白色便服，坐着两人抬的轻便小轿，亲自登上新亭南面的临沧观，仅带数十名卫士。官军屯骑校尉黄回与越骑校尉张敬儿，商量向刘休范诈降，以便偷袭他。黄回对张敬儿说："你可以取刘休范的性命，我曾发誓绝不诛杀亲王！"张敬儿把这打算报告萧道成，萧道成说："如果你能够成功，就把本州赏赐给你。"张敬儿于是跟黄回出城南下，放下武器，边跑边大喊"投降"。刘休范大喜，把二人叫到轿旁，黄回假装传达萧道成的秘密旨意，刘休范信以为真，把两个儿子刘德宣、刘德嗣，送给萧道成作为人质。两个儿子一到，萧道成立即把他们斩首。刘休范把黄回、张敬儿留在身边，他的亲信李恒、钟爽，都加以劝阻，刘休范不听。这时刘休范每天饮酒，黄回看刘休范没有防备，便向张敬儿使一个眼色，张敬儿抽出刘休范的防身佩刀，砍下刘休范的人头，侍卫人员惊慌逃窜，张敬儿骑马飞奔，带着刘休范的人头跑回新亭。

萧道成派队主陈灵宝，把刘休范的人头送回宫城。陈灵宝途中遇到刘休范的军队，一时紧急，把刘休范的人头扔到路边的水沟里，脱身抵达宫城，大声高喊："乱事已平！"可是没有刘休范的人头做证，大家对此都不相信。刘休范的将士也不知道主帅已死，将领杜黑骡对新亭发动攻击，越攻越猛。萧道成在射堂，叛军司空主簿萧惠朗率敢死队数十人，突破东门，直逼射堂。萧道成上马，率部下奋战，萧惠朗这才退走，萧道成得以再次保住新亭城池。萧惠朗是萧惠开的弟弟；他的姐姐是刘休范的妃子；萧惠朗的哥哥、黄门郎萧惠明此时任萧道成的军副，驻防城中，他并不认为自己会被怀疑。

萧道成与杜黑骡酣战，自午后一直战到次日天明，流箭飞石，始终不停。当天夜晚，天下大雨，战鼓和呐喊声音互不相闻，将领士卒整天整夜不吃不睡。而军中马匹忽然夜惊，跑出马厩，满城乱跑。萧道成在指挥部手持蜡烛，正襟危坐，不断地厉声呵责，竟达四五次之多。

萧道成派陈显达、张敬儿和辅师将军任农夫、马军主东平人周盘龙等率兵自石头渡秦淮河，从承明门入宫保卫宫廷及朝廷各机构。袁粲对各将领慷慨激昂地说："现在，贼寇已逼到眼前，而人心离散，我受先帝托孤，不能安定国家，只有跟各位一道为国家效死。"穿上铠甲，跨上战马，准备冲出，陈显达等率军出战，与叛军展开激战，在杜姥宅大败杜黑骡，一支流箭射中陈显达的眼睛。丙申（二十六日），张敬儿等又在宣阳门大败叛军，杀了杜黑骡和丁文豪。乘胜攻克东府，叛党余孽全部平定。萧道成整顿大军，返抵建康。百姓夹道观看，说："保全国家的就是这位将军啊！"萧道成与袁粲、褚渊、刘秉都上表引咎辞职，没有批准。丁酉（二十七日），解除戒严，宣布大赦。

资治通鉴第一百三十四卷

宋纪十六

【原文】

苍梧王下元徽四年（丙辰，476年）

太后性聪察，知书计，晓政事，被服俭素，膳羞减于故事什七八；而猜忍多权数。高祖性至孝，能承颜顺志，事无大小，皆仰成于太后。太后往往专决，不复关白于帝。所幸宦者高平王琚、安定张祐、杞嶷、冯翊王遇、略阳苻承祖、高阳王质，皆依势用事；祐官至尚书左仆射，爵新平王；琚官至征南将军，爵高平王；嶷等官亦至侍中、吏部尚书、刺史，爵为公、侯，赏赐巨万，赐铁券，许以不死。又，太卜令姑臧王容得幸于太后，超迁至侍中、吏部尚书，爵太原公。秘书令李冲，虽以才进，亦由私宠，赏赐皆不可胜纪。又外礼人望东阳王丕、游明根等，皆极其优厚，每褒赏叡等，辄以丕等参之，以示不私。丕，烈帝之玄孙；冲，宝之子也。

太后自以失行，畏人议己，群下语言小涉疑忌，辄杀之。然所宠幸左右，苟有小过，必加笞棰，或至百余；而无宿憾，寻复待之如初，或因此更富贵。故左右虽被罚，终无离心。

【译文】

宋苍梧王元徽四年（丙辰，公元476年）

北魏冯太后生性聪慧，洞察细密，读过书，会算术，通晓政事，衣着简单朴

魏晋南北朝贸易图

素，日用饮食要比过去的规定减省十分之七八，但生性猜忌残忍，工于权术。孝文帝拓跋宏对这位祖母皇太后至为孝顺，能够尽量使她高兴欢乐。事情无论大小，都由她决定。冯太后往往独断专行，所做决定不再告诉孝文帝。她所宠爱的宦官高平人王琚、安定人张祐和杞嶷、冯翊人王遇、略阳人苻承祖、高阳人王质都依仗冯太后的权势，在朝廷中掌权。张祐官至尚书左仆射，封新平王；王琚官至征南将军，封高平王；杞嶷等也都官至侍中、吏部尚书、刺史，封公爵、侯爵，赏赐钱财数万之多，发给他们铁券，承诺对他们绝不处死。另外，太卜令姑臧人王睿受冯太后的宠幸破格提拔，官至侍中、吏部尚书，封为太原公。秘书令李冲，虽然以他的才华进官，但也是由于得到冯太后的私自宠爱，冯太后对他的赏赐，都多到无法计算。表面上，冯太后对众望所归的大臣东阳王拓跋丕、游明根等，也都特别礼敬优厚。每次褒扬王睿等时，一定把拓跋丕等列入，表示并不出于私心。拓跋丕是烈帝拓跋翳槐的玄孙。李冲是李宝的儿子。

冯太后因为淫乱行为，害怕别人对自己讥讽议论，官员言谈中只要有一句话被疑为对她的讽刺，就立即诛杀。她所宠爱的左右侍从，即使有小小的过错，也一定鞭打，甚至打一百余鞭。可是，冯太后对人从不记仇，第二天仍然善待，同平常一样，甚至有人被鞭打而更富贵。所以左右虽受体罚，但始终不离心。

【原文】

顺皇帝升明元年（丁巳，477 年）

初，苍梧王在东宫，好缘漆帐竿，去地丈余；喜怒乖节，主帅不能禁。太宗屡敕陈太妃痛捶之。及即帝位，内畏太后、太妃，外惮诸大臣，未敢纵逸。自加元服，内外稍无以制，数出游行。始出宫，犹整仪卫。俄而弃车骑，帅左右数人，或出郊野，或入市廛。太妃每乘青犊车，随相检摄。既而轻骑远走一二十里，太妃不复能追；仪卫亦惧祸不敢追寻，唯整部伍别在一处，瞻望而已。

初，太宗尝以陈太妃赐嬖人李道儿，已复迎还，生帝。故帝每微行，自称"刘统"，或称"李将军"。常著小裤衫，营署巷陌，无不贯穿；或夜宿客舍，或昼卧道傍，排突厮养，与之交易，或遭慢辱，悦而受之。凡诸鄙事，裁衣、作帽，过目则能；未尝吹篪，执管便韵。及京口既平，骄恣尤甚，无日不出，夕去晨返，晨出暮归。从者并执铤矛，行人男女及犬马牛驴，逢无免者。民间扰惧，商贩皆息，门户昼闭，行人殆绝。针、椎、凿、锯，不离左右，小有忤意，即加屠剖，一日不杀，则惨然不乐；殿省忧惶，食息不保。阮佃夫与直阁将军申伯宗等，谋因帝出江乘射雉，称太后令，唤队仗还，闭城门，遣人执帝废之，立安成王准。事觉，甲戌，帝收佃夫等杀之。

太后数训戒帝，帝不悦。会端午，太后赐帝毛扇。帝嫌其不华，令太医煮药，欲鸩太后。左右止之曰："若行此事，官便应作孝子，岂复得出入狡狯！"帝曰："汝语大有理！"乃止。

六月，甲戌，有告散骑常侍杜幼文、司徒左长史沈勃、游击将军孙超之与阮佃夫同谋者，帝登帅卫士，自掩三家，悉诛之，剐解脔割，婴孩不免。沈勃时居丧在庐，左右未至，帝挥刀独前。勃知不免，手搏帝耳，唾骂之曰："汝罪逾桀、纣，屠戮无日"，遂死。是日，大赦。

帝尝直入领军府。时盛热，萧道成昼卧裸袒。帝立道成于室内，画腹为的，自引满，将射之。道成敛版曰："老臣无罪。"左右王天恩曰："领军腹大，是佳射堋；一箭便死，后无复射；不如以骲箭射之。"帝乃更以骲箭射，正中其齐。投弓大笑曰："此手何如！"帝忌道成威名，尝自磨铤，曰："明日杀萧道成。"陈太妃骂之曰："萧道成有功于国，若害之，谁复为汝尽力邪！"帝乃止。

道成忧惧，密与袁粲、褚渊谋废立。粲曰："主上幼年，微过易改。伊、霍之事，非季世所行；纵使功成，亦终无全地。"渊默然。领军功曹丹阳纪僧真言于道成曰："今朝廷猖狂，人不自保；天下之望，不在袁、褚，明公岂得坐受夷灭！存亡之机，仰希熟虑。"道成然之。

或劝道成奔广陵起兵。道成世子赜，时为晋熙王长史，行郢州事，欲使赜将郢州兵东下会京口。道成密遣所亲刘僧副告其从兄行青、冀二州刺史刘善明曰："人多见劝北固广陵，恐未为长算。今秋风行起，卿若能与垣东海微共动虏，则我诸计可立。"亦告东海太守垣荣祖。善明曰："宋氏将亡，愚智共知。北虏若动，反为公患。公神武高世，唯当静以待之，因机奋发，功业自定，不可远去根本，自贻猖蹶。"荣祖亦曰："领府去台百步，公走，人岂不知！若单骑轻行，广陵人闭门不受，公欲何之！公今动足下床，恐即有叩台门者，公事去矣。"纪僧真曰："主上虽无道，国家累世之基犹为安固。公百口，北度必不得俱。纵得广陵城，天子居深宫，施号令，目公为逆，何以避之！此非万全策也。"道成族弟镇军长史顺之及次子骠骑从事中郎嶷，皆以为："帝好单行道路，于此立计，易以成功；外州起兵，鲜有克捷，徒先人受祸耳。"道成乃止。

越骑校尉王敬则潜自结于道成，夜著青衣，扶匐道路，为道成听察帝之往来。道成命敬则阴结帝左右杨玉夫、杨万年、陈奉伯等一十五人于殿中，伺伺机便。

秋，七月，丁亥夜，帝微行至领军府门。左右曰："一府皆眠，何不缘墙入？"帝曰："我今夕欲于一处作适，宜待明夕。"员外郎桓康等于道成门间听闻之。

戊子，帝乘露车，与左右于台冈赌跳，仍往青园尼寺，晚，至新安寺偷狗，就昙度道人煮之。饮酒醉，还仁寿殿寝。杨玉夫常得帝意，至是忽憎之，见辄切齿曰："明日当杀小子取肝肺！"是夜，令玉夫伺织女渡河，曰："见当报我；不见，将杀汝！"时帝出入无常，省内诸阁，夜皆不闭，厢下畏相逢值，无敢出者；宿卫并逃避，内外莫相禁摄。是夕，王敬则出外。玉夫伺帝熟寝，与杨万年取帝防身刀刎之。敕厢下奏伎陈奉伯袖其首，依常行法，称敕开承明门出，以首与敬则。敬则驰诣领军府，叩门大呼，萧道成虑苍梧王诳之，不敢开门。敬则于墙上投其首，道成洗视，乃戎服乘马而出，敬则、桓康等皆从。入宫，至承明门，诈为行还。敬则恐内人觇见，以刀环塞窦孔，呼门甚急，门开而入。他夕，苍梧王每开门，门者震慑，不敢仰视，至是弗之疑。道成入殿，殿中惊怖；既而闻苍梧王死，咸称万岁。

己丑旦，道成戎服出殿庭槐树下，以太后令召袁粲、褚渊、刘秉入会议。道成谓秉曰："此使君家事，何以断之？"秉未答。道成须髯尽张，目光如电。秉曰：

"尚书众事，可以见付；军旅处分，一委领军。"道成次让袁粲，粲亦不敢当。王敬则拔白刃，在床侧跳跃曰："天下事皆应关萧公！敢有开一言者，血染敬则刀！"仍手取白纱帽加道成首，令即位，曰："今日谁敢复动！事须及热！"道成正色呵之曰："卿都自不解！"粲欲有言，敬则叱之，乃止。褚渊曰："非萧公无以了此。"手取事授道成。道成曰："相与不肯；我安得辞！"乃下议，备法驾诣东城，迎立安成王。于是长刀遮粲、秉等，各失色而去。秉出，于路逢从弟韫，韫开车迎问曰："今日之事，当归兄邪？"秉曰："吾等已让领军矣。"韫拊膺曰："兄肉中讵有血邪！今年族矣！"

是日，以太后令，数苍梧王罪恶，曰："吾密令萧领军潜运明略。安成王准，宜临万国。"追封昱为苍梧王。仪卫至东府门，安成王令门者勿开，以待袁司徒。粲至，王乃入居朝堂。壬辰，王即皇帝位，时年十一，改元，大赦。葬苍梧王于郊坛西。

【译文】

宋顺帝升明元年（丁巳，公元477年）

当初，刘宋苍梧王刘昱当皇太子时，常常亲自动手，油漆帐篷高竿，能爬到距地面一丈多的高处。他喜怒无常，侍从官员无法劝阻。明帝屡次让他的母亲陈太妃痛打他。刘昱即帝位后，对内害怕皇太后、皇太妃，对外害怕各位大臣，不敢放纵。可是，自从行过加冠礼后，宫内宫外对他逐渐失去控制，于是刘昱不断出宫游逛。最初出宫，还有整齐的仪仗卫队。不久，便丢下随从车马，只带身边几个人，或跑到荒郊野外，或出入于街头闹市。陈太妃每次乘坐青盖牛犊车，尾随其后，监视、约束他，他便换乘轻装快马，一气奔跑一二十里，让太妃追赶不上。仪仗卫队也畏惧大祸临头，不敢追寻刘昱的去向，只好把部队驻扎在另外一个地方，远远眺望而已。

当初，明帝曾经把陈太妃赏赐给宠信的弄臣李道儿为妻，后来又把她迎接回去，生下苍梧王。所以，刘昱每次改穿便服外出，就自称刘统，或自称李将军。经常穿短裤、短衫，无论军营、官府、街巷、田野，到处出入。有时夜晚投宿旅店，有时白天就睡在马路旁边，在下等人中间挤来挤去，跟他们做买卖，有时遭到怠慢侮辱也欣然接受。任何低贱的事情，像裁制衣服、制作帽子，只要看过一遍，就能够学会。他从来没有吹过篪，拿起来一吹，声音便合曲调。等到京口事变平息，刘昱骄纵横暴尤为严重，没有一天不出宫，不是晚上出去，凌晨回来，就是凌晨出去，晚上回来。随从人员手持短刀长矛，路上的行人，不管是男是女，不管是狗、马、牛、驴，只要碰上，立即诛杀，无一幸免。百姓忧愁恐惧，店铺及行商，全都停止经营，家家户户，白天闭门，路上行人几乎绝迹。针、锥、凿、锯，不离刘昱左右，只要稍看不顺眼，便顺手抓起凶器，当场杀人剖腹。一天不杀人，就闷闷不乐。宫廷侍从和朝廷官员，担忧惶恐，饮食作息，都不能安稳。阮佃夫与直閤将军申伯宗等，密谋趁刘昱到江乘打野鸡之时，宣称奉皇太后命令，传唤仪仗卫队回京，关闭城门，派人逮捕刘昱，废黜，拥立安成王刘准。想不到密谋泄漏，甲戌（五月二日），刘昱逮捕阮佃夫等，斩首。

皇太后经常教训刘昱，刘昱很不高兴。正逢端午节，太后赏赐给刘昱一把羽毛扇，刘昱嫌它不够豪华，下令御医烹煮毒药，打算毒死太后。左右劝阻他说："如果做了这事，陛下便要当孝子，怎么还能出入宫门玩耍游戏？"刘昱说："你这话很有道理！"于是打消了这个主意。

六月，甲戌（二十二日），有人上告散骑常侍杜幼文、司徒左长史沈勃、游击将军孙超之，跟阮佃夫同谋。刘昱立即率领卫士，亲自突击三家，全部诛杀，砍断肢体，把肉一块块割下，连婴儿也不能幸免。沈勃当时正在家里守丧，卫队还没有到，刘昱挥刀独自一人冲在前面，沈勃知道不能避免，赤手空拳搏斗，猛击刘昱耳朵，唾骂道："你的罪恶，超过桀、纣，死在眼前。"于是被砍死。这一天，下诏大赦。

刘昱曾经直接闯入领军府。当时气候炎热，萧道成白天裸身躺在那里睡觉。刘昱把萧道成叫醒，让他站在室内，在他肚子上画一个箭靶，自己拉满了弓，就要发射。萧道成收起手版说："老臣无罪。"左右侍卫王天恩说："萧领军肚子大，是一个好箭靶，一箭射死，以后就不能再射了。不如改用圆骨箭头射他。"刘昱就改用圆骨箭头。一箭射去，正中萧道成的肚脐。他把弓扔掉，大笑，说："这手艺如何！"刘昱对萧道成的威名十分畏惧嫉恨，曾亲自磨短矛，说："明天就杀萧道成。"陈太妃骂他说:"萧道成对国家有大功,如果杀了他,谁还为你尽力呢!"刘昱才住手。

萧道成忧愁恐惧,与尚书令袁粲、中书监褚渊密谋废黜刘昱,另立新君。袁粲说:"主上年纪还小,轻微的过失,容易改正。伊尹、霍光的往事,在这末世已难实行。即使成功,最后仍无安身之地。"褚渊沉默不语。领军功曹丹阳人纪僧真对萧道成说:"现在,皇上凶残疯狂,无人可以自保,天下百姓的盼望,不在袁粲、褚渊,明公怎么能坐待被剿灭?存亡的关键,请深思熟虑。"萧道成同意。

有人劝萧道成回广陵起兵。萧道成的大儿子萧赜正任晋熙王刘燮的长史,兼行郢州事,萧道成打算命萧赜率郢州军顺长江东下,在京口会师。萧道成派他的亲信刘僧副,秘密通告堂兄、代理青、冀二州刺史刘善明,说:"很多人劝我北上据守广陵,恐怕不是长远的打算。现在秋风将起,你如果能跟垣荣祖联合,稍稍挑动胡虏,我的各种计划当可实施。"同时也告诉东海太守垣荣祖。刘善明说:"宋国将亡,无论愚蠢人和明智人,都看得一清二楚。北虏如果有什么行动,反而会成为你的祸患。你的智慧韬略和英勇武功高过当世,只有一个办法,那就是安静地等待时机,再趁机猛烈出击,大业自然告成,不可以远离根本之地,自找灾祸。"垣荣祖也说:"领府距离宫城,不过一百步,如果你全家出奔,别人怎么会不知道?如果单枪匹马,轻装前往,广陵官员万一关闭城门,拒绝接纳,下一步将逃向哪里?你只要举脚下床,马上就会有人敲宫城的城门,向朝廷告发,你的大事就糟糕了。"纪僧真说:"主上虽然凶暴丧失天道,可是刘家王朝几世建立的政权还算坚固。你百口之家,同时向北出奔,绝不可能。即使进入广陵,天子居住深宫之中,发号施令,指控你是叛逆,你有什么办法躲避!这不是万全之策。"萧道成的族弟、镇军长史萧顺之,以及萧道成的次子、骠骑从事中郎萧嶷,都认为:"皇上喜爱单独出来乱窜,在这方面下手,比较容易成功。外州起兵,很少能够成功,反而徒然比别人先受灾祸。"萧道成这才取消原意。

越骑校尉王敬则主动暗中结交萧道成,一到夜里,王敬则就换上平民衣服,匍匐路旁,替萧道成侦察刘昱的行踪。萧道成命王敬则秘密结交刘昱左右亲信杨玉夫、杨万年、陈奉伯等二十五人,他们都在宫城内殿中任职,窥探有什么机会。

秋季,七月,丁亥(初六),夜晚,刘昱身穿便装,走到领军府门口,左右侍从说:"府里的人全都睡熟,我们为什么不跳墙进去?"刘昱说:"今天晚上,我要到别的地方玩个痛快,明晚再来。"员外郎桓康等在领军府大门后全都听到。

戊子(初七),刘昱乘坐露天无篷车,跟左右侍从前往台冈,比赌跳高。然后,前往青园尼姑庵。夜晚,来到新安寺偷狗,偷来狗找到昙度道人,煮吃狗肉。吃过狗肉,醉醺醺地回仁寿殿睡觉。弄臣杨玉夫一向得到刘昱的宠信,而今天,刘昱忽然对杨玉夫大为痛恨,一看见他就咬牙切齿,说:"明天就杀了你这小子,挖出肝肺!"这天深夜,命杨玉夫观察织女渡河,说:"看见织女渡河时,马上叫醒我;看不见,就杀了你。"当时,刘昱出宫进宫,没有一定时间,宫中各阁门,夜间都不敢关闭,负责宫廷保卫的官员,惧怕跟皇帝见面,都不敢出门。禁卫军士卒更是躲得远远的,内外一片紊乱,互不相关,没有人管理。当天夜晚,王敬则出营等候消息,杨玉夫等到刘昱呼呼大睡时,与杨万年合伙取下刘昱的防身佩刀,砍下刘昱的人头。然后假传圣旨,命外庭乐工陈奉伯把刘昱的人头,藏在袍袖里面,跟往常一样,神色自若,宣称奉皇帝派遣,打开承明门出宫,把人头交给王敬则。王敬则飞马奔向领军府,敲门大喊,萧道成恐怕是刘昱的诡计,不敢开门。王敬则把人头从墙上扔进去,萧道成令人洗净血迹辨识,果然不错,这才全副武装,骑马而出,王敬则、桓康等都随从其后,直往宫城,到了承明门,宣称皇帝御驾回宫。王敬则恐怕守门官兵从门洞往外察看,用刀柄堵住门洞,同时咆哮催促。门打开,进入宫城。从前,每逢夜晚,刘昱闯出闯进,都急躁凶暴,守门卫士震恐,从不敢抬头。所以,今晚之事,没有一人怀疑。萧道成进入仁寿殿,殿中官员惊慌恐怖。但紧接着听到刘昱已死的消息,都高呼万岁。

己丑(初八),早晨,萧道成全副武装,站在殿前庭院中槐树下,以皇太后的命令召集尚书令袁粲、中书监渊褚、中书令刘秉人殿举行会议。萧道成对刘秉说:"这是你们刘家的事,应该如何决定?"刘秉还未及回答,萧道成顿时大怒,胡子翘起,双目发出凶光,如同两道闪电。刘秉说:"尚书省的事,可以交付给我。军事措施,全依靠你。"萧道成依次让给袁粲,袁粲推辞不敢当。王敬则拔出佩刀,在座位旁跳起来,厉声道:"天下大事,全都要萧公裁决,谁胆敢说半个不字,血染我刀!"说着亲手取出白纱帽,戴到萧道成头上,要求萧道成登基称帝,并威胁说:"今天谁敢乱动?大事要趁热一气呵成。"萧道成板起面孔,呵止说:"你什么也不明白!"袁粲打算讲话,王敬则大声喝他闭嘴,他只好闭嘴。褚渊说:"非萧公不足以办理善后!"就把处理一切事务的权交给萧道成。萧道成说:"既然大家都不肯接受,我怎么可以推辞。"于是提议:准备法驾,前往东府城,迎接安成王刘准继任皇帝。萧道成卫士抽出佩刀,筑成刀墙,命袁粲、刘秉起身,二人面无人色,离去。刘秉出宫,路上遇到堂弟刘韫,刘韫打开车门迎问:"今天的事,该不该归你?"刘秉说:"我们已让给萧道成。"刘韫捶胸说:"你肉里有没有血?今年,全族难逃屠杀。"

当天,萧道成以皇太后的名义,发布命令,列举刘昱罪状,说:"我密令萧道成暗中运用智谋。安成王刘准,应君临万国。"追封刘昱为苍梧王。皇帝仪仗队抵达东府门前,刘准命守门的人不要开门,等待袁粲的到来。袁粲到了之后,刘准才动身到金銮殿。壬辰(十一日),刘准即皇帝位,本年十一岁,改年号,实行大赦。把刘昱安葬在南郊祭天神坛之西。

【原文】

二年(戊午,478年)

萧道成欲引时贤参赞大业,夜,召骠骑长史谢朏,屏人与语,久之,朏无言;唯二小儿捉烛,道成虑朏难之,仍取烛遣儿,朏又无言;道成乃呼左右。朏,庄之子也。

太尉右长史王俭知其指,他日,请间言于道成曰:"功高不赏,古今非一。以公今日位地,欲终北面,可乎?"道成正色裁之,而神采内和。俭因曰:"俭蒙公殊盼,所以吐所难吐;何赐拒之深!宋氏失德,非公岂复宁济!但人情浇薄,不能持久;公若小复推迁,则人望去矣。岂唯大业永沦,七尺亦不可得保。"道成曰:"卿言不无理。"俭曰:"公今名位,故是经常宰相,宜礼绝群后,微示变革。当先令褚公知之,俭请衔命。"道成曰:"我当自往。"经少日,道成自造褚渊,款言移晷。乃谓曰:"我梦应得官。"渊曰:"今授始尔,恐一二年间未容便移;且吉梦未必应在旦夕。"道成还,以告俭。俭曰:"褚是未达理耳。"俭乃唱议加道成太傅,假黄钺,使中书舍人虞整作诏。

道成所亲任遐曰："此大事，应报褚公。"道成曰："诸公不从，奈何？"遐曰："彦回惜身保妻子，非有奇才异节；遐能制之。"渊果无违异。

丙午，诏进道成假黄钺、大都督中外诸军事、太傅、领扬州牧，剑履上殿，入朝不趋，赞拜不名，使持节、太尉、骠骑大将军、录尚书、南徐州刺史如故。道成固辞殊礼。

【译文】

二年（戊午，公元478年）

萧道成计划延聘当时德高望重的人才，共同帮助他建立伟业。夜晚，召见骠骑长史谢朏，屏去左右侍从，说出了自己的打算，等了很久，谢朏却不说一句话。这时仍有两个手举蜡烛的小儿在旁侍候，萧道成想到谢朏认为还不够严密，于是萧道成自己手举蜡烛，把两个小儿打发出去，可是，谢朏仍不语。萧道成只好把侍从唤回房内。谢朏是谢庄的儿子。

太尉右长史王俭知道萧道成的意图，有一天，他向萧道成请求密谈，王俭说："功劳太高，就没有赏赐，这种事情，从古到今，不止一人。以公今天的地位，想要始终面北称臣，怎么可以？"萧道成严厉斥责他，但神色却很温和。王俭说："我蒙公特殊爱护，所以说出别人不敢说的话，为什么拒绝得如此坚决？刘姓皇家失德，如果没有你，他们怎么能闯过难关？可是，人心浇薄，感恩之心，无法持久，只要你稍加推辞，人心就会失去，岂止大业不能建立，就是七尺之躯也不能自保。"萧道成说："你说的不是没有道理。"王俭说："你今天的名望和地位，本来是固定的常任宰相，最好在礼节上表现得跟一般官员不一样，略微显示政局将发生变化。不过此事应先告诉褚渊，我愿意传达这个意思。"萧道成说："我亲自前往。"过了几天，萧道成亲自拜访褚渊，气氛融洽，谈了很久，萧道成才说："我梦见升官。"猪渊说："刚刚宣布任命，恐怕一二年间不会再有变更，而且，吉祥的梦，未必旦夕就能应验。"萧道成回来，告诉王俭，王俭说："褚渊还没有开窍！"王俭就建议加授萧道成为太傅，再赐给黄钺，命中书舍人虞整撰写诏书。

萧道成亲信任遐说："这种大事，应该告诉褚渊。"萧道成说："褚渊万一不同意，怎么办？"任遐说："褚渊珍惜生命，爱护妻子儿女，并无奇特的才能和高尚的节操，我能制住他。"褚渊果然不表示反对。

丙午（九月初二），顺帝下诏，赐萧道成持有黄钺，任命他为大都督中外诸军事、太傅，兼扬州牧，上殿时可以穿鞋佩剑、入朝时不必快步小跑、奏事时不称名，使持节、太尉、骠骑大将军、录尚书、南徐州刺史等官职，仍然如故。萧道成坚决辞让特殊的礼遇。

资治通鉴第一百三十五卷

齐纪一

【原文】

太祖高皇帝建元元年（己未，479年）

辛卯，宋顺帝下诏禅位于齐。壬辰，帝当临轩，不肯出，逃于佛盖之下，王敬则勒兵殿庭，以板舆入迎帝。太后惧，自帅阉人索得之，敬则启譬令出，引令升车。帝收泪谓敬则曰："欲见杀乎？"敬则曰："出居别宫耳。官先取司马家亦如此。"帝泣而弹指曰："愿后身世世勿复生天王家！"宫中皆哭。帝拍敬则手曰："必无过虑，当饷辅国十万钱。"是日，官僚陪位，侍中谢朏在直，当解玺绶，阳为不知，曰："有何公事？"传诏云："解玺绶授齐王。"朏曰："齐自应有侍中。"乃引枕卧。传诏惧，使朏称疾，欲取兼人，朏曰："我无疾，何所道！"遂朝服步出东掖门，仍登车还宅。乃以王俭为侍中，解玺绶。礼毕，帝乘画轮车，出东掖门就东邸。问："今日何不奏鼓吹？"左右莫有应者。右光禄大夫王琨，华之从父弟也，在晋世已为郎中，至是，攀车獭尾恸哭曰："人以寿为欢，老臣以寿为戚。既不能先驱蝼蚁，乃复频见此事！"呜咽不自胜，百官雨泣。

司空兼太保褚渊等奉玺绶，帅百官诣齐宫劝进；王辞让未受。渊从弟前安成太守炤谓渊子贲曰："司空今日何在？"贲曰："奉玺绶在齐大司马门。"炤曰："不知汝家司空将一家物与一家，亦复何谓！"甲午，王即皇帝位于南郊。还宫，大赦，改元。奉宋顺帝为汝阴王，优崇之礼，皆仿宋初。筑宫丹杨，置兵守卫之。宋神主迁汝阴庙，诸王皆降为公；自非宣力齐室，余皆除国，独置南康、华容、萍乡三国，以奉刘穆之、王弘、何无忌之后，除国者凡百二十人。二台官僚，依任摄职，

名号不同、员限盈长者，别更详议。

以褚渊为司徒。宾客贺者满座。褚炤叹曰："彦回少立名行，何意披猖至此！门户不幸，乃复有今日之拜。使彦回作中书郎而死，不当为一名士邪！名德不昌，乃复有期颐之寿！"渊固辞不拜。

奉朝请河东裴颙上表，数帝过恶，挂冠径去；帝怒，杀之。太子赜请杀谢朏，帝曰："杀之遂成其名，正应容之度外耳。"久之，因事废于家。

帝问为政于前抚军行参军沛国刘瓛，对曰："政在《孝经》。凡宋氏所以亡，陛下所以得者，皆是也。陛下若戒前车之失，加之以宽厚，虽危可安；若循其覆辙，虽安必危矣。"帝叹曰："儒者之言，可宝万世！"

癸丑，魏遣假梁郡王嘉督二将出淮阴，陇西公琛督三将出广陵，河东公薛虎子督三将出寿阳，奉丹杨王刘昶入寇；许昶以克复旧业，世胙江南，称藩于魏。蛮酋桓诞请为前驱，以诞为南征西道大都督。义阳民谢天盖自称司州刺史，欲以州附魏，魏乐陵镇将韦珍引兵渡淮应接。豫章王嶷遣中兵参军萧惠朗将二千人助司州刺史萧景先讨天盖，韦珍略七千余户而去。景先，上之从子也。南兖州刺史王敬则闻魏将济淮，委镇还建康，士民惊散，既而魏竟不至。上以其功臣，不问。

上之辅宋也，遣骁骑将军王洪范使柔然，约与共攻魏。洪范自蜀出吐谷浑历西域乃得达。至是，柔然十余万骑寇魏，至塞上而还。

【译文】

齐高帝建元元年（己未，公元479年）

辛卯（四月二十日），刘宋顺帝颁诏将帝位传让给齐王。壬辰（二十一日），顺帝应当到殿前去会见百官，但他不肯出面，却逃到佛像的宝盖下面。王敬则率领军队来到宫殿的庭院中，抬着一顶木板轿子入宫，去迎接顺帝。太后害怕了，便亲自率领宦官找到了顺帝，王敬则劝诱顺帝，让他从宝盖下面出来，领着他上了轿子。顺帝止住眼泪，对王敬则说："准备杀死我吗？"王敬则说："只是让你到另外的宫殿中居住罢了。您家先前取代司马氏一家也是这样做的。"顺帝掉着眼泪弹着手指说："但愿我今后生生世世永远不再生在帝王家中！"宫中的人们都哭泣起来。

顺帝拍着王敬则的手说："如果不发生意外，就赠送给你十万钱。"当天，百官为齐王陪席，侍中谢朏正在值班，应当解送玺印，但他假装不知道，还说："有什么公事吗？"有人传达诏旨说："解送玺印，交给齐王。"谢朏说："齐王自然应当另有自己的侍中。"说着，他便拉过枕头，躺了下来。传达诏旨的官员害怕了，便让谢朏声称得了疾病，打算另找一个兼任侍中的人，谢朏说："我没有生病，为什么说我有病！"于是，他穿着朝服，徒步走出东掖门，上了车，回住宅去了。齐王便让王俭担任侍

齐武帝陵前石兽

中，解送玺印。礼典结束以后，顺帝坐着彩漆画轮的车子，出了东掖门，前往太子的府邸。顺帝问："为什么今天没有器乐演奏？"周围的人都没有回答。右光禄大夫王琨是王华的堂弟，在晋朝已经担任了郎中，到了此时，他抓着车上悬着的獭尾痛哭着说："人们都为长寿高兴，老臣却为长寿悲哀。既然此身不能够先行死去，才屡次目睹这种事情！"他呜呜咽咽地哭泣着，难以自制，百官也都泪如雨下。

司空兼太保褚渊等人捧上玺印，率领百官前往齐王宫请萧道成即帝位，齐王推辞谦让，没有接受。褚渊的堂弟、前任安成太守褚炤对褚渊的儿子褚贲说："今天司空却在哪里？"褚贲说："在齐王宫大司马门奉献玺印。"褚炤说："我真不知道你家司空把一家的物件交给另一家，这又算怎么一回事情！"甲午（二十三日），齐王在建康南郊即帝位。南齐高帝回宫以后，大赦天下罪囚，更改年号为建元。南齐高帝将顺帝奉为汝阴王，优待尊崇汝阴王的典礼，完全效仿刘宋初年的做法。高帝在丹杨为顺帝修筑宫室，并设置兵力守卫。刘宋诸帝的神位都被迁移到汝阴庙中，刘宋诸王都被降爵为公；如果没有为齐室出力，公侯以下一律削除国号，唯独设置南康、华容、萍乡三国，以便奉养刘穆之、王弘与何无忌的后人；削除国号的诸王计有一百二十人。刘宋与萧齐两朝廷的官员仍然保持原来的职位，对于官名称谓不同和官员超过名额的情况，另外再加详细计议。

高帝任命褚渊为司徒，前来祝贺的人和宾客挤满了座席。褚炤叹息着说："褚

渊从少年时代便建树了自己的名望与操行,有谁料想得到他会猖狂到这般地步!褚家门户不幸,才会又有今天的拜官之举。假使褚渊在担任中书郎的时候死去了,难道不会成为一位名士吗!如今他的名誉与德行都败坏了,可是偏偏会长命百岁!"于是,褚渊坚决不肯接受任命。

奉朝请河东人氏裴颛上表指斥高帝的过失与丑行,直接辞官离去。高帝大怒,将他杀死。太子萧赜请求杀掉谢朏,高帝说:"杀了他,便成就了他的名望了。我们恰恰应该把他置之度外包容下来哩。"过了好长一段时间,谢朏终于因事被废免在家中。

高帝向前任抚军行参军沛国人氏刘瓛询问如何处理政务,刘瓛回答说:"政务就在《孝经》里面。大凡刘宋灭亡,陛下得国的原因,其中都包含着《孝经》阐述的道理。倘若陛下能够将前车之鉴引以为戒,再加上待人宽和仁厚,即使国家已经垂危了,也可以安定下来;倘若陛下重蹈覆辙,即使国家原来很安定,也一定会招致危亡。"高帝感叹着说:"儒士的话,真是可以用作万代之宝啊!"

癸丑(十五日),北魏孝文帝派遣假梁郡王拓跋嘉督统两员将领出兵淮阴,陇西公拓跋琛督统三员将领出兵广陵,河东公薛虎子督统三员将领出兵寿阳,共同辅佐丹杨王刘昶前来侵犯南齐。北魏答应让刘昶恢复刘宋昔日的基业,世世代代统辖江南地区,条件是他必须做北魏的藩属之国。蛮人酋长桓诞请求担任前锋,孝文帝便任命桓诞为南征西道大都督。南齐义阳平民谢天盖自称司州刺史,准备率领全州归附北魏,北魏乐陵镇将韦珍领兵渡过淮水,前来接应。南齐豫章王萧嶷派遣中兵参军萧惠朗带领两千人,帮助司州刺史萧景先讨伐谢天盖,韦珍劫掠人口七千多户,便撤离了。萧景先是齐高帝的侄子。南兖州刺史王敬则得知北魏将领渡过淮水,便丢下本镇,返回建康,致使南兖州百姓惊惶失散,但后来北魏军队始终没有到来。齐高帝因王敬则是有功之臣,便没有追究罪责。

高帝萧道成辅佐刘宋王室的时候,派遣骁骑将军王洪范出使柔然,约定与柔然共同进攻北魏。王洪范从蜀中出发,过了吐谷浑,历经西域,才得以到达柔然。至此,柔然十多万骑兵侵犯北魏,直抵塞上,才撤军而回。

【原文】

二年（庚申，480年）

魏师攻钟离，徐州刺史崔文仲击破之。文仲遣军主崔孝伯渡淮，攻魏茌眉戍主龙得侯等，杀之。文仲，祖思之族人也。

群蛮依阻山谷，连带荆、湘、雍、郢、司五州之境，闻魏师入寇，官尽发民丁，南襄城蛮秦远乘虚寇潼阳，杀县令。司州蛮引魏兵寇平昌，平昌戍主苟元宾击破之。北上黄蛮文勉德寇汶阳，汶阳太守戴元宾弃城奔江陵；豫章王嶷遣中兵参军刘怀绪将千人讨之，至当阳，勉德请降，秦远遁去。

魏将薛道标引兵趣寿阳，上使齐郡太守刘怀慰作冠军将军薛渊书以招道标；魏人闻之，召道标还，使梁郡王嘉代之。怀慰，乘民之子也。二月，丁卯朔，嘉与刘昶寇寿阳。将战，昶四向拜将士，流涕纵横，曰："愿同戮力，以雪仇耻！"

魏步骑号二十万，豫州刺史垣崇祖集文武议之，欲治外城，堰肥水以自固。皆曰："昔佛狸入寇，南平王士卒完盛，数倍于今，犹以郭大难守，退保内城。且自有肥水，未尝堰也，恐劳而无益。"崇祖曰："若弃外城，虏必据之，外修楼橹，内筑长围，则坐成擒矣。守郭筑堰，是吾不谏之策也。"乃于城西北堰肥水，堰北筑小城，周为深堑，使数千人守之，曰："虏见城小，以为一举可取，必悉力攻之，以谋破堰；吾纵水冲之，皆为流尸矣。"魏人果蚁附攻小城，崇祖著白纱帽，肩舆上城。晡时，决堰下水；魏攻城之众漂坠堑中，人马溺死以千数。魏师退走。

宋自孝建以来，政纲弛紊，簿籍讹谬。上诏黄门郎会稽虞玩之等更加检定，曰："黄籍，民之大纪，国之治端。自顷巧伪日甚，何以厘革？"玩之上表，以为："元嘉中，故光禄大夫傅隆年出七十，犹手自书籍，躬加隐校。今欲求治取正，必在勤明令长。愚谓宜以元嘉二十七年籍为正，更立明科，一听首悔；迷而不返，依制必戮；若有虚昧，州县同科。"上从之。

【译文】

二年（庚申，公元480年）

北魏军队进攻钟离，南齐徐州刺史崔文仲将北魏军打败。崔文仲派遣军主崔孝伯渡过淮水，攻打北魏茌眉戍主龙得侯等人，并将他们杀掉。崔文仲是崔祖思的同族。

各部蛮人凭依着高山深谷，遍布荆州、湘州、雍州、郢州、司州五州的边境上。南齐听说北魏军队前来侵犯，便征集所有的人丁参军。南襄城蛮人秦远趁着朝廷空虚无备的时机侵犯潼阳，杀掉县令。司州蛮人带领北魏军队进犯平昌，平昌戍主苟元宾将他们击败。北上黄蛮人文勉德侵犯汶阳，汶阳太守戴元宾丢下城池，逃奔江陵。豫章王萧嶷派遣中兵参军刘伾绪率领一千人讨伐文勉德，来到当阳的时候，文勉德请求投降，秦远逃走。

北魏将领薛道标领兵奔赴寿阳，齐高帝让齐郡太守刘怀慰伪造冠军将军薛渊的书信，招抚薛道标。北魏方面闻讯以后，便将薛道标召回，让梁郡王拓跋嘉替代他。刘怀慰是刘乘民的儿子。二月，丁卯朔（初一），拓跋嘉与刘昶侵犯寿阳。在将要交战的时候，刘昶面向东西南北四方，对将士们叩头行礼，泪流满面地说："愿大家齐心合力，来报仇雪耻！"

北魏的步、骑兵号称二十万。南齐豫州刺史垣崇祖召集文武官员商议对策，打算整治外城，在肥水上修筑堤坝，加强防守。大家都说："以往，佛狸拓跋焘前来侵犯，南平王兵多将广，士气高昂，兵力是现在的好几倍，尚且认为外城太大，难以守卫，所以退入内城防守。而且，自从有肥水存在以来，从不曾有人在肥水上修筑过堤坝，恐怕此举也是徒劳无益的吧。"垣崇祖说："如果我们放弃外城，胡虏肯定会占领外城，在外面修建瞭望高台，在里面筑成长墙，那就会使我们坐以待擒了。防守外城，修筑堤坝，这是我绝无劝阻余地的计策啊。"于是，垣崇祖在豫州城的西北方修筑堤坝，拦截肥水，在堤坝的北面修筑一座小城，四周环绕着深深的沟堑，派遣好几千人守卫在那里。垣崇祖说："胡虏看到此城狭小，以为一下子就可以攻取下来，肯定会全力攻打此城，企图谋求破坏堤坝。这时，我们放肥水冲击他们,他们便都成了漂流着的尸体了。"果然,北魏军队像蚁群般地趋附并攻打小城,垣崇祖头戴白色的纱帽,乘着轿子,登上城来。到了黄昏时分,垣崇祖命令决开堤坝,放水冲灌,北魏攻城的军队全都被冲进沟堑,淹死的人员马匹数以千计。北魏的军队撤退逃跑了。

自孝建年间以来的刘宋朝廷,政务废弛,法纪紊乱,田簿户籍谬误百出。高帝颁诏命令黄门郎会稽人氏虞玩之等人重新核查审定,还说:"户籍,是对百姓的基本记载,是国家治理的情绪。近来弄虚作假的行为日益严重,应当怎样改正整顿呢?"虞玩之上表认为:"元嘉年间,已故的光禄大夫傅隆年过七十,仍然亲手缮写户籍,亲身认真核实。现在,要想使户籍得到整顿和纠正偏失,就一定要使各县长官精勤廉明。我认为应当以元嘉二十七年的户籍为基准,重新制订明确的法令,任凭违法者自首悔过。如果执迷不悟,就一定要依照命令加以制裁。倘若谎报隐瞒,州县官吏与违法者一同治罪。"高帝听从了他的建议。

【原文】

三年(辛酉,481年)

魏人寇淮阳,围军主成买于甬城,上遣领军将军李安民为都督,与军主周盘龙等救之。魏人缘淮大掠,江北民皆惊走渡江,成买力战而死。盘龙之子奉叔以二百人陷陈深入,魏以万余骑张左右翼围之。或告盘龙云,"奉督已没",盘龙驰马奋稍,直突魏陈,所向披靡。奉叔已出,复入求盘龙。父子两骑萦扰,魏数万之众莫敢当者;魏师遂败,杀伤万计。魏师退,李安民等引兵追之,战于孙溪渚,又破之。

晋、宋之际,荆州刺史多不领南蛮校尉,别以重人居之。豫章王嶷为荆、湘二州刺史,领南蛮。嶷罢,更以侍中王奂为之,奂固辞,曰:"西土戎烬之后,痍毁难复。今复割撤太府,制置偏校,崇望不足助强,语实交能相弊。且资力既分,职司增广,众劳务倍,文案滋烦,窃以为国计非允。"癸丑,罢南蛮校尉官。

宋升明中,遣使者殷灵诞、苟昭先如魏,闻上受禅,灵诞谓魏典客曰:"宋、魏通好,忧患是同。宋今灭亡,魏不相救,何用和亲!"及刘昶入寇,灵诞请为昶司马，不许。九月，庚午，魏阅武于南郊，因宴群臣；置车僧朗于灵诞下，僧朗不肯就席，曰："灵诞昔为宋使，今为齐民。乞魏主以礼见处。"灵诞遂与相忿詈。刘昶赂宋降人解奉君于会刺杀僧朗，魏人收奉君，诛之；厚送僧朗之丧；放灵诞等南归。及世祖即位，昭先具以灵诞之语启闻，灵诞坐下狱死。

【译文】

三年（辛酉，公元481年）

　　北魏军队侵犯淮阳，把军主成买包围在朐城里面，南齐高帝派遣领军将军李安民担任都督，与军主周盘龙等人前去援救成买。北魏军队在淮水沿岸大肆劫掠，长江以北的南齐百姓纷纷惊惶逃走，渡过长江南下，成买奋力战斗而死。周盘龙的儿子周奉叔，率领二百人冲破北魏军阵，深入敌后，北魏派出一万多人的骑兵，分成左右两翼，包围周奉叔。有人向周盘龙报告说："周奉叔已经阵亡。"周盘龙跃马疾驱，奋力挥动长矟，径直冲入北魏军阵，所到之处，无不惊慌溃败。周奉叔冲出敌阵以后，又前去寻找周盘龙。周氏父子两人骑马左右奔驰，四处冲撞，北魏好几万人马中无人有胆量抵挡他们。于是北魏军队败了下来，死伤的人马数以万计。北魏军队撤退的时候，李安民等人又率领军队前去追击，在孙溪渚发生战斗，又一次打败北魏军队。

　　在晋、宋时期，荆州刺史往往并不兼任南蛮校尉，朝廷另外委派重要官员担任此职。豫章王萧嶷担任荆、湘两州刺史的时候，却兼任了南蛮校尉的职务。萧嶷罢职以后，高帝又让侍中王奂出任两州刺史兼南蛮校尉，王奂再三推辞着说："西部疆土在经受战火以后，遭到的破坏已经难以恢复。现在，朝廷又要分散州郡长官的权力，去设置一些偏将。推重大臣的名望不足以增强实力，说到实际的情况却能够造成弊病。何况物资与权力分散以后，职能部门就增多了，大家的劳务必须成倍增加，公文案卷愈加繁复。我个人认为若为国家利益着想，这种做法并不允当。"癸丑（二月二十三日），高帝取消了南蛮校尉的建置。

　　刘宋升明年间，顺帝派遣使者殷灵诞、苟昭先前往北魏。得知南齐高帝接受帝位禅让以后，殷灵诞便对北魏的典客官说："宋、魏通问修好，一方的忧患就是另一方的忧患。现在宋朝灭亡了,魏朝却不肯相救,两国和睦相亲还有什么用处!"及至刘昶前来侵犯南齐,殷灵诞请求担任刘昶的司马,刘昶没有答应。九月,庚午(十三日),北魏在平城南郊检阅兵马,因而设宴招待群臣。北魏将车僧朗的座次安置在殷灵诞的下首,车僧朗不肯入席,他说:"过去殷灵诞是宋朝的使者,现在却成了齐国的平民。我请求魏国皇帝按照礼节对待我。"于是殷灵诞与他愤怒地相互辱骂。刘昶贿赂刘宋朝的降将解奉君,在宴会上刺死车僧朗。北魏方面收捕解奉君,将他杀死,隆重地为车僧朗送葬,将殷灵诞等人放还南朝。及至南齐武帝即位,苟昭先将殷灵诞说的话全部启奏武帝,殷灵诞因此获罪,在牢狱中死去。

【原文】

四年(壬戌,482年)

三月,庚申,上召司徒褚渊、尚书左仆射王俭受遗诏辅太子;壬戌,殂于临光殿。太子即位,大赦。

高帝沉深有大量,博学能文。性清俭。主衣中有玉导,上敕中书曰:"留此正是兴长病源!"即命击碎;仍检按有何异物,皆随此例。每曰:"使我治天下十年,当使黄金与土同价。"

夏,四月,庚寅,上大行谥曰高皇帝,庙号太祖。丙午,葬泰安陵。

【译文】

四年(壬戌,公元482年)

三月,庚申(初六),南齐高帝召见司徒褚渊和尚书左仆射王俭接受遗诏,辅佐太子。壬戌(初八),高帝在临光殿去世。太子即帝位,宣布大赦。

南齐高帝深谋远虑,宽宏大量,学识广博,能写文章,生性朴素节俭。看见主衣库中有一个玉导,高帝便敕令中书说:"留着此物,正是滋长一切弊病的根源!"他当即命令将玉导打碎,还检查库中存放着什么奇巧的物品,一概依照这一事例处理。他经常说:"假如我能够有十年时间治理天下,我就能让黄金的价值与泥土相等。"

夏季，四月，庚寅（初六），南齐为已故的皇帝上谥号称高皇帝，庙号称作太祖。丙午（二十二日），高帝被安葬在泰安陵。

【原文】

世祖武皇帝上之上永明元年（癸亥，483 年）

有司以天文失度，请禳之。上曰："应天以实不以文。我克己求治，思隆惠政；若灾眚在我，禳之何益！"

上之为太子也，自以年长，与太祖同创大业，朝事大小，率皆专断，多违制度。信任左右张景真，景真骄侈，被服什物，僭拟乘舆；内外畏之，莫敢言者。

【译文】

齐武帝永明元年（癸亥，公元 483 年）

有关部门认为天体运行失去常度，请求禳除灾害。南齐武帝说："顺应天象，在于实际，而不在于虚文。我克制自己的欲望，谋求为政清明，希望使仁爱政治发扬光大。如果灾难是由我造成的，祭祷祈福又有什么用处！"

南齐武帝当太子的时候，认为自己年纪已大，并且与高帝一起创立帝业，所以对于朝廷中大大小小的事情，一概独断专行，常常违背制度。武帝信任亲信张景真，张景真骄横奢华，所使用的衾被、衣服和日常生活用品，都超越本分，可与皇帝使用的器物相比。朝廷内外官员都畏惧他，没有人有胆量就此发表意见。

资治通鉴第一百三十六卷

齐纪二

【原文】

世祖武皇帝上之下永明二年（甲子，484年）

春，正月，乙亥，以后将军柳世隆为尚书右仆射；竟陵王子良为护军将军兼司徒，领兵置佐，镇西州。子良少有清尚，倾意宾客，才隽之士，皆游集其门。开西邸，多聚古人器服以充之。记室参军范云、萧琛、乐安任昉、法曹参军王融、卫军东阁祭酒萧衍、镇西功曹谢朓、步兵校尉沈约、扬州秀才吴郡陆倕，并以文学，尤见亲待，号曰八友。法曹参军柳恽、太学博士王僧孺、南徐州秀才济阳江革、尚书殿中郎范缜、会稽孔休源亦预焉。琛，惠开之从子；恽，元景之从孙；融，僧达之孙；衍，顺之之子；朓，述之孙；约，璞之子；僧孺，雅之曾孙；缜，云之从兄也。

子良笃好释氏，招致名僧，讲论佛法，道俗之盛，江左未有。或亲为众僧赋食、行水，世颇以为失宰相体。

范缜盛称无佛。子良曰："君不信因果，何得有富贵、贫贱？"缜曰："人生如树花同发，随风而散：或拂帘幌坠茵席之上，或关篱墙落粪溷之中。坠茵席者，殿下是也，落粪溷者，下官是也。贵贱虽复殊途，因果竟在何处！"子良无以难。缜又著《神灭论》，以为："形者神之质，神者形之用也。神之于形，犹利之于刀；未闻刀没而利存，岂容形亡而神在哉！"此论出，朝野喧哗，难之终不能屈。太原王琰著论讥缜曰："呜呼范子！曾不知其先祖神灵所在！"欲以杜缜后对。缜对曰："呜呼王子！知其先祖神灵所在而不能杀身以从之！"子良使王融谓之曰："以卿才美，何患不至中书郎；而故乖剌为此论，甚可惜也！宜急毁弃之。"缜大笑曰："使范缜卖论取官，已至令、仆矣，何但中书郎邪！"

萧衍好筹略，有文武才干，王俭深器异之，曰："萧郎出三十，贵不可言！"

冬，十月，丁巳，以南徐州刺史长沙王晃为中书监。初，太祖临终，以晃属帝，使处于辇下或近藩，勿令远出。且曰："宋氏若非骨肉相残，他族岂得乘其弊！汝深诫之！"旧制：诸王在都，唯得置捉刀左右四十人。晃好武饰，及罢南徐州，私载数百人仗还建康，为禁司所觉，投之江水。帝闻之，大怒，将纠以法，豫章王嶷叩头流涕曰："晃罪诚不足宥；陛下当忆先朝念晃。"帝亦垂泣，由是终无异意，然亦不被亲宠。论者谓帝优于魏文，减于汉明。

武陵王晔多材艺而疏悼，亦无宠于帝。尝侍宴，醉伏地，貂抄肉柈。帝笑曰："肉污貂。"对曰："陛下爱羽毛而疏骨肉。"帝不悦。晔轻财好施，故无蓄积；名后堂山曰"首阳"盖怨贫薄也。

高丽王琏遣使入贡于魏，亦入贡于齐。时高丽方强，魏置诸国使邸，齐使第一，高丽次之。

【译文】

齐武帝永明二年（甲子，公元484年）

春季，正月，乙亥（初二），南齐朝廷任命后将军柳世隆为尚书右仆射；竟陵王萧子良为护军将军兼司徒，统领军队，设置辅佐官员，镇守西州。萧子良很小就有清高的品格，他喜欢结交朋友，有才能的士大夫都聚集在他的门下。萧子良建造他西郊的住宅，将聚集起来的许多古代器物、服饰放在里面。记室参军范云、萧琛、乐安人任昉、法曹参军王融、卫军东阁祭酒萧衍、镇西功曹谢朓、步兵校尉沈约和扬州秀才吴郡人陆倕等，都在文学上很有造诣，尤其受到萧子良的厚待，号称八友。另外，法曹参军柳恽、太学博士王僧孺、南徐州秀才济阳人江革、尚书殿中郎范缜和会稽人孔休源，也都是萧子良的朋友。萧琛是萧惠开的侄子。柳恽是柳元景的侄孙。王融是王僧达的孙子。萧衍是萧顺之的儿子。谢朓是谢述的孙子。沈约是沈璞的儿子。王僧孺是王雅的曾孙。范缜是范云的堂兄。

萧子良笃信佛教，他延请许多高僧，讲论佛法，佛教之盛行，在江左一带还从来没有过。有时，萧子良还亲自给和尚们端饭送水，世间都认为他有失宰相体统。

范缜大谈世上没有佛。萧子良说："如果你不相信因果报应，那么，为什么世上会有贫贱、富贵之分？"范缜说："人生在世，就像树上的花朵一样，同时生长又都随风飘散，有的掠过竹帘帷幕落到了床褥上，有的越过篱笆围墙落在了粪坑里。落到床褥之上的好比是殿下您，落到粪坑里的就是我了。虽然我们之间贵贱迥异，但因果报应究竟在何处呢？"萧子良听后，无言以对。范缜又写了《神灭论》，他认为："形体，是精神的本质；精神则是形体的表现和产物。精神对于形体来说，就好像锋刃与刀，从未听说过有刀失而刃在的道理，那么，怎么会有形体消亡了而精神却还存在的事情呢？"这一理论一提出，朝廷上下一片哗然，屡加诘难，最终也没能使范缜屈服。太原人王琰，写文章讥讽范缜说："呜呼范子！竟然不知道他祖先的神灵在什么地方！"王琰想以此堵住范缜的嘴。范缜却回答他说："呜呼王子！知道他祖先的神灵在什么地方，却不肯杀身随之同去！"萧子良派王融劝范缜说："凭着你这样的才华，还愁什么当不上中书郎，却故意发表这种荒谬偏激的言论，实在是令人太遗憾了。你应该赶快毁掉并放弃这些文章。"范缜一听，大笑说："假使让我范缜出卖我的理论，去换取官职，那么，我早已做到尚书令、仆射了，何止是中书郎！"

萧衍做事喜欢运筹谋略。他文武全才，王俭非常器重他，对他的才能惊异不止。王俭曾说："萧郎刚刚年过三十，实在是贵不可言啊！"

冬季，十月，丁巳（十八日），南齐任命南徐州刺史长沙王萧晃为中书监。当初，高帝临终前，将萧晃托付给武帝，特别嘱咐，要让萧晃留在京城中或京城附近任官，不要派他去边远的地方。又说："宋氏如果不是亲骨肉之间互相残杀，外姓人怎么会有可乘之机？你们应该深以为戒！"旧制规定：亲王们在京都时，只可以带四十名武装侍卫。萧晃喜欢武士的威仪，离开南徐州时，他私下带着几百件个人用的武器返回建康，被负责防禁的部门发觉，扔进了长江。武帝闻知勃然大怒，打算将萧晃绳之以法。豫章王萧嶷即头哭泣说："萧晃的罪过，诚然不可以宽恕。陛下该想想父王对萧晃的慈爱。"武帝也低下头哭了，从此，武帝对萧晃不再有杀机，也没有信任和宠爱。议论朝事的人都说，武帝要比魏文帝曹丕好些，但不如东汉明帝刘庄。

武陵王萧晔多才多艺，但性情直率，也得不到武帝的宠爱。有一次，他参加皇宫御宴，大醉倒地，帽子边上的貂尾都沾上了肉汤。武帝笑着说："肉汤把你的貂尾都弄脏了。"萧晔回答说："陛下您喜爱这些羽毛，却疏远亲生骨肉。"武帝很不高兴。萧晔把钱财看得很轻，喜欢施舍，所以，他自己没有积蓄。他把后堂山叫作"首阳山"，就是抱怨自己生活贫困以及武帝薄情。

高句丽国王高琏，派使节向北魏进贡，同时也向南齐进贡。此时，高句丽王国正处于强盛时期，北魏安置各国使节住所，南齐使节排在第一位，接着就是高句丽了。

【原文】

三年（乙丑，485年）

自宋世祖好文章，士大夫悉以文章相尚，无以专经为业者。俭少好《礼》学及《春秋》，言论造次必于儒者，由是衣冠翕然，更尚儒术。俭撰次朝仪、国典，自晋、宋以来故事，无不谙忆，故当朝理事，断决如流。每博议引证，八坐、丞、郎无能异者。令史谘事常数十人，宾客满席，俭应接辨析，傍无留滞，发言下笔，皆有音彩。十日一还学监试诸生，巾卷在庭，剑卫、令史，仪容甚盛。作解散髻，斜插簪；朝野慕之，相与仿效。俭常谓人曰："江左风流宰相，唯有谢安。"意以自比也。上深委仗之，士流选用，奏无不可。

魏初，民多荫附；荫附者皆无官役，而豪强征敛倍于公赋。给事中李安世上言："岁饥民流，田业多为豪右所占夺；虽桑井难复，宜更均量，使力业相称。又，所争之田，宜限年断，事久难明，悉归今主，以绝诈妄。"魏主善之，由是始议均田。冬，十月，丁未，诏遣使者循行州郡，与牧守均给天下之田：诸男夫十五以上受露田四十亩，妇人二十亩，奴婢依良丁；牛一头，受田三十亩，限止四牛。所授之田，率倍之；三易之田，再倍之，以供耕作及还受之盈缩。人年及课则受田，老免及身没则还田。奴婢、牛随有无以还受。初受田者，男夫给二十亩，课种桑五十株；桑田皆为世业，身终不还。恒计见口，有盈者无受无还，不足者受种如法，盈者得卖其盈。诸宰民之官，各随近给公田有差，更代相付；卖者坐如律。

【译文】

三年（乙丑，公元485年）

从刘宋孝武帝喜欢文章辞章以来，士大夫也都以华丽的文辞章句互相推崇欣赏，却没有专门研究经书的人。王俭小时候就喜欢《礼》和《春秋》，即使是随便言谈，也都一定遵循儒家法则，从王俭这里开始，士大夫又追随模仿，崇尚儒家学说。王俭在撰写朝廷礼仪、国家大典时，对晋、刘宋王朝以来的掌故，无不了如指掌，因此，在他处理朝廷各项事务时，能够迅速做出决断。每次建言，都旁征博引，上自八坐，下到左右丞、各署曹郎，没有人能提出异议。拿着公文向他请示的令史经常有几十人，宾客盈门，王俭都从容接待，条分缕析，从不积压延迟，无论是口头发表见解，还是下笔批示，都是有声有色，神采飞扬。王俭每十天去学监一次，测试学生，学监内都是头戴葛巾、手拿试卷的学生，佩剑的卫士和令史站在一旁，仪式非常隆重。王俭解散发髻，把头簪斜插在上面，朝廷内外都很仰慕他的风采，争相模仿。王俭经常对人说："江左风流倜傥的宰相，只有谢安一人。"言下之意是把自己比作谢安。武帝也非常器重他并委以要职。选用士人，只要是王俭推荐的，没有不批准的。

北魏建国初年，很多人自动依附于豪门强族。寻求庇护的人都不用为官府服役，可是，豪强贵族的横征暴敛，比官府征收的捐税高出一倍。于是，给事中李安世上书说："每次遇到灾荒，老百姓就四处逃散，他们的田地大多都被豪强贵族们所霸占、掠夺。古代的井田制度难以恢复，朝廷应该使土地平均些，使农夫耕种土地的面积和人口数量相当。另外，对发生争执的田产，应该限定日期裁断。官司拖得太久又难以明断的田产，一律归现在使用的人，以杜绝谄佞欺诈。"孝文帝赞赏李安世的建议，由此开始讨论均田方案。冬季，十月，丁未（十三日），孝文帝下诏派遣使者分别去各州郡，与各州郡牧守一同推行均田制，十五岁以上的男子，每人可以得到四十亩没有种树的农田，女子每人二十亩，奴仆婢女，按照一般成年人所配给田地的待遇分配土地。一头牛，可得三十亩农田，但以四头牛为限。所配给的农田，如果是隔一年才能耕种一次的贫瘠田地，增加一倍；如果是隔两年才能耕种一次的田地，增加两倍。以此供耕种和还田、受田增加减少的需要。老百姓到了应该纳赋的年龄，就配给土地，年纪已老以及去世之后，土地归还官府。对于奴婢和耕牛，根据奴婢和耕牛数量多少，决定还田还是受田。初次受田的人，男子给田二十亩，规定种五十棵桑树，种了桑树的土地，都是世世代代经营管理，死了以后也不用缴回官府。官府应经常统计人口情况，对土地有盈余的农家，不受田也不令他还田。对土地不够的农家，则依照法令增加配给。世代经营的田地，有盈余的人家，可以自由出售。各地地方官就在官府附近，按照等级，配给一份公田，地方官更换时，要把这份公田移交给接任的官员。如果私自卖掉公田，按照法律追究定罪。

【原文】

四年（丙寅，486年）

春，正月，癸亥朔，魏高祖朝会，始服衮冕。

魏无乡党之法，唯立宗主督护；民多隐冒，三五十家始为一户。内秘书令李冲上言："宜准古法：五家立邻长，五邻立里长，五里立党长，取乡人强谨者为之。邻长复一夫，里长二夫，党长三夫，三载无过，则升一等。其民调，一夫一妇，帛一匹，粟二石。大率十匹为公调，二匹为调外费，三匹为百官俸。此外复有杂调。民年八十已上，听一子不从役。孤独、癃老、笃疾、贫穷不能自存者，三长内迭养食之。"书奏，诏百官通议。中书令郑羲等皆以为不可。太尉丕曰："臣谓此法若行，于公私有益。但方有事之月，校比户口，民必劳怨。请过今秋，至冬乃遣使者，于事为宜。"冲曰："'民可使由之，不可使知之。'若不因调时，民徒知立长校户之勤，未见均徭省赋之益，心必生怨。宜及调课之月，令知赋税之均，既识其事，又得其利，行之差易。"群臣多言："九品差调，为日已久，一旦改法，恐成扰乱。"文明太后曰："立三长则课调有常准，苞荫之户可出，侥幸之人可止，何为不可！"甲戌，初立党、里、邻三长，定民户籍。民始皆愁苦，豪强者尤不愿。既而课调省费十余倍，上下安之。

夏，四月，辛酉朔，魏始制五等公服；甲子，初以法服、御辇祀南郊。

是岁，魏改中书学曰国子学。分置州郡，凡三十八州，二十五在河南，十三在河北。

【译文】

四年（丙寅，公元486年）

春季，正月，癸亥朔（初一），北魏孝文帝召集百官朝见时开始穿戴汉族皇帝的礼服和冕旒。

北魏没有地方基层行政组织法规，只有大家族的宗主来监督地方行政事务。老百姓大多隐瞒或假冒别人的户籍，有时三五十家才有一个户口。为此，内秘书令李冲上疏说："应该依据古代的方法，五户设立一个邻长，五邻设立一个里长，五里设立一名党长，选派乡人中强干而又谨慎的人担任。邻长家免除一个人的差役，里长家免除二个人的差役，党长家则免除三个人的差役。三年之内，没有过失，加升一级。对老百姓征收的户调，一对夫妇征收一匹帛，二石粟米。大体上十四交给国库，二匹作为额外追加，三匹作为支付朝廷文武百官的俸禄。除此还有杂税。老百姓在八十岁以上的，可以免除一个儿子的差役。孤儿、孤寡老人、残疾人及久病不愈者、贫穷无法养活自己的人，要由邻长、里长和党长轮流供养。"李冲的奏章呈上之后，孝文帝诏令文武百官讨论。中书令郑羲等人都认为行不通。太尉拓跋丕说："我认为，这种办法如果实行，对朝廷和个人都有好处。但是，现在正是征收赋税的月份，校正户籍，百姓一定会因苦生怨。我请求过了今年秋季，等到冬季派官员到各地办理，这样做还是比较合适的。"李冲则说："'民可使由之，不可使知之'，如果不趁现在征收赋税的时节去办理，老百姓只看到校正户籍的麻烦辛苦，却没有看到减免徭役赋税所带来的好处，一定会心生怨恨。我们应该利用征收赋税的月份，使老百姓知道赋税公平。他们了解了这一点，又从中得到了好处，推行起来就容易了。"文武百官们却说："按照九个等级进行征税，已经实行了很长时间，一旦要改变，恐怕会引起骚乱。"最终，冯太后说："设立邻长、里长、党长，田赋捐税仍然有一定的标准，被包庇隐藏的户口就可以查出，侥幸逃脱的人也可以得到制止，为什么说它行不通呢？"甲戌（二月十三日），开始建立党长、里长、邻长制度，重新核定百姓的户籍。老百姓开始为此都愁苦不安，豪强士族们尤其反对。不久，赋税的征收额减少到过去的十几分之一，豪强、百姓才安下心来。

夏季，四月，辛酉朔（初一），北魏开始制作五等官服。甲子（初四），孝文帝第一次穿上皇帝法服，乘坐皇帝专用的辇车，到南郊祭天。

这一年，北魏将中书学改称为国子学。重新划分设置州郡，共有三十八个州，其中有二十五个州在黄河南，十三个州在黄河北。

资治通鉴第一百三十七卷

齐纪三

【原文】

世祖武皇帝中永明八年（庚午，490年）

九月，癸丑，魏太皇太后冯氏殂；高祖勺饮不入口者五日，哀毁过礼。中部曹华阴杨椿谏曰："陛下荷祖宗之业，临万国之重，岂可同匹夫之节以取僵仆！群下惶灼，莫知所言。且圣人之礼，毁不灭性；纵陛下欲自贤于万代，其若宗庙何！"帝感其言，为之一进粥。

于是诸王公皆诣阙上表，请时定兆域，及依汉、魏故事，并太皇太后终制，既葬，公除。诏曰："自遭祸罚，慌惚如昨，奉侍梓宫，犹希仿佛。山陵迁厝，所未忍闻。"冬，十月，王公复上表固请。诏曰："山陵可依典册；衰服之宜，情所未忍。"帝欲亲至陵所，戊辰，诏："诸常从之具，悉可停之；其武卫之官，防侍如法。"癸酉，葬文明太皇太后于永固陵。甲戌，帝谒陵，王公固请公除。诏曰："比当别叙在心。"己卯，又谒陵。

初，太后忌帝英敏，恐不利于己，欲废之，盛寒，闭于空室，绝其食三日；召咸阳王禧，将立之。太尉东阳王丕、尚书右仆射穆泰、尚书李冲固谏，乃止，帝初无憾意，唯深德丕等。泰，崇之玄孙也。

又有宦者谮帝于太后，太后杖帝数十；帝默然受之，不自申理；及太后殂，亦不复追问。

甲申，魏主谒永固陵。辛卯，诏曰："群官以万机事重，屡求听政。但哀慕缠绵，未堪自力。近侍先掌机衡者，皆谋猷所寄，且可委之；如有疑事，当时与论决。"

【译文】

齐武帝永明八年（庚午，公元490年）

九月，癸丑（十八日），北魏太皇太后冯氏去世。为此，孝文帝五天没喝一口水，悲哀伤痛超过了应尽的礼数。中部曹华阴人杨椿劝谏说："陛下肩负祖宗留下的大业，亲临统治万国的重任，怎么可以像一个普通人一样，为了讲究小节而伤害自己的身体，倒地不起呢？文武百官为此惶惑焦急，不知该说些什么好。况且，圣人的礼节要求，再大的悲哀也不可以毁伤性命。即使陛下想要在万代之中树立贤人的榜样，那么，皇家宗庙祭祀又怎么办呢？"孝文帝因这番话受到感动，为此吃了一次稀粥。

这样一来，各王公大臣也都开始到朝廷上书，请求赶快确定太皇太后的安葬地点，按照汉、魏时期的惯例，并遵照太皇太后的临终遗嘱，安葬以后脱去丧服。孝文帝下诏令说："自从遭受灾祸和惩罚，恍惚之间，一切就好像发生在昨天。我侍奉太皇太后的灵柩，好像看见了她的身影。安葬太皇太后的陵寝墓地，我实在不忍听到这些。"冬季，十月，王爵、公爵们又一次上书，坚决请求安葬太皇太后，于是，下诏说："太皇太后安葬的时间和地点，可以依照以往惯例。如果让我脱下丧服，从感情上说，我忍受不了。"孝文帝打算自己亲自到太皇太后安葬的地方，戊辰（初四），下诏说："平常跟随的各仪仗队，都不用跟从。武装保卫的侍官，像以往一样进行防守保卫。"癸酉（初九），在方山永固陵安葬了文明太皇太后。甲戌（初十），孝文帝祭拜太皇太后陵墓，各王公大臣又坚决请求孝文帝以国家利益为重，脱下丧服，换上平时穿的衣服。孝文帝下诏说："这事朕当另外讲述我心里想说的话。"己卯（十五日），孝文帝再次祭拜太皇太后陵墓。

当初，太皇太后对孝文帝的聪敏机警很是忌怕，害怕他的存在会给自己带来不利，因此，就打算废除他。在严冬盛寒的时候，太皇太后把他禁闭在一间空旷的屋子里，三天不给他吃的东西。冯太后又征召咸阳王拓跋禧，打算立拓跋禧为北魏皇帝。当时，由于太尉东阳王拓跋丕、尚书右仆射穆泰和尚书李冲的竭力劝谏，冯太后才作罢。但孝文帝一开始对冯太后就没有一点儿怨恨的想法，只是加深了对拓跋丕等人的感激之情。穆泰是穆崇的玄孙。

后来，又有一位宦官在冯太后面前陷害孝文帝，冯太后听后，下令打了孝文帝几十大棍，孝文帝默默地忍受，而不自我辩解、申述理由。及至冯太后去世，也没有再追究。

甲申（二十日），孝文帝祭拜冯太后陵墓永固陵。辛卯（二十七日），下诏说："各位文武百官因为国家大事，事关重大，多次请求朕亲自处理这些事务。只是朕仍处在哀痛追念时期，不断的悲伤与怀念使朕已经没有力量一个人去处理朝廷事务。在我近旁的侍从中有人从前主管过机要、处理过国家大事，而且他们也都是有智慧、有谋略的人，国家大事完全可以托付给他们。如果发生一些疑难事情，朕自然会及时和他们讨论，帮助他们决定。"

【原文】

九年（辛未，491年）

春，正月，诏太庙四时之祭：荐宣皇帝，起面饼、鸭臛；孝皇后，笋、鸭卵；高皇帝，肉脍、菹羹；昭皇帝，茗、粣、炙鱼：皆所嗜也。上梦太祖谓己："宋氏诸帝常在太庙从我求食，可别为吾致祠。"乃命豫章王妃庾氏四时祠二帝、二后于清溪故宅。牲牢、服章，皆用家人礼。

臣光曰：昔屈到嗜芰，屈建去之，以为不可以私欲干国之典，况子为天子，而以庶人之礼祭其父，违礼甚矣！卫成公欲祀相，宁武子犹非之；而况降祀祖考于私室，使庶妇尸之乎！

乙巳，帝引见群臣，问以"禘祫，王、郑之义，是非安在？"尚书游明根等从郑，中书监高闾等从王。诏："圜丘、宗庙皆有禘名，从郑；禘祫并为一祭，从王；著之于令。"戊午，又诏："国家飨祀诸神，凡一千二百余处；今欲减省群祀，务从简约。"又诏："明堂、太庙，配祭、配享，于斯备矣。白登、崞山、鸡鸣山庙，唯遣有司行事。冯宣王庙在长安，宜敕雍州以时供祭。"又诏："先有水火之神四十余名及城北星神，今圜丘之下既祭风伯、雨师、司中、司命，明堂祭门、户、井、灶、中霤，四十神悉可罢之。"甲寅，诏曰："近论朝日、夕月，皆欲以二分之日于东、西郊行礼。然月有余闰，行无常准。若一依分日，或值月于东而行礼于西，序情即理，不可施行。昔秘书监薛谓等以为朝日以朔，夕月以朏，卿等意谓朔朏、二分，何者为是？"尚书游明根等请用朔朏，从之。

丙辰，魏有司上言，求卜祥日。诏曰："筮日求吉，既乖敬事之志，又违永慕之心；今直用晦日。"九月，丁丑夜，帝宿于庙，帅群臣哭已，帝易服缟冠、革带、黑屦，侍臣易服黑介帻、白绢单衣、革带、乌履，遂哭尽乙夜。戊子晦，帝易祭服，缟冠素纰、白布深衣、麻绳履，侍臣去帻易帢。既祭，出庙，帝立哭，久之，乃还。

初，晋张斐、杜预共注《律》三十卷，自泰始以来用之，《律》文简约，或一章之中，两家所处，生杀顿异，临时斟酌，吏得为奸。上留心法令，诏狱官详正旧注。七年，尚书删定郎王植集定二注，表奏之。诏公卿、八座参议考正，竟陵王子良总其事；众议异同不能壹者，制旨平决。是岁，书成。廷尉山阴孔稚珪上表，以为："《律》文虽定，苟用失其平，则法书徒明于襄里，冤魂犹结于狱中。窃寻古之名流，多有法学；今之士子，莫肯为业。纵有习者，世议所轻，将恐此书永沦走吏之手矣。今若置《律》助教，依《五经》例，国子生有欲读者，策试高第，即加擢用，以补内外之官，庶几士流有所劝慕。"诏从其请，事竟不行。

【译文】

九年（辛未，公元491年）

春季，正月，武帝下诏令皇家祖庙四季的祭品：在宣皇帝灵牌前供献起面饼和鸭肉羹；孝皇后灵牌前供奉嫩笋和鸭蛋；高皇帝灵牌前供奉细肉和肉酱粥；在昭皇帝灵牌前供奉清茶、粽子和烤鱼。这些供奉物，都是他们生前喜欢吃的东西。武帝梦见高帝对他说："宋朝那些皇帝常常挤到太庙里，跟着我要食物，你可以另找一个地方祭祀我。"于是，命令豫章王萧嶷的妃子庾氏，春夏秋冬四季，在清溪旧宅里祭祀祖父母和父母，祭祀时所使用祭品以及穿的衣服，都按照家庭中的礼节进行。

臣司马光曰：从前，屈到最喜欢吃菱角，但他的儿子屈建祭祀时把菱角撤掉了，认为不可以因为个人的嗜好而冒犯国家的祭典。更何况儿子做皇帝，却用平民的礼仪去祭祀父亲，这就太违背礼教了！卫成公打算祭祀妣相，大夫宁武子尚且责怪他不对，何况武帝把祭祀祖父母和父母的仪式降到在自己的私宅中进行，让自己庶子的妻子来主持呢！

乙巳（八月十六日），北魏孝文帝召见文武百官，向大家征询意见，问大家说："关于五年大祭和三年大祭，王肃和郑玄的解释不一样，他们谁对谁错？"尚书游明根等人认为郑玄正确，中书监高闾等人则赞成王肃的解释。最后，孝文帝颁下诏令："天坛祭天，皇庙祭祖，都是五年大祭，可以依照郑玄的解释。将五年大祭和三年大祭合在一块进行，可以依照王肃的解释进行。明令公布让大家都知道。"戊午（二十九日），又下诏："国内到处祭祀的各种神祇，共有一千二百多处，现在，打算减少，以求节约省俭。"又下诏说："皇家明堂和皇家祖庙，附祀配享的亡灵，现在都已经完备了。白登庙、崞山庙、鸡鸣山庙由有关主管部门负责祭祀。冯宣王的祭庙在长安，下令雍州州府进行祭祀。"又下诏说："以前，祭祀水神、火神共计四十多位神，还有城北的星神。现在，天坛下面祭祀了风神、雨神、司中和司命之神，皇家明堂祭祀了门神、户神、井神、灶神和中霤神，那四十种神的祭祀活动全都要免去。"甲寅（二十五日），颁下诏令，说："近来谈论朝日和夕月的祭祀，大家都主张在春分、秋分，分别在平城的东郊和西郊举行祭祀仪式。可是，每个月的天数多少不一样，因此，无法把日子固定下来，如果我们按照春分、秋分的日子来确定，有的时候正赶上月亮在东方，而我们却在西方祭祀，这样一来，无论是在人情上，还是在道理上，都行不通。过去，秘书监薛谓等人认为，每月初一早上祭祀朝日，每月初三晚上祭祀夕月，你们认为初一、初三和春分、秋分，哪种办法为好？"尚书游明根等人请求初一、初三祭祀，孝文帝批准实行。

丙辰（二十七日），北魏有关部门上书孝文帝，请求占卜吉祥的日子。孝文帝下诏令说："用占卜的方法决定吉祥的日子，这样做，既违背了谨慎敬业的原则，也伤害了永远怀念亲人的感情。现在就直接使用每月的最后一天。"九月，丁丑（十八日）夜晚，孝文帝住在皇家祖庙里，率领文武百官哀哭完毕，孝文帝换上祭服，戴上素色帽子，腰束皮带，脚穿黑色鞋子，其余的文武官员们也都换上祭服，戴上黑色帽子，穿上白色绢丝单衣，腰束皮带，脚穿黑鞋。于是哀哭直到二更的时候。戊子晦（二十九日），孝文帝脱下白带绳边的帽子、上下一体白布做的连裤衣服，以及黑色麻鞋等祭祀服装。文武官员们也跟着脱下黑色帽子，换上白纱帽子。祭祀典礼完成后，退出祭庙，孝文帝站在那里痛哭，过了很久，才返回宫中。

当初，西晋帝国的张斐、杜预共同注释《律》书三十卷，从晋武帝泰始年间以来就一直使用此注本。《律》行文简明扼要，有的在一章中，张斐和杜预的注解恰恰相反，对一个人，按这个注本可以判生，按另一个注本就可以判死，而这一切则需要审判官临时斟酌情形，加以选择，这样一来，也使官吏们贪赃枉法、滥用职权获得了机会。南齐武帝十分注意法律条令，他颁下诏令，命令狱官详细订正以前张斐和杜预的旧注。永明七年，尚书删定郎王植将张斐和杜预二家注解集中订正之后，上表奏献。武帝下诏，命令公卿和八座在一起讨论、修正，由竟陵王萧子良总其成。对于大家意见不能取得一致的地方，奏报武帝裁决。这一年，此书修正完毕。廷尉山阴人孔稚珪又上书武帝，认为："《律》文虽然已经确定下来，但是，如果使用起来审判并不公正，那么，这部法律也就只不过是白白地放在书套里，冤屈的灵魂也还仍然被滞留在牢狱。我私下里曾稽考了古代的知名人士，他们大多都了解法律规章。而现在的读书人，却没有谁肯于把研究执行法律作为自己的事业。即使是有人研究学习它，也被人们所轻视，因此，将来恐怕这部书也要永远沦落在那些低级官吏手中。我建议，现在设立《律》文助教，依照《五经》的办法，国子学校的学生中，有想要研究法律的，只要能考试及格，就可依照考试成绩，依次提升任用，用以补充朝廷内外官职的空额，希望这样一来能对读书人及在职的官吏们有所鼓励和吸引。"武帝下诏，要求按照孔稚珪的建议办，可是此事竟然没有实行。

【原文】

十年（壬申，492年）

魏主命群臣议行次。中书监高闾议，以为："帝王莫不以中原为正统，不以世数为与夺，善恶为是非。故桀、纣至虐，不废夏、商之历；厉、惠至昏，无害周、晋之录。晋承魏为金，赵承晋为水，燕承赵为木，秦承燕为火。秦之既亡，魏乃称制玄朔；且魏之得姓，出于轩辕；臣愚以为宜为土德。"秘书丞李彪、著作郎崔光等议，以为："神元与晋武往来通好，至于桓、穆，志辅晋室，是则司马祚终于郏鄏，而拓跋受命于云代。昔秦并天下，汉犹比之共工，卒继周为火德；况刘、石、苻氏，地褊世促，魏承其弊，岂可舍晋而为土邪？"司空穆亮等皆请从彪等议。壬戌，诏承晋为水德，祖申、腊辰。

【译文】

十年（壬申，公元492年）

孝文帝命令文武百官讨论水、木、金、火、土五行的顺序问题。中书监高闾发表见解，认为："历代没有不把占有中原作为正统的，而并不把传世的多少给予承认或否认，也不把君王的善恶作为是否正统的标准。因此，夏桀和商纣王虽然那么暴虐，但并没有被排除在夏、商王朝之外，周厉王与晋惠帝虽然那么昏庸，也没有妨碍他们是周、晋的帝王之一。晋承继曹魏是金德，赵继承晋为水德，燕承继赵为木德，秦继燕为火德。秦灭亡之后，魏就在北方正式建立，而且，魏皇家拓跋这一姓氏，是出自轩辕帝那里。臣认为，魏应该是土德。"秘书丞李彪、著作郎崔光等人认为："我们神元皇帝和晋武帝来往密切，关系不错，后来，到了桓帝和穆帝，他们仍然一心辅佐晋王朝。这就说明司马氏的命运在郏鄏已经告终，而拓跋是在云中、代郡接受天命兴起来的一支。以前，秦王朝统一天下，汉王朝把秦王比作共工，而最终直接继承了周王朝，为火德。何况刘渊、石勒、苻氏所建的王朝，国土狭小，世代短促，魏所接受的混乱局面比汉朝继承秦朝的情况都不如，怎么能够舍弃晋王朝，而定为土德呢？"司空穆亮等人都请求采纳李彪等人的建议。壬戌（正月初五），孝文帝下诏，规定北魏继承晋王朝为水德，接着规定，年初第一个申日祭祀祖先，而年终最后一个辰日举行腊祭。

资治通鉴第一百三十八卷

齐纪四

【原文】

世祖武皇帝下永明十一年（癸酉，493年）

丙子，文惠太子长懋卒。太子风韵甚和，上晚年好游宴，尚书曹事分送太子省之，由是威加内外。

太子性奢靡，治堂殿、园囿过于上宫，费以千万计，恐上望见之，乃傍门列修竹；凡诸服玩，率多僭侈。启于东田起小苑，使东宫将吏更番筑役，营城包巷，弥亘华远。上性虽严，多布耳目，太子所为，人莫敢以闻。上尝过太子东田，见其壮丽，大怒，收监作主帅；太子皆藏之，由是大被消责。

又使嬖人徐文景造輦及乘舆御物；上尝幸东宫，匆匆不暇藏輦，文景乃以佛像内輦中，故上不疑。文景父陶仁谓文景曰："我正当扫墓待丧耳！"仍移家避之。后文景竟赐死，陶仁遂不哭。

及太子卒，上履行东宫，见其服玩，大怒，敕有司随事毁除。以竟陵王子良与太子善，而不启闻，并责之。

太子素恶西昌侯鸾，尝谓子良曰："我意中殊不喜此人，不解其故，当由其福薄故也。"子良为之救解。及鸾得政，太子子孙无遗焉。

魏主以平城地寒，六月雨雪，风沙常起，将迁都洛阳；恐群臣不从，乃议大举伐齐，欲以胁众。斋于明堂左个，使太常卿王谌筮之，遇《革》，帝曰："'汤、武革命，应乎天而顺乎人。'吉孰大焉！"群臣莫敢言。尚书任城王澄曰："陛下奕叶重光，帝有中土；今出师以征未服，而得汤、武革命之象，未为全吉也。"帝厉声曰："繇云：'大人虎变'，何言不吉！"澄曰："陛下龙兴已久，何得今乃虎变！"帝作色曰："社稷我之社稷，任城欲沮众邪！"澄曰："社稷虽为陛下之有，臣为社稷之臣，安可知危而不言！"帝久之乃解，曰："各言其志，夫亦何伤！"

既还宫，召澄入见，逆谓之曰："向者《革卦》，今当更与卿论之。明堂之忿，恐人人竞言，沮我大计，故以声色怖文武耳。想识朕意。"因屏人谓澄曰："今日之举，诚为不易。但国家兴自朔土，徙居平城；此乃用武之地，非可文治。今将移风易俗，其道诚难，朕欲因此迁宅中原，卿以为何如？"澄曰："陛下欲卜宅中土以经略四海，此周、汉所以兴隆也。"帝曰："北人习常恋故，必将惊扰，奈何？"澄曰："非常之事，故非常人之所及。陛下断自圣心，彼亦何所能为！"帝曰："任城，吾之子房也！"

戊寅，上疾亟，暂绝；太孙未入，内外惶惧，百僚皆已变服。王融欲矫诏立子良，诏草已立。萧衍谓范云曰："道路籍籍，皆云将有非常之举。王元长非济世才，视其败也。"云曰："忧国家者，惟有王中书耳。"衍曰："忧国，欲为周、召邪，欲为竖刁邪？"云不敢答。及太孙来，王融戎服绛衫，于中书省阁口断东宫仗不得进。顷之，上复苏，问太孙所在，因召东宫器甲皆入，以朝事委尚书左仆射西昌侯鸾。俄而上殂，融处分以子良兵禁诸门。鸾闻之，急驰至云龙门，不得进，鸾曰："有敕召我！"排之而入，奉太孙登殿，命左右扶出子良；指麾部署，音响如钟，殿中无不从命。融知不遂，释服还省，叹曰："公误我！"由是郁林王深怨之。

遗诏曰："太孙进德日茂，社稷有寄。子良善相毗辅，思弘治道，内外众事，无大小悉与鸾参怀，共下意！尚书中事，职务根本，悉委右仆射王晏、吏部尚书徐孝嗣；军旅之略，委王敬则、陈显达、王广之、王玄邈、沈文季、张瑰、薛渊等。"

世祖留心政事，务总大体，严明有断，郡县久于其职，长吏犯法，封刃行诛。故永明之世，百姓丰乐，贼盗屏息。然颇好游宴，华靡之事，常言恨之，未能顿遣。

癸卯，魏主如邺城。王肃见魏主于邺，陈伐齐之策。魏主与之言，不觉促席移晷。自是器遇日隆，亲旧贵臣莫能间也。魏主或屏左右与肃语，至夜分不罢，自谓君臣相得之晚。寻除辅国将军、大将军长史。时魏主方议兴礼乐，变华风，凡威仪文物，多肃所定。

【译文】

齐武帝永明十一年（癸酉，公元493年）

丙子（正月二十五日），文惠太子萧长懋去世。萧长懋仪态风韵都很温和，武帝晚年喜欢游乐欢宴，就将尚书各曹的事务交给萧长懋处理，因此，萧长懋威望著称全国。

萧长懋生性奢侈豪华，他修建自己的殿堂、花园，远远超过了武帝的宫殿，建筑费用都要以千万计算，他害怕武帝看见，就沿着殿门，种植了一排排修长的竹子。各种服饰、玩物，萧长懋大多都奢侈过分。他请求武帝让他在东田建造一个小规模养禽畜的林苑，让东宫的将士们轮番充当修筑的工匠，营造城墙，围住街巷，伸展辽远，异常华丽。武帝性情虽然严厉，到处都有自己的耳目，但是，太子萧长懋的所作所为，却没有人敢告诉他。一次，武帝曾偶然路过东田，看见那里的建筑非常壮观华丽，于是，勃然大怒，下令逮捕监做主帅。萧长懋听说后，马上把他们全都藏了起来，为此，萧长懋受到严厉斥责。

萧长懋又让自己宠爱的人徐文景制造皇帝专用的辇车和其他专用物件。武帝曾经亲临东宫，萧长懋没来得及将辇车收藏起来，徐文景急中生智，就赶快把一尊佛像放在辇车里，所以，武帝也就没有怀疑。徐文景的父亲徐陶仁曾经对徐文景说："我现在正在打扫墓地，等待为你办丧事！"徐陶仁将全家搬走，躲开徐文景远远的。后来，徐文景真的被迫自杀，徐陶仁并没有为此而哭泣。

太子萧长懋去世时，武帝步行到了东宫，看见了萧长懋过去的那些奢华的服饰、玩物，极为愤怒，下令有关部门随即全都毁掉。武帝认为，竟陵王萧子良平时和萧长懋关系最好，可他却没有把这些报告给自己，因此，他同时责备了萧子良。

太子萧长懋平时一直讨厌西昌侯萧鸾，他曾经对萧子良说："我心里特别不喜欢这个人，不知道这是什么缘故，该是他福分浅吧。"萧子良替萧鸾解释辩白。等到后来萧鸾夺取政权后，就将萧长懋的子孙全都杀了，没留一个。

魏孝文帝因为平城气候寒冷，夏季六月时就下雪，而且经常狂风大作，飞沙漫天，所以，准备把京都迁到洛阳。但他又担心文武官员们不同意，于是，提议大规模进攻南齐，打算以这种名义胁迫大家。在明堂南厢东边的偏殿斋戒之后，让太常卿王谌占卜，得到"革卦"，孝文帝说："'商汤王和周武王进行变革，是适应上天之命，顺应百姓之心的。'没有比这更吉祥的了。"文武官员没有人敢说什么。尚书任城王拓跋澄说："陛下继承几代累积下来的大业，并使之发扬光大，拥有了中原土地，而如今却要讨伐还没有臣服的对象，在这时得到了商汤王和周武王变革的象辞，恐怕这并不全是吉利。"孝文帝立刻严厉地说："繇说：'大人物实施老虎一样的变革'，你为什么要说这不吉利呢？"拓跋澄说："陛下作为飞龙兴起已经很久了，怎么到今天又实施如同老虎一样的变革？"孝文帝立刻发怒说："国家，是我的国家，任城王打算要阻止大家吗？"拓跋澄说："国家虽然是陛下所有，而我是国家的臣属，怎么可以明知危险而不说出来呢？"孝文帝过了很长时间才缓和了气色，说："每个人都该说出自己的看法，这又有什么防害！"

孝文帝回到皇宫，立刻召见拓跋澄，劈头就说："刚才关于'革卦'的事，现在要进一步和你讨论一下。在明堂上，我之所以大发脾气，是因为害怕大家争先恐后地发言，破坏了我一个大的决策，所以，我就声色俱厉，以此吓唬那些文武官员罢了。我想，你会了解朕的用心。"于是命令左右侍从退下，对拓跋澄说："今天我所要做的这件事，确实是很不容易的。我们国家是在北方疆土上建立起来的，后来又迁都到平城。但是，平城只是用武力开疆拓土的地方，而不宜进行治理教化。现在，我打算进行改变风俗习惯的重大变革，这条路走起来确实困难，朕只是想利用大军南下征伐的声势，将京都迁到中原，你认为怎么样？"拓跋澄说："陛下您打算把京都迁到中原，用以扩大疆土，征服四海，这一想法也正是以前周王朝和汉王朝兴盛不衰的原因。"孝文帝说："北方人习惯留恋于旧有的生活方式，那时，他们一定会惊恐骚动起来，怎么办？"拓跋澄回答说："不平凡的事，原来就不是平凡的人所能做得了的。陛下的决断，是出自您圣明的内心，他们又能有什么办法呢？"孝文帝高兴地说："任城王真是我的张子房呀！"

戊寅（七月三十日），齐武帝病势加重，一时气闷晕倒。这时皇太孙萧昭业还没有入宫，宫内宫外人人惶恐不安，文武百官也都穿上了丧服。王融打算假传圣旨，命萧子良继承王位，他已将诏书草稿写好。萧衍对范云说："民间已是议论纷纷，都说宫内可能要发生不一般的情况。王融并不是治理国家的人才，他眼看着就要出事了。"范云说："忧国忧民的人，也只有王融一人了。"萧衍说："忧国忧民，是想要当周公、召公呢，还是想当齐桓公死后的竖刁呢？"范云不敢回答。等到萧昭业入宫，王融已是全副武装，穿着红色战服，站在中书省厅前要道，截住东宫卫队不让他们进入。过了一会儿，武帝醒转过来，问皇太孙萧昭业在哪里，于是召东宫卫队全部入宫，武帝把国家大事全部托付给了尚书左仆射西昌侯萧鸾。不一会儿，武帝就去世了。王融采取紧急措施，命令萧子良的军队接管宫城各门。萧鸾得到消息后，立刻上马飞奔到云龙门，但被守在那里的卫士挡住，不让他进去，萧鸾说："皇上有诏令，让我晋见。"接着，他推开卫士，直接闯了进去，马上拥戴皇太孙萧昭业登基即位，命令左右侍从把萧子良搀扶出金銮殿。萧鸾指挥和安排警卫戒备，声音洪亮如钟，殿内所有的官员侍从，没有一个不听他的命令的。王融知道自己的计划不能实现，也就只好脱下战服，返回中书省，叹息着说："萧子良耽误了我。"从此以后，萧昭业对王融深为怨恨。

武帝遗诏说："皇太孙的品德一天比一天高尚，国家也就有所寄托了。萧子良要努力尽心辅佐皇太孙，考虑如何治理国家的大计，对于朝廷内外各种事情，无论是大是小，都要和萧鸾一起商量裁决，一起提出意见。尚书省的事务，是政务的根本；将它全都交给右仆射王晏、吏部尚书徐孝嗣处理。军事方面的大计，委托给王敬则、陈显达、王广之、王玄邈、沈文季、张瑰、薛渊等人。"

武帝在世时，对国家政治事务十分用心，总揽全局，严明果断，郡守县令都能长期任职，地方长官触犯法令，就封缄钢刀，派人执行诛杀。所以，在南齐永明时代，老百姓生活富足，祥和安乐，盗贼不敢横行。不过，武帝非常喜欢游乐饮宴，虽然对于奢华糜烂的生活，他经常说很痛恨，但是他自己也并没能避免。

癸卯（十月二十六日），北魏孝文帝前往邺城。王肃在邺城晋见孝文帝，向他陈述讨伐南齐的策略。孝文帝和他谈着谈着，不知不觉地把自己的座位往前移，以便听得更仔细些，时间不知不觉过去了很久。从那以后，孝文帝对王肃的器重和待遇一天比一天隆厚，无论是亲信故旧，还是重臣，都无法离间这君臣二人之间的关系。孝文帝有时就让左右侍从退下，单独和王肃谈话，谈到半夜，仍不停止，他自认为和王肃相见太晚了。不久，任命王肃为辅国将军、大将军长史。这时，孝文帝正打算推广使用礼仪和雅乐，将鲜卑人传统的风俗习惯，改变成和汉人的一样，所以，只要是展示帝王威严仪容的文物制度，大多都让王肃来确定。

齐纪五

【原文】

高宗明皇帝上建武元年（甲戌，494 年）

戊子，竟陵文宣王子良以忧卒。帝常忧子良为变，闻其卒，甚喜。

臣光曰：孔子称"鄙夫不可与事君，未得之，患得之；既得之，患失之。苟患失之，无所不至。"王融乘危侥幸，谋易嗣君。子良当时贤王，虽素以忠慎自居，不免忧死。迹其所以然，正由融速求富贵而已。轻躁之士，乌可近哉！

西昌侯鸾既诛徐龙驹、周奉叔，而尼媪外入者，颇传异语。中书令何胤，以后之从叔，为帝所亲，使直殿省。帝与胤谋诛鸾，令胤受事；胤不敢当，依违谏说，帝意复止。乃谋出鸾于西州，中敕用事，不复关咨于鸾。

是时，萧谌、萧坦之握兵权，左仆射王晏总尚书事。谌密召诸王典签，约语之，不许诸王外接人物。谌亲要日久，众皆惮而从之。

鸾以其谋告王晏，晏闻之，响应；又告丹杨尹徐孝嗣，孝嗣亦从之。骠骑录事南阳乐豫谓孝嗣曰："外传籍籍，似有伊、周之事。君蒙武帝殊常之恩，荷托付之重，恐不得同人此举。人笑褚公，至今齿冷。"孝嗣心然之而不能从。

帝谓萧坦之曰："人言镇军与王晏、萧谌欲共废我，似非虚传。卿所闻云何？"坦之曰："天下宁当有此，谁乐无事废天子邪！朝贵不容造此论，当是诸尼姥言耳，岂可信耶！官若无事除此三人，谁敢自保！"直阁将军曹道刚疑外间有异，密有处分，谋未能发。

时始兴内史萧季敞、南阳太守萧颖基皆内迁,谌欲待二人至,藉其势力以举事。鸾虑事变,以告坦之,坦之驰谓谌曰:"废天子,古来大事。比闻曹道刚、朱隆之等转已猜疑,卫尉明日若不就事,无所复及。弟有百岁母,岂能坐听祸败,正应作馀计耳!"谌惶遽从之。

壬辰,鸾使萧谌先入宫,遇曹道刚及中书舍人朱隆之,皆杀之。直后徐僧亮盛怒,大言于众曰:"吾等荷恩,今日应死报!"又杀之。鸾引兵自尚书入云龙门,戎服加朱衣于上,比入门,三失履。王晏、徐孝嗣、萧坦之、陈显达、王广之、沈文季皆随其后。帝在寿昌殿,

孝文帝迁都

闻外有变,犹密为手敕呼萧谌,又使闭内殿诸房阁。俄而谌引兵入寿昌阁,帝走趋徐姬房,拔剑自刺,不入,以帛缠颈,舆接出延德殿。谌初入殿,宿卫将士皆操弓楯欲拒战,谌谓之曰:"所取自有人,卿等不须动!"宿卫素隶服于谌,皆信之;及见帝出,各欲自奋,帝竟无一言。行至西弄,弑之。舆尸出殡徐龙驹宅,葬以王礼。徐姬及诸嬖幸皆伏诛,鸾既执帝,欲作太后令;徐孝嗣于袖中出而进之,鸾大悦。癸巳,以太后令追废帝为郁林王,又废何后为王妃,迎立新安王昭文。

吏部尚书谢瀹方与客围棋,左右闻有变,惊走报瀹。瀹每下子,辄云"其当有意",竟局,乃还斋卧,竟不问外事。大匠卿虞惊窃叹曰:"王、徐遂缚裤废天子,天下岂有此理邪!"惊,啸父之孙也。朝臣被召入宫。国子祭酒江敩至云龙门,托药发,吐车中而去。西昌侯鸾欲引中散大夫孙谦为腹心,使兼卫尉给甲仗百人。谦不欲与之同,辄散甲士;鸾亦不之罪也。

丁酉,新安王即皇帝位,时年十五。以西昌侯鸾为骠骑大将军、录尚书事、扬州刺史、宣城郡公。大赦,改元延兴。

九月,壬申朔,魏诏曰:"三载考绩,三考黜陟;可黜者不足为迟,可进者大成赊缓。朕今三载一考,即行黜陟,欲令愚滞无妨于贤者,才能不拥于下位。各令

当曹考其优劣为三等，其上下二等仍分为三。六品已下，尚书重问；五品已上，朕将亲与公卿论其善恶，上上者迁之，下下者黜之，中者守其本任。"

魏主之北巡也，留任城王澄铨简旧臣。自公侯已下，有官者以万数，澄品其优劣能否为三等，人无怨者。

【译文】

齐明帝建武元年（甲戌，公元494年）

戊子（四月十四日），竟陵文宣王萧子良因忧郁成疾而去世。郁林王常常担忧萧子良谋反，听到他死了，大喜过望。

臣司马光曰：孔子说："贪鄙的人不可以侍奉君王，这种人对自己的利害得失斤斤计较，当他没有得到之时，处心积虑于如何得到；得到了以后，又唯恐失去。如果担忧失去，就会不择手段，无所不用其极。"王融乘着危难之时，投机取巧，阴谋废君另立。萧子良是当时的贤王，虽然素来以忠心谨慎而自居，但是仍然不免忧郁而死。追寻他之所以这样的原因，正是由于王融急于贪求富贵罢了。轻薄躁急的人，怎么可以接近呢？

南齐西昌侯萧鸾诛杀徐龙驹、周奉叔之后，一些进宫的尼姑妇女纷纷传言，说萧鸾等人密谋叛乱。中书令何胤是何皇后的堂叔，郁林王非常亲近信任他，让他在殿省入值。郁林王与何胤共同策划诛杀萧鸾，命令何胤承担这件事情，但是何胤不敢担当，不顾郁林王的意图而反复劝谏，郁林王只好作罢。于是，又谋划使萧鸾离开台城到西州去，诏令及朝廷事务等，不再咨问于萧鸾。

这时候，萧谌、萧坦之掌握着兵权，左仆射王晏总领尚书事。萧谌秘密召见诸王的典签官，对他们打招呼，不许诸王与外人接触。萧谌长时期以来一直受宠幸，所以大家都害怕他，没有不听从的。

萧鸾把自己的计谋告诉王晏，王晏听了之后，立即赞同迎合。萧鸾又告诉了丹杨尹徐孝嗣，徐孝嗣也赞成。骠骑录事南阳人乐豫对徐孝嗣说："外界传言纷纷，说萧鸾要废掉郁林王，另立幼主，自己像伊尹、周公那样摄政，操持国事。您承蒙武帝超乎寻常的恩待，在遗诏中被委以统管尚书省的事务，既然担负着如此重大的托付，恐怕就不应该再随同别人一起做这种举动了。人们对于褚渊当年的所作所为，至今还嘲笑不已，这可是前车之鉴啊！"徐孝嗣心里完全同意乐豫的话，但是不能听从。

郁林王对萧坦之说："人们都说镇军将军萧鸾同王晏、萧谌一起想把我废掉，似乎并不是虚传谣言。你听到的是些什么呢？"萧坦之回答道："岂能有这样的事情呢？谁喜欢没事找事废除天子呢？朝廷中的大臣们是不可能制造这种谣言的，一定是那些尼姑们瞎说的，岂可以相信呢？陛下如果无故把他们三人除掉，谁还又能保全自身呢？"直阁将军曹道刚怀疑外面有异变，秘密地有所布置，然而没有能够执行。

当时，始兴内史萧季敞、南阳太守萧颖基都调迁朝中，萧谌想等待他们二人到后，凭借他们的势力而开始行动。萧鸾担心事情有变故，就把自己的忧虑告诉了萧坦之，萧坦之又骑马去急告萧谌说："废除天子，自古以来就是一件大事。最近听说曹道刚、朱隆之等人反而已经猜疑我们了，您如果明天还不行动，就要失去机会，无法加以弥补了。我有百岁老母亲在堂，岂能坐视不动，眼看灾祸降临呢？所以不能不为以后想一想。"萧谌听了，也觉得事情危急，心中非常不安，就匆忙地答应了。

壬辰（七月二十日），萧鸾派萧谌先进入宫中，正遇上了曹道刚以及中书舍人朱隆之，就把二人一齐杀了。负责郁林王车舆后面侍卫任务的宿卫官徐僧亮见此情形，怒气冲天，大声对众人喊道："我们承受皇恩，今日应当以死相报！"言未毕，也被杀掉。萧鸾带兵从尚书府进入云龙门，他在朝服外面又加穿了战服，武装披挂，但是心中难免恐惧紧张，才进入宫门，鞋子就掉了三次。王晏、徐孝嗣、萧坦之、陈显达、王广之、沈文季等人都紧随在萧鸾之后。这时，郁林王正在寿昌殿中，听得外面有变故，还秘密写诏令传唤萧谌前来相救，又让人把内殿的门窗全关闭了。不一会儿，萧谌就领兵进入寿昌殿，郁林王见状，匆忙跑进徐姬的房中，拔出宝剑抹脖子自杀，但所进不深，被萧谌制止，又用帛绸把他的脖子缠裹好，然后用轿把他抬出了延德殿。萧谌刚进入殿内时，侍卫将士们都操起兵器准备和他搏战一场，萧谌对他们说："我的目标是他人，与你们无关，请你们不要乱动！"这些侍卫们向来属萧谌所管，因此都听他的话，就不再准备抗拒了。等到看见郁林王出来了，这些侍卫们又都想解救他，但是郁林王竟然连一句话也没说。萧谌带郁林王到延德殿西边夹道，就把他杀了。尸体运出宫中，灵柩停在徐龙驹的府中，用亲王的礼仪安葬。徐姬和其他宠人统统被杀。萧鸾抓住郁林王之后，想假造太后的手令，这时徐孝嗣马上从衣袖中取出已准备好的太后手令递过去，于是萧鸾异常高兴。癸巳（二十一日），萧鸾以太后之令追封废帝萧昭业为郁林王，又废黜何皇后为王妃，另准备迎立新安王萧昭文为新皇帝。

吏部尚书谢瀹正和客人下围棋，手下的人听说宫廷发生事变，惊慌地跑来报告。然而，谢瀹就像没听见一般，继续下棋，每下一子，就说声："恐怕里面含有深意"，一局终了，就回室中躺下休息，竟然没有问一下外面发生的事情。大匠卿虞悰私下里叹息说："王晏、徐孝嗣如此轻易地就把皇帝废黜了，天底下哪有这样的道理呢？"虞悰是虞啸父的孙子。朝中大臣都被召进宫中，唯有国子祭酒江斅来到云龙门时，借口药性发作，在车中呕吐不已，因而返回去了。西昌侯萧鸾想使中散大夫孙谦成为自己的心腹，就让他兼任卫尉，并且派给他披甲执兵的卫士一百人。然而，孙谦却不想与萧鸾同党，就把那些卫士统统打发走了，可是萧鸾也不因之而怪罪孙谦。

丁酉（二十五日），新安王萧昭文即皇帝位，其时他年纪才十五岁。任命西昌侯萧鸾为骠骑大将军、录尚书事、扬州刺史、宣城郡公。大赦天下，改年号为延兴。

九月，壬申（初一），北魏孝文帝下诏令说："每三年考评一次官员们的政绩，考评三次后根据情况对他们进行罢免或提升，这对于那些应该被罢免的人来说当然不会认为是太迟了，但是对于那些应该提升的人来说就大大地被拖欠了。朕现在决定三年考评一次，考评完毕就实行罢黜或提升处理，目的是为了使那些低能者不要妨碍了忠贤者的上进，使有才能的不要总是处在低位。分别命令负责考评的部门官员，把考评者分为优劣三等，其中上等和下等仍然再分为三等。六品以下的官员，由尚书复核审查，五品以上的官员，朕将亲自与各位公卿一起评议其好坏，上上者提升使用，下下者罢免不用，中等的原任不变。"

北魏孝文帝北巡期间，留下任城王拓跋澄考评百官。朝中从公侯以下，有官职的以万计数，拓跋澄评定他的优劣和才能高低，划为三个等级，结果没有一个人有怨言。

齐纪六

【原文】

高宗明皇帝中建武二年（乙亥，495年）

甲午，魏太子冠于庙。魏主欲变北俗，引见群臣，谓曰："卿等欲朕远追商、周，为欲不及汉、晋邪？"咸阳王禧对曰："群臣愿陛下度越前王耳。"帝曰："然则当变风易俗，当因循守故邪？"对曰："愿圣政日新。"帝曰："为止于一身，为欲传之子孙邪？"对曰："愿传之百世。"帝曰："然则必当改作，卿等不得违也。"对曰："上令下从，其谁敢违！"帝曰："夫'名不正，言不顺，则礼乐不可兴。'今欲断诸北语，一从正音。其年三十已上，习性已久，容不可猝革。三十已下，见在朝廷之人，语音不听仍旧；若有故为，当加降黜。各宜深戒！王公卿士以为然不？"对曰："实如圣旨。"帝曰："朕尝与李冲论此，冲曰：'四方之语，竟知谁是；帝者言之，即为正矣。'冲之此言，其罪当死！"因顾冲曰："卿负社稷，当令御史牵下！"冲免冠顿首谢。又责留守之官曰："昨望见妇女犹服夹领小袖，卿等何为不遵前诏！"皆谢罪。帝曰："朕言非是，卿等当庭争。如何入则顺旨，退则不从乎！"六月，已亥，下诏："不得为北俗之语于朝廷，违者免所居官。"

癸丑，魏诏求遗书，秘阁所无，有益时用者，加以优赏。

戊午，魏改用长尺、大斗，其法依《汉志》为之。

魏嵩祖游华林园，观故景阳山，黄门侍郎郭祚曰："山水者，仁智之所乐，宜复修之。"帝曰："魏明帝以奢失之于前，朕岂可袭之于后乎！"帝好读书，手不释卷,在舆、据鞍,不忘讲道。善属文,多于马上口占,既成,不更一字;自太和十年以后,诏策皆自为之。好贤乐善,情如饥渴,所与游接,常寄以布素之意,如李冲、李彪、高闾、王肃、郭祚、宋弁、刘芳、崔光、邢峦之徒,皆以文雅见亲,贵显用事;制礼作乐,郁然可观,有太平之风焉。

治书侍御史薛聪,辩之曾孙也,弹劾不避强御,帝或欲宽贷者,聪辄争之。帝每曰:"朕见薛聪,不能不惮,何况诸人也!"自是贵戚敛手。累迁直阁将军,兼给事黄门侍郎、散骑常侍,帝外以德器遇之,内以心膂为寄,亲卫禁兵,悉聪管领,故终太和之世,恒带直阁将军。群臣罢朝之后,聪恒陪侍帷幄,言兼昼夜,时政得失,动辄匡谏,事多听允;而重厚沈密,外莫窥其际。帝欲进以名位,辄苦让不受。帝亦雅相体悉,谓之曰:"卿天爵自高,固非人爵所能荣也。"

九月,庚午,魏六宫、文武悉迁于洛阳。

丙戌,魏主如邺,屡至相州刺史高闾之馆,美其治效,赏赐甚厚。闾数请本州,诏曰:"闾以悬车之年,方求衣锦,知进忘退,有尘谦德;可降号平北将军。朝之老成,宜遂情愿,徙授幽州刺史,令存劝两修,恩法并举。"以高阳王雍为相州刺史,戒之曰:"作牧亦易亦难:'其身正,不令而行',所以易;'其身不正,虽令不从',所以难。"

十二月,乙未朔,魏主见群臣于光极堂,宣下品令,为大选之始。光禄勋于烈子登引例求迁官,烈上表曰:"方今圣明之朝,理应廉让,而臣子登引人求进;是臣素无教训,乞行黜落!"魏主曰:"此乃有识之言,不谓烈能办此!"乃引见登,谓曰:"朕将流化天下,以卿父有谦逊之美、直士之风,故进卿为太子翊军校尉。"又加烈散骑常侍,封聊城县子。

魏主谓群臣曰:"国家从来有一事可叹:臣下莫肯公言得失是也。夫人君患不能纳谏,人臣患不能尽忠。自今朕举一人,如有不可,卿等直言其失;若有才能而朕所不识,卿等亦当举之。如是,得人者有赏,不言者有罪,卿等当知之。"

甲子,魏主引见群臣于光极堂,颁赐冠服。

先是魏人未尝用钱,魏主始命铸太和五铢。是岁,鼓铸粗备,诏公私用之。

【译文】

齐明帝建武二年（乙亥，公元495年）

甲午（五月二十六日），北魏皇太子在太庙举行了加冠之礼。孝文帝想要改变北方风俗，为此而特意召见文武群臣，问他们："各位爱臣希望朕远追商、周呢？还是想让朕连汉、晋都比不上呢？"咸阳王拓跋禧回答说："群臣们都盼愿陛下能超过前王。"孝文帝接着又问道："那么应当改变风俗习惯呢？还是因循守旧呢？"拓跋禧再回答："愿意移风易俗，圣政日新。"又问："只是愿意自身实行呢？还是希望传之于子孙后代呢？"回答说："愿意传之于百世万年。"于是，孝文帝说道："那么，朕一定下令开始进行，你们一定不得有违。"拓跋禧回答："上令而下从，有谁敢违抗呢？"孝文帝又说："'名不正，言不顺，则礼乐不能兴。'现今朕想要禁止使用鲜卑语，全部改用汉语。年龄在三十岁以上的人，由于习性已久，可以宽容他们不能一下子就改换过来。但是，年龄在三十岁以下的人，凡在朝廷中任职者，不能允许他们仍然还讲过去的语言，如果有谁故意不改，就一定要降免其官职。所以，各位应当严加自戒。对此，各位王公卿士同意不同意呢？"拓跋禧回答："无不遵从圣旨。"孝文帝接着讲道："朕曾经与李冲谈过这件事，李冲说：'四方之人，言语不同，故不知应该以谁的为是；做皇帝的人说的，就是标准。'李冲此话，其罪行应当处死。"因此看着李冲又说道："你有负于社稷，应当命令御史把你牵下去。"李冲摘下帽子磕头谢罪。孝文帝又指责出巡时留守洛阳的官员们："昨天，朕望见妇女们还穿着夹领小袖衣服，你们为什么不遵行朕前头的诏令呢？"这些官员们都磕头谢罪不已。孝文帝继续讲道："如果朕讲得不对，你们可以当庭争辩，为什么上朝则顺从朕旨，退朝后就不听从呢？"六月己亥（初二），孝文帝下令："在朝廷中不得讲鲜卑语，违背者免去所任官职。"

癸丑（十六日），北魏孝文帝发布诏令，搜求民间藏书，凡是朝廷秘阁中所无而又有益于时用的书，献者加以优厚的赏赐。

戊午（二十一日），北魏改用长尺、大斗，其度量法度依照《汉书》中的记载制定。

北魏高祖孝文帝游赏华林园，观览过去曹魏明帝所筑的景阳山，黄门侍郎郭祚说道："山水是仁者、智者所喜爱的，应该重新加以修复。"孝文帝回答说："魏明帝以奢侈失之于前，朕怎么可以步其后尘呢？"孝文帝爱好读书，经常手不释卷，外出时在车中或者在马鞍之上仍不忘讲学论道。他又擅长吟诗作文，常常骑在马上口头作诗，做完之后，不用更改一个字；自从太和十年之后，各种诏令、策书都是自己撰写。他还爱好贤才、善士，求贤心切，如饥似渴。凡是与他交往接近的，他总是对他们寄以普通人的情意而不以帝王自居。比如李冲、李彪、高闾、王肃、郭祚、宋弁、刘芳、崔光、邢峦等人，都因资质文雅而得到他的亲近，并且担任了重要职位，因此而显贵。李冲等人为朝廷制礼作乐，成绩斐然，郁郁可观，有太平淳古之风。

北魏治书侍御史薛聪是薛辩的曾孙，他弹劾人不畏避强横之人，孝文帝有时想要宽容被弹劾者，薛聪就总是和他争辩，以致孝文帝经常说："朕见了薛聪，也不能不害怕，何况其他人呢？"因此，那些贵戚们不得不有所收敛。薛聪升至直阁将军，并兼给事黄门侍郎、散骑常侍，孝文帝对外表明是重用他的德行才气，而在内心则把他视为心腹，皇宫中的卫士禁兵，全部交给他来统管，所以直到孝文帝去世，他一直担任直阁将军。每次上朝，群臣百官退朝之后，薛聪总是留下来陪侍孝文帝，两人在帷幕后面议论政事，有时能整整说上一昼夜，对于时事政治方面的得失利弊，薛聪动辄加以匡正劝谏，所见大多被采纳。然而，薛聪为人做事厚重而谨慎，所以外界并不能窥见他的内心边际。孝文帝想要升进薛聪的名分地位，可是他总是苦苦辞让，不愿领受。孝文帝也能对他的态度体贴理解，对他说道："您内禀仁义忠信之质，天爵自高，固然不必再以公卿大夫这些所谓人爵而荣身了。"

九月，庚午（初四），北魏皇帝的后妃、夫人、嫔御等以及内外文武百官全部迁于洛阳。

丙戌（二十日），北魏孝文帝到达邺地。孝文帝多次来到相州刺史高闾的官舍，赞美他治理本州的成绩，并且给予特别丰厚的赏赐。高闾数次请求孝文帝让他回到本土幽州去做官，孝文帝因此而发布诏令："高闾以该告老退休的年龄，方才要求衣锦还乡，他这样只知进而不知退，实在有损于谦德，所以降其封号为平北将军。他是朝廷中年龄和资历都相当老的大臣，应当顺遂他的心愿，所以调任他为幽州刺史。这样做可以既满足了他的请求，以示朝廷之恩，又起到劝善存法的作用。"孝文帝又任命高阳王拓跋雍为相州刺史，并且告诫他说："作一州之长也容易，也难。'自己言行端正，不用法令别人也会遵从'，如此就容易；'自己立身不正，即使以法令强迫别人也不会听从'，所以说难。"

十二月乙未朔（初一），北魏孝文帝在光极堂接见群臣，宣布在官员中实行九品之制，即将开始大选群臣。光禄勋于烈的儿子于登依照旧例请求升官，于烈上表孝文帝说："如今正值圣明之朝，做臣子的理应清廉谦让，但是我儿子于登却援引旧例而要求晋升，这是我平素对他教训不严的结果，所以乞求朝廷罢黜我的官职。"孝文帝说："这是有识之言，没有料到于烈能做到这样。"于是召见了于登，对他说："朕将要广施教化于天下，因为你父亲有谦逊之美德、正直之品格，所以特晋升你为太子翊军校尉。"并且加任于烈为散骑常侍，封为聊城县子。

北魏孝文帝对群臣们说："一个国家从来都有一件事情让人感到可叹，就是臣子们不肯公开地谈论得失是非。作为一国之君，患在不能采纳劝谏；作为臣子，患在不能尽忠竭力。从今以后朕推举一人，如有不妥之处，你们可以直言其失；如果有才能之士而朕不能发现，你们也应当加以举荐。这样，能举荐人才者有赏，知而不言者有罪，你们应当明白这一点。"

甲子（三十日），北魏孝文帝在光极堂召见群臣百官，给他们颁赐冠帽和衣服。

早先北魏人不使用钱币，从孝文帝开始才命令铸造太和五铢钱。到本年，已经铸造得大体齐备，因此孝文帝诏令公私方面一律开始使用钱币。

【原文】

三年（丙子，496年）

魏主下诏，以为："北人谓土为拓，后为跋。魏之先出于黄帝，以土德王，故为拓跋氏。夫土者，黄中之色，万物之元也；宜改姓元氏。诸功臣旧族自代来者，姓或重复，皆改之。"于是始改拔拔氏为长孙氏，达奚氏为奚氏，乙旃氏为叔孙氏，丘穆陵氏为穆氏，步六孤氏为陆氏，贺赖氏为贺氏，独孤氏为刘氏，贺楼氏为楼氏，勿忸于氏为于氏，尉迟氏为尉氏；其余所改，不可胜纪。

魏主雅重门族，以范阳卢敏、清河崔宗伯、荥阳郑羲、太原王琼四姓，衣冠所推，咸纳其女以充后宫。陇西李冲以才识见任，当朝贵重，所结姻娅，莫非清望；帝亦以其女为夫人。诏黄门郎、司徒左长史宋弁定诸州士族，多所升降。又诏以："代人先无姓族，虽功贤之胤，无异寒贱；故宦达者位极公卿，其功、衰之亲仍居猥任。其穆、陆、贺、刘、楼、于、嵇、尉八姓。自太祖已降，勋著当世，位尽王公，灼然可知者，且下司州、吏部，勿充猥官，一同四姓。自此以外，应班士流者，寻续别敕。其旧为部落大人，而皇始已来三世官在给事已上及品登王公者为姓；若本非大人，而皇始已来三世官在尚书已上及品登王公者亦为姓。其大人之后而官不显者为族；若本非大人而官显者为族。凡此姓族，皆应审核，勿容伪冒。令司空穆亮、尚书陆琇等详定，务令平允。"琇，馛之子也。

魏旧制：王国舍人皆应娶八族及清修之门。咸阳王禧娶隶户为之，帝深责之；因下诏为六弟聘室："前者所纳，可为妾媵。咸阳王禧，可聘故颍川太守陇西李辅女；河南王干，可聘故中散大夫代郡穆明乐女；广陵王羽，可聘骠骑谘议参军荥阳郑平城女；颍川王雍，可聘故中书博士范阳卢神宝女；始平王勰，可聘廷尉卿陇西李冲女；北海王详，可聘吏部郎中荥阳郑懿女。"懿，羲之子也。

时赵郡诸李，人物尤多，各盛家风，故世之言高华者，以五姓为首。

众议以薛氏为河东茂族。帝曰："薛氏，蜀也，岂可入郡姓！"直阁薛宗起执戟在殿下，出次对曰："臣之先人，汉末仕蜀，二世复归河东，今六世相袭，非蜀人也。伏以陛下黄帝之胤，受封北土，岂可亦谓之胡邪！今不预郡姓，何以生为！"乃碎戟于地。帝徐曰："然则朕甲、卿乙乎！"乃入郡姓，仍曰："卿非'宗起'，乃'起宗'也！"

帝与群臣论选调曰："近世高卑出身，各有常分；此果如何？"李冲对曰："未审上古以来，张官列位，为膏粱子弟乎，为致治乎？"帝曰："欲为治耳。"冲曰："然则陛下何为专取门品，不拔才能乎？"帝曰："苟有过人之才，不患不知。然君子之门，借使无当世之用，要自德行纯笃，朕故用之。"冲曰："傅说、吕望，岂可以门地得之!"帝曰:"非常之人,旷世乃有一二耳。"秘书令李彪曰:"陛下若专取门地,不审鲁之三卿,孰若四科?"著作佐郎韩显宗曰:"陛下岂可以贵袭贵,以贱袭贱!"帝曰:"必有高明卓然、出类拔萃者,朕亦不拘此制。"顷之,刘昶入朝。帝谓昶曰:"或言唯能是寄,不必拘门;朕以为不尔。何者?清浊同流,混齐一等,君子小人,名器无别,此殊为不可。我今八族以上士人,品第有九;九品之外,小人之官复有七等。若有其人,可起家为三公。正恐贤才难得,不可止为一人浑我典制也。"

臣光曰:选举之法,先门地而后贤才,此魏、晋之深弊,而历代相因,莫之能改也。夫君子、小人,不在于世禄与侧微,以今日视之,愚智所同知也;当是之时,虽魏孝文之贤,犹不免斯蔽。故夫明辩是非而不惑于世俗者诚鲜矣。

上志慕节俭。太官尝进裹蒸,上曰:"我食此不尽,可四破之,余充晚食。"又尝用皂荚,以余渖授左右曰:"此可更用。"太官元日上寿,有银酒枪,上欲坏之;王晏等咸称盛德,卫尉萧颖胄曰:"朝廷盛礼,莫若三元。此一器既是旧物,不足为侈。"上不悦。后预曲宴,银器满席。颖胄曰:"陛下前欲坏酒枪,恐宜移在此器。"上甚惭。

上躬亲细务,纲目亦密;于是郡县及六署、九府常行职事,莫不启闻,取决诏敕。文武勋旧,皆不归选部,亲戚凭藉,互相通进,人君之务过繁密。南康王侍郎颍川钟嵘上书言:"古者,明君揆才颁政,量能授职,三公坐而论道,九卿作而成务,天子唯恭己南面而已。"书奏,上不怿,谓太中大夫顾暠曰:"钟嵘何人,欲断朕机务!卿识之不?"对曰:"嵘虽位末名卑,而所言或有可采。且繁碎职事,各有司存;今人主总而亲之,是人主愈劳而人臣愈逸,所谓'代庖人宰而为大匠斫'也。"上不顾而言他。

【译文】

三年(丙子,公元496年)

北魏孝文帝发布诏令,认为:"北方人称'土'为'拓',称'后'为'跋'。

魏朝的祖先是黄帝的后代，以土德而称帝，所以姓拓跋。土，乃黄中之色，万物之元，所以应该改姓为'元'。诸位功臣旧族中凡从代京迁来的，其姓氏有的重复，要一律改变。"于是，开始改拔拔氏为长孙氏、达奚氏为奚氏、乙旃氏为叔孙氏、丘穆陵氏为穆氏、步六孤氏为陆氏、贺赖氏为贺氏、独孤氏为刘氏、贺楼氏为楼氏、勿忸于氏为于氏、尉迟氏为尉氏，其余所改姓氏，多得记不下来。

北魏孝文帝一向看重名门望族，由于范阳人卢敏、清河人崔宗伯、荥阳人郑义、太原人王琼四姓门族，在士大夫中最受推重，所以特意选他们的女儿进入后宫。陇西人李冲以才识受到任用，成为朝中显贵，他所结的姻亲，都是具有清白名望而为时人所敬重的高门，孝文帝也以他的女儿为夫人。孝文帝诏令黄门郎、司徒左长史宋弁审定各州的士族，地位多有升降。孝文帝又诏令："代京人早先没有姓族，虽然是功勋、贤士的后代，也与那些寒贱出身者没有什么区别。所以，一些官途通达者虽然位极公卿，但他们的亲族却依然担任着地位卑下的官职。其中之穆、陆、贺、刘、楼、于、嵇、尉八姓，从太祖皇帝以来，功勋卓越，著称于世，位至王公，无人不知，通知司州和吏部，不要让他们充任卑微官职，而应当同卢、崔、郑、王四姓一样对待。除这些大族之外，其他还应该班列士族之列者，不久就继续由朝廷下令加以确认。那些过去为部落头人，而从道武帝皇始年间以来三代官职在给事以上，以及爵位上至王公的确定其姓；如果不是头人，而自皇始年间以来三代官职在尚书以上以及爵位上至王公的也确定其姓。属头人之后代，但是官职不显要的确定其族，或者本非头人而官职显要的也确定其族。凡此姓与族，都应该加以审核，不允许其中有伪冒者。命令司空穆亮、尚书陆琇等人详加审定，务必要做到公正合理。"陆琇是陆馛的儿子。

北魏过去的制度：各藩王的妃嫔都应选娶八大姓及有清望的门第人家之女。咸阳王拓跋禧娶隶户人家之女为妃嫔，孝文帝严厉地责备了他，因此下诏令为六个弟弟重新聘娶妻室，说："以前所纳娶的，可以改作为小妾。咸阳王元禧，可以聘娶颍川太守陇西人李辅的女儿；河南王元干，可以聘娶已故中散大夫代郡人穆明乐的女儿；广陵王元羽，可以聘娶骠骑谘议参军荥阳人郑平城的女儿；颍川王元雍，可以聘娶中书博士范阳人卢神宝的女儿；始平王元勰，可以聘娶廷尉卿陇西人李冲的女儿；北海王元详，可以聘娶吏部郎中荥阳人郑懿的女儿。"郑懿是郑羲的儿子。

当时，赵郡李姓诸门中，人物尤其多，各自发扬家风，所以世人谈论门第高贵，均推卢、崔、郑、王、李五姓为首。

众人议论以薛氏为河东的望族，孝文帝则不同意，说："薛氏是蜀人，怎么可以成为一郡之大姓呢？"当时直阁薛宗起正执戟站在殿下，他站出来对孝文帝问道："我的祖先，汉代末期在蜀地做官，两代之后又回到河东，如今已经六代相沿袭，所以不应该算作蜀人。我斗胆问一句，陛下是黄帝后代，而受封北方，难道也可以说是胡人吗？如今不让我们成为郡中大姓，为什么要活着呢！"于是，把手中之戟摔碎于地。孝文帝慢悠悠地说道："那么，朕为甲，你为乙吗？"于是同意列薛姓为郡之大姓，并对薛宗起戏言道："你不是'宗起'，而是'起宗'呀！"

孝文帝与群臣们议论选拔调派官员之事，他问道："近世以来，出身高卑贵贱，各有一定，这样划分如何呢？"李冲反问道："不知道上古以来，分官列位，其目的是为了那些膏粱子弟们呢？还是为了治理国家呢？"孝文帝回答："当然是为了治理天下。"李冲又顺势反问："那么陛下为什么专门选取门第出身，而不注重才能方面的选拔呢？"孝文帝辩解说："如果其人有过人的才能，不怕不为人所知。然而，君子门第出身，即使没有为当世所用之才能，但终归在德行方面要纯洁笃实一些，朕所以选用他们。"李冲再反问道："难道傅说、吕望可以凭门第出身得到吗？"孝文帝再回答："这种不平常的人才，旷世才有一二。"这时，秘书令李彪也说道："陛下如果专以门第取士，那么对于鲁国的三卿季孙、孟孙、叔孙氏与孔门四科人才，是选择前者呢？还是选择后者呢？"著作佐郎韩显宗也说道："陛下岂能使贵者世袭为贵，贱者永远为贱呢？"孝文帝回答："如果遇有才识高明、卓然不凡，出类而拔萃者，朕也不拘泥于这一制度。"一会儿，刘昶来到朝中，孝文帝对他说："有人说选拔官员要唯才能是重，不必拘于门第出身，朕则以为不然。为什么呢？因为这样则会清浊同流，混淆为一，以致名器不分，使君子小人没有区别，这无论如何是不可以的。我们现在八族以上的士人，品第分为九个级别。九品之外，出身低贱而做官者又分为七等。如果世有贤才，可以升为三公。朕正担心贤才难得，但是也不可以仅为一个人而搞乱了我的典章制度。"

臣司马光曰：选拔举荐人才的制度，先门第而后贤才这是魏、晋时期的一大弊端，然而历代相因袭，莫能改变。君子与小人之别，不在于出身世禄之家与布衣贫贱之别，以今天的眼光来看，这是愚者和智者都能认识到的，然而，在当时，虽然以北魏孝文帝之贤，犹不能免于这一偏见。所以，能明辨是非而不受世俗之见影响人的实在是稀少啊！

南齐明帝一心要做到节俭朴素。负责膳食的太官一次给他进献一种名叫裹蒸的食品，他对太官说："我一次吃不完这么一个，可以把它分成四块，剩下的晚上再吃。"还有一次，明帝使用皂荚洗浴，指着用过的皂荚水对身边近侍说："这个还可以使用。"太官在正月初一给明帝上寿，温酒时使用了一个用银子制作的酒铛，明帝要把它毁掉，王晏等人都称颂他品德高尚，卫尉萧颖胄却说："朝廷中最隆重的节日，莫若正月初一，这个银制酒铛是旧物了，所以不足为奢侈。"明帝听了心中很不高兴。后来明帝又在宫中设宴，席上有许多银制器皿，萧颖胄又对明帝说道："陛下前次要毁掉酒铛，恐怕应该毁坏的是眼前这些银器。"明帝十分惭愧。

明帝亲自处理细小的事务，要求很繁琐，因此连下面各郡县以及朝中六署、九府的日常事务，也必须全部向他报告，取得他的旨令才能办理。文武官员中功臣和旧臣的选拔、使用等，都不归于吏部管理，而是凭借亲戚关系互相提拔，以致使明帝陷于事务之中，负担过于繁重。南康王侍郎颍川人钟嵘上书明帝，指出："古时候，圣明的国君根据下属的才干分派事情，量其能力授以官职，三公坐而论道，九卿具体分工执行，而天子则只是高高在上，无为而治。"钟嵘的上书被奏上，明帝阅过之后心中不悦，问太中大夫顾暠："钟嵘何许人也？想干涉朕的事务，你认识不认识他？"顾暠回答说："钟嵘虽然地位卑微，没有名气，但是他所讲的或许有可采纳之处。确实，那些繁重琐碎的事务，都分别有职能部门来办理，现在陛下您全部包揽过来，亲自处理，结果弄得陛下越是劳累，臣子们则越是清闲，正所谓'代替庖人宰割，代替大匠斫削'。"但是，明帝不理睬顾暠所说，而另改换别的话题。

齐纪七

【原文】

高宗明皇帝下建武四年（丁丑，497年）

初，魏主迁都，变易旧俗，并州刺史新兴公丕皆所不乐；帝以其宗室耆旧，亦不之逼，但诱示大理，令其不生同异而已。及朝臣皆变衣冠，朱衣满坐，而丕独胡服于其间，晚乃稍加冠带，而不能修饰容仪，帝亦不强也。

太子恂自平城将迁洛阳，元隆与穆泰等密谋留恂，因举兵断关，规据陉北。丕在并州，隆等以其谋告之。丕外虑不成，口虽折难，心颇然之，及事觉，丕从帝至平城，帝每推问泰等，常令丕坐观。有司奏元业、元隆、元超罪当族，丕应从坐。帝以丕尝受诏许以不死，听免死为民，留其后妻、二子，与居于太原，杀隆、超、同产乙升，余子徙敦煌。

初，丕、容与仆射李冲、领军于烈俱受不死之诏。睿既诛，帝赐冲、烈诏曰："睿反逆之志，自负幽冥；违誓在彼，不关朕也。反逆既异余犯，虽欲矜恕，如何可得？然犹不忘前言，听自死别府，免其拿戮。元丕二子、一弟，首为贼端，连坐应死，特恕为民，朕本期始终而彼自弃绝，违心乖念，一何可悲！故此别示，想无致怪。谋反之外，皎如白日耳。"冲、烈皆上表谢。

臣光曰：夫爵禄废置，杀生予夺，人君所以驭臣之大柄也。是故先王之制，虽有亲、故、贤、能、功、贵、勤、宾，苟有其罪，不直赦也；必议于槐棘之下，可赦则赦，可宥则宥，可刑则刑，可杀则杀；轻重视情，宽猛随时。故君得以施恩而不失其威，臣得以免罪而不敢自恃。及魏则不然，勋贵之臣，往往豫许之以不死；彼骄而触罪，又从而杀之。是以不信之令诱之使陷于死地也。刑政之失，无此为大焉！

是时，代乡旧族，多与泰等连谋，唯于烈无所染涉，帝由是益重之。帝以北方酋长及侍子畏暑，听秋朝洛阳，春还部落，时人谓之"雁臣"。

【译文】

齐明帝建武四年（丁丑，公元497年）

早先，北魏孝文帝迁都洛阳，改变旧的风俗习惯，但是并州刺史新兴公元丕一点也不高兴这样做，孝文帝因为他在家族中年辈较长，因此就不强行让他改换，但是用大道理加以诱导劝说，以便使他不公开反对。到了朝中大臣们都改换了衣服帽子，每天上朝殿内朱衣满座，但是唯独元丕还穿着胡服侧身其间，后来他才慢慢加上了帽子和带子，可是仍旧不修饰外表仪容，孝文帝也不强迫他。

太子元恂将从平城迁往洛阳之时，元隆同穆泰等人密谋策划，要把元恂留在平城，因此出兵堵住雁门东陉、西陉二关，阴谋占据关北恒、朔二州。当时，元丕在并州，元隆等人把自己的计划告诉了他，元丕表面上忧虑事情难以成功，口头上虽然反对，但是心里却颇为赞同。等到穆泰等人叛乱之事败露之后，元丕随从孝文帝到了平城，孝文帝每次审问穆泰等人时，常常让元丕坐在旁边观看。有的官员奏告元业、元隆、元超罪该满门诛斩，元丕也应该连坐治罪。孝文帝以元丕曾经在诏令中被许以不死，就免他一死，黜为平民，让他的后妻和两个儿子陪伴他居住在太原，而杀了元隆、元超及其同胞兄弟元乙升，其他的儿子流放敦煌。

原先，元丕、陆睿以及仆射李冲、领军于烈等人都受过皇帝的不死之诏。陆睿被杀之后，孝文帝在赐给李冲、于烈的诏书中说："虽然朕曾经诏许陆睿在任何情况下都可以免于一死，可是他叛逆谋反的阴谋，自己有负于鬼神，是他违背了曾经发过的誓言，所以他的死与朕没有关系。他叛乱谋反既不同于其他诸犯，即使想要宽恕他，又怎么可能呢？然而朕犹不忘先前说过的话，所以让他自己在狱中自尽，并且免去他儿子的死罪。元丕的两个儿子、一个弟弟,最早策划叛乱,最先参与叛乱,理应连坐处死,朕特加恕免,只是黜为平民而已。朕本来期望与他们和衷共济,始终相善,但是他们自己弃绝情义,违背良心,产生不轨之念,这是多么令人感到可悲的啊!所以,特意告诉你们一下,想必不会令你们奇怪吧?除了谋反这件事情之外,朕对他们的一片真心皎如白日,在在可鉴。"李冲、于烈都上表致谢。

臣司马光曰:给予或剥夺爵位、俸禄,掌管生杀予夺之权力,这是做皇帝的人驾驭臣下们的重要手段,所以先王们裁定的制度,虽然有亲、故、贤、能、功、勤、宾等所谓"八议",但是如果臣下犯有罪行,并不直接赦免,而一定要通过刑法部门来商议,可以赦免则赦免,可以宽大则宽大,可以判刑则判刑,可以诛死则诛死,惩罚的轻与重根据实情而定,处理的宽与严随时机而有所不同。因此,国君得以施行仁恩而又不失其威严,臣子们既可以得到免罪而又不敢以此自恃。到了北魏却不是这样了,对于功勋显贵的大臣,往往预先许诺以终生不被处死,但是其人因此而自骄,触法犯罪,则又被处死。这正是以言而无信的允诺诱惑其人,使他陷于死地。刑法政治的失误过错,没有比这更大的了!

在这时候,平城的鲜卑族人,多数与穆泰等人一起策划,唯独于烈没有丝毫参涉,因此孝文帝对他更加器重了。孝文帝考虑到北方的酋长以及在身边侍奉自己的王子们害怕暑热,所以就听任他们秋天到洛阳朝见,春天再返回各自的部落,当时的人称他们为"雁臣"。

【原文】

永泰元年(戊寅,498年)

上有疾,以近亲寡弱,忌高、武子孙。时高、武子孙犹有十王,每朔望入朝,上还后宫,辄叹息曰:"我及司徒诸子皆不长,高、武子孙日益长大!"上欲尽除高、武之族,以微言问陈显达,对曰:"此等岂足介虑!"以问扬州刺史始安王遥光,遥光以为当以次施行。遥光有足疾,上常令乘舆自望贤门入,每与上屏人久语毕,上索香火,呜咽流涕,明日必有所诛。会上疾暴甚,绝而复苏,遥光遂行其策；丁未，杀河东王铉、临贺王子岳、西阳王子文、永阳王子峻、南康王子琳、衡阳王子珉、湘东王子建、南郡王子夏、桂阳王昭粲、巴陵王昭秀，于是太祖、世祖及世宗诸子皆尽矣。铉等已死，乃使公卿奏其罪状，请诛之，下诏不许；再奏，然后许之。南康侍读济阳江泌哭子琳，泪尽，继之以血，亲视殡葬毕，乃去。

庚戌，魏主如南阳。二月，癸丑，诏左卫将军萧惠休等救寿阳，甲子，魏人拔宛北城，房伯玉面缚出降。伯玉从父弟思安为魏中统军，数为伯玉泣请，魏主乃赦之。庚午，魏主如新野。辛巳，以彭城王勰为使持节、都督南征诸军事、中军大将军、开府仪同三司。

夏，四月，甲寅，改元。

大司马会稽太守王敬则，自以高、武旧将，心不自安。上虽外礼甚厚，而内相疑备，数访问敬则饮食，体干堪宜。闻其衰老，且以居内地，故得少宽。前二岁，上遣领军将军萧坦之将斋仗五百人行武进陵，敬则诸子在都，忧怖无计。上知之，遣敬则世子仲雄入东安慰之。

仲雄善琴，上以蔡邕焦尾琴借之。仲雄于御前鼓琴作《懊侬歌》，曰："常叹负情侬，郎今果行许。"又曰："君行不净心，那得恶人题！"上愈猜愧。

上疾屡危，乃以光禄大夫张瓌为平东将军、吴郡太守，置兵佐以密防敬则。中外传言，当有异处分。敬则闻之，窃曰："东今有谁，只是欲平我耳；东亦何易可平！吾终不受金罂！"金罂，谓鸩也。

敬则女为徐州行事谢朓妻，敬则子太子洗马幼隆遣正员将军徐岳以情告朓："为计若同者，当往报敬则。"朓执岳，驰启以闻。敬则城局参军徐庶，家在京口，其子密以报庶，庶以告敬则五官掾王公林。公林，敬则族子也，常所委信。公林劝敬则急送启赐儿死，单舟星夜还都。敬则令司马张思祖草启，既而曰："若尔，诸郎在都，要应有信，且忍一夕。"

其夜，呼僚佐文武樗蒲，谓众曰："卿诸人欲令我作何计？"莫敢先答。防阁丁兴怀曰："官祗应作尔！"敬则不应。明旦，召山阴令王询、台传御史锺离祖愿，敬则横刀跂坐，问询等："发丁可得几人？库见有几钱物？"询称"县丁猝不可集"；祖愿称"库物多未输入"。敬则怒，将出斩之，王公林又谏曰："凡事皆可悔，唯此事不可悔；官讵不更思！"敬则唾其面曰："我作事，何关汝小子！"敬则举兵反，招集，配衣，二三日便发。

前中书令何胤，弃官隐居若邪山，敬则欲劫以为尚书令。长史王弄璋等谏曰："何令高蹈，必不从；不从，便应杀之。举大事先杀名贤，事必不济。"敬则乃止。胤，尚之之孙也。

上闻王敬则反，收王幼隆及其兄员外郎世雄、记室参军季哲、其弟太子舍人少安等，皆杀之。长子黄门郎元迁将千人在徐州击魏，敕徐州刺史徐玄庆杀之。前吴郡太守南康侯子恪，嶷之子也，敬则起兵，以奉子恪为名；子恪亡走，未知所在。始安王遥光劝上尽诛高、武子孙，于是悉召诸王侯入宫。晋安王宝义、江陵公宝览等处中书省，高、武诸孙处西省，敕人各从左右两人，过此依军法；孩幼者与乳母俱入。其夜，令太医煮椒二斛，都水办棺材数十具，须三更，当尽杀之。子恪徒跣自归，二更达建阳门，刺启。时刻已至，而上眠不起，中书舍人沈徽孚与上所亲左右单景隽共谋少留其事。须臾，上觉，景隽启子恪已至。上惊问曰："未邪？未邪？"景隽具以事对。上抚床曰："遥光几误人事！"乃赐王侯供馔，明日，悉遣还第。以子恪为太子中庶子。宝览，缅之子也。

敬则帅实甲万人过浙江。张瓌遣兵三千拒敬则于松江，闻敬则军鼓声，一时散走，瓌弃郡，逃民间。敬则以旧将举事，百姓担篙荷锸，随之者十余万众；至晋陵，南沙人范脩化杀县令公上延孙以应之。敬则至武进陵口，恸哭而过。乌程丘仲孚为曲阿令，敬则前锋奄至，仲孚谓吏民曰："贼乘胜虽锐，而乌合易离。今若收船舰，凿长冈埭，泻渎水以阻其路；得留数日，台军必至，如此，则大事济矣。"敬则军至，值渎涸，果顿兵不得进。

五月，诏前军司马左兴盛、后军将军崔恭祖、辅国将军刘山阳、龙骧将军·马军主胡松筑垒于曲阿长冈；右仆射沈文季为持节都督，屯湖头，备京口路。恭祖，慧景之族也。敬则急攻兴盛、山阳二垒，台军不能敌，欲退，而围不开，各死战。胡松引骑兵突其后，白丁无器仗，皆惊散。敬则军大败，索马再上，不能得，崔恭祖刺之仆地，兴盛军客袁文旷斩之，乙酉，传首建康。

是时上疾已笃，敬则仓猝东起，朝廷震惧。太子宝卷使人上屋，望见征虏亭失火，谓敬则至，急装欲走。敬则闻之，喜曰："檀公三十六策，走为上策，计汝父子唯有走耳！"盖时人讥檀道济避魏之语也。敬则之来，声势甚盛，裁少日而败。

台军讨贼党，晋陵民以附敬则应死者甚众。太守王瞻上言："愚民易动，不足穷法。"上许之，所全活以万数。瞻，弘之从孙也。

上赏谢朓之功，迁尚书吏部郎。朓上表三让，上不许。中书疑朓官未及让，国子祭酒沈约曰："近世小官不让，遂成恒俗。谢吏部今授超阶，让别有意。夫让出入情，岂关官之大小邪！"朓妻常怀刃欲杀朓，朓不敢相见。

己酉，上殂于正福殿。遗诏："徐令可重申前命。沈文季可左仆射，江祏可右仆射，江祀可侍中，刘暄可卫尉。军政可委陈太尉；内外众事，无大小委徐孝嗣、遥光、坦之、江祏，其大事与沈文季、江祀、刘暄参怀。心膂之任可委刘俊、萧惠休、崔慧景。"

上性猜多虑，简于出入，竟不郊天。又深信巫觋，每出先占利害。东出云西，南出云北。初有疾，甚秘之，听览不辍。久之，敕台省文簿中求白鱼以为药，外始知之。太子即位。

【译文】

永泰元年（戊寅，公元498年）

明帝患疾病，由于他自己的亲属人少力弱，所以特别防忌高帝和武帝的子孙。当时，高帝、武帝的子孙还有十个藩主，他们每月初一和十五都入朝拜见明帝，明帝见过他们回宫之后，常常叹息着说："我和弟弟司徒的几个儿子都年龄幼小，而高帝和武帝的子孙却一天天地长大了。"明帝想把高帝和武帝的后代全部除掉，他以此事试探地问陈显达，陈显达回答说："这些人何足以令圣上忧虑呢？"明帝又问扬州刺史始安王萧遥光，萧遥光认为应当一个一个地逐步除杀。萧遥光有脚病，明帝经常让他乘车舆从望贤门进入华林园，每次进园后明帝就和他在避开他人长久商谈，谈话之后，明帝要是焚烧香火，呜咽流涕，第二天必定有所诛杀。正好明帝病情突然加重，气绝而后又复苏过来，萧遥光就开始执行预先合谋好的计策，丁未

（正月二十四日），杀害了河东王萧铉、临贺王萧子岳、西阳王萧子文、永阳王萧子峻、南康王萧子琳、衡阳王萧子珉、湘东王萧子建、南郡王萧子夏、桂阳王萧昭粲、巴陵王萧昭秀，于是齐高帝、武帝以及文惠太子的儿子们全被杀害。萧铉等人死后，明帝才让公卿们奏告他们的罪状，并请求诛杀他们，齐明帝假意下诏令不允许；公卿再次奏请，然后批准。南康王的侍读济阳人江泌恸哭萧子琳，泪水哭干之后，又流出了血，亲自看着萧子琳被殡葬完毕，方才离去。

庚戌（二十七日），北魏孝文帝到达南阳。二月癸丑（初一），齐明帝诏令左卫将军萧惠休等人去援救寿阳，甲子（十二日），北魏军队攻破宛北城，房伯玉自缚出降。房伯玉的堂弟房思安是北魏的中统军，房思安数次哭泣着向孝文帝请求不要杀死房伯玉，于是孝文帝就赦免了房伯玉。庚午（十八日），孝文帝到达新野。辛巳（二十九日），孝文帝任命彭城王元勰为使持节、都督南征诸军事、中军大将军、开府仪同三司。

夏季，四月，甲寅（初三），南齐明帝改年号为永泰。

大司马会稽太守王敬则因为自己是高帝、武帝的旧将，所以心中非常不安。明帝虽然表面上对王敬则礼遇优厚，但是内心却对他十分猜疑、提防，曾经数次打听询问他饮食情况如何，身体还能否胜任带兵打仗。听说王敬则衰老了，而且又呆在离建康不远的地方，这才稍稍觉得心宽了一些。前两年，明帝派遣领军将军萧坦之率领斋阁侍卫武士五百人去武进武帝等皇上陵园，当时王敬则的儿子们都在京城，王敬则担心事情有变，儿子受累，所以心中忧恐万分，束手无措。明帝知道这一情况之后，立即派遣王敬则的大儿子王仲雄从建康去会稽安慰。

王仲雄擅长弹琴，明帝把蔡邕焦尾琴借他一用。于是，王仲雄就当着齐明帝的面弹琴唱了一首《懊恼歌》，歌中唱到："常悲叹会辜负我的多情，如今郎君果然动身。"又唱到："您在外用情不专，哪能厌恶别人唠叨！"明帝愈加猜疑、羞愧。

明帝屡次病危，于是就任命光禄大夫张瓌为平东将军、吴郡太守，并且秘密布置兵力，以便提防王敬则。朝廷内外传说纷纷，说明帝一定又有非常的举动了。王敬则听了传言之后，私下里说："东边现在还有谁？只不过是要除掉我罢了。但是，我又何尝可以那么容易地除掉呢？我终究不会接受他的金罌的！"金罌，即指鸩酒。

王敬则的女儿是徐州行事谢朓的妻子，王敬则的儿子太子洗马王幼隆派遣正员将军徐岳把情况告诉了谢朓，邀他一起举事，并且对谢朓说："你如果同意的话，我就去告诉王敬则。"谢朓非但不愿意，而且把徐岳抓起来，派人速向明帝报告。王敬则手下的城局参军徐庶家住在京口，徐庶的儿子把王敬则儿子要举事、徐岳被抓之事秘密告诉了父亲，徐庶又马上转告了王敬则手下的五官掾王公林。王公林是王敬则的族侄，深得王敬则信任，常常委以事务。王公林去劝说王敬则火速启奏明帝，让明帝赐自己的儿子一死。劝说之后，王公林就独自乘舟连夜赶回京城去了。王敬则命令司马张思祖起草对明帝的启奏，但一会儿又说："情况如果真的这样的话，那么我的几个儿子都在京城，他们一定会来向我报信的，暂且忍一晚吧。"

　　当天夜里，王敬则把手下的文武僚属召集来一起博戏，对大伙说："你们大家想让我做如何打算呢？"众人谁也不敢先说。这时，防阁丁兴怀突然说道："长官您应该举事谋反，除此别无选择。"王敬则听了之后，没有表态。次日天刚亮，王敬则就把山阴令王询、台传御史钟离祖愿两人叫来，自己手横握刀，跪坐席上，向王询、祖愿两人发问："如果要发兵可以有多少人？库中还有多少钱物？"王询言称"县里的壮丁一下子不能召集起来"，祖愿则言称"该入库的财物大多还没有输入库中"。王敬则一听，勃然大怒，令人把他们二人推出斩首。这时，王公林又劝谏王敬则说："所有的事情都可以反悔，唯独这种事不可以反悔，您为什么不再考虑一下呢？"王敬则听了非常生气，唾了王公林一脸口水，并且恶狠狠地对他说："我做事情，与你小子有什么关系！"于是，王敬则举兵造反，召集兵力，配给袍甲兵器，二三日之内便出发了。

　　先前的中书令何胤，弃官而隐居在若邪山之中，王敬则想挟持他出任尚书令。长史王弄璋等人劝谏王敬则说："何大人隐居深山，必定不会依从；他如果不依从的话，就应该杀掉他。然而，做大事情先杀害名贤高士，事情一定不会成功。"于是，王敬则就停止了这一想法。何胤是何尚之的孙子。

　　明帝知道王敬则谋反了，就把王幼隆以及他的两个哥哥员外郎王世雄、江室参军王季哲、弟弟太子舍人王少安等人抓起来，全部杀掉了。王敬则的长子黄门郎王元迁率领一千兵马在徐州抗击北魏军队，明帝下令徐州刺史徐玄庆杀掉了他。前吴郡太守南康王萧子恪是萧嶷的儿子，王敬则以拥立萧子恪为名义而起兵造反，但是，萧子恪吓得逃跑了，不知逃到了什么地方。始安王萧遥光劝说明帝把高帝、武帝的子孙全部杀掉，于是明帝把诸位王侯全部召入宫中。晋安王萧宝义、江陵公萧宝览等人在中书省，高帝、武帝的孙子们在门下省，明帝命令他们每人只可以带随从两人，超过了以军法从事。王侯中有的还是幼小的孩子，齐明帝命令由他们的乳母把他们带进宫来。这天夜里，明帝命令宫中的太医煮了两斛花椒水，又命令都水官备署办棺材数十具，准备到三更之时，就把诸王侯全部毒死。萧子恪自己一个人赤脚步行赶回来了，二更时分到达建阳门，他把自己的姓名和所要启陈的事写于纸上，让人转达于齐明帝。三更时分已到，但明帝还睡眠未起，中书舍人沈徽孚就与明帝所信任的心腹单景隽一起商议，决定先不采取行动，等皇上起来之后再说。一会儿，齐明帝醒来了，单景隽就告诉他萧子恪已经来了。明帝一听，惊奇地问道："还没有动手吗？还没有动手吗？"单景隽就把萧子恪要向明帝启陈的王敬则如何想以拥立他为名义而谋反，他如何逃而不见王敬则，以及如何自动前来的情况全部转述了一遍。明帝听了之后，明白了事情的真相，用手拍床说道："萧遥光差点坏了大事！"于是，明帝马上改变了主意，设宴招待诸王侯。第二天，明帝让他们回到各自的府中去，并且还任命萧子恪为太子中庶子。萧宝览是萧缅的儿子。

王敬则率领一万甲兵渡过了浙江，张瓌调遣三千兵力在松江岸上抵挡他，但是这些士兵们一听到王敬则部队的军鼓声音，马上四处逃散，张瓌只好弃郡署于不顾，自己逃到民间躲起来了。王敬则以老将的身份起兵谋反，老百姓们纷纷扛着竹竿，拿着锄头，前来投奔，追随的人有十万多。他们到晋陵时，南沙人范脩化杀了县令公上延孙，起来响应。经过武进高帝陵园所在地陵口之时，王敬则怀想起了高帝对自己的恩宠，不禁放声恸哭。乌程人丘仲孚是曲阿县令，王敬则的前锋部队刚到，丘仲孚就对治下的吏役、民众说："反贼们虽然一路乘胜，气焰嚣张，但是毕竟是乌合之众，一盘散沙。眼下我们如果把船舰收起来，并且把长冈水坝挖开，放出大水挡住他们的去路，如果能让他们停留几天的话，朝廷军队一定可以到达，这样的话，大功必定告成。"王敬则军队到达之后，正遇上河渠干涸，果然停止不能前行。

五月，明帝诏令前军司马左兴盛、后军将军崔恭祖、辅国将军刘山阳、龙骧将军马军主胡松在曲阿长冈修筑战垒工事。又委任右仆射沈文季为持节都督，屯驻湖头，以守备京口大路。崔恭祖与崔慧景是同族。王敬则对左兴盛、刘山阳两处发起了猛烈攻击，朝廷军队不能抵挡，准备撤退，但是不能突围，只好死战。胡松带领骑兵从背后对王敬则军队发起攻击，那些追随王敬则的民众手中无有武器，纷纷惊慌而逃。王敬则的军队一败涂地，但是他还要找一匹马骑上再战，可是找不到，结果被崔恭祖一枪刺倒在地，刘兴盛部下武士袁文旷立即上前将其斩首。乙酉（初五），王敬则的脑袋被送到了建康。

　　当时，明帝的病情已经非常沉重，而王敬则猝然在东边起兵举事，因此朝廷内部一片震惊，人人恐慌不已。太子萧宝卷让人上屋顶，望见征虏亭失火，一片火光，以为是王敬则率领军队打过来了，就急忙穿上戎装，将要逃走。王敬则知道此事之后，高兴地说："檀公三十六策，走为上策，我想你们父子也只有逃走这么一条路了。"所谓"檀公三十六策，走为上策"，是当时人们讥刺檀道济见了北魏军队只会逃跑的话语。王敬则起兵，其来头凶猛，声势甚大，但是才很短时间就失败了。

　　朝廷军队讨伐王敬则及其同伙，晋陵的百姓因投附王敬则而应该被处死者特别多，太守王瞻上奏明帝说："百姓愚蠢，易被煽动，所以没有必要严加追究。"明帝准许了这一建议，使数万人得以活命。王瞻是王弘之的侄孙。

　　明帝奖赏谢朓的功劳，升任他为尚书吏部郎。谢朓三次上表于齐明帝表示辞让，但是明帝不准许。中书怀疑谢朓的官位还够不上照例辞让，国子祭酒沈约却说："近世以来低级官员不辞让，这已经成为一种常例。但是，如今越级给谢吏部授官，他辞让是为了避免别人说他告发岳父而得官。他的辞让是出于人情世故方面的考虑，难道与官职大小有关吗！"谢朓的妻子经常怀中藏着刀子，要杀死谢朓，因此吓得谢朓不敢与妻子相见。

　　己酉（七月三十日），明帝死于正福殿。明帝在遗诏中说："前次曾授以尚书令徐孝嗣开府仪同三司，辞而不受，可以再次授之。沈文季可以担任左仆射，江祏可以担任右仆射，江祀可以担任侍中，刘暄可以担任卫尉。军政大事可以委托于太尉陈显达，而朝廷内外众多事务，无论大小一并委托于徐孝嗣、萧遥光、萧坦之、江祏，其中重大事情与沈文季、江祀、刘暄三人商量决定。关键要害职务可以委托于刘悛、萧惠休、崔慧景三人。"

　　明帝性格猜疑多虑，深居而简出，竟然没有去南郊祭祀过上天。他又对筮占深信不疑，每次出外都要先占卜吉凶利害。如果去东边，则告人说去西边；如果去南边，则告人说去北边，不让预先知道其行迹。刚有病之时，特别保密，害怕别人知道，所以照样听政、阅览公文不止。很久以后，他在下达给台省的文件中要白鱼来做药，外界这才知道他有病。太子萧宝卷登皇帝位。

资治通鉴第一百四十二卷

齐纪八

【原文】

东昏侯上永元元年（己卯，499年）

庚子，魏主疾甚，北还，至谷塘原，谓司徒勰曰："后宫久乖阴德，吾死之后，可赐自尽，葬以后礼，庶免冯门之丑。"又曰："吾病益恶，殆必不起。虽摧破显达，而天下未平，嗣子幼弱，社稷所倚，唯在于汝。霍子孟、诸葛孔明以异姓受顾托，况汝亲贤，可不勉之！"勰泣曰："布衣之士，犹为知己毕命；况臣托灵先帝，依陛下之末光乎！但臣以至亲，久参机要，宠灵辉赫，海内莫及；所以敢受而不辞，正恃陛下日月之明，恕臣忘退之过耳。今复任以元宰，总握机政；震主之声，取罪必矣。昔周公大圣，成王至明，犹不免疑，而况臣乎！如此，则陛下爱臣，更为未尽始终之美。"帝默然久之，曰："详思汝言，理实难夺。"乃手诏太子曰："汝叔父勰，清规懋赏，与白云俱洁；厌荣舍绂，以松竹为心。吾少与绸缪，未忍暌离。百年之后，其听勰辞蝉舍冕，遂其冲挹之性。"以侍中、护军将军北海王详为司空，镇南将军王肃为尚书令，镇南大将军广阳王嘉为左仆射，尚书宋弁为吏部尚书，与侍中·太尉禧、尚书右仆射澄等六人辅政。夏，四月，丙午朔，殂于谷塘原。

高祖友爱诸弟，终始无间。尝从容谓咸阳王禧等曰："我后子孙邂逅不肖，汝等观望，可辅则辅之，不可辅则取之，勿为他人有也。"亲任贤能，从善如流，精勤庶务，朝夕不倦。常曰："人主患不能处心公平，推诚于物。能是二者，则胡、越之人皆可使如兄弟矣。"用法虽严，于大臣无所容贷，然人有小过，常多阔略。尝于食中得虫，又左右进羹误伤帝手，皆笑而赦之。天地五郊、宗庙二分之祭，未尝不身亲其礼。每出巡游及用兵，有司奏修道路，帝辄曰："粗修桥梁，通车马而已，勿去草划令平也。"在淮南行兵，如在境内。禁士卒无得践伤粟稻；或伐民树以供军用，皆留绢偿之。宫室非不得已不修，衣弊，浣濯而服之，鞍勒用铁木而已。幼多力善射，能以指弹碎羊骨，射禽兽无不命中；及年十五，遂不复畋猎。常谓史官曰："时事不可以不直书。人君威福在己，无能制之者；若史策复不书其恶，将何所畏忌邪！"

彭城王勰与任城王澄谋，以陈显达去尚未远，恐其覆相掩逼，乃秘不发丧，徙御卧舆，唯二王与左右数人知之。勰出入神色无异，奉膳，进药，可决外奏，一如平日。数日，至宛城，夜，进卧舆于郡听事，得加棺敛，还载卧舆内，外莫有知者。遣中书舍人张儒奉诏徵太子；密以凶问告留守于烈。烈处分行留，举止无变。太子至鲁阳，遇梓宫，乃发丧；丁巳，即位，大赦。

初，太尉陈显达自以高、武旧将，当高宗之世，内怀危惧，深自贬损，常乘朽弊车，道从卤簿止用羸小者十数人。尝侍宴，酒酣，启高宗借枕，高宗令与之。显达抚枕曰："臣年衰老，富贵已足，唯欠枕枕死，特就陛下乞之。"高宗失色曰："公醉矣。"显达以年礼告退，高宗不许。及王敬则反，时显达将兵拒魏，始安王遥光疑之，启高宗欲追军还；会敬则平，乃止。及帝即位，显达弥不乐在建康，得江州，甚喜。尝有疾，不令治，既而自愈，意甚不悦。闻帝屡诛大臣，传云当遣兵袭江州，十一月，丙辰，显达举兵于寻阳，令长史庾弘远等与朝贵书，数帝罪恶，云"欲奉建安王为主，须京尘一静，西迎大驾。"

陈显达发寻阳，败胡松于采石，建康震恐。甲申，军于新林，左兴盛帅诸军拒之。显达多置屯火于岸侧，潜军夜渡，袭宫城。乙酉，显达以数千人登落星冈，新亭诸军闻之，奔还，宫城大骇，闭门设守。显达执马矟，从步兵数百，于西州前与台军战，再合，显达大胜，手杀数人，矟折；台军继至，显达不能抗，走，至西州后，骑官赵潭注刺显达坠马，斩之，诸子皆伏诛。长史庾弘远，炳之之子也，斩于朱雀航。将刑，索帽著之，曰："子路结缨，吾不可以不冠而死。"谓观者曰："吾非贼，乃是义兵，为诸军请命耳。陈公太轻事；若用吾言，天下将免涂炭。"弘远子子曜，抱父乞代命，并杀之。

帝既诛显达，益自骄恣，渐出游走，又不欲人见之；每出，先驱斥所过人家，唯置空宅。尉司击鼓蹋围，鼓击所闻，便应奔走，不暇衣履，犯禁者应手格杀。一月凡二十余出，出辄不言定所，东西南北，无处不驱。常以三四更中，鼓声四出，火光照天，幡戟横路。士民喧走相随，老小震惊，啼号塞路，处处禁断，不知所过。四民废业，樵苏路断，吉凶失时，乳母寄产，或舆病弃尸，不得殡葬。巷陌悬幔为高郭，置仗人防守，谓之"屏除"，亦谓之"长围"。尝至沈公城，有一妇人临产不去，因剖腹视其男女。又尝至定林寺，有沙门老病不能去，藏草间；命左右射之，百箭俱发。帝有膂力，牵弓至三斛五斗。又好担幢，白虎幢高七丈五尺，于齿上担之，折齿不倦。自制担幢校具，伎衣饰以金玉，侍卫满侧，逞诸变态，曾无愧色。学乘马于东冶营兵俞灵韵，常著织成裤褶，金薄帽，执七宝矟，急装缚裤，凌冒雨雪，不避坑阱。驰骋渴乏，辄下马，解取腰边蠡器，酌水饮之，复上马驰去。又选无赖小人善走者为逐马左右五百人，常以自随。或于市侧过亲幸家，环回婉转，周遍城邑。或出郊射雉，置射雉场二百九十六处，奔走往来，略不暇息。

王肃为魏制官品百司，皆如江南之制，凡九品，品各有二。侍中郭祚兼吏部尚书。祚清谨，重惜官位，每有铨授，虽得其人，必徘徊久之，然后下笔，曰："此人便已贵矣。"人以是多怨之；然所用者无不称职。

【译文】

齐东昏侯永元元年（己卯，公元499年）

庚子（三月二十四日），北魏孝文帝病危，只好北还，到达谷塘原时，孝文帝对司徒元勰说："冯皇后长久以来不守妇道，乖违后德，我死之后，可以赐她自尽，以皇后之礼仪加以安葬，希望可以免去冯氏家门之丑。"又说道："我的病越来越严重了，大约一定好不了的。这次虽然打垮了陈显达，然而天下并没有平定，继位的儿子又年纪幼小，所以江山社稷就全依靠你了。当年霍光、诸葛孔明都以外姓人的身份而分别受到汉武帝、昭烈帝刘备之重托,况且你是骨肉之亲,能不勉力承担吗?"元勰哭着说道:"布衣之士,还能做到为知己而死,况且我又是先帝的儿子,又是陛下的兄弟呢!但是,我以至亲的身份,长期参与朝廷的机要大事,由于得到圣上不平常的宠遇,身重朝野,举国上下没有谁能比得上,之所以敢于接受圣上的重任而不加推辞,正是有恃于陛下之圣明,可以宽恕我知进忘退之过失。现在,圣上又委任我为朝臣之首,总握军机朝政大权,这样势必有人要议论我震主越上,一定会因此而获罪。过去周公是大圣之人,周成王也是圣明之君,但是犹不免对周公产生疑心,何况是我呢?这样的话,那么陛下虽然爱我,可是并不能自始至终一以贯之,最终怕要害了我呀。"孝文帝听了之后,沉思良久,最后说:"细细思量你说的话,从道理上实在难以反驳。"于是,孝文帝亲手给太子写下诏令:"你的叔父元勰,以自己的言行树立了一个很好的榜样,所以被授官以资勉励,其节操如白云一样纯洁;他不贪图荣华富贵,以官爵为身外之物,其素心如松柏翠竹。我自小与他一起相处,从来不忍心分离。我离开人世之后,你要准许元勰辞去官职,脱身俗务,以便顺从他谦虚自抑的性格。"孝文帝又任侍中、护军将军北海王元详为司空,镇南将军王肃为尚书令,镇南大将军广阳王元嘉为左仆射,尚书宋弁为吏部尚书,令他们与侍中、太尉元禧以及尚书右仆射元澄等六人共同辅佐朝政。夏季,四月,丙午朔(初一),孝文帝病死于谷塘原。

孝文帝

　　孝文帝对他的几个弟弟非常爱护,彼此始终没有产生隔阂。一次,他曾从容地对咸阳王元禧等说:"我死之后,子孙们如果不肖,你们看情况而办,可以辅佐则辅佐,不可辅佐则取而代之,千万不要让江山为他人所有。"孝文帝能亲近贤士,选用才能,从善如流,精勤庶务,朝夕不倦,常常说:"一国之主患在不能用心公平,以诚待人,如果能做到这两点的话,即使是胡、越之人也可以使他们成为兄弟。"他用法虽然严厉,对于大臣们,只要有罪,绝不姑且宽容。但是,如果别人有小过失，又常能宽大而不计较。有一次，他在饭中发现了虫子，又有一次手下人进羹时不小心烫了他的手，他都笑而宽恕，没有治罪。凡是天地五郊、宗庙二分的祭祀，他都亲自参加。每次出外巡游以及用兵讨伐，有关官员奏告要修筑道路，孝文帝总是说："简单修理一下桥梁，能通过车马就行了，不要铲除杂草、填修平整。"他在淮南行军讨伐时，如在本国境内一样，严禁士卒们践踏损坏稻谷作物，如果要砍伐百姓的树木以供军用，都留下绢帛作为抵偿。他所住的宫室不到万不得已之时不许修理，衣服穿旧了，浆洗一下仍旧穿用，坐骑的鞍勒唯用铁木而已。他少年时候力气大，善于射箭，能用手指头弹碎羊的骨头，射猎禽兽没有不射中的。到了十五岁时，他就不再射猎了，常常对史官说："当朝时事，不可不如实记载，皇帝的威福由己，没有能制止他的，如果史官再不记录下他的恶行的话，那他将有什么可畏忌的呢？"

彭城王元勰与任城王元澄一起商谋，考虑到陈显达逃离还不太远，恐怕他知道孝文帝的死讯后要回过头来攻击，所以决定不向外宣布孝文帝的死讯，秘不发丧，而照样把孝文帝的尸身置于他平时用的车舆之中赶路，只有彭城王、任城王以及左右的几个人知道实情。元勰出入其中神色如同平常，又是侍奉膳食，又是进药送汤，处理外面的各种启奏，一如平日那样。数日之后，到达宛城，乘着夜间，把载有其尸体的车舆拉到郡署中庭，才把他装殓入棺材之中，然后仍将棺材载于车舆之中，外人没有知道其实情的。他们又派遣中书舍人张儒奉旨召太子前来，并且秘密地把孝文帝的死讯告知留守洛阳的于烈。于烈安排布置谁随同前去，谁留守洛阳，举止言行一如平常。太子到达鲁阳，遇上了孝文帝的灵柩，这才正式为孝文帝发丧。丁巳（十二日），太子元恪即位，大赦天下。

当初，太尉陈显达因自己是高帝、武帝时候的旧将，所以在明帝之时，心存危惧，自己使劲地贬损自己，经常乘坐一辆破破烂烂的车子，出外时扈从的仪仗队也只有又弱又小的十多个人。一次，他曾经陪侍明帝宴饮，酒酣之时，启奏明帝要借用一下枕头，明帝命令别人给他一个。枕头拿来后，陈显达用手摸着枕头说："我年老体衰，享受的荣华富贵已经足够了，只欠一个枕头枕着而死，所以特意来向陛下乞求一个。"明帝听了陈显达这一番言语，不禁失色，对他说："您喝醉了。"陈显达以自己已经年届七十，而请求辞官，但是明帝不予准许。在王敬则反叛之时，陈显达正率兵抵抗北魏，始安王萧遥光怀疑陈显达，就启奏明帝，想把陈显达的军队召回，恰好王敬则叛乱被平定，于是就没有进行。到了东昏侯即位之后，陈显达越发不愿意住在建康，被派做江州刺史，他十分高兴。陈显达曾经得病，但是他不让医治，不久自己好了，可是他心中却非常不高兴。陈显达知道了东昏侯多次诛杀大臣，并且听人传说朝廷肯定要派兵来袭击江州，所以，于十一月，丙辰（十五日），陈显达在寻阳起兵，命令长史庾弘远等人给朝廷中的新贵们送去一封信，信中列举了东昏侯的罪恶行径，并且说道："准备拥立建安王萧宝寅为帝，待京中诸害一除，就西迎建安王登基。"

陈显达从寻阳发兵，在采石打败了胡松，消息传到建康，朝中一片震惊，惶恐不安。甲申（十二月十三日），陈显达率部到了新林，左兴盛统率诸路军队抵挡陈部。陈显达在长江岸边设置了许多火堆，夜间率军偷渡过江，去袭击宫城。乙酉（十四日）陈显达带领数千人马登上落星冈，驻守在新亭的诸路军队得知之后，拔腿往回跑，宫城之内大为恐惧，只好闭门设守。陈显达骑马执槊，带领几百名步兵，与朝廷军队开战，两次交战，陈显达大胜，亲手斩杀好几人，但是不幸的是手中的槊折断了。这时，朝廷军队开过来了，陈显达抵抗不住，只好逃跑。陈显达逃到西州之后，骑官赵潭用手中之槊投刺他，陈显达中槊坠马，被赵潭斩首。陈显达的几个儿子也都伏法被斩。长史庾弘远是庾炳之的儿子，在朱雀航被斩。将要行刑之时，庾弘远要来帽子戴上，说道："当年子路把冠缨系好而死。我也不可以不戴帽子死去。"他又对观看的人说："我不是反贼，而是起义军，为的是替诸军请命。陈显达太轻率了，如果他采纳了我的意见的话，天下就可以免于陷入水火之中了。"庾弘远的儿子庾子曜，抱着他的父亲乞求代父一死，但是与其父一并遭杀害。

东昏侯诛杀了陈显达之后，越发骄横恣意。他渐渐开始喜欢出外游走，但又不想让人看见，每次出外，总是事先把所要经过地方所住的人家赶走，只留下空房子。他出游时，先由尉司敲着鼓沿途走一大圈，居民们凡是听到鼓声，就应立即跑开，连衣服和鞋都来不及穿好，违反禁令的人就被随手格杀。一月之中，东昏侯要出去二十多次，而且从来不说个具体的去处，东西南北，无处不去。他还常常在夜间三四更时分出游，弄得鼓声四出，火光照天，幡仪兵戟横路。这时，士人民众们喧叫奔跑，前后相随，老人小孩惊慌失措，哭喊成一片，拥挤在路上，但是处处禁止通行，所以都不知道何处可以经过。就这样，搞得四方的民众无法从业，连去打柴割草都无路可行，红白喜事不能按时进行，一些孕妇不能把孩子生在家里，甚至有的人抱病躲逃，结果死在路上，不能得到殡葬。东昏侯还让人在小巷和田间小道悬挂布幔以成为高高的屏障，并且布置人手执兵器守护，称作是"屏除"，也叫作"长围"。有一次，东昏侯来到沈公城，有一个妇人因临产而没有躲逃，于是剖开产妇的腹部看是男孩还是女孩。又有一次，东昏侯来到定林寺，有一个老和尚因年老患病不能离去，藏在草丛中，他就命令随从用箭射老和尚，百名弓手一起发射。东昏侯臂力过人，能拉开三斛五斗力的弓。东昏侯还喜好顶方旛，高七丈五尺的白虎旛，放在牙齿上顶着，把牙齿折断了还没玩够。东昏侯自己制作了顶旛器械，表演时穿的服装上饰以金玉，每次表演侍卫站满两侧，使出各种技能把戏，从来不感到不好意思。东昏侯跟东冶营兵俞灵韵学骑马，经常穿着编织的衣裤，不穿外服，头戴薄金制的帽子，手执七宝槊，戎装束裤，冒着雨雪，遇上陷坑，也不避开。他纵马驰骋得渴乏了，就从马上下来，解下腰侧挂的马构，盛水喝一通，又上马狂奔而去。东昏侯又选择那些善于长跑的无赖痞子五百个，称为逐马左右，经常让他们随马而跑。他或者在市中自己亲近宠幸的人家中游玩，从这家转到那家，来回转悠，能转遍全城。他或者去郊外射野鸡，布置了射雉场二百九十六处，奔走往来，从一处到另一处，毫无暇息之时。

王肃为北魏制定官职品位和各种机构，全部按照江南的制度，共分九品，每一品又分正、从二品。侍中郭祚兼任吏部尚书，他清廉公正，办事谨慎，重惜官位，每次诠选授官，虽然发现有合适人选，一定还要反复考虑很久，然后才下笔签署，并且嘴里还说道："这个人便已经富贵了。"因此，人们对他多有怨心，但是经他所录用的官员没有不称职的。

资治通鉴第一百四十三卷

齐纪九

【原文】

东昏侯下永元二年（庚辰，500年）

春，正月，元会，帝食后方出；朝贺裁竟，即还殿西序寝，自巳至申，百僚陪位，皆僵仆饥甚。比起就会，匆遽而罢。

是时，帝所宠左右凡三十一人，黄门十人。直阁、骁骑将军徐世㯿素为帝所委任，凡有杀戮，皆在其手。及陈显达事起，加辅国将军；虽用护军崔慧景为都督，而兵权实在世㯿。世㯿亦知帝昏纵，密谓其党茹法珍、梅虫儿曰："何世天子无要人，但依货主恶耳！"法珍等与之争权，以白帝。帝稍恶其凶强，遣禁兵杀之，世㯿拒战而死。自是法珍、虫儿用事，并为外监，口称诏敕；王㸶之专掌文翰，与相唇齿。

帝呼所幸潘贵妃父宝庆及茹法珍为阿丈，梅虫儿、俞灵韵为阿兄。帝与法珍等俱诣宝庆家，躬自汲水，助厨人作膳。宝庆恃势作奸，富人悉诬以罪，田宅赀财，莫不启乞，一家被陷，祸及亲邻；又虑后患，尽杀其男口。

帝数往诸刀敕家游宴，有吉凶辄往庆吊。

奄人王宝孙，年十三四，号为"伥子"，最有宠，参预朝政，虽王咺之、梅虫儿之徒亦下之；控制大臣，移易诏敕，乃至骑马入殿，诋诃天子；公卿见之，莫不慑息焉。

初，帝疑雍州刺史萧衍有异志。直后荥阳郑植弟绍叔为衍宁蛮长史，帝使植以

候绍叔为名，往刺衍。绍叔知之，密以白衍，衍置酒绍叔家，戏植曰："朝廷遣卿见图，今日闲宴，是可取良会也。"宾主大笑。又令植历观城隍、府库、士马、器械、舟舰，植退，谓绍叔曰："雍州实力未易图也。"绍叔曰："兄还，具为天子言之：若取雍州，绍叔请以此众一战！"送植于南岘，相持恸哭而别。

及懿死，衍闻之，夜，召张弘策、吕僧珍、长史王茂、别驾柳庆远、功曹吉士瞻等入宅定议。茂，天生之子；庆远，元景之弟子也。乙巳，衍集僚佐谓曰："昏主暴虐，恶逾于纣，当与卿等共除之！"是日，建牙集众，得甲士万余人，马千余匹，船三千艘。出檀溪竹木装舰，茸之以茅，事皆立办。诸将争橹，吕僧珍出先所具者，每船付二张，争者乃息。

是时，南康王宝融为荆州刺史，西中郎长史萧颖胄行府州事，帝遣辅国将军、巴西·梓潼二郡太守刘山阳将兵三千之官，就颖胄兵使袭襄阳。衍知其谋，遣参军王天虎诣江陵，遍与州府书，声云："山阳西上，并袭荆、雍。"衍因谓诸将佐曰："荆州素畏襄阳人，加以唇亡齿寒，宁不暗同邪！我合荆、雍之兵，鼓行而东，虽韩、白复生，不能为建康计；况以昏主役刀敕之徒哉！"颖胄得书，疑未能决；山阳至巴陵，衍复令天虎赍书与颖胄及其弟南康王友颖达。天虎既行，衍谓张弘策曰："用兵之道，攻心为上。近遣天虎往荆州，人皆有书。今段乘驿甚急，止有两函与行事兄弟，云'天虎口具'；及问天虎而口无所说，天虎是行事心膂，彼间必谓行事与天虎共隐其事，则人人生疑。山阳惑于众口，判相嫌贰，则行事进退无以自明，必入吾谋内。是持两空函定一州矣。"

山阳至江安，迟回十余日，不上。颖胄大惧，计无所出，夜，呼西中郎城局参军安定席阐文、谘议参军柳忱，闭斋定议。阐文曰："萧雍州畜养士马，非复一日，江陵素畏襄阳人，又众寡不敌，取之必不可制；就能制之，岁寒复不为朝廷所容。今若杀山阳，与雍州举事，立天子以令诸侯，则霸业成矣。山阳持疑不进，是不信我。今斩送天虎，则彼疑可释。至而图之，罔不济矣。"忱曰："朝廷狂悖日滋，京师贵人莫不重足累息。今幸在远，得假日自安。雍州之事，且藉以相毙耳。独不见萧令君乎？以精兵数千，破崔氏十万众，竟为群邪所陷，祸酷相寻。'前事之不忘，后事之师也。'且雍州士锐粮多，萧使君雄姿冠世，必非山阳所能敌。若破山阳，荆州复受失律之责，进退无可，宜深虑之。"萧颖达亦劝颖胄从阐文等计。诘旦，颖胄谓天虎曰："卿与刘辅国相识，今不得不借卿头！"乃斩天虎送示山阳，发民车牛，声云起步军征襄阳。山阳大喜。甲寅，山阳至江津，单车白服，从左右数十人诣颖胄。颖胄使前汶阳太守刘孝庆等伏兵城内，山阳入门，即于车中斩之。副军主李元履收余众请降。

【译文】

齐东昏侯永元二年（庚辰，公元500年）

春季，正月，按例皇帝在大年初一接见群臣；但是东昏侯直到吃过饭之后方才出来露面，朝贺之礼刚一完毕，就立即回殿内西厢屋就寝去了。从巳时到申时，群臣百僚们站着等待皇帝前来，都站得腰腿僵直，无法坚持而倒地，肚子也饿得咕咕直叫。所以，等到起来朝见时，只好敷衍一通，匆匆收场。

这时，东昏侯所宠幸的左右侍从共有三十一人，宦官十人。直閤、骁骑将军徐世㯶向来为东昏侯所信任，凡有杀戮之事，都由他去执行。到陈显达举事之时，东昏侯又加任他为辅国将军，虽然任用护军崔慧景为都督，然而朝廷兵权实际上掌握在徐世㯶手中。徐世㯶也知道东昏侯昏庸狂纵，所以暗中对茹法珍、梅虫儿二人说："哪一朝代的天子身边没有要人？但是我这是出售主上的恶行呀。"茹法珍等人与徐世㯶争夺权力，因此就把徐世㯶的话报告给东昏侯。于是，东昏侯就逐渐厌恶徐世㯶的凶猛强悍，派遣宫中卫兵去杀他，徐世㯶与卫兵们搏战，但最终被杀。从此之后，茹法珍、梅虫儿专权，一并担任外监，口头宣布皇帝的诏令，而王咺之则专掌文书，与茹、梅二人紧密勾结。

东昏侯呼所宠幸的潘贵妃的父亲潘宝庆以及茹法珍为阿丈，称梅虫儿、俞灵韵为阿兄。东昏侯同茹法珍等人一起去潘宝庆家中，亲自去打水，帮助厨子做饭。潘宝庆仗势欺人，作奸犯科，对于富有之人，他都以罪名诬陷，对于这些人的田产宅院以及财物，他都要启告皇上索取。某一人家被他陷害之后，还要祸及到亲戚邻里，又害怕留有后患，把那家所有的男子全部杀掉。

东昏侯数次去在他身边执刀和传达圣旨的人家中游玩吃喝,这些人家中有红白喜事,他都前去庆贺或吊唁。

　　阉人王宝孙,年龄才十三四岁,外号叫"伥子",最受东昏侯宠幸。他参与朝廷政事,就是王咺之、梅虫儿之辈也对他恭顺。他可以控制大臣,篡改圣旨,甚而至于骑着马进入殿内,敢于当面低斥东昏侯。所以,公卿大臣们见了他,无不吓得连大气也不敢喘。

　　起初,东昏侯怀疑雍州刺史萧衍有异谋。直后荥阳人郑植的弟弟郑绍叔担任了萧衍的宁蛮长史,东昏侯就派郑植以探望弟弟郑绍叔为借口,去刺杀萧衍。郑绍叔知道了这一阴谋,秘密地报告了萧衍,萧衍在郑绍叔家中备办了酒席,以开玩笑的口吻对郑植说:"朝廷派遣您来谋害我,今天我正得闲,与您宴饮,这正是下手的好机会呀。"说罢,宾主大笑不已。萧衍又让郑植把雍州的城墙壕沟、仓库、兵士、战马、器械、船舰等仔细观察一番。郑植看过之后,对郑绍叔说:"雍州的实力强大,是无法轻易解决了的。"郑绍叔对他说:"哥哥回到朝廷之后,请一字不差地对天子说:如果要攻取雍州的话,我郑绍叔要率众搏一死战!"郑植回朝去,郑绍叔把他送到南岘,兄弟二人执手相视,恸哭而别。

　　到萧懿死之后,萧衍知道噩耗,连夜召集张弘策、吕僧珍、长史王茂、别驾柳庆远、功曹吉士瞻等人到府第议定对策。王茂是王天生的儿子,柳庆远是柳元景弟弟的儿子。乙巳(十一月初九),萧衍把手下的僚佐们召集到一起,对他们说:"昏乱的君主残暴,罪恶超过了纣王。所以,我应当与你们一起把他除掉。"在这一天,萧衍树起大旗,召集兵马,共得到带甲兵士一万多人,战马一千多匹,船舰三千艘。萧衍又命令搬出檀溪中的竹子木料,装到战舰之上,上面盖上茅草,这些事情很快就都办妥了。各将领争抢船橹,吕僧珍把自己原先准备好的拿出来,每只船发给两张,才停止了争抢。

　　这时,南康王萧宝融任荆州刺史,西中郎长史萧颖胄代理州府事务,东昏侯派遣辅国将军、巴西和梓潼两郡太守刘山阳率领三千兵士赴任,会同萧颖胄的兵力一起袭击襄阳。萧衍知道了这一计划,就派遣参军王天虎去江陵,给荆州和西中郎府的官员们每人送去一封书信,信中说:"刘山阳率兵西进,要同时袭击荆州和雍州。"于是萧衍对部下的众位将佐们说:"荆州人向来害怕襄阳人,况且雍州和荆州地界相邻,唇亡而齿寒,所以岂能不与我们暗中联络,通力合作呢?我只要能会合荆州和雍州的兵力,大张旗鼓地东进,就是使韩信、白起再生,也无法为朝廷想出什么好招来,何况是昏君差使着一帮提刀传敕的宠幸之徒呢!"萧颖胄收到萧衍的信之后,心中迟疑而不能决断。刘山阳到了巴陵,萧衍再次命令王天虎送信与萧颖胄及其弟弟南康王萧宝融的僚友萧颖达。王天虎出发之后,萧衍又对张弘策说:"用兵之道,攻心为上。前不久,我派遣王天虎去荆州,给每个人都送了信。近来驿使四出传信,忙个不停,但只有两封信给萧颖胄、萧颖达兄弟二人,信中只写'王天虎口述'。他们问具体情况时,王天虎又一句也说不上来,因为我压根就没有向他交代过一句。王天虎是萧颖胄信得过的心腹之人,所以荆州方面一定要以为萧颖胄与王天虎一起隐瞒着事情,于是人人心中疑虑丛生。刘山阳会被众人的言说搞迷糊了,就一定要对萧颖胄产生疑心,他们互相之间将不信任。这样的话,萧颖胄将进退两难,无论如何也解释不清自己,因此就必定要落入我的圈套之中。这是以两封空函定一州的妙计啊。"

刘山阳到了江安,迟疑了十多日,不往前开进。萧颖胄对此大为恐惧,然而又想不出什么良策妙计来,夜里,他叫来西中郎城局参军安定人席阐文、谘议参军柳忱,关起门来一起商议对策。席阐文说:"萧衍在雍州招兵买马,已经不是一天两天的事了。江陵人向来害怕襄阳人,又寡不敌众,要收拾他们必定办不到,即使能制服他们,最终也不会为朝廷所容忍。如今,如果杀了刘山阳,与雍州方面一起起兵举事,立天子以令诸侯,则霸业可成。刘山阳迟疑而不进,这是不相信我们。现在,如果斩了王天虎,把首级送给刘山阳,那么他的疑虑就可以消除。等他来了之后,再把他收拾掉,无不可以成功的。"柳忱接着说道:"朝廷的昏狂悖乱一天比一天严重,京城中的大臣们惴惴不安,人人吓得连大气也不敢出,只有垂首听命的份儿,哪敢稍有移动。现在,我们幸好远离朝廷,可以暂时安全。朝廷命令我们袭击雍州,只不过借此而让双方互相残杀罢了。难道忘记了尚书令萧懿了吗?他以几千精兵,打败了崔慧景的十万大军,然而竟被那帮邪恶的小人所陷害,很快就灾祸及身。'前事不忘,后事之师',他的教训实在值得我们记取。再说雍州兵力精锐,粮草充足，萧衍雄姿英发，谋略过人，罕有人能匹敌，刘山阳一定不是他的对手。如果他击败了刘山阳，我们荆州也会因没有执行朝廷之令而受到责难，这真是进也不可，退也不可，所以应该认真加以考虑。"萧颖达也劝萧颖胄听从席阐文等人的计策。第二天早晨，萧颖胄对王天虎说："您同刘山阳相识，现在不得不借您的头用一用。"于是，萧颖胄令人斩了王天虎，把他的脑袋送给刘山阳看，并且调用民众的车和牛，声称派遣步军去征讨襄阳。刘山阳见状十分欣喜。甲寅（十八日），刘山阳到了江津，独自乘坐一辆车，穿着白色便服，只带了几十个随从，去见萧颖胄。萧颖胄指派曾经任过汶阳太守的刘孝庆等人在城内埋伏兵力，刘山阳进入城门之后，就在车中把他斩了，副军主李元履收集余部，请求投降。

资治通鉴第一百四十四卷

齐纪十

【原文】

和皇帝中兴元年（辛巳，501年）

丁巳，魏主引见群臣于太极前殿，告以亲政之意。壬戌，以咸阳王禧领太尉，广陵王羽为司徒。魏主引羽入内，面授之。羽固辞曰："彦和本自不愿，而陛下强与之。今新去此官而以臣代之，必招物议。"乃以为司空。

乙巳，南康王即皇帝位于江陵，改元，大赦，立宗庙、南北郊，州府城门悉依建康宫，置尚书五省，以南郡太守为尹，以萧颖胄为尚书令，萧衍为左仆射，晋安王宝义为司空，庐陵王宝源为车骑将军、开府仪同三司，建安王宝寅为徐州刺史，散骑常侍夏侯详为中领军，冠军将军萧伟为雍州刺史。丙午，诏封庶人宝卷为涪陵王，乙酉，以尚书令萧颖胄行荆州刺史，加萧衍征东大将军、都督征讨诸军事，假黄钺。时衍次杨口，和帝遣御史中丞宗央劳军。宁朔将军新野庚域讽央曰："黄钺未加，非所以总帅侯伯。"央返西台，遂有是命。薛元嗣遣军主沈难当帅轻舸数千乱流来战，张惠绍等击擒之。

魏主既亲政事，嬖幸擅权，王公希得进见。齐帅刘小苟屡言于禧云，闻天子左右人言欲诛禧，禧益惧，乃与妃兄给事黄门侍郎李伯尚、氐王杨集始、杨灵祐、乞伏马居等谋反。会帝出猎北邙，禧与其党会城西小宅，欲发兵袭帝，使长子通窃入河内举兵相应。乞伏马居说禧："还入洛城，勒兵闭门，天子必北走桑乾，殿下可断河桥，为河南天子。"众情前却不壹，禧心更缓，自旦至晡，犹豫不决，遂约不泄而散。杨集始既出，即驰至北邙告之。

直寝苻承祖、薛魏孙与禧通谋，是日，帝寝于浮图之阴，魏孙欲弑帝，承祖曰："吾闻杀天子者身当病癞。"魏孙乃止。俄而帝寤，集始亦至。帝左右皆四出逐禽，直卫无几，仓猝不知所出。左中郎将于忠曰："臣父领军留守京城，计防遏有备，必无所虑。"帝遣忠驰骑观之，于烈已分兵严备，使忠还奏曰："臣虽老，心力犹可用。此属猖狂，不足为虑，愿陛下清跸徐还，以安物望。"帝甚悦，自华林园还宫，抚于忠之背曰："卿差强人意！"

禧不知事露，与姬妾及左右宿洪池别墅，遣刘小苟奉启，云检行田收。小苟至北邙，已逢军人，怪小苟赤衣，欲杀之。小苟困迫，言欲告反，乃缓之。或谓禧曰："殿下集众图事，见意而停，恐必漏泄，今夕何宜自宽！"禧曰："吾有此身，应知自惜，岂待人言！"又曰："殿下长子已济河，两不相知，岂不可虑！"禧曰："吾已遣人追之，计今应还。"时通已入河内，列兵仗，放囚徒矣。于烈遣直阁叔孙侯将虎贲三百人收禧。禧闻之，自洪池东南走，僮仆不过数人，济洛，至柏谷坞，追兵至，擒之，送华林都亭。帝面诘其反状，壬戌，赐死于私第。同谋伏诛者十余人，诸子皆绝属籍，微给资产、奴婢，自余家财悉分赐高肇及赵脩之家，其余赐内外百官，逮于流外，多者百余匹，下至十四。禧诸子乏衣食，独彭城王勰屡赈给之。河内太守陆琇闻禧败，斩送禧子通首。魏朝以琇于禧未败之前不收捕通，责其通情，徵诣廷尉，死狱中。帝以禧无故而反，由是益疏忌宗室。

九月，乙未，诏萧衍若定京邑，得以便宜从事。衍留骁骑将军郑绍叔守寻阳，与陈伯之引兵东下，谓绍叔曰："卿，吾之萧何、寇恂也。前途不捷，我当其咎；粮运不继，卿任其责。"绍叔流涕拜辞。比克建康，绍叔督江、湘粮运，未尝乏绝。

萧衍之克江、郢也，东昏游骋如旧，谓茹法珍曰："须来至白门前，当一决。"衍至近道，用聚兵为固守之计，简二尚方、二冶囚徒以配军；其不可活者，于朱雀门内日斩百余人。

崔慧景之逼建康也，东昏侯拜蒋子文为假黄钺、使持节、相国、太宰、大将军、录尚书事、扬州牧、钟山王；及衍至，又尊子文为灵帝，迎神像入后堂，使巫祷祀求福。及城闭，城中军事悉委王珍国；兖州刺史张稷入卫京师，以稷为珍国之副。稷，瓛之弟也。

时城中实甲犹七万人，东昏素好军陈，与黄门、刀敕及宫人于华光殿前习战斗，诈作被创势，使人以板扨去，用为厌胜。常于殿中戎服、骑马出入，以金银为铠胄，具装饰以孔翠。昼眠夜起，一如平常。闻外鼓叫声，被大红袍，登景阳楼屋上望之，弩几中之。

始，东昏与左右谋，以为陈显达一战即败，崔慧景围城寻走，谓衍兵亦然，敕太官办樵、米为百日调而已。及大桁之败，众情凶惧。茹法珍等恐士民逃溃，故闭城不复出兵。既而长围已立，堑栅严固；然后出荡，屡战不捷。

东昏尤惜金钱，不肯赏赐；法珍叩头请之，东昏曰："贼来独取我耶！何为就我求物！"后堂储数百具榜，启为城防；东昏欲留作殿，竟不与。又督御府作三百人精仗，待围解以拟屏除，金银雕镂杂物，倍急于常。众皆怨怼，不为致力。外围既久，城中皆思早亡，莫敢先发。

茹法珍、梅虫儿说东昏曰："大臣不留意，使围不解，宜悉诛之。"王珍国、张稷惧祸，珍国密遣所亲献明镜于萧衍，衍断金以报之。兖州中兵参军张齐，稷之腹心也，珍国因齐密与稷谋，同弑东昏。齐夜引珍国就稷，造膝定计，齐自执烛；又以计告后阁舍人钱强。十二月，丙寅夜，强密令人开云龙门，珍国、稷引兵入殿，御刀丰勇之为内应。东昏在含德殿作笙歌，寝未熟，闻兵入，趋出北户，欲还后宫，门已闭。宦者黄泰平刀伤其膝，仆地，张齐斩之。稷召尚书右仆射王亮等列坐殿前西锺下，令百僚署笺，以黄油裹东昏首，遣国子博士范云等送诣石头。右卫将军王志叹曰："冠虽弊，何可加足！"取庭中树叶授服之，伪闷，不署名。衍览笺无志名，心嘉之。亮，莹之从弟；志，僧虔之子也。衍与范云有旧，即留参帷幄。王亮在东昏朝，以依违取容。萧衍至新林，百僚皆间道送款，亮独不遣。东昏败，亮出见衍，衍曰："颠而不扶，安用彼相！"亮曰："若其可扶，明公岂有今日之举！"城中出者，或被劫剥。杨公则亲帅麾下陈于东掖门，卫送公卿士民，故出者多由公则营焉。衍使张弘策先入清宫，封府库及图籍。于时城内珍宝委积，弘策禁勒部曲，秋毫无犯。收潘妃及嬖臣茹法珍、梅虫儿、王咺之等四十一人皆属吏。

己卯，衍入屯阅武堂，下令大赦。又下令："凡昏制谬赋、淫刑滥役外，可详检前原，悉皆除荡；其主守散失诸所损耗，精立科条，咸从原例。"又下令："通检尚书众曹，东昏时诸诤讼失理及主者淹停不时施行者，精加讯辩，依事议奏。"又下令："收葬义师，瘗逆徒之死亡者。"潘妃有国色，衍欲留之，以问侍中、领军将军王茂，茂曰："亡齐者此物，留之恐贻外议。"乃缢杀于狱，并诛嬖臣茹法珍等。以宫女二千分赉将士。乙酉，以辅国将军萧宏为中护军。

【译文】

齐和帝中兴元年（辛巳，公元501年）

丁巳（正月二十二日），北魏宣武帝元恪在太极前殿召见百官群臣，告诉了他们自己要亲自执政的意见。壬戌（二十七日），宣武帝命咸阳王元禧兼任太尉，任命广陵王元羽为司徒。元恪让元羽进入内殿，当面告诉了他这一任命。但是，元羽坚决推辞不受，他说："当初元勰自己本来不愿意担任司徒，而陛下却强使他担任。如今，刚免去了元勰的司徒之官，而以我代替他，这样一来必定要遭到众人的议论，所以我不能担任。"于是，元恪就只好让他担任司空。

乙巳（三月十一日），南康王萧宝融在江陵称帝即位，改换年号为中兴，大赦天下，并且建立宗庙、南北郊祭祀天地场所，州府城门则全部依照建康宫的规模而改建，设置了尚书五省，任命南郡太守为尹，萧颖胄为尚书令，萧衍为左仆射，晋安王萧宝义为司空，庐陵王萧宝源为车骑将军、开府仪同三司，建安王萧宝寅为徐州刺史，散骑常侍夏侯详为中领军，冠军将军萧伟为雍州刺史。丙午（十二日），萧宝融发出诏书，宣布萧宝卷已经成为庶人，并封他为涪陵王。乙酉（疑误），萧宝融命令尚书令萧颖胄兼荆州刺史，又加封萧衍征东大将军、都督征讨诸军事，并且授予他皇帝所用的黄钺。当时，萧衍正在杨口，和帝萧宝融派遣御史中丞宗夬去犒劳军队，宁朔将军、新野人庾域婉言对宗夬说："皇上还没有授予萧衍黄钺，这样无法统率各路军队。"宗夬返回江陵把这一情况告诉了和帝，于是就有了上述对萧衍的任命和授予黄钺一事。薛元嗣派遣军主沈难当率领轻舟数千艘穿越急流，前来交战，张惠绍等人迎战进击，擒获了沈难当。

北魏宣武帝元恪亲自执政以来，宠幸之徒们专权，而王公大臣们却很少有进见的机会。齐帅刘小苟多次告诉元禧，说他听皇上身边的人讲要杀掉元禧，元禧越发害怕了，于是就与妃子的哥哥担任给事黄门侍郎的李伯尚、氐王杨集始、杨灵祐、乞伏马居等人一起谋反。恰逢宣武帝去北邙打猎，元禧与同党们在城西小宅内集会，准备发兵去袭击宣武帝，并且派长子元通偷偷去河内起兵响应。乞伏马居劝说元禧："我立即回到洛阳城中去，率兵关闭城门，皇上必定会朝北向桑乾逃去，殿下可以把黄河桥拆断，割据一方，做黄河以南的皇帝。"但是，众人意见不统一，有的主张立即行动，有的主张暂缓一步，元禧心里更不急，从早晨到下午，尚犹豫不决，于是约定谁也不能泄露出去，大伙就散了。杨集始刚出来，就立即骑马到北邙向宣武帝报告去了。

担任值寝的符承祖、薛魏孙与元禧合谋，这一天，宣武帝元恪在佛塔底下的阴凉处睡眠，薛魏孙将要杀死元恪，符承祖却对他说："我听说杀皇帝的人身体要得癞疮。"薛魏孙才没有下手。不一会儿，元恪睡醒了，杨集始也赶到了，向他报告了元禧的阴谋。宣武帝左右的人都四处出动去追逐禽兽去了，身边没有几个卫士，所以仓促之间不知如何是好。左中郎将于忠对宣武帝说道："我父亲领军于烈留守在京城，为了应付突然事变，必有所防备，所以一定不会有什么担忧的。"宣武帝派遣于忠快速骑马去京城观察情况，到后一看，见于烈已经分布兵力，严加守备。于烈让于忠回去奏告宣武帝，说："我虽然年纪老了，但是心力还够用。元禧这帮家伙虽然猖狂，但是不足为虑，希望陛下收拾车驾慢慢返宫，以便安定人心。"宣武帝听后喜悦万分，从华林园回到宫中，抚摸着于忠的后背说道："您是比较令我满意的！"

元禧还不知道事情已经败露，同姬妾以及身边的人住宿在洪池别墅里，而派遣刘小苟去向元恪启告，说自己在巡视检查田野收割情况。刘小苟到了北邙，已经遇上了军人，军人们见刘小苟穿着红衣服，觉得他不对劲，要杀他。刘小苟于困迫之中灵机一动，说自己要去告发元禧谋反之事，军人们才缓而未杀他。有人对元禧说："殿下召集众人图谋大事，事情已经挑明了，但是却中途而止，恐怕必定会有所泄露，今天晚上怎么可以如此宽心自在呢？"元禧不耐烦地回答说："我的身子为自己所有，应该知道如何爱惜，难道还用得着别人来提醒吗？"这人又对他说："殿下的长子已经渡过黄河了，但现在我们这里又停止行动了，这样互相不知情，难道不值得忧虑吗？"元禧回答说："我已经派人去追他去了，估计现在应该回来了。"这时元通已经到了河内，并且布置好兵力武器，放出了囚徒，开始行动了。于烈派遣直阁叔孙侯率领虎贲三百名去抓捕元禧，元禧知道之后，从洪池东南逃跑，跟随的僮仆不过几人。元禧渡过了洛水，到达柏谷坞时，后面的追兵也赶上来了，捉住了他，押送到华林都亭。宣武帝元恪当面诘问了元禧谋反经过，于壬戌（五月二十九日），赐元禧死于他本人的府中。元禧的同谋伏法被诛的有十多人，他的几个儿子都从皇族的名册中除去，留给他们少量的财产和奴婢，在此以外的部分家产赏赐给高肇以及赵脩，其余的分赏给朝廷内外百官，甚至不入品的候补官员也得到了一些赏赐，多的有绢帛一百多匹，少的则十匹。元禧的儿子们缺衣少食，只有彭城王元勰屡屡接济他们。河内太守陆琇闻知元禧谋反失败，便斩了元禧的儿子元通，把首级送往朝廷。但是，朝廷却认为陆琇在元禧没有失败之前不拘捕元通，指责他与元通串通合谋，把他征召到京城，经廷尉审理，最后死在狱中。宣武帝元恪由于元禧无缘无故而谋反，因此越发疏远、猜忌宗室成员了。

九月，乙未（初四），和帝萧宝融诏令萧衍如果平定京城，自己可以根据具体情况而行事，不必每事必请示。萧衍留下骁骑将军郑绍叔驻守寻阳，自己与陈伯之率兵东下。行前，萧衍对郑绍叔说："您就是我的萧何和寇恂。如果前方战事不能取胜，我承当过失；如果粮草运输跟不上，您承担责任。"郑绍叔流涕向萧衍拜辞。一直到攻克建康，郑绍叔督管江、湘的粮食运送，从来没有断绝过。

萧衍攻克江、郢之后，东昏侯照样游骋玩乐，他对茹法珍说："等他来到白门前时，再与他决一死战，以定胜负。"萧衍到了建康附近，东昏侯才召聚兵力，准备固守，他命人从建康的左、右尚方和东、西二冶当中挑选囚徒充配军队，对不能让其活着的囚徒，在朱雀门内日斩百余人。

崔慧景攻逼建康之时，东昏侯拜钟山神蒋子文为假黄钺、使持节、相国、太宰、大将军、录尚书事、扬州牧、钟山王。到萧衍率兵到来之时，东昏侯又尊蒋子文为灵帝，迎接他的神像进入后堂，让巫师祈祷求福。到了城门关闭之后，东昏侯把城中的军事全部委托给王珍国。兖州刺史张稷来守卫京师,东昏侯又让张稷任王珍国的副手。张稷是张瓌的弟弟。

当时,城中的兵卒还有七万人,东昏侯向来喜好军阵,与身边的黄门、刀敕以及宫人们在华光殿前演习战斗,假作受伤的样子,让人用木板抬去,用这种形式来作为诅咒制胜。东昏侯经常在殿中着戎服,骑着马出入,用金银做成铠甲和头盔,全都装饰以孔雀和翠鸟的羽毛。他仍旧昼眠夜起,一如平常那样。他听到外面的击鼓呐喊之声,就披着大红袍,登上景阳楼的屋顶观望,差点被弩机射中。

开始之时,东昏侯与左右心腹一起合计,以为陈显达一战即败,崔慧景围城很快就逃走,于是认为萧衍的军队也会这样的,所以敕令太官备办柴火和粮米,够百日之用就行了。但是,在大桁之败以后,城中民心慌乱,人人自危。茹法珍等人担心士人和百姓们逃溃,所以关闭城门而不再出战。但是,等到萧衍的长围已经布置好,堑栅坚固之后,再派兵出城荡击,屡战屡败。

东昏侯尤其爱惜金钱,不肯赏赐。茹法珍磕头请他给兵将赏赐,东昏侯竟说:"贼寇来了只是收拾我一人吗?为什么向我要东西赏赐?"后堂之中储放了几百块木料,有人向东昏侯启奏要拿去做城防之用,他却想留下来盖宫殿,竟然不给。东昏侯又督促御府制作了三百人使用的精制兵器,准备等萧衍之围解除之后,出外游玩时,卫士们用以遮挡驱赶士民。至于金银雕镂物品,东昏侯亦让赶制,并限定时间要比平时快出一倍。但是,众人都心有怨气,消极怠工,根本不愿为他出力。外面围困的时间已经很久,城中的人都希望能早点逃走,谁也不敢先有所动作。

茹法珍和梅虫儿给东昏侯出主意说:"大臣们不用心,以致使城围不能解除,所以应该把他们全部杀掉。"王珍国和张稷惧害大祸临头,王珍国就派遣自己的亲信给萧衍献了一块明镜,以示自己的心意,萧衍则截断金子作回报,表示愿意和他同心共事。兖州中兵参军张齐是张稷的心腹,王珍国就通过张齐秘密地与张稷策谋,要一同杀掉东昏侯。张齐在夜间把王珍国带到张稷那里,两人凑在一起谋密定计,张齐亲自在旁边手执蜡烛。他们密谋好之后,又把计策告诉了后閤舍人钱强。十二月丙寅(初六)夜间,钱强秘密令人打开云龙门,王珍国和张稷带兵冲入殿中,御刀丰勇之做内应。这天晚上,东昏侯在含德殿笙歌弹唱,休息之后,还没有睡熟，听到兵进来了，就急忙从北门跑出去，想跑回后宫去，可是门已经关闭了。宦官黄泰平用刀砍伤了东昏侯的膝盖，他倒在了地上，张齐上来斩下了他的脑袋。张稷召集尚书右仆射王亮等人列坐在殿前西边的钟下，命令群僚们签名，又命令人在黄绢上涂油，裹住东昏侯的首级，然后派遣国子博士范云等人送到石头。右卫将军王志叹息着说道："帽冠虽然破了，但怎能再用足踩呢？"他到庭中摘取树叶，用手搓成团吞服下去，假装气上不来闷过去了，不在册子上签名。萧衍阅看送来的百官群僚们的签名册，见上面没有王志的名字，心里十分嘉许他。王亮是王莹的堂弟，王志是王僧虔的儿子。萧衍与范云过去就有交情，于是就把他留下来参加了自己的幕僚。王亮在东昏侯执政之时，靠耍两面派而取悦于朝廷。萧衍到了新林，百官群僚们都抄小道去向他致意，唯独王亮没有派人去。东昏侯失败之后，王亮出见萧衍，萧衍对他说："朝廷倾覆而不加以匡扶，用你这宰相有何用呢？"王亮回答："如果东昏侯可以扶持的话，明公您哪里能有今日之举呢？"从宫城中出来的人，有的被抢劫。杨公则亲自率领部下列阵在东掖门，以便护送公卿士民们，所以出城者大多由杨公则的营地经过。萧衍派张弘策先进去清理宫中，封存了府库和各种图籍。其时，宫城中珍宝之物到处都是，张弘策严加管束部曲，做到秋毫无犯。潘贵妃以及宠臣茹法珍、梅虫儿、王咺之等四十一人全被收拘，交给主管官吏处理。

己卯（十九日），萧衍进驻阅武堂，下令大赦天下。萧衍又下令："凡是错误的规章，荒谬的税赋，过分的刑罚和劳役，可以详细考察当初制订的原因，全部废除。地方官吏负责掌管而造成散失和损耗，应精细地设立科目条例，一切都根据原来的惯例。"又下令："对尚书省各部门的文案通检一遍，凡是在东昏侯时对各种诉讼案件处理不公道的，以及主办人拖延不及时办理的，认真地加以讯问辨查，根据事实论处并奏上。"又下令："收葬阵亡将士，对东昏侯军队中的死亡者也加以掩埋。"潘贵妃的姿容极其美丽，萧衍想把她留下，就以这件事问侍中、领军将军王茂，王茂说："使齐国亡掉的正是这个女人，您如果留下她，恐怕要招来外界的议论。"于是，萧衍下令把潘贵妃勒死在狱中，宠臣茹法珍等人也被诛杀。萧衍命令把两千宫女分赏给将士们。乙酉（二十五日），萧衍任命辅国将军萧宏为中护军。

资治通鉴第一百四十五卷

梁纪一

【原文】

高祖武皇帝天监元年（壬午，502年）

春，正月，齐和帝遣兼侍中席阐文等慰劳建康。

戊戌，迎宣德太后入宫，临朝称制；衍解承制。

初，大司马与黄门侍郎范云、南清河太守沈约、司徒右长史任昉同在竟陵王西邸，意好敦密，至是，引云为大司马谘议参军、领录事，约为骠骑司马，昉为记室参军，与参谋议。前吴兴太守谢朏、国子祭酒何胤先皆弃官家居，衍奏征为军谘祭酒，朏、胤皆不至。

梁武帝

大司马内有受禅之志，沈约微扣其端，大司马不应；他日，又进曰："今与古异，不可以淳风期物。士大夫攀龙附凤，皆望有尺寸之功。今童儿牧竖皆知齐祚已终，明公当承其运，天文谶记又复炳然；天心不可违，人情不可失。苟历数所在，虽欲谦光，亦不可得已。"大司马曰："吾方思之。"约曰："公初建牙樊、沔，此时应思；今王业已成，何所复思！若不早定大业，脱有一人立异，即损威德。且人非金石，时事难保，岂可以建安之封遗之子孙！若天子还都，公卿在位，则君臣分定，无复异心，君明于上，臣忠于下，岂复有人方更同公作贼！"大司马然之。约出，大司马召范云告之，云对略同约旨，大司马曰："智者乃尔暗同。卿明早将休文更来！"云出，语约，约曰："卿必待我！"云许诺，而约先期入。大司马命草具其事，约乃出怀中诏书并诸选置，大司马初无所改。俄而云自外来，至殿门，不得入，徘徊寿光阁外，但云"咄咄！"约出，问曰："何以见处！"约举手向左，云笑曰："不乖所望。"有顷，大司马召云入，叹约才智纵横，且曰："我起兵于今三年矣，功臣诸将实有其劳，然成帝业者，卿二人也。"

甲寅，诏进大司马位相国、总百揆、扬州牧，封十郡为梁公，备九锡之礼，置梁百司，去录尚书之号，骠骑大将军如故。二月，辛酉，梁公始受命。

丙寅，诏梁国选诸要职，悉依天朝之制。于是以沈约为吏部尚书兼右仆射，范云为侍中。

梁公纳东昏余妃，颇妨政事，范云以为言，梁公未之从。云与侍中、领军将军王茂同入见，云曰："昔沛公入关，妇女无所幸，此范增所以畏其志大也。今明公始定建康，海内想望风声，奈何袭乱亡之迹，以女德为累乎！"王茂起拜曰："范云言是也。公必以天下为念，无宜留此。"梁公默然。云即请以余氏赍王茂，梁公贤其意而许之。明日，赐云、茂钱各百万。

丙戌，诏梁公增封十郡，进爵为王。癸巳，受命，赦国内及府州殊死以下。

梁王将杀齐诸王，防守犹未急。鄱阳王宝寅家阉人颜文智与左右麻拱等密谋，穿墙夜出宝寅，具小船于江岸，著乌布襦，腰系千余钱，潜赴江侧，蹑屩徒步，足无完肤。防守者至明追之，宝寅诈为钓者，随流上下十余里，追者不疑。待散，乃渡西岸投民华文荣家，文荣与其族人天龙、惠连弃家将宝寅遁匿山涧，赁驴乘之，昼伏夜行，抵寿阳之东城。魏戍主杜元伦驰告扬州刺史任城王澄，以车马侍卫迎之。宝寅时年十六，徒步憔悴，见者以为掠卖生口。澄待以客礼，宝寅请丧君斩衰之服，澄遣人晓示情礼，以丧兄齐衰之服给之。澄帅官僚赴吊，宝寅居处有礼，一同极哀之节。寿阳多其义故，皆受慰唁；唯不见夏侯一族，以夏侯详从梁王故也。澄深器重之。

齐和帝东归，以萧憺为都督荆·湘等六州诸军事、荆州刺史。荆州军旅之后，公私空乏，憯厉精为治，广屯田，省力役，存问兵死之家，供其乏困。自以少年居重任，谓佐吏曰："政之不臧，士君子所宜共惜。吾今开怀，卿其无隐！"于是人人得尽意，民有讼者皆立前待符教，决于俄顷，曹无留事。荆人大悦。

齐和帝至姑孰，丙辰，下诏禅位于梁。

夏，四月，辛酉，宣德太后令曰："西诏至，帝宪章前代，敬禅神器于梁，明可临轩，遣使恭授玺绂，未亡人归于别宫。"壬戌，发策，遣兼太保、尚书令亮等奉皇帝玺绂诣梁宫。丙寅，梁王即皇帝位于南郊，大赦，改元。是日，追赠兄懿为丞相，封长沙王，谥曰宣武，葬礼依晋安平献王故事。

丁卯，奉和帝为巴陵王，宫于姑孰，优崇之礼，皆仿齐初。奉宣德太后为齐文帝妃，王皇后为巴陵王妃。齐世王、侯封爵，悉从降省，唯宋汝阴王不在除例。

戊辰，巴陵王卒。时上欲以南海郡为巴陵国，徙王居之。沈约曰："古今殊事，魏武所云'不可慕虚名而受实祸。'"上颔之，乃遣所亲郑伯禽诣姑孰，以生金进王，王曰："我死不须金，醇酒足矣。"乃饮沈醉；伯禽就摺杀之。王之镇荆州也，琅邪颜见远为录事参军，及即位，为治书侍御史兼中丞，既禅位，见远不食数日而卒。上闻之曰："我自应天从人，何预天下士大夫事，而颜见远乃至于此！"

【译文】

梁武帝天监元年（壬午，公元502年）

春季，正月，南齐和帝萧宝融派遣兼侍中席阐文等人到建康慰劳。

戊戌（初九），萧衍迎宣德太后进宫，让她临朝摄政，行使皇帝的权力。萧衍停止执政。

当初，大司马萧衍与黄门侍郎范云、南清河太守沈约、司徒长史任昉一同在竟陵王的西官邸，彼此情意甚笃，关系非常密切。到目前，萧衍就推荐范云为大司马谘议参军、领录事，沈约为骠骑司马，任昉为记室参军，遇事都让他们参与策谋计议。前吴兴太守谢朏、国子祭酒何胤先前都弃官回家，萧衍上奏宣德太后，征召他们为军谘祭酒，但是谢朏和何胤都没有来就任。

大司马萧衍心里有受禅登基的念头，沈约稍微加以挑明，但是萧衍没有吭声。有一天，沈约又向萧衍进言："如今与古代不同了，不可以期望人人都能保持着淳古之风，士大夫们无不攀龙附凤，都希望能有尺寸之功劳。现在连小孩牧童都知道齐的国运已经终结了，明公您应当取而代之，而且天象预兆也非常显著了。天意不可违抗，人心不可失去。假如天道安排如此，您虽然想要谦逊礼让，而实际上也是办不到的。"大司马萧衍这才吐露了一句："我正在考虑这件事。"沈约又说道："明公您刚开始在樊、沔兴兵举事，在那时是应该思考的，可是如今王业已经成功，还考虑什么呢？如果不早点完成大业，若有一人提出异议，就会有损于您的威德。况且人非金石，事情难测，万一您有个三长两短，难道就仅仅把建安郡公这么一个封爵留给子孙后代吗？如果天子回到京城，公卿们各得其位，那么君臣之间的名分已经定了，他们就不再会产生什么异心了，于是君明于上，臣忠于下，那里还会有人再同您一起作反贼呢？"大司马对沈约所说的这些话深表同意。沈约出去之后，大司马又叫范云进去，告诉了他自己的心思，征求他的看法，范云的回答与沈约所说的意思差不多，至此，大司马才对范云讲道："智者所见，不谋而合。您明天早晨带着沈休文再来这里。"范云出来之后，把萧衍的话告诉了沈约，沈约说："您一定要等我呀！"范云答应了。但是，第二天早晨，沈约提前去了，大司马命令他起草关于受命登基的诏书，于是沈约从怀中取出已经写好的诏书以及人事安排名单，大司马看过之后，一点也没有改动。不一会儿，范云从外面来了，到了殿口门，由于要等待沈约，不能一个人先进去，而等来等去不见沈约前来，只好在寿光阁外徘徊，嘴中不停地发出"咄咄"表示奇怪的声音。沈约出来了，范云这才明白了原来沈约赶在自己之前已经进去了，就问他："对我怎么安排了？"沈约举起手来向左一指，意思是安排范云为尚书左仆射，范云就笑了，说："这才和我所希望的差不多。"过了一会儿，大司马传范云进去，他当着范云的面赞叹了一番沈约如何才智纵横，并且说道："我起兵至今已经三年了，各位功臣将领确实出了不少力气，但是成就帝业的，是你们两个人。"

甲寅（正月二十四日），宣德太后诏令大司马萧衍位进相国、总百揆、扬州牧，并封他十郡为梁公，加九锡之礼，在梁公国设置各种官员，免去录尚书的称号，但骠骑大将军的称号照样不变。二月辛酉（初二），梁公萧衍方才接受诏命。

丙寅（初七），宣德太后诏令梁国选任各种要职官员，全部依照朝廷之制。于是，任命沈约为吏部尚书兼右仆射，范云为侍中。

梁公萧衍纳取了东昏侯的余妃，对政事颇有妨害，范云加以劝说，但是梁公没有听从。范云又与侍中、领军将军王茂一同入见萧衍，范云对萧衍说："过去沛公刘邦进关，不亲近女色，这正是范增敬畏其志向远大之处。如今明公您刚平定建康，海内之众对您的名声非常景仰，您如何可以沿袭那种乱身亡国的行迹，沉溺于女色呢？"王茂也下拜说道："范云说得极对。您一定要以天下为念，不应该把这个女人留在身边。"梁公听了，默然无语。于是，范云就请求萧衍把余氏赏赐给王茂，梁公认为他们的意见正确，就同意把余氏赏给了他。次日，萧衍分别给范云、王茂赏赐了一百万钱。

丙戌（二十七日），宣德太后诏令给梁公增封十郡，进爵位为王。三月癸巳（初五），萧衍接受了诏命，并且下令赦免建康城内以及各府州死刑以下犯人。

梁王萧衍将要杀害南齐诸王，但是监视看管措施还不甚严密。鄱阳王萧宝寅家中的阉人颜文智与左右心腹麻拱等人密谋，在夜间挖开墙壁，把萧宝寅送出去，又在长江岸边准备了一只小船。萧宝寅穿着黑布短衣，腰里系着一千多钱，偷偷地跑到江边。他穿着草鞋，徒步而行，以致两只脚全都磨破了。天亮之后，看管的人发现萧宝寅不见了，就去追赶，萧宝寅装作是钓鱼人，与追赶者一起在江中并舟而行了十多里，追赶者都没有对他产生怀疑。等到追赶的人离开之后，萧宝寅就在西边靠岸，投奔到百姓华文荣家中，华文荣与其同族之人华天龙、华惠连丢弃家业，带着萧宝寅逃到山沟里。他们租了一匹毛驴，让萧宝寅骑着，昼伏而夜行，来到了寿阳的东城。驻守在这里的北魏戍主杜元伦急忙把情况报告了扬州刺史任城王元澄，元澄用车马侍卫迎接萧宝寅。当时，萧宝寅年纪十六岁，由于徒步而行，所以形容憔悴，见到的人还以为他是被掠卖来的人口。元澄以招待客人的礼节对待萧宝寅，萧宝寅向元澄要为皇帝守丧而穿的生麻布制的丧服，元澄派人对萧宝寅晓示了一番情理，最后只给了他为兄长守丧而穿的熟麻布制的丧服。元澄率领手下的官吏们亲赴萧宝寅住处去吊丧，萧宝寅的一举一动，表现得与居君父之丧完全一样。寿阳有许多受过南齐旧恩的故旧,都来萧宝寅处吊唁,唯独不见夏侯一姓的人来,这是由于夏侯详跟从了梁王萧衍的缘故。元澄非常器重萧宝寅。

南齐和帝萧宝融将东归建康,他任命萧憺为都督荆、湘等六州诸军事及荆州刺史。荆州经过战争之后,公私两方在财用方面都非常空乏,萧憺励精图治,广开屯田,省免劳役,抚问有家人当兵阵亡了的人家,供应救济他们。他自以为年纪轻而居于重任,所以特别用心,对手下的官吏们说:"政事如果没有办好,大家都应该共同努力。我现在开诚布公于你们,希望你们也不要有所隐瞒。"于是,人人都感到心情舒畅,办事效率大增,民众如有诉讼者站在一旁等待处理,很快就可以做出决定,官署中设有积压的事情。因此,荆州人非常高兴。

南齐和帝到达姑孰,于丙辰(二十八日),下诏令禅让皇位于梁公萧衍。

夏季,四月辛酉(二十七日),宣德太后发令:"西边的诏令已经到了,皇帝效法前代,把皇位恭敬地禅让给梁,明天早晨我要来到殿前,派使者向梁公恭授印玺,之后我将回到别宫去居住。"壬戌(二十八日),宣德太后发出策书,派遣兼太保、尚书令王亮等人奉送皇帝印玺到梁宫。丙寅(疑误),梁王萧衍于南郊即位登基,大赦天下,改年号为天监。在这天,萧衍追赠其兄萧懿为丞相,封为长沙王,谥号为宣武,并且依照晋代安葬安平献王的先例重新安葬了萧懿。

丁卯(疑误),萧衍诏令,奉南齐和帝为巴陵王,并为他在姑孰建了王宫,对他的待遇和尊敬,都仿照南齐开国之初对待汝阴王的方法。奉宣德太后为齐文帝妃,王皇后为巴陵王妃。又对于南齐的王、侯们全部降低一级爵位,除去他们的封国,唯有宋汝阴王不在此例之内。

戊辰(疑误),巴陵王萧宝融去世。当时,梁武帝萧衍想以南海郡为巴陵国,迁巴陵王去居住,可是,沈约却对武帝说:"古今不同,当年魏武帝曾经说过:'不可以慕虚名而受实祸。'"武帝听了点头同意,于是就派遣亲信郑伯禽到了姑孰,把生金子给了巴陵王,让他吞下去,巴陵王说道:"我死不须用金子,有醇酒就足够了。"于是,就给他饮酒,喝得烂醉,郑伯禽上前将其弄死。

巴陵王萧宝融镇守荆州之时,琅邪人颜见远做他的录事参军,即位之后,又担任治书侍御史兼中丞。巴陵王让位之后,颜见远绝食数日而死。武帝闻知此事之后，说："我受禅让而登基自是顺应天心人愿，与天下士大夫有什么关系，而颜见远竟至于如此！"

【原文】

三年（甲申，504年）

魏太傅、领司徒、录尚书北海王详，骄奢好声色，贪得无厌，广营第舍，夺人居室，嬖昵左右，所在请托，中外嗟怨。魏主以其尊亲，恩礼无替，军国大事皆与参决，所奏请无不开允。魏主之初亲政也，以兵召诸叔，详与咸阳、彭城王共车而入，防卫严固。高太妃大惧，乘车随而哭之。既得免，谓详曰："自今不愿富贵，但使母子相保，与汝扫市为生耳。"及详再执政，太妃不复念前事，专助详为贪虐。冠军将军茹皓，以巧思有宠于帝，常在左右，传可门下奏事，弄权纳贿，朝野惮之，详亦附焉。皓娶尚书令高肇从妹，皓妻之姊为详从父安定王燮之妃；详烝于燮妃，由是与皓益相昵狎。直阁将军刘胄，本详所引荐，殿中将军常季贤以善养马，陈扫静掌栉，皆得幸于帝，与皓相表里，卖权势。

高肇本出高丽，时望轻之。帝既黜六辅，诛咸阳王禧，专委事于肇。肇以在朝亲族至少，乃邀结朋援，附之者旬月超擢，不附者陷以大罪。尤忌诸王，以详位居其上，欲去之，独执朝政，乃谮之于帝，云"详与皓、胄、季贤、扫静谋为逆乱。"夏，四月，帝夜召中尉崔亮入禁中，使弹奏详贪淫奢纵，及皓等四人怙权贪横，收皓等系南台，遣虎贲百人围守详第。又虑详惊惧逃逸，遣左右郭翼开金墉门驰出谕旨，示以中尉弹状，详曰："审如中尉所纠，何忧也！正恐更有大罪横至耳。人与我物，我实受之。"诘朝，有司奏处皓等罪，皆赐死。

帝引高阳王雍等五王入议详罪。详单车防卫，送华林园，母妻随入，给小奴弱婢数人，围守甚严，内外不通。五月，丁未朔，下诏宥详死，免为庶人。顷之，徙详于太府寺，围禁弥急，母妻皆还南第，五日一来视之。

【译文】

三年（甲申，公元504年）

北魏太傅、领司徒、录尚书北海王元详，骄奢淫逸，喜好声色，贪图财利，永远没有满足之时。他为自己到处营造宅第，夺占别人的房屋，宠爱身边的人，对他们的各种请托无不应许，以致朝廷内外怨声载道。宣武帝因为他是叔父，所以对他的恩宠礼遇没有衰减，朝政大事都让他参与决策，对他的各种奏请也无不答应。宣武帝刚开始亲自执政时，派兵去传召几位叔父，元详与咸阳王、彭城王乘一辆车入见皇上，里面防卫的特别严密。高太妃见状恐惧万分，她乘车跟随在元详他们后面啼哭了一路。三人得免之后，高太妃对元详说："从今以后不愿富贵，只要能使我们母子平安地在一起，哪怕与你一同以打扫街道为生也满足了。"但是，元详再次执政之后，高太妃再也想不起以前的事情了，一味帮助元详进行贪求、暴虐之事。冠军将军茹皓因为心眼灵巧而得宠于宣武帝，经常在宣武帝身边，为宣武帝传达和答复门下省的奏事，因此他就弄权作弊，收受贿赂，朝野上下无不害怕他，元详也对他不得不投靠巴结。茹皓娶了尚书令高肇的堂妹为妻，茹皓妻子的姐姐又是元详的堂叔安定王元燮的妃子，而元详与元燮的妃子私通，因此元详与茹皓就越发亲近了。直阁将军刘胄本为元详所引荐，殿中将军常季贤擅长养马，陈扫静则专为宣武帝梳头，三人都得宠于宣武帝，他们与茹皓串通一气，相为表里，一起耍弄权势。

高肇的祖上是高丽人，一般人很轻视他。宣武帝罢黜了六位辅政大臣，诛杀了咸阳王元禧之后，就把政事只委托于高肇一人。高肇在朝廷中的亲戚同宗甚少，于是招揽交结朋党，凡是投附他的人，十天半月就可以破格提升，而对于不愿投靠者则动辄陷以重罪。高肇尤其忌妒各个藩王，由于元详地位在自己上面，就想把他除掉，以便自己独掌朝政。于是，高肇便在宣武帝面前诬陷元详，说："元详与茹皓、刘胄、常季贤、陈扫静等人密谋叛乱。"夏季，四月，宣武帝夜里召中尉崔亮进入宫中，让崔亮弹劾元详贪婪淫乱，奢侈放纵，以及茹皓等四人依仗权势，贪赃枉法。于是，宣武帝下令拘捕了茹皓等人，关押在御史台，又派遣一百名武士包围了元详的府第。宣武帝又担心元详惊怕而逃脱,就派遣身边人郭翼打开金墉门,骑马出去向元详宣谕圣旨,并向他出示了中尉崔亮的弹劾状,元详说道:"确实如中尉所举发的那样,我有什么可担心的呢?正害怕还有更大的罪从天而降呢。别人给我东西,我确实收下了。"天亮之后,有关部门奏请处置茹皓等人的罪行,结果四人全部赐死。

宣武帝召集高阳王元雍等五个藩王进去商议对元详罪行的处理决定。元详乘单车,前后警卫,被押送入华林园,母亲和妻子也随他进入园中,只给了他几个弱小的奴婢,他被围守得特别严密,内部与外面完全断绝了联系。五月,丁未朔(初一),宣武帝诏令宽宥元详不死,贬为平民。很快,元详就被移送到太府寺,禁闭得更加严谨了,他的母亲和妻子都回到南宅去了,每五天来看视他一次。

资治通鉴第一百四十六卷

梁纪二

【原文】

高祖武皇帝二天监四年（乙酉，505年）

春，正月，癸卯朔，诏曰："二汉登贤，莫非经术，服膺雅道，名立行成。魏、晋浮荡，儒教沦歇，风节罔树，抑此之由。可置五经博士各一人，广开馆宇，招内后进！"于是以贺玚及平原明山宾、吴兴沈峻、建平严植之补博士，各主一馆，馆有数百生，给其饩廪，其射策通明者即除为吏。期年之间，怀经负笈者云会。玚，循之玄孙也。又选学生，往会稽云门山从何胤受业，命胤选门徒中经明行修者，具以名闻。分遣博士祭酒巡州郡立学。

魏有芝生于太极殿之西序，魏主以示侍中崔光，光上表，以为"此《庄子》所谓'气蒸成菌'者也。柔脆之物，生于墟落秽湿之地，不当生于殿堂高华之处；今忽有之，厥状扶疏，诚足异也。夫野木生朝，野鸟入庙，古人皆以为败亡之象，故太戊、中宗惧灾修德，殷道以昌，所谓'家利而怪先，国兴而妖豫'者也。今西南二方，兵革未息，郊甸之内，大旱逾时，民劳物悴，莫此之甚，承天育民者所宜矜恤；伏愿陛下侧躬耸意，惟新圣道，节夜饮之乐，养方富之年，则魏祚可以永隆，皇寿等于山岳矣。"于是魏主好宴乐，故光言及之。

魏王足围涪城，蜀人震恐，益州城戍降魏者什二三，民自上名籍者五万余户。邢峦表于魏主，请乘胜进取蜀，以为"建康、成都，相去万里，陆行既绝，惟资水路，水军西上，非周年不达，益州外无军援，一可图也。顷经刘季连反，邓元起攻围，资储空竭，吏民无复固守之志，二可图也。萧渊藻裙屐少年，未洽治务，宿昔名将，多见囚戮，今之所任，皆左右少年，三可图也。蜀之所恃，唯在剑阁，今既克南安，已夺其险，据彼竟内，三分已一；自南安向涪，方轨无碍，前军累败，后众丧魄，四可图也。渊藻是萧衍骨肉至亲，必无死理，若克涪城，渊藻安肯城中坐而受困，必将望风逃去；若其出斗，庸、蜀士卒弩怯，弓矢寡弱，五可图也。臣内省文吏，不习军旅，赖将士竭力，频有薄捷，既克重阻，民心怀服，瞻望涪、益，旦夕可图，正以兵少粮匮，未宜前出，今若不取，后图便难。况益州殷实，户口十万，比寿春、义阳，其利三倍。朝廷若欲进取，时不可失；若欲保境宁民，则臣居此无事，乞归侍养。"魏主诏以"平蜀之举，当更听后敕。寇难未夷，何得以养亲为辞！"峦又表称，"昔邓艾、钟会帅十八万众，倾中国资储，仅能平蜀，所以然者，斗实力也。况臣才非古人，何宜以二万之众而希平蜀！所以敢者，正以据得要险，士民慕义，此往则易，彼来则难，任力而行，理有可克。今王足已逼涪城，脱得涪，则益州乃成擒之物，但得之有早晚耳。且梓潼已附民户数万，朝廷岂可不守！又，剑阁天险，得而弃之，良可惜矣。臣诚知战伐危事，未易可为。自军度剑阁以来，鬓发中白，日夜战惧，何可为心！所以勉强者，既得此地而自退不守，恐负陛下之爵禄故也。且臣之意算，正欲先取涪城，以渐而进。若得涪城，则中分益州之地，断水陆之冲，彼外无援军，孤城自守，何能复持久哉！臣今欲使军军相次，声势连接，先为万全之计，然后图功，得之则大利，不得则自全。又，巴西、南郑，相距千四百里，去州迢逾，恒多扰动。昔在南之日，以其统绾势难，曾立巴州，镇静夷、獠，梁州藉利，因而表罢。彼土民望，严、蒲、何、杨，非唯一族，虽率居山谷，而豪右甚多，文学风流，亦为不少，但以去州既远，不获仕进，至于州纲，无由厕迹，是以郁怏，多生异图。比道迁建义之始，严玄思自号巴州刺史，克城以来，仍使行事。巴西广袤千里，户余四万，若于彼立州，震摄华、獠，则大帖民情，从垫江已还，不劳征伐，自为国有。"魏主不从。

先是，魏主以王足行益州刺史。上遣天门太守张齐将兵救益州，未至，魏主更以梁州军司泰山羊祉为益州刺史。王足闻之，不悦，辄引兵还，遂不能定蜀。久之，足自魏来奔。邢峦在梁州，接豪右以礼，抚小民以惠，州人悦之。峦之克巴西也,使军主李仲迁守之。仲迁溺于酒色,费散兵储,公事谘承,无能见者。峦忿之切齿,仲迁惧,谋叛,城人斩其首,以城来降。

【译文】

梁武帝天监四年（乙酉,公元505年）

春季,正月,癸卯朔（初一）,武帝发布诏令:"两汉时期的读书人登贤人仕,莫不是通过经术之业,他们都信奉大雅之道,个个饱学,因此能立功名,成大业。魏、晋以来,士人浮华放荡,而儒教衰败,风节得不到树立,当是其根本原因。所以,可以设置五经博士各一人,广开馆宇,招纳后进。"于是,将贺场及平原人明山宾、吴兴人沈峻、建平人严植之补为博士,让他们各主持一馆,讲学执教,每馆有好几百名学生,由朝廷供给口粮等生活资用,其中在射策考试时应对自如,见解深刻透彻者,即被任为官吏。因此,一年之间,天下士子怀经负笈,云集而至。贺场是贺循的玄孙。朝廷又挑选学生,送他们去会稽云门山跟从何胤接受学业,命令何胤选拔门徒中通晓经学、品行优秀者,把他们的姓名上报朝廷。朝廷又分遣博士祭酒巡视各州郡的立学情况。

北魏朝廷太极殿内的西墙下生长出了灵芝,北魏宣武帝拿来给侍中崔光看,崔光就此事而上表皇上,认为:"这只是《庄子》一书中所讲的'气蒸成菌'罢了。这种柔脆的菌类之物,一般生长在废墟角落污秽潮湿的地方,不应当生长在殿堂这样高贵华丽之处;如今忽然生长出来了,而且其形状繁茂,实在是奇怪之事。野木生于朝廷,野鸟飞人宗庙,古人都认为这是败亡的征兆,所以商王太戊、高宗有惧于祥桑、谷共生于朝内以及野鸡飞在鼎上之异兆而修德积善,国运因此而得以复兴昌盛,这正是所谓'家族吉利而怪异先行,国家兴盛而妖异预见'。如今西方和南方兵戈未息,京郊周围大旱久时,百姓劳苦,万物憔悴,已经到了万分严重的地步,而承受上天旨意养育万民的天子在此之际正应该加以体恤,所以恳请陛下关心朝廷内外之事,亲身过问,弘扬圣道,节制夜间饮酒的娱乐,保养正值年轻的身体,如此则北魏的国祚可以永远兴隆,皇寿与山岳等齐。"此时,北魏宣武帝喜好宴饮欢乐，所以崔光在上表中提到这点。

北魏王足围攻涪城，蜀人大为震惊、恐惧，益州的城堡有十分之二三投降了北魏，百姓自动报上名籍的有五万多户。（十一月）邢峦上表北魏宣武帝，请求乘胜而进取蜀地，认为："建康与成都相离万里之遥，陆路已经阻断，唯一可依靠的就是水路了，但是水军西上，没有一年的时间是到不了的，益州外无援军，这是可以攻取的第一点理由。蜀地前不久经历了刘季连反叛，邓元起攻打围困之事，物资储备空竭，官方和百姓都失去了固守的信心，这是可以攻占的第二点理由。萧渊藻不过是一个衣装华丽而无真才实学的少年，完全不懂治理之道，过去的名将，大多数都被他囚禁杀戮了，现在所任用的，都是他左右的一些少年人，这是可以攻取的第三点理由。蜀地所依恃的只在剑阁，现在既攻克了南安，已经夺取了其险要之地，据此天险而向内推进，已占取了境内三分之一的地方；从南安向涪陵，道路宽展，可以双车并行，蜀军前军累战屡败，后头的闻风而丧胆，这是可以攻取的第四点理由。萧渊藻是萧衍的骨肉至亲，必定不愿以死固守，若果攻克涪城，萧渊藻怎肯呆在城中坐而受困，必将望风而逃跑；他如果出战，无奈庸、蜀之地的士卒们才能低下而胆怯，弓箭缺少而无力，这是可以攻取的第五点理由。我本为朝中文官，不熟悉军旅之事，但是幸赖将士们尽心竭力，以致频有捷报传来，尽管是那么微小而不足道。现在已经攻克重重险阻，民心归顺，观望涪、益两城，旦夕可得，只是因兵少粮缺，不宜于前去攻打，但现在如不夺取，以后再攻打就难了。况且益州殷富，有十万户人家，与寿春、义阳相比，其利益高出三倍。朝廷如果想要攻取该地，就不应该失去这次机会；如果想要保护境内安宁百姓，则我呆在这里实无事可做，因此乞求归家侍养双亲。"宣武帝给邢峦的诏令中说："关于平定蜀地之举，你应当等着听取后面的敕令。现在寇难还没有平定，你怎么能以侍养亲人为借口而引退呢？"邢峦又上表说："过去邓艾、钟会统领十八万大军，倾尽中原的资财储备，才能平定蜀地，之所以如此，是以实力相斗呀。何况我的才能比不上古人，那里可以靠两万兵力而希求平定蜀地呢？之所以敢如此，正因为占据了险要之地，士人和百姓们都倾慕向往大义，我们由此而前进则容易，他们前来抵挡则难，只要我们根据力量而行事，理应攻克。现在王足已经逼近涪城，假如取得了涪陵，则益州就成了待擒之物，只是得到手有早晚之别罢了。何况梓潼已经归附的民户有好几万，朝廷岂可以不加以镇守呢？还有，剑阁天险，如得而放弃，实在是可惜。我诚然知道征战讨伐是危险的事情，不可轻易进行。自从我军越过剑阁以来，我的鬓发已经斑白，日日夜夜为战事情况而焦虑不安，心情紧张得都无法忍受下去了。之所以能勉强坚持着，只是因为考虑到既然已经得到了该地而又自动撤退不加驻守，恐怕有负于陛下所给予的爵位俸禄。而且我心中打算，正想先攻取涪城，然后渐次而进。如果得到涪城，就可以把蜀地分为两半，阻断水陆交通的要道，他们没有外面来的援军，以孤城而自守，怎么能够持久得了呢？我现在想让各支队伍相次而进，前后连接，互相声援，首先做到万无一失，然后图取大功，如能得到则有大利，不得则可以做到自我保全。另外，巴西与南郑相距一千四百里，离州城遥远，经常发生骚乱。过去属南朝占领之时，由于这里难以统辖管理，曾经设立过巴州，以便镇领夷、獠，而梁州借利，所以上表请求罢撤了该州。这个地方的大户人家有严、蒲、何、杨等姓，不仅仅是一族，他们虽然居住在山谷之中，可是豪强大族很多，文章风流之士也为数不少，但因离州城很远，因此不能获得仕进机会，甚至州里地位较高的佐吏，也无法能跻身其中，因此愤愤不平，多生异图之心。到夏侯道迁建举大义之初，严玄恩自称为巴州刺史，攻克州城以来，仍然让他任刺史之职。巴西这个地方广袤千里，户口还余下四万之多，如果在这里设置州，震慑华、獠，则可以大大地安定民心，从垫江以西，不用征伐，就自然为我国所有了。"宣武皇帝没有听从邢峦的建议。

　　早先之时，北魏宣武帝任命王足兼益州刺史。梁武帝派遣天门太守张齐率兵去援救益州，还没有到达，宣武帝又改任梁州军司泰山人羊祉为益州刺史。王足知道这一消息之后，十分不悦，便带兵返回了，于是北魏没有能够平定蜀地。许久之后，王足从北魏来投靠了梁朝。邢峦在梁州之时，对当地的豪强大族以礼相接，对小民百姓抚之以恩惠，因此全州之人都很欢喜。邢峦攻克巴西，让军主李仲迁镇守。李仲迁沉溺于酒色，私自挪用耗散军费，有关公事需要向他请示报告之时，却找不到他的人影。邢峦对此气的咬牙切齿，李仲迁害怕了，密谋反叛，城中的人将李仲迁斩首，献城投降了梁朝。

【原文】

五年（丙戌，506年）

初，魏御史中尉甄琛，表称："《周礼》，山林川泽有虞、衡之官，为之厉禁，盖取之以时，不使戕贼而已，故虽置有司，实为民守之也。夫一家之长，必惠养子孙，天下之君，必惠养兆民，未有为人父母而吝其醯醢，富有群生而榷其一物者也。今县官鄣护河东盐池而收其利，是专奉口腹而不及四体也。盖天子富有四海，何患于贫！乞弛盐禁，与民共之！"录尚书事勰、尚书邢峦奏，以为"琛之所陈，坐谈则理高，行之则事阙。窃惟古之善治民者，必污隆随时，丰俭称事，役养消息以成其性命。若任其自生，随其饮啄，乃是刍狗万物，何以君为！是故圣人敛山泽之货以宽田畴之赋，收关市之税以助什一之储，取此与彼，皆非为身，所谓资天地之产，惠天地之民也。今盐池之禁，为日已久，积而散之，以济军国，非专为供太官之膳羞，给后宫之服玩。既利不在己，则彼我一也。然自禁盐以来，有司多慢，出纳之间，或不如法。是使细民嗟怨，负贩轻议，此乃用之者无方，非作之者有失也。一旦罢之，恐乖本旨。一行一改，法若弈棋，参论理要，宜如旧式。"魏主卒从琛议，夏，四月，乙未，罢盐池禁。

【译文】

五年（丙戌，公元506年）

起初，北魏御史中尉甄琛上表讲道："《周礼》中制定了专管山林川泽的山虞、林衡、川衡、泽虞之官，制定了关于山林川泽的严厉禁令，这是使百姓在规定的时令内获取利益，而不让随意乱砍滥取，所以虽然设置了这样的官员，实际上却是百姓自己守护。一家之长，必须抚养他的子孙，天下之君，必须惠养万民，没有做父母而吝啬醋酱、富有天下万物而专占一物的。如今朝廷独霸河东的盐池而坐收其利，这是专奉口腹而不及四体。天子富有四海，何患于贫！所以，乞请放松盐禁，与民共享其利。"录尚书事元勰和尚书邢峦也上奏，认为："甄琛所讲的，坐着谈论则高明合理，而实际执行则行不通。我们认为古来善于统治百姓的，必定升降依时，丰俭随事，役使养育互为消长以成全他们性命。如果任其自生自长，随其饮水啄食，那是把百姓当作刍草狗畜，还要君主做什么呢？所以，圣人获取山泽之货，收取关市之税，来补助田亩什一之赋之不足，以供国用，此处取来用到彼处，都不是为了自己，正所谓利用天地的出产，施惠于天下之民。如今禁止私人采盐，已经实行了很长时间了，集中其财富而使用，是为了维持国家和军队的开支，并不是专门为了供给皇宫的饮食，以及后宫的服饰玩物。既然不是为了皇上一人享乐，那么让老百姓获利同让国家获利都是一样的。然而，自从禁盐以来，官员们多有不经心的，收支出纳中间，或者有不按照法令执行的行为。因此，使老百姓抱怨在心，商贩们非议在口，这只不过是管理者无方，并非是制定禁令的人有过失。一旦撤销盐池禁令，恐怕有违于本初之意。一行一改，没有定法，正如弈棋者那样举棋不定，所以按理而论，应该维持过去的样子而不变。"宣武帝最终采纳了甄琛的建议，夏季，四月乙未（初一），撤销了盐池禁令。

【原文】

六年（丁亥，507年）

冬，十月，壬寅，以五兵尚书徐勉为吏部尚书。勉精力过人，虽文案填积，坐客充满，应对如流，手不停笔。又该综百氏，皆为避讳。尝与门人夜集，客虞暠求詹事五官，勉正色曰："今夕止可谈风月，不可及公事。"时人咸服其无私。

丁卯，魏皇后于氏殂。是时高贵嫔有宠而妒，高肇势倾中外，后暴疾而殂，人皆归咎高氏，宫禁事秘，莫能详也。

【译文】

六年（丁亥，公元507年）

冬季，十月壬寅（十六日），梁朝任命五兵尚书徐勉为吏部尚书。徐勉这个人精力过人，虽然文案上堆积满要处理的公文，宾客满座，他却可以应对如流，而手中的笔还不停止批阅公文。他还熟悉各个家族的情况，在和他们应对交往时避免触犯他们的家讳。有一天夜里，徐勉与门人们会集在一起，有个客人虞暠向他请求詹事五官的职位，徐勉严肃地说道："今晚只可以谈论风月，不可以涉及公事。"当时的人都佩服他无私心。

丁卯（闰十月十二日），北魏皇后于氏去世。这时，高贵嫔得宠而妒心十足，高肇权倾朝廷内外，于皇后暴疾而死，人们都归咎于高氏。宫闱中的事情隐秘，没有人能知道详情。

梁纪三

【原文】

高祖武皇帝三天监七年（戊子，508年）

秋，七月，甲午，魏立高贵嫔为皇后。尚书令高肇益贵重用事。肇多变更先朝旧制，减削封秩，抑黜勋人，由是怨声盈路。群臣宗室皆卑下之，唯度支尚书元匡与肇抗衡，先自造棺置听事，欲舆棺诣阙论肇罪恶，自杀以切谏；肇闻而恶之。会匡与太常刘芳议权量事，肇主芳议，匡遂与肇喧竞，表肇指鹿为马。御史中尉王显奏弹匡诬毁宰相，有司处匡死刑；诏恕死，降为光禄大夫。

魏高后之立也，彭城武宣王勰固谏，魏主不听。高肇由是怨之，数谮勰于魏主，魏主不之信。勰荐其舅潘僧固为长乐太守，京兆王愉之反，胁僧固与之同，肇因诬勰北与愉通，南招蛮贼。彭城郎中令魏偃、前防阁高祖珍希肇提擢，构成其事。肇令侍中元晖以闻，晖不从，又令左卫元珍言之。帝以问晖，晖明勰不然；又以问肇，肇引魏偃、高祖珍为证，帝乃信之。戊戌，召勰及高阳王雍、广阳王嘉、清河王怿、广平王怀、高肇俱入宴。勰妃李氏方产，固辞不赴。中使相继召之，不得已，与妃决而登车。入东掖门，度小桥，牛不肯进，击之良久，更有使者责勰来迟，乃去牛，人挽而进。宴于禁中，至夜，皆醉，各就别所消息。俄而元珍引武士赍毒酒而至，勰曰："吾无罪，愿一见至尊，死无恨！"元珍曰："至尊何可复见！"勰曰："至尊圣明，不应无事杀我，乞与告者一对曲直！"武士以刀镮筑之，勰大言曰："冤哉，皇天！忠而见杀。"武士又筑之，勰乃饮毒酒，武士就杀之，向晨，以

褥裹尸载归其第，云王因醉而薨。李妃号哭大言曰："高肇在理杀人，天道有灵，汝安得良死！"魏主举哀于东堂，赠官、葬礼皆优厚加等。在朝贵贱，莫不丧气，行路士女皆流涕曰："高令公枉杀贤王。"由是中外恶之益甚。

冬，十月，魏悬瓠军主白早生杀豫州刺史司马悦，自号平北将军，求救于司州马仙琕。时荆州刺史安成王秀为都督，仙琕签求应赴。参佐咸谓宜待台报，秀曰："彼待我以自存，援之宜速，待敕虽旧，非应急也。"即遣兵赴之。上亦诏仙琕救早生。仙琕进顿楚王城，遣副将齐苟儿，以兵二千助守悬瓠。诏以早生为司州刺史。

魏以尚书邢峦行豫州事，将兵击白早生。魏主问之曰："卿言，早生走也，守也？何时可平？"对曰："早生非有深谋大智，正以司马悦暴虐，乘众怒而作乱，民迫于凶威，不得已而从之。纵使梁兵入城，水路不通，粮运不继，亦成禽耳。早生得梁之援，溺于利欲，必守而不走。若临以王师，士民必翻然归顺，不出今年，当传首京师。"魏主悦，命峦先发，使中山王英继之。

峦帅骑八百，倍道兼行，五日至鲍口。丙子，早生遣其大将胡孝智将兵七千，离城二百里逆战，峦奋击，大破之，乘胜长驱至悬瓠。早生出城逆战，又破之，因渡汝水，围其城。诏加峦都督南讨诸军事。

魏主闻邢峦屡捷，命中山王英趣义阳，英以众少，累表请兵，弗许。英至悬瓠，辄与峦共攻之。十二月，己未，齐苟儿等开门出降，斩白早生及其党数十人。英乃引兵前趋义阳。宁朔将军张道凝先屯楚王城，癸亥，弃城走，英追击，斩之。

【译文】

梁武帝天监七年（戊子，公元508年）

秋季，七月甲午（十三日），北魏立高贵嫔为皇后。尚书令高肇因此越发贵重而专权了。高肇变更了许多先朝的旧制度，减削封秩，抑黜功勋之臣，因此而怨声载道。群臣宗室都俯首听命于高肇，唯有度支尚书元匡同高肇抗衡，他先自己做了一副棺材置于听事之处，准备用车把棺材装上运到殿上去讲论高肇的罪恶，然后自杀以对皇上进行死谏。高肇知道之后非常憎恨元匡，恰遇元匡与太常刘芳议定度量衡之事，高肇同意刘芳的意见，元匡便同高肇争执吵闹，把高肇比作是指鹿为马的赵高。御史中尉王显在奏章中弹劾元匡诋毁宰相高肇，有关部门判处元匡死刑。皇上诏令恕免元匡不死，降为光禄大夫。

　　北魏立高皇后之时，彭城武宣王元勰再三劝谏不可，宣武帝不听。高肇由此而怨恨元勰，数次在宣武帝面前进谗言诋毁元勰，宣武帝不听信。元勰推荐自己的舅舅潘僧固为长乐太守，京兆王元愉反叛，胁迫潘僧固与他同伙，高肇因此而诬告元勰北与元愉勾结相通，南招蛮贼。彭城武宣王元勰手下的郎中令魏偃、原先的防阁高祖珍希望高肇提拔他们，就与高肇勾结一起陷害元勰。高肇命令侍中元晖上报宣武帝，元晖不从，又命令左卫元珍去报告了。宣武帝就此事询问元晖，元晖说明元勰不会如此；宣武帝又以此事问高肇，高肇叫来魏偃和高祖珍作证，宣武帝就相信了高肇的诬陷。戊戌（九月十八日），宣武帝召元勰以及高阳王元雍、广阳王元嘉、清河王元怿、广平王元怀、高肇一起入宴。元勰的妃子李氏正在生产，因此他再三推辞不去赴宴。中使相继而来宣召，元勰万不得已，只好与李氏诀别，然后登车而去，进入东掖门，过小桥，拉车的牛不肯向前，打了它很久还是不向前迈进，又有使者责备元勰来得迟了，于是只好去掉牛，由人把车拉进去。宴会在宫中举行，到了夜间，全都喝醉了，宣武帝令他们各就方便之处休息。不一会儿，元珍带着武士送毒酒来了，元勰说："我没有罪，希望能一见圣上，死而无恨！"元珍说："圣上怎么可以复见呢？"元勰说："皇上圣明，不应该没有事就把我杀掉，乞求与诬告我的人当面对质！"武士用刀环向元勰的脸上打去，元勰大声呼喊道："冤枉啊！老天爷！我如此忠心反而被杀！"武士又打，元勰只好饮喝毒酒，武士上前杀了元勰，天亮之后，用褥子裹了尸体装在车上送回他的府第，声称大王因酒醉而死去。李妃放声大哭，高声喊道："高肇冤枉杀人，伤天害理，老天爷有灵，你怎么能得到好死呢？"宣武帝在东堂为元勰举哀，赠官和葬礼莫不优厚加倍。朝廷之内的大小官员，无不丧气叹息，行路男女都流着眼泪说："高令公冤枉地杀害了贤德的彭城王。"从此朝廷内外对高肇更加憎恨得厉害了。

　　冬季，十月，北魏悬瓠军主白早生杀了豫州刺史司马悦，自称为平北将军，向梁朝司州的马仙琕求救。当时，荆州刺史安成王萧秀为都督，马仙琕把情况写在简上送给萧秀请求前去帮忙,萧秀手下的参佐们都认为这事要上报朝廷批准后方可行事,萧秀说:"白早生等待着我们去援救,方可自存,所以应该火速去援救,等待朝廷批准虽是旧制,但并非是应急之策。"因此便派兵前去救援白早生。梁武帝也诏令马仙琕去援救白早生。马仙琕进驻楚王城,派遣副将齐苟儿带兵两千帮助守悬瓠。梁武帝任命白早生为司州刺史。

北魏委任尚书邢峦兼管豫州事务,率兵攻打白早生。宣武帝问邢峦:"你说,白早生是逃跑,还是顽守呢?何时可以讨平他?"邢峦回答:"白早生没有深谋大智,只因司马悦暴虐残忍,因此利用众人之愤怒而反叛作乱,百姓迫于他的凶威,不得已而顺从了他。即使梁朝军队入城了,但是水路不通,粮运跟不上,也会被我们抓住的。白早生得到梁朝的援助,被利欲冲昏头脑,必定死守而不跑。如果派朝廷军队前去讨伐,士民大众们必定幡然归顺,不出今年,一定能把白早生的首级送到京师来。"宣武帝十分高兴,命令邢峦先出发,让中山王元英随后出发。

邢峦率领八百骑兵,快速赶路,五天光景就到了鲍口,丙子(二十六日),白早生派遣他的大将胡孝智率领七千兵卒,在离城二百里的地方迎战邢峦,邢峦奋勇出击,大败敌手,乘胜长驱直入,直抵悬瓠。白早生出城迎战,邢峦又打败了他,因此渡过汝水,围住了悬瓠城。北魏宣武帝诏令邢峦为都督南讨诸军事。

北魏宣武帝得知邢峦屡屡获捷,命令中山王元英前去义阳,元英因兵少,多次上表请求增兵,朝廷不同意。元英到了悬瓠,就与邢峦一起攻城。十二月己未(初十),齐苟儿等人打开城门出降,斩了白早生及其党羽几十人。元英带兵前去义阳。宁朔将军张道凝先驻扎在楚王城,癸亥(十四日),弃城逃跑,元英追击,斩了张道凝。

【原文】

八年(己丑,509年)

春,正月,辛巳,上祀南郊,大赦。时有请封会稽、禅国山者,上命诸儒草封禅仪,欲行之。许懋建议,以为"舜柴岱宗,是为巡狩。"而郑引《孝经钩命决》

云：'封于太山，考绩柴燎；禅乎梁甫，刻石纪号'，此纬书之曲说，非正经之通义也。舜五载一巡狩，春夏秋冬周遍四岳，若为封禅，何其数也！又如管夷吾所说七十二君，燧人之前，世质民淳，安得泥金检玉！结绳而治，安得镌文告成！夷吾又云：'唯受命之君然后得封禅'，周成王非命之君，云何得封太山禅社首！神农即炎帝也，而夷吾分为二人，妄亦甚矣。若圣主，不须封禅；若凡主，不应封禅。盖齐桓公欲行此事，夷吾知其不可，故举怪物以屈之。秦始皇尝封太山，孙皓尝遣兼司空董朝至阳羡封禅国山，皆非盛德之事，不足为法。然则封禅之礼，皆道听所说，失其本文，由主好名于上，而臣阿旨于下也。古者祀天祭地，礼有常数，诚敬之道，尽此而备，至于封禅，非所敢闻。上嘉纳之，因推演懋议，称制旨以答请者，由是遂止。

十一月，己丑，魏主于式乾殿为诸僧及朝臣讲《维摩诘经》。时魏主专尚释氏，不事经籍，中书侍郎河东裴延儁上疏，以为"汉光武、魏武帝，虽在戎马之间，未尝废书，先帝迁都行师，手不释卷，良以学问多益，不可暂辍故也。陛下升法座，亲讲大觉，凡在瞻听，尘蔽俱开。然《五经》治世之模楷，应务之所先，伏愿经书互览，孔、释兼存，则内外俱周，真俗斯畅矣。"

时佛教盛于洛阳，沙门之外，自西域来者三千余人，魏主别为之立永明寺千余间以处之。处士南阳冯亮有巧思，魏主使与河南尹甄琛、沙门统僧暹择嵩山形胜之地立闲居寺，极岩壑土木之美。由是远近承风，无不事佛，比及延昌，州郡共有一万三千余寺。

石棺床　南北朝

南北朝时期，统治者崇奉佛教、佞佛之风盛行。印度的宗教艺术和南朝秀丽繁盛的评论经以及北方少数民族的审美水乳交融。形成了独具魅力、成就斐然的石刻线画艺术。

【译文】

八年（己丑，公元509年）

春季，正月，辛巳（初三），梁武帝在南郊祭天，大赦天下。当时，有人奏请在会稽和国山封禅，梁武帝命令诸儒生草拟封禅仪式，准备进行封禅。许懋提出建议，认为："舜帝在泰山烧柴祭天，是为了巡狩。而郑玄引《孝经钩命决》说：'在泰山大祭，烧柴祭天把政绩报告；在梁甫山祭地，刻石记载年号。'这是纬书的曲说，不是正式经书的本来意思。舜帝五年巡狩一次，春夏秋冬巡遍四岳，如果为了封禅，为何这么频繁呢？又如管夷吾所说的七十二君，燧人氏之前，世风质朴百姓淳厚，怎么能把金粉书写在竹筒上呢？当时结绳而治，怎么能够镌刻文字报告成功呢？管夷吾又说：'只有受命之君，然后才能封禅。'周成王不是受命之君，从何谈起封太山禅社首呢？神农即是炎帝，然而管夷吾却说成是两个人，实在是荒唐。如果是圣主，无须封禅；如果是凡主，不应该封禅。大概齐桓公想进行封禅，管夷吾知道不可以进行，所以有意列举许多奇异物象出现时才可以封禅的事例，以便难住齐桓公，使他打消了念头。秦始皇曾经封禅太山，孙皓曾经派遣兼司空董朝到达阳羡封禅国山，都不是盛德之事，不足以效法。那么封禅的礼仪，全都是道听途说的事，失去了其本来的意义，完全是因为君主在上喜好名声，而臣子们在下曲意逢迎。古代的祀祭天地，礼仪有常规，诚敬之道，至此而完备，至于封禅，实在是不敢妄说。"武帝表扬和采纳了许懋的意见，于是进一步扩充了许懋的建议，作为圣旨回答请求封禅的人，因此便中止了这一计划。

十一月己丑（十五日），北魏宣武帝在式乾殿为众僧以及朝臣们讲解《维摩诘经》。当时，宣武帝专门崇尚佛教，不读经籍，中书侍郎河东人裴延儁上疏，指出："汉光武帝、魏武帝，虽然忙于戎马征战，但是未曾废弃书籍，先帝迁都行军，手不释卷，正因为学问多有益处，不可以临时中断。陛下升上法座，亲自讲解佛法奥义，在场的人瞻听之际，内心尘蔽俱开。然而《五经》是治世的楷模，处理世务所应首先研读的，所以恭敬地希望圣上佛经与儒书互读，孔学与释教兼存，则内外都能周全，教义和世务都能通畅。"

当时，佛教盛于洛阳，除中国和尚而外，从西域来的和尚有三千多名，北魏宣武帝另外建立了永明寺一千多间禅房，来安置他们。处士南阳人冯亮很聪明，宣武帝指派他同河南尹甄深、沙门统僧暹选择嵩山地形好的地方建立了闲居寺，修建得非常好，极尽岩壑土木之美。于是远近受影响，无不信奉佛教，到了延昌之时，各州郡共有一万三千多处寺院。

【原文】

九年（庚寅，510年）

三月，丙戌，魏皇子诩生。诩母胡充华，临泾人，父国珍袭武始伯。充华初选入掖庭，同列以故事祝之："愿生诸王、公主，勿生太子。"充华曰："妾之志异于诸人，奈何畏一身之死而使国家无嗣乎！"及有娠，同列劝去之，充华不可，私自誓曰："若幸而生男，次第当长，男生身死，所不憾也。"既而生诩。

先是，魏主频丧皇子，年渐长，深加慎护，择良家宜子者以为乳保，养于别宫，皇后、充华皆不得近。

【译文】

九年（庚寅，公元510年）

三月丙戌（十四日），北魏皇子元诩出生。元诩的母亲胡充华是临径人，胡充华的父亲胡国珍袭位武始伯。胡充华初被选入后宫之时，和她身份一样的嫔妃们照惯例替她祝告说："愿生诸王、公主，不要生太子。"胡充华却说："我的志向与大家不同，怎能害怕一身之死而让国家没有继承人呢？"到她怀孕之后，嫔妃们劝她把胎儿打掉，胡充华不同意，私下自己发誓说："如果有幸生下男孩，排行应该是长子，儿子生下来后我死去，没有遗憾之处。"很快就生下了元诩。

早先，北魏宣武帝屡丧皇子，他年纪渐渐大了，所以对元诩特别重视，谨慎护理，选择良家妇女中奶水好的做乳母，在别宫中哺养元诩，皇后和胡充华都不得接近。

【原文】

十一年（壬辰，512年）

丙辰，魏以车骑大将军、尚书令高肇为司徒，清河王怿为司空，广平王怀进号骠骑大将军，加仪同三司。肇虽登三司，犹自以去要任，怏怏形于言色，见者嗤之。尚书右丞高绰、国子博士封轨，素以方直自业，及肇为司徒，绰送迎往来，轨竟不诣肇。绰顾不见轨，乃遽归，叹曰："吾平生自谓不失规矩，今日举措，不如封生远矣。"绰，允之孙；轨，懿之族孙也。

清河王怿有才学闻望，惩彭城之祸，因侍宴，谓肇曰："天子兄弟讵有几人，而翦之几尽！昔王莽头秃，藉渭阳之资，遂篡汉室。今君身曲，亦恐终成乱阶。"会大旱，肇擅录囚徒，欲以收众心。怿言于魏主曰："昔季氏旅于泰山，孔子疾之。诚以君臣之分，宜防微杜渐，不可渎也。减膳录囚，乃陛下之事；今司徒行之，岂人臣之义乎！明君失之于上，奸臣窃之于下，祸乱之基，于此在矣。"帝笑而不应。

冬，十月，乙亥，魏立皇子诩为太子，始不杀其母。以尚书右仆射郭祚领太子少师。祚尝从魏主幸东宫，怀黄瓜以奉太子；时应诏左右赵桃弓深为帝所信任，祚私事之，时人谓之"桃弓仆射""黄瓜少师"。

【译文】

十一年（壬辰，公元512年）

丙辰（正月二十五日），北魏任命车骑大将军、尚书令高肇为司徒，清河王元怿为司空，广平王元司进封号为骠骑大将军，加封为仪同三司。高肇虽然位登三司，但犹自认为去掉了尚书令的要职，心中的不快流露于言语颜色之间，见到的人都因此而嗤笑他。尚书左丞高绰、国子博士封轨，向来以方正刚直为行事准则，到高肇当上司徒之后，高绰迎送往来行礼如仪，而封轨竟然不去拜见高肇。高绰在高肇那里也不见封轨前来，于是马上起身返回，叹息着说道："我平生自认为不失规矩,但是今天的举动,不如封生太远了。"高绰是高允的孙子,封轨是封懿的族孙。

清河王元怿有才学,外界声望也不错,有鉴于彭城王元勰无罪而被杀之祸,一次借侍宴机会,他对高肇说:"天子的兄弟能有几人,而差不多剪除尽了!过去王莽是个秃头,凭借国舅的地位,便篡夺了汉室的天下。现在你是个驼背,也恐怕最终会成为祸乱之端。"正遇大旱,高肇擅自重新审理囚徒,想以此而收拢人心。元怿向北魏宣武帝进言:"过去季氏超越名分在泰山祭祀,孔子对此非常愤慨。这确实是从君臣名分来考虑的,应该防微杜渐,不可以冒犯呀。减少膳食之费,重新审理囚徒,这是陛下的事情,现在则让司徒去干了,这哪里是做人臣者的本分呢?明君失之于上,奸臣窃之于下,祸乱的根子,就在这里了。"宣武帝听了,笑而不答。

冬季,十月乙亥(十八日),北魏立皇子元诩为太子,并开了不杀其母的先例。又让尚书右仆射郭祚兼任太子少师。郭祚曾随北魏宣武帝到太子东宫,怀中特意装着黄瓟瓜奉上太子;当时应诏左右赵桃弓深受宣武帝的信任,郭祚私下里巴结他,当时的人们称他为"桃弓仆射""黄瓟少师"。

梁纪四

【原文】

高祖武皇帝四天监十四年（乙未，515年）

甲寅，魏主有疾；丁巳，殂于式乾殿。侍中中书监、太子少傅崔光、侍中、领军将军于忠、詹事王显、中庶子代人侯刚迎太子诩于东宫，至显阳殿。王显欲须明行即位礼，崔光曰："天位不可暂旷，何待至明！"显曰："须奏中宫。"光曰："帝崩，太子立，国之常典，何须中宫令也！"于是，光等请太子止哭，立于东序；于忠与黄门郎元昭扶太子西面哭十余声止。光摄太尉，奉策进玺绶，太子跪受，服衮冕之服，御太极殿，即皇帝位。光等与夜直群官立庭中，北面稽首称万岁。昭，遵之曾孙也。

二月，庚辰，尊皇后为皇太后。

魏主称名为书告哀于高肇，且召之还。肇承变忧惧，朝夕哭泣，至于羸悴，归至瀍涧，家人迎之，不与相见；辛巳，至阙下，衰服号哭，升太极殿尽哀。高阳王雍与于忠密谋，伏直寝邢豹等十余人于舍人省下，肇哭毕，引入西庑，清河诸王皆窃言目之。肇入省，豹等扼杀之，下诏暴其罪恶，称肇自尽，自余亲党悉无所问，削除职爵，葬以士礼；逮昏，于厕门出尸归其家。

甲午，魏葬宣武皇帝于景陵，庙号世宗。己亥，尊胡贵嫔为皇太妃。三月，甲辰朔，以高太后为尼，徙居金墉瑶光寺，非大节庆，不得入宫。

魏于忠既居门下，又总宿卫，遂专朝政，权倾一时。初，太和中，军国多事，

高祖以用度不足,百官之禄四分减一,忠悉命归所减之禄。旧制:民税绢一匹别输绵八两,布一匹别输麻十五斤,忠悉罢之。乙丑,诏文武群官各进位一级。

群臣奏请太后临朝称制,九月,乙未,灵太后始临朝听政,犹称令以行事,群臣上书称殿下。太后聪悟,颇好读书属文,射能中针孔,政事皆手笔自决。加胡国珍侍中,封安定公。

自郭祚等死,诏令生杀皆出于忠,王公畏之,重足胁息。太后既亲政,乃解忠侍中、领军、崇训卫尉,止为仪同三司、尚书令。后旬余,太后引门下侍官于崇训宫,问曰:"忠在端揆,声望何如!"咸曰:"不称厥任。"乃出忠为都督冀·定·瀛三州诸军事、征北大将军、冀州刺史;以司空澄领尚书令。澄奏:"安定公宜出入禁中,参谘大务",诏从之。

初,魏于忠用事,自言世宗许其优转;太傅雍等皆不敢违,加忠车骑大将军。忠又自谓新故之际有定社稷之功,讽百僚令加己赏;雍等议封忠常山郡公。忠又难于独受,乃讽朝廷,同在门下者皆加封邑,雍等不得已复封崔光为博平县公,而尚书元昭等上诉不已。太后敕公卿再议,太傅怿等上言:"先帝升遐,奉迎乘舆,侍卫省闼,乃臣子常职,不容以此为功。臣等前议授忠茅土,正以畏其威权,苟免暴戾故也。若以功过相除,悉不应赏,请皆追夺。"崔光亦奉送章绶茅土,表十余上,太后从之。

高阳王雍上表自劾,称"臣初入柏堂,见诏旨之行一由门下,臣出君行,深知其不可而不能禁;于忠专权,生杀自恣,而臣不能违。忠规欲杀臣,赖在事执拒;臣欲出忠于外,在心未行,返为忠废。忝官尸禄,孤负恩私,请返私门,伏听司败。"太后以忠有保护之功,不问其罪。十二月,辛丑,以忠为太师,领司州牧,寻复录尚书事,与太傅怿、太保怀、侍中胡国珍入居门下,同厘庶政。

太后以魏主尚幼,未能亲祭,欲代行祭事,礼官博议以为不可。太后以问侍中崔光,光引汉和熹邓太后祭守庙故事,太后大悦,遂摄行祭事。

魏胡太后数幸宗戚勋贵之家,侍中崔光表谏曰:"《礼》,诸侯非问疾吊丧而入诸臣之家,谓之君臣为谑。不言王后夫人,明无适臣家之义。夫人,父母在有归宁,没则使卿宁。汉上官皇后将废昌邑,霍光,外祖也,亲为宰辅,后犹御武帐以接群臣，示男女之别也。今帝族方衍，勋贵增迁，祗请遂多，将成彝式。愿陛下简息游幸，则率土属赖，含生仰悦矣。"

【译文】

梁武帝天监十四年（乙未，公元515年）

甲寅（正月初十），北魏宣武帝患病，丁巳（十三日），在式乾殿病故。侍中、中书监、太子少傅崔光，侍中、领军将军于忠，詹事王显，中庶子代京人侯刚等人从东宫迎接太子元诩来到显阳殿。王显想等天亮以后再为太子举行即位仪式，崔光说："皇位不可以片刻无主，为什么要等到天亮呢？"王显说："必须报告中宫皇后。"崔光说："皇上驾崩，太子即位，这是国家正常的规定，何必要等侍中宫的旨令呢！"于是，崔光等人请求太子停止哭泣，站在东面；于忠和黄门侍郎元昭搀扶太子面向西哭了十多声后停止了哭泣。崔光代理太尉的职务，捧着策书献上印玺和绶带，太子跪着接受了，穿上礼服，走上太极殿，即皇帝位。崔光等人和夜间值勤的官员站立在庭中，向北叩头高呼万岁。元昭是北魏略阳公元遵的重孙子。

二月庚辰（初七），北魏尊封皇后为皇太后。

北魏孝明帝自己称名写信给高肇报告丧事，并且召他回朝。高肇承受着这种变故非常忧伤、惊惧，整日哭泣，甚至越来越瘦弱憔悴，回到瀍涧时，家里人迎接他，他却不与他们见面。辛巳（初八），他来到皇宫前，登上太极殿穿着丧服号哭。高阳王元雍和于忠秘密商议，将值寝邢豹等十多人埋伏在舍人省内，等到高肇哭完，把他引入西殿，清河王等众王都偷偷交谈着看着他。高肇进了舍人省，邢豹等人扼杀了他，接着，下令公布高肇的罪恶，假称高肇自杀，因此，对他的亲友全都没有加以追究。又剥夺了他的职务、爵位，用士大夫的礼节安葬。到了黄昏，从侧门把他的尸体运回他家。

甲午（二十一日），北魏将宣武帝安葬在景陵，庙号为世宗。己亥（二十六日），尊胡贵嫔为皇太妃。三月甲辰朔（初一），作了尼姑的高太后，被迫迁居到金塘瑶光寺，不遇到大的节日庆典，不许入宫。

北魏的于忠既担任侍中，又总管禁卫事务，于是他独揽朝政，权倾一时。起初，在太和年间，国家频繁用兵，孝文帝为了用度不足的原因，把百官的俸禄减少了四分之一。于忠下令全部恢复了减少的俸禄。旧法规定：百姓每织一匹绢要交八两绵，每织一匹布要交十五斤麻作为税收，于忠都加以免除。乙丑（二十二日），朝廷诏令使文武百官每人晋升一级。

众大臣上书请求太后临朝，她的命令称为"制"，作行皇帝的权力，九月乙未（疑误），胡太后开始临朝听政，但还是不称"制"而称令，大臣们上书仍称呼她为殿下。太后聪明机智，非常喜爱读书写作，射箭能射中针孔，一切政务都亲手批阅处理。她提拔父亲胡国珍为侍中，封为安定公。

自从郭祚等人死后，诏书、命令、生杀予夺之权都由于忠决定，王公们都畏惧他，人人蹑手蹑脚、敛声屏气。太后亲政后，就解除了于忠侍中、领军、崇训卫尉的职务，只让他作仪同三司、尚书令。过了十几天，太后把门下侍官叫到崇训宫，问道："于忠在朝廷中为百官之首，声望如何？"众人都说："他不称职。"于是就让于忠出朝任都督冀、定、瀛三州诸军事，征北大将军，冀州刺史；让司空元澄兼任尚书令。元澄上书说："安定公应当可以出入宫禁，并参议重大事务。"诏令批准了他的请求。

当初，北魏的于忠掌握朝中权力，自称宣武帝答应加封他，太傅元雍等人都不敢违背圣旨，于是加封于忠为车骑大将军。于忠又自认为在新旧交替时有安定国家政权的功劳，示意官员们上书建议给他增加奖赏，因此元雍等议封于忠为常山郡公。于忠却又不敢独享，就示意给在门下省的人一同增加封地。元雍等人不得已只好又封崔光为博平县公，而尚书元昭等人不断地上书投诉。胡太后就命令大臣们再次商议，太傅元怿等人上书说："先帝升天后，迎接新主、保护防卫，本是作臣子的正常职务，不应当把这个当作功劳。我们从前建议授予于忠封地，正因为畏惧他的威风和权势，不过想暂时免除残暴的行为。如果把功劳和过失相抵，全不应当奖赏，请求全部追还封赏。"崔光也送还封地和官爵，书表递上了十几份，太后终于采纳了。

高阳王元雍上书自责，说道："我刚刚进入柏堂时，看到圣上的诏书旨令都由门下省做主，臣子做主，国君执行，深知这种事不该发生但却不能禁止。于忠独揽朝权，随意生杀予夺，但是我不敢违抗。于忠一心想杀掉我，幸亏在位任事的崔光坚持不允许。我想把于忠逐出京外，心愿还没达到就被于忠破坏。我这样不理政务空食俸禄，辜负了圣上对我的恩惠，请将我免去职位遣返回家，心甘情愿地听从司寇的处置。"太后因为于忠有过保护她的功劳，没有查问他的罪过。十二月辛丑（疑误），任命于忠为太师，兼任司州牧，不久又重任录尚书事，和太傅元怿、太保元怀、侍中胡国珍居住在门下省，一同治理朝政。

胡太后因为孝明帝年龄尚幼，不能亲理朝政，便想代替他进行祭祀之事，礼官多方议论后认为不可以。太后以这事询问侍中崔光，崔光引用汉朝和熹邓太后祭宗庙的旧事，认为可以，太后非常高兴，于是代行祭祀的事务。

北魏胡太后多次驾临皇室贵戚以及功臣显贵的家中，侍中崔光上书劝谏说："《礼记》上讲，诸侯如果不是为了慰问病人或追悼死人而进入大臣的家中，就叫作君臣之间失礼戏谑。没有提到王后夫人，是为了表明她们根本没有去大臣家的道理。诸侯的夫人，父母在时可以回家问候，父母不在就派大臣去问候。汉朝的上官皇后将要废掉昌邑王时，霍光是她的外祖父，担任宰相，皇后仍然悬挂武帐来接见众大臣，是为了表明男女要加以区分。现在皇族正当繁衍兴盛之时，宗戚勋贵升官的很多，请您的人就多起来了，快要成为常规了。希望您减少和停止出游探视，如此则天下归心，众生仰戴了。"

【原文】

十六年（丁酉，517年）

魏初，民间皆不用钱，高祖太和十九年，始铸太和五铢钱，遣钱工在所鼓铸；民有欲铸钱者，听就官炉，铜必精练，无得淆杂。世宗永平三年，又铸五铢钱，禁天下用钱不依准式者。既而洛阳及诸州镇所用钱各不同，商货不通。尚书令任城王澄上言，以为："不行之钱，律有明式，指谓鸡眼、𨱌凿，更无余禁。计河南诸州今所行悉非制限，昔来绳禁，愚窃惑焉。又河北既无新钱，复禁旧者，专以单丝之嫌、疏缕之布，狭幅促度，不中常式，裂匹为尺，以济有无，徒成杼轴之劳，不免饥寒之苦，殆非所救恤冻馁，子育黎元之意也。钱之为用，贯襁相属，不假度量，平均简易，济世之宜，谓为深允。乞并下诸方州镇，其太和与新铸五铢及古诸钱方俗所便用者，但内外全好，虽有大小之异，并得通行，贵贱之差，自依乡价。庶货环海内，公私无壅。其鸡眼、𨱵凿及盗铸、毁大为小、生新巧伪不如法者，据律罪之。"诏从之。然河北少钱，民犹用物交易，钱不入市。

【译文】

十六年（丁酉，公元 517 年）

北魏初建立时，民间都不使用钱币，孝文帝太和十九年时，开始铸造太和五铢钱，派钱工在工场铸造。百姓中有想铸钱的人，就让他们到国家的铸炉去铸造，铜一定要精炼，不能混杂。宣武帝永平三年，又铸造五铢钱，禁止国内使用不合标准的钱。这样不久，由于洛阳和各州镇所用钱各不相同，商品货物不能交换、流通。尚书令任城王元澄上书，认为："不通行的钱，法律有明文规定，指那些薄小、凿边的钱币，再没有其他的限禁。估计河南各州现在所通行的钱币都不是禁止行列里的，从前发生禁止的事，我感到很困惑。另外，河北既没有新钱，又禁止使用旧钱，只好专用单丝织成的细绢以及疏线织成的粗布，它们幅面狭窄，尺度也不足，不合常规。把一匹布分成几尺，来救济没有的人，白白地费了机织的辛苦，却不能避免饥寒的困扰，这大概不是救济扶助冻饿之人的办法，也不符合养育百姓的本意吧。钱的使用，用绳子穿起来，不用凭借度量工具，既公平又简易，是方便百姓的好办法，确实是再合适不过了的。请求同时命令各个州镇，不管是太和钱还是新铸的五铢钱，以及古时通行的钱币，凡是地方上一直使用的，只要里外都好，即使有大小的区别，也都一起通行，贵贱的差别，分别按乡里的物价折合。这样，货物在海内都可流通，公家、私人都可以开展贸易，财物再也不会积压了。那些专铸薄小之钱、凿边之钱、盗铸钱币、将大钱化成小钱以及用各种花招造假钱的人，一律按法律制裁。"胡太后下令同意他的意见。但由于河北缺少钱币，百姓仍然以物易物，钱币不能进入市面流通。

【原文】

十七年（戊戌，518年）

临川王宏妾弟吴法寿杀人而匿于宏府中，上敕宏出之，即日伏辜。南司奏免宏官，上注曰："爱宏者兄弟私亲，免宏者王者正法；所奏可。"五月，戊寅，司徒、骠骑大将军、扬州刺史临川王宏免。

宏自洛口之败，常怀愧愤，都下每有窃发，辄以宏为名，屡为有司所奏，上每赦之。上幸光宅寺，有盗伏于骠骑航，待上夜出；上将行，心动，乃于朱雀航过。事发，称为宏所使，上泣谓宏曰："我人才胜汝百倍，当此犹恐不堪，汝何为者？我非不能为汉文帝，念汝愚耳！"宏顿首称无之，故因匿法寿免宏官。

宏奢僭过度，殖货无厌。库屋垂百间，在内堂之后，关龠甚严，有疑是铠仗者，密以闻。上于友爱甚厚，殊不悦。他日，送盛馔与宏爱妾江氏曰："当来就汝欢宴。"独携故人射声校尉丘佗卿往，与宏及江大饮，半醉后，谓曰："我今欲履行汝后房。"即呼舆径往堂后，宏恐上见其货贿，颜色怖惧。上意益疑之，于是屋屋检视，每钱百万为一聚，黄榜标之，千万为一库，悬一紫标，如此三十余间。上与佗卿屈指计，见钱三亿余万，余屋贮布绢丝绵漆蜜纻蜡等杂货，但见满库，不知多少。上始知非仗，大悦，谓曰："阿六，汝生计大可！"乃更剧饮至夜，举烛而还。兄弟方更敦睦。

宏都下有数十邸，出悬钱立券，每以田宅邸店悬上文契，期讫，便驱券主夺其宅，都下、东土百姓，失业非一。上后知之，制悬券不得复驱夺，自此始。

侍中、领军将军吴平侯昺，雅有风力，为上所重，军国大事皆与议决，以为安右将军，监扬州。昺自以越亲居扬州，涕泣恳让，上不许。在州尤称明断，符教严整。

辛巳，以宏为中军将军、中书监，六月，乙酉，又以本号行司徒。

臣光曰：宏为将则覆三军，为臣则涉大逆，高祖贷其死罪可矣。数旬之间，还为三公，于兄弟之恩诚厚矣，王者之法果安在哉！

【译文】

十七年（戊戌，公元518年）

临川王萧宏的小妾的弟弟吴法寿杀人之后藏在萧宏府内，梁武帝命令萧宏交出他，当天就把吴法寿依法治罪。南司奏请免去萧宏官职，梁武帝在奏折上批示："怜爱萧宏是兄弟的私情，免除萧宏的官职是帝王的法律，批准南司的奏请。"五月戊寅（二十四日），司徒、骠骑大将军、扬州刺史临川王萧宏被免职。

萧宏自从兵败洛口之后，常常怀着羞愧、愤恨之恼，京城中每当发生了造反作乱，都打着萧宏的名号，因此多次被有关部门汇报，梁武帝宽恕了他。梁武帝临幸光宅寺，有强盗埋伏在萧宏府前以萧宏的官名命名的浮桥骠骑航上，等待梁武帝夜晚出来。梁武帝刚要出发，忽然心中一阵惊悸，于是便从另一座叫朱雀航的桥上过。事情暴露后，贼人口称是受萧宏指使，梁武帝哭着对萧宏说："我的人品才能胜过你百倍，但是处在皇位上还感到力不从心，你能做什么？我不是不能如同汉文帝诛杀淮南王刘长那样把你杀掉，而是可怜你愚蠢啊！"萧宏叩头说没有这事，但是终于因为藏匿吴法寿被免了官。

萧宏奢侈无度，暴敛无厌。他有库房将近一百间，位于内堂的后面，平时看守、防备非常严密，有人怀疑里面是兵器，便秘密上报了梁武帝。梁武帝对兄弟友爱看得很重，所以很不高兴。有一天，梁武帝送给萧宏的爱妾江氏丰盛的酒菜，并说："我要来你家畅饮。"到时他只带了老部下射声校尉丘佗卿前去，和萧宏以及江氏开怀畅饮。半醉之后，梁武帝说："我现在要去你的后房走走。"就叫来轿子，一直前往后堂，萧宏恐怕武帝看到他的财物，脸色十分惊恐。于是梁武帝心中更加怀疑他了，便把每间房子都检查了一遍，发现萧宏把每一百万钱堆为一处，用黄色木片作为标志，每一千万钱存在一间库房之中，挂一个紫色标志，这样有三十多间。梁武帝和丘佗卿屈指计算，算出有现钱三亿多万，其他的房间贮存着布、绢、丝、绵、漆、蜜、纻麻、蜡等杂货，只见满库都是，不知有多少。梁武帝这才知道库里放的不是兵器，非常高兴，说："阿六，你的生计真可以啊！"于是再行痛饮直到夜里，举着蜡烛回宫。兄弟俩才重归于好了。

萧宏在京城里有数十处府第，他放债立债券时，总是让借债者把自己的田宅或店铺作为抵押写在文契之上，过了期，就把借债者驱赶走，从而夺取他们的住宅，京城和东土百姓不止一人失去产业。梁武帝后来知道了这事，下令不得再以债券侵夺欠债者的产业，这一规定就是从此而开始的。

侍中、领军将军吴平侯萧昺，特别有风度，有骨气，被梁武帝所看重，因此军队、国家的大事都和他商量处理，让他作安右将军，监扬州。萧昺认为让自己驻守扬州不合适，扬州是京邑之地，应当由皇上的亲兄弟来镇守，而自己是皇上的堂弟，不能超越皇上兄弟之亲。因此便流着泪恳切地推辞，但梁武帝不许他推辞。萧昺治理扬州尤其称得上明察果断、政令严整。

辛巳（二十七日），梁武帝任命萧宏为中军将军、中书监，六月乙酉（初一），又任命他以中军将军的官号兼司徒。

臣司马光曰：萧宏作将领则覆没三军，作臣子则有大逆不道之涉，梁武帝饶恕他的死罪是可以的，但是几十天里，又重新让他位列王公，这从兄弟的恩情讲是诚厚的了，可是帝王的法度果真在哪里呢！

资治通鉴第一百四十九卷

梁纪五

【原文】

高祖武皇帝五天监十八年（己亥，519年）

魏征西将军张彝之子仲瑀上封事，求铨削选格，排抑武人，不使豫清品。于是喧谤盈路，立榜大巷，克期会集，屠害其家；彝父子晏然，不以为意。二月，庚午，羽林、虎贲近千人，相帅至尚书省诟骂，求仲瑀兄左民郎中始均不获，以瓦石击省门；上下慑惧，莫敢禁讨。遂持火掠道中薪蒿，以杖石为兵器，直造其第，曳彝堂下，捶辱极意，焚其第舍。始均逾坦走，复还拜贼，请其父命，贼就殴击，生投之火中。仲瑀重伤走免，彝仅有余息，再宿而死。远近震骇。胡太后收掩羽林、虎贲凶强者八人斩之，其余不复穷治。乙亥，大赦以安之，因令武官得依资入选。识者知魏之将乱矣。

时官员既少，应选者多，吏部尚书李韶铨注不行，大致怨嗟；更以殿中尚书崔亮为吏部尚书。亮奏为格制，不问士之贤愚，专以停解月日为断，沈滞者皆称其能。亮甥司空谘议刘景安与亮书曰："殷、周以乡塾贡士，两汉由州郡荐才，魏、晋因循，又置中正，虽未尽美，应什收六七。而朝廷贡才，止求其文，不取其理，察孝廉唯论章句，不及治道，立中正不考才行，空辩氏姓，取士之途不博，沙汰之理未精。舅属当铨衡，宜改张易调，如何反为停年格以限之，天下士子谁复修厉名行哉！"亮复书曰："汝所言乃有深致。吾昨为此格，有由而然。古今不同，时宜须异。昔子产铸刑书以救弊，叔向讥之以正法，何异汝以古礼难权宜哉！"洛阳令代人薛琡上书言："黎元之命，系于长吏，若以选曹唯取年劳，不简能否，义均行雁，次若贯鱼，执簿呼名，一吏足矣，数人而用，何谓铨衡！"书奏，不报。后因请见，复奏"乞令王公贵臣荐贤以补郡县"，诏公卿议之，事亦寝。其后甄琛等继亮为吏部尚书，利其便己，踵而行之，魏之选举失人，自亮始也。

初，燕燕郡太守高湖奔魏，其子谧为侍御史，坐法徙怀朔镇，世居北边，遂习鲜卑之俗。谧孙欢，沈深有大志，家贫，执役在平城，富人娄氏女见而奇之，遂嫁焉。始有马，得给镇为函使，至洛阳，见张彝之死，还家，倾赀以结客。或问其故，欢曰："宿卫相帅焚大臣之第，朝廷惧其乱而不问，为政如此，事可知矣，财物岂可常守邪！"欢与怀朔省事云中司马子如、秀容刘贵、中山贾显智、户曹史咸阳孙腾、外兵史怀朔侯景、狱掾善无尉景、广宁蔡俊、特相友善，并以任侠雄于乡里。

魏累世强盛，东夷、西域贡献不绝，又立互市以致南货，至是府库盈溢。胡太后尝幸绢藏，命王公嫔主从行者百余人各自负绢，称力取之，少者不减百余匹。尚书令·仪同三司李崇、章武王融，负绢过重，颠仆于地，崇伤腰，融损足，太后夺其绢，使空出，时人笑之。融，太洛之子也。侍中崔光止取两匹，太后怪其少，对曰："臣两手唯堪两匹。"众皆愧之。

时魏宗室权幸之臣，竞为豪侈，高阳王雍，富贵冠一国，宫室园圃，侔于禁苑，僮仆六千，妓女五百，出则仪卫塞道路，归则歌吹连日夜，一食直钱数万。李崇富埒于雍而性俭啬，尝谓人曰："高阳一食，敌我千日。"

河间王琛，每欲与雍争富，骏马十余匹，皆以银为槽，窗户之上，玉凤衔铃，金龙吐珮。尝会诸王宴饮，酒器有水精锋，马脑碗，赤玉卮，制作精巧，皆中国所无。又陈女乐、名马及诸奇宝，复引诸王历观府库，金钱缯布不可胜计。顾谓章武王融曰："不恨我不见石崇，恨石崇不见我。"融素以富自负，归而愧叹三日。京兆王继闻而省之，谓曰："卿之货财计不减于彼，何为愧羡乃尔？"融曰："始谓富于我者独高阳耳，不意复有河间！"继曰："卿似袁术在淮南，不知世间复有刘备耳。"融乃笑而起。

太后好佛，营建诸寺，无复穷已，令诸州各建五级浮图，民力疲弊。诸王、贵人、宦官、羽林各建寺于洛阳，相高以壮丽。太后数设斋会，施僧物动以万计，赏赐左右无节，所费不赀，而未尝施惠及民。府库渐虚，乃减削百官禄力。任城王澄上表，以为"萧衍常蓄窥觎之志，宜及国家强盛，将士旅力，早图混壹之功。比年以来，公私贫困，宜节省浮费以周急务。"太后虽不能用，常优礼之。

江苏南京鸡鸣寺　南北朝

鸡鸣寺初名同泰寺，为梁武帝所建，当时寺院规模居金陵诸寺之首，梁武帝曾四次舍身寺中。

魏自永平以来，营明堂、辟雍，役者多不过千人，有司复借以修寺及供他役，十余年竟不能成。起部郎源子恭上书，以为"废经国之务，资不急之费，宜彻减诸役，早图就功，使祖宗有严配之期，苍生有礼乐之富。"诏从之，然亦不能成也。

【译文】

梁武帝天监十八年（己亥，公元519年）

北魏征西将军张彝的儿子张仲瑀上书，请奏修订选官的规定，以限制武将，不让他们在朝中列入士大夫的清品。因此，议论和抗议之声到处都是，这些人在大街上张榜，约定集合时间，要去屠灭张家。张彝父子却平静自如，不把这件事放在心上。二月庚午（二十日），羽林、虎贲等将近一千人，一同来到尚书省叫骂，寻找张仲瑀的哥哥左民郎中张始均，没有找到，就用瓦片、石块砸尚书省的大门。尚书省的官吏们都很害怕，没有人敢去阻挡他们。于是这些武士们又手执火把引燃了路上的蒿草，用石头、木棍作为兵器，一直攻入张家住宅，将张彝拖到堂下，尽情地捶打污辱，并且烧毁了他的住房。张始均跳墙逃跑了，但又赶回来向贼兵求饶，请求他们饶他父亲不死，贼兵们趁势殴打他，将他活活投到火里。张仲瑀受伤逃脱了，张彝被打得只剩一丝游气，过了两晚就死掉了。远近都因这件事而受到震惊。但是胡太后只抓了闹事的羽林、虎贲中的八个首恶分子，杀掉了他们，其他的就不再追究了。乙亥（二十五日），又颁布了大赦令来安抚他们，于是命令武官可以按资格入选。有识之士知道北魏将要发生动乱了。

　　当时官员名额已经很少，应选的人都很多，吏部尚书李韶停止选择录用工作，遭到很多埋怨；于是朝廷便另外任命殿中尚书崔亮为吏部尚书。崔亮奏请制定了新的录用标准。规定不管应选者是贤是愚，只以其待选的时间为依据，时间长者优选录用，因此那些长时间待选的人都称赞他有才能。崔亮的外甥司空谘议刘景安给崔亮写信说："商周时期由乡间学校选拔官员，两汉时期由州郡推荐人才，魏晋两代因循汉代旧例，又在各州郡设置了中正的职位主管这件事，虽然没达到尽善尽美的程度，但是所选的人才每十人中也有六七人是应当入选的。然而朝廷选拔人才，只要求他们文采好，而不考察他们的本体如何，考察孝廉只根据他们的章句学问如何，而不看他们有无治理国家的方法。设立中正官职只辨识他们的姓氏，而不考察应选者的才能、品行，选取士人的路途不广，淘汰的办法不严密。舅舅您被委任来主管铨选官员之事，本应改换掉那些不妥的章程，为什么反而以年资长短为任用的标准，这样一来，天下的士人谁还会再注意修励自己的名节和品行呢！"崔亮回信说："你所说的的确有深刻的道理，但是我前不久采取的那种办法，也有它的道理，古今不同，时机合适时便应当加以变革。从前子产铸造青铜刑书来挽救时弊，但是叔向以不合先王之法来讥刺他，这和你用古代礼法来责难随时变化有什么不同！"

洛阳令代京人薛琡上书说："百姓的性命，掌握在官吏的手上，如果选拔官吏只按他们的年资，而不问他们的能力大小，像排队飞行的大雁一样按顺序来，或像穿在一起的鱼一样由先而后地拿着名册叫名字，那么吏部只需一名官吏就足够了，按顺序用人，怎能叫作铨选人才呢！"薛琡的上书交上之后，没有得到答复。后来薛琡又因此而请求拜见皇上，再次上奏："请求陛下命令王公大臣推荐贤才来补任郡县长官的职务。"因此北魏孝明帝下令让大臣们议定这件事，但是事情亦没有下文。后来，甄琛等人接替崔亮作了吏部尚书，因论资排辈这种办法对自己有便利，就继续奉行，北魏的选拔任用官员不得当，是从崔亮开始的。

当初，燕国的燕郡太守高湖逃奔魏国，他的儿子高谧作了侍御史，因为犯了法被流放到怀朔镇，几代人居住在北部边疆，于是就养成了鲜卑人的风俗习惯。高谧的孙子高欢，深沉而有大志，家境贫困，在平城服役，富家娄氏的女儿看到他，认为他不同一般，便嫁给了他。他这才有了马匹，得以充当镇上的信使。他到洛阳时，见到张彝被打死一事，回到家之后，就倾尽财物来结识宾客。有人问他为什么这样做，高欢说："皇宫中的卫兵们结伙起来焚烧了大臣的住宅，朝廷却畏惧他们叛乱而不敢过问，执政到了这种地步，事态如何便可想而知了，岂可死守着这些财物而过一辈子呢？"高欢和怀朔省事云中人司马子如、秀容人刘贵、中山人贾显智、户曹史咸阳人孙腾、外兵史怀朔人侯景、狱掾善无人尉景、广宁人蔡俊等人，特别地友好亲密，他们均以仗义任气而称雄于乡里。

北魏接连几代都很强盛，东夷、西域都不断地向其进贡，他们又设立了互换物品的市场来取得南方的货物，因此国库非常充实。胡太后曾经临幸藏绢的仓库，命令随行的一百多个王公、妃嫔、公主各自取绢，按自己的力气而取之，拿得最少的也不下一百多匹。尚书令、仪同三司李崇和章武王元融因为扛的绢太重，跌倒在地，李崇扭伤了腰，元融扭伤了脚，胡太后夺下了他们的绢，让他们空手而出，当时的人们都把这事当成了笑话。元融是元太洛的儿子。侍中崔光只取了两匹，胡太后嫌他拿得少，他回答说："我的两只手只能拿得动两匹绢。"其他的人听了后都很惭愧。

当时北魏宗族中受宠掌权的大臣们都争比奢侈豪华。高阳王元雍是全国的首富,他的宫室园林和帝王的园林不差上下,有六千男仆,五百艺伎,出门时仪仗卫队充塞道路,回家后就整日整夜地吹拉弹唱,一顿饭价值几万钱。李崇与元雍同样富,但他生性吝啬,他曾对人说:"高阳王的一顿饭,等于我一千日的费用。"

河间王元琛,总是想和元雍比富,他有十多匹骏马,马槽都是用银子做的,房屋的窗户之上,都雕饰着玉凤衔铃,金龙吐绥,真是金碧辉煌。他曾经召集众王一同设宴饮酒,所用酒器有水精盅、玛瑙碗、赤玉杯,制作精巧,全都是中原所没有的。他陈列艺伎、名马和各种珍奇宝贝,又带领众王一一参观府库,其中金钱布帛不可胜数,他回头对章武王元融说:"我不恨自己看不见石崇,只恨石崇看不到我。"元融一向因为富有而自负,回府后却伤心叹息了三天。京兆王元继知道这一情况之后去见他,对他说:"你的财物算起来不比他的少,为什么这么嫉妒他呢?"元融说:"开始时我认为比我富的人只有高阳王,不料还有河间王!"元继说:"你就像在淮南的袁术,不知道世上还有个刘备呀。"元融这才笑着坐起来了。

胡太后爱好佛教,没完没了地修建各种寺庙,下令各州分别修建五级佛塔,以致百姓的财力匮乏,疲惫不堪。众位王爷、权贵、宦官、羽林分别在洛阳修建寺庙,互相用寺庙的华丽来炫耀自己。胡太后多次设立斋戒大会,给僧人的布施动辄以万计数,又常常没有节度地赏赐身边的人,耗费的财物不可计量,却不曾把好处施舍到百姓头上。这样,国库渐渐空虚,于是就削减众官员的俸禄和随员。任城王元澄上书,指出:"萧衍一直对我国蓄有觊觎之心,所以我们应当趁国家强盛,兵强马壮,早日规划统一大业。但是近年以来,国家和个人都很贫困,所以应当节制不必要的费用,以便周给急务之需。"胡太后虽然没有采用他的意见,但因此而常优待礼遇他。

北魏从永平年间以来,为修建明堂和太学而服役的人最多不超过一千人,有关部门又把这些人借去修建寺庙和服其他劳役,因此十多年仍然没能建成。起部郎源子恭为此而上书,认为:"如此而废弃治国的大业,资助不急需的费用,确为不该,故而应当撤销、减少各种劳役,早日求取明堂、太学完工,使祖宗有配天而享受祭礼之期,百姓可以知晓礼乐。"朝廷下令采纳了他的建议,但明堂和太学仍然不能建成。

【原文】

普通元年（庚子，520年）

春，正月，乙亥朔，改元大赦。

魏太傅、侍中、清河文献王怿，美风仪，胡太后逼而幸之。然素有才能，辅政多所匡益，好文学，礼敬士人，时望甚重。侍中、领军将军元叉在门下，兼总禁兵，恃宠骄恣，志欲无极，怿每裁之以法，叉由是怨之。卫将军、仪同三司刘腾，权倾内外，吏部希腾意，奏用腾弟为郡，人资乖越，怿抑而不奏，腾亦怨之。龙骧府长史宋维，弁之子也，怿荐为通直郎，浮薄无行。叉许维以富贵，使告司染都尉韩文殊父子谋作乱立怿。怿坐禁止，按验，无反状，得释，维当反坐；又言于太后曰："今诛维，后有真反者，人莫敢告。"乃黜维为昌平郡守。叉恐怿终为己害，乃与刘腾密谋，使主食中黄门胡定自列云："怿货定使毒魏主，若己得为帝，许定以富贵。"帝时年十一，信之。秋，七月，丙子，太后在嘉福殿，未御前殿，叉奉帝御显阳殿，腾闭永巷门，太后不得出。怿入，遇叉于含章殿后，叉厉声不听怿入，怿曰："汝欲反邪！"叉曰："叉不反，正欲缚反者耳！"命宗士及直斋执怿衣袂，将入含章东省，使人防守之。腾称诏集公卿议，论怿大逆；众咸畏叉，无敢异者，唯仆射新泰文贞公游肇抗言以为不可，终不下署。

叉、腾持公卿议入，俄面得可，夜中杀怿。于是诈为太后诏，自称有疾，还政于帝。幽太后于北宫宣光殿，宫门昼夜长闭，内外断绝，腾自执管钥，帝亦不得省见，裁听传食而已。太后服膳俱废，不免饥寒，乃叹曰："养虎得噬，我之谓矣。"又使中常侍贾粲侍帝书，密令防察动止。叉遂与太师高阳王雍等同辅政，帝谓叉为姨父。叉与腾表里擅权，叉为外御，腾为内防，常直禁省，共裁刑赏，政无巨细，决于二人，威振内外，百僚重迹。

朝野闻怿死，莫不丧气，胡夷为之髡面者数百人。游肇愤邑而卒。

【译文】

普通元年（庚子，公元 520 年）

春季，正月乙亥（初一），梁朝改年号并大赦天下。

北魏太傅、侍中、清河文献王元怿，神采仪表俱佳，胡太后逼迫和他私通。但是元怿素有才能，辅政多所匡益，又爱好文学，对士大夫很尊敬，在社会上的声望很高。侍中、领军将军元叉在门下省，又兼任统管禁卫之兵，他倚仗太后的宠幸骄傲放肆，穷奢极欲，元怿常常按法律制裁他，因此元叉非常怨恨元怿。卫将军、仪同三司刘腾的权势在朝廷内外都很大，吏部为了讨刘腾的欢心，奏请任命刘腾的弟弟为郡太守，但是因刘腾的弟弟无论才能和资历都不够格，元怿便压下来，不肯上奏，因此刘腾也怨恨他了。龙骧府长史宋维是宋弁的儿子，元怿推荐他作了通直郎，但是宋维实际上是个轻薄无行之徒。元叉答应使宋维荣华富贵，让宋维告司染都尉韩文殊父子二人谋划叛乱，要立元怿为帝。元怿因此而被监禁，经过查验，没有发现谋反的行为，才被释放。宋维因诬告而应当以诬告治罪，元叉对太后说："如果现在杀了宋维，以后有了真反叛的人，谁也不敢报告了。"于是只把宋维贬为昌平郡太守。

元叉怕元怿最终成为自己的心头之患，就和刘腾密谋，让主食中黄门胡定自己供认说："元怿贿赂我，让我毒死皇上，许诺如果他做了皇上，便让我荣华富贵。"北魏孝明帝当时只有十一岁，相信了胡定的诬陷。秋季，七月丙子（初四），胡太后在嘉福殿，没有到前殿来，元叉侍奉皇帝来到显阳殿，刘腾关闭了永巷门，胡太后不能出来。元怿入宫，在含章殿后遇上了元叉，元叉厉声喝止，不许元怿进入，元怿说："你想造反吗？"元叉说："我不造反，我正想抓要造反的人呢！"于是命令宗士和直斋们揪住元怿的衣袖，把他送到含章东省，派人看守住他。刘腾伪称皇上的命令召集公卿们来议论，数说元怿谋反的罪状；大家都畏惧元叉，没有人敢表示不同意见，只有仆射新泰文贞公游肇反驳说元怿不可能谋反，到底也没有下笔签名同意把元怿治罪。

元叉、刘腾拿着王公们的意见进宫，很快就得到孝明帝批准，半夜时杀掉了元怿。于是他们又伪造胡太后的旨令，说她自己有了病，要将政权交还给孝明帝。他们把胡太后囚禁在北宫的宣光殿，宫门昼夜都关闭着，内外隔断，刘腾自己掌管着钥匙，连孝明帝都不能探视，只允许递送食物。胡太后的衣服饮食都不能像原来那样了，因此免不了忍饥受寒，于是她叹息道："养虎却被虎咬了，说的就是我呀。"元叉又派中常侍贾粲陪侍孝明帝读书，暗中命令他提防监视孝明帝的行动。元叉便与太师高阳王元雍等人一同辅政，孝明帝称元叉为姨父。元叉和刘腾内外专权，相互勾结，元叉专管抵挡来自朝廷之外的攻击，刘腾负责对朝廷内部的监视。他们常常在殿中值勤，一同决定赏罚，政事不论大小，都由他们两人决定，他们威震朝廷内外，以致百官们个个小心翼翼，不敢轻举妄动。

　　朝野之人听到元怿的死讯，莫不痛心疾首，甚至胡夷中有好几百人痛哭他的死时都划破了面孔表示悲哀。游肇气愤不过死掉了。

资治通鉴第一百五十卷

梁纪六

【原文】

高祖武皇帝六普通五年（甲辰，524年）

三月，魏以临淮王彧都督北讨诸军事，讨破六韩拔陵。

五月，临淮王彧与破六韩拔陵战于五原，兵败，彧坐削除官爵。安北将军陇西李叔仁又败于白道，贼势日盛。

魏主引丞相、令、仆、尚书、侍中、黄门于显阳殿，问之曰："今寇连恒、朔，逼近金陵，计将安出？"吏部尚书元脩义请遣重臣督军镇恒、朔以捍寇，帝曰："去岁阿那瓌叛乱，遣李崇北征，崇上表求改镇为州，朕以旧章难革，不从其请。寻崇此表，开镇户非冀之心，致有今日之患；但既往难追，聊复略论耳。然崇贵戚重望，器识英敏，意欲遣崇行，何如？"仆射萧宝寅等皆曰："如此，实合群望。"崇曰："臣以六镇遐僻，密迩寇戎，欲以慰悦彼心，岂敢导之为乱！臣罪当就死，陛下赦之；今更遣臣北行，正是报恩改过之秋。但臣年七十，加之疲病，不堪军旅，愿更择贤材。"帝不许。脩义，天赐之子也。

臣光曰：李崇之表，乃所以销祸于未萌，制胜于无形。魏肃宗既不能用，及乱生之后，曾无愧谢之言，乃更以为崇罪，彼不明之君，乌可与谋哉！《诗》云："听言则对，诵言如醉，匪用其良，覆俾我悖"，其是之谓矣。

壬申，加崇使持节、开府仪同三司、北讨大都督，命抚军将军崔暹、镇军将军广阳王深皆受崇节度。深，嘉之子也。

魏自破六韩拔陵之反，二夏、幽、凉，寇盗蜂起。秦州刺史李彦，政刑残虐，在下皆怨，是月，城内薛珍等聚党突入州门，擒彦，杀之，推其党莫折大提为帅，大提自称秦王。魏遣雍州刺史元志讨之。

初，南秦州豪右杨松柏兄弟，数为寇盗，刺史博陵崔游诱之使降，引为主簿，接以辞色，使说下群氐，既而因宴会尽收斩之，由是所部莫不猜惧。游闻李彦死，自知不安，欲逃去，未果；城民张长命、韩祖香、孙掩等攻游，杀之，以城应大提。大提遣其党卜胡袭高平，克之，杀镇将赫连略，行台高元荣。大提寻卒，子念生自称天子，置百官，改元天建。

东西部敕勒皆叛魏，附于破六韩拔陵，魏主始思李崇及广阳王深之言。丙申，下诏："诸州镇军贯非有罪配隶者，皆免为民。"改镇为州，以怀朔镇为朔州，更命朔州曰云州。遣兼黄门侍郎郦道元为大使，抚慰六镇。时六镇已尽叛，道元不果行。

秀容人乞伏莫于聚众攻郡，杀太守；丁酉，南秀容牧子万于乞真杀太仆卿陆延，秀容酋长尔朱荣讨平之。荣，羽健之玄孙也。其祖代勤，尝出猎，部民射虎，误中其髀，代勤拔箭，不复推问，所部莫不感悦。官至肆州刺史，赐爵梁郡公，年九十余而卒；子新兴立。新兴时，畜牧尤蕃息，牛羊驼马，色别为群，弥漫川谷，不可胜数。魏每出师，新兴辄献马及资粮以助军，高祖嘉之。新兴老，请传爵于子荣，魏朝许之。荣神机明决，御众严整。时四方兵起，荣阴有大志，散其畜牧资财，招合骁勇，结纳豪杰，于是侯景、司马子如、贾显度及五原段荣、太安窦泰皆往依之。显度，显智之兄也。

魏广阳王深上言："今六镇尽叛，高车二部亦与之同，以此疲兵击之，必无胜理。不若选练精兵守恒州诸要，更为后图。"遂与李崇引兵还平城。崇谓诸将曰："云中者，白道之冲，贼之咽喉，若此地不全，则并、肆危矣。当留一人镇之，谁可者？"众举费穆，崇乃请穆为朔州刺史。

【译文】

梁武帝普通五年（甲辰，公元524年）

三月，北魏委任临淮王元彧都督北讨诸军事，去讨伐破六韩拔陵。

五月，临淮王元彧同破六韩拔陵在五原交战，战败，元彧因而获罪被削除官爵。安兆将军陇西人李叔仁也在白道战败，因此贼兵的势力日益强盛了。

北魏孝明帝把朝廷中的丞相、令、仆、尚书、侍中、黄门等大臣召到显阳殿，问他们："如今恒、朔之地贼寇蜂起，逼近祖先陵墓金陵，怎么办？"吏部尚书元脩义请求派遣朝廷重臣督领军队镇守恒、朔，以抵御贼寇，孝明帝说："去年阿那瓌叛乱，派遣李崇北征，李崇上表请求改镇为州，朕因为旧的章程难以变更，便没有听从他的请求。思量李崇这个上表，开启了镇上人家的非分之想，以致有今日之患。但是过去的事情难以挽回，这里只是顺便说一下罢了。然而李崇是皇亲贵戚，名望甚重，气量大，识见远，英武机敏，我想派他前去，你们看如何呢？"仆射萧宝寅等都说："这样决定，非常符合众人之心。"李崇说："我考虑到六镇地处偏远，贼寇密布，提出改镇为州是为了安慰取悦当地人之心，岂敢引导他们作乱呢？我罪该万死，陛下仁慈而赦免了我，如今更要派我北行，这对我正是一个报恩改过的机会。但是我年已七十，加之疲病在身，不堪于军旅之事了。希望能另外选择优秀人才。"孝明帝没有答应。元脩义是元天赐的儿子。

臣司马光曰：李崇的上表，是为了消除祸乱于未发之时，制敌取胜于无形之中。魏孝明帝既不能采纳他的建议，到祸乱产生之后，不但没有半点愧谢之言，反而更把这认为是李崇的罪过，那个不明智的君主，怎么可以同他谋事呢！《诗经》："听到美言便应对，念诵诗书如陶醉，良善之言不采用，反责我等行逆罪。"说的是这个意思了。

壬申（二十三日），北魏委任李崇为使持节、开府仪同三司、北讨大都督，命令抚军将军崔暹、镇军将军广阳王元深一并接受李崇指挥调遣。元深是元嘉的儿子。

北魏自从破六韩拔陵造反以来，二夏、豳、凉等地寇盗蜂起。秦州刺史李彦施政严苛，刑罚残酷，无人不怨。这月，城内薛珍等人结伙闯入州府门，抓住了李彦，杀了他，推举同党莫折大提为元帅，莫折大提自称为秦王。北魏派遣雍州刺史元志去讨伐。

起初，南秦州的豪强杨松柏兄弟几番为寇，刺史博陵人崔游引诱他投降，提他做了主簿，以亲近的言语和态度接待了他，让他去游说下面的氐族部落，事成之后借宴会之机把他们全部抓起来斩了，因此部下无不猜忌惧怕。崔游得知李彦的死讯之后，知道自己不会有好下场，想逃走，但没有得逞。城中百姓张长命、韩祖香、孙掩等人攻打崔游，杀了他，率全城百姓响应莫折大提。莫折大提派他的党徒卜胡袭击高平，攻克该城，杀了镇将赫连略和行台高元荣。莫折大提很快便去世，他的儿子莫折念生自称为天子，设置百官，改年号为天建。

东部和西部的敕勒人都反叛了北魏，投附于破六韩拔陵，北魏孝明帝这才开始想到了李崇和广阳王元深曾经说过的话。丙申（八月十八日），孝明帝诏令："各州镇在册的军人中凡不是因犯罪而被流放服役的，全都免为平民。"改镇为州，以怀朔镇为朔州，又改名朔州为云州。派遣兼黄门侍郎郦道元为大使，让他去安抚宣慰六镇。当时六镇已经全部反叛，郦道元没有成行。

秀容人乞伏莫于聚众攻打郡城，杀了太守。丁酉（十九日），南秀容的放牧人万于乞真杀了太仆卿陆延，秀容的酋长尔朱荣讨伐平定了这场叛乱。尔朱荣是尔朱羽健的玄孙。尔朱荣的祖父尔朱代勤，一次出外打猎，他的部落中的一个成员射虎，误中了他的大腿，他把箭拔出来，没有问罪于该人，因此部落成员们莫不对他心悦诚服。尔朱代勤为官做到肆州刺史，受赐爵位梁郡公，活了九十多岁才去世。他的儿子尔朱新兴继承了爵位。尔朱新兴做酋长之时，畜牧业尤其兴旺，牛、羊、骆驼和马，以毛色分群，弥漫于川谷之中，数量多得无法计算。北魏每到出兵之时，尔朱新兴便献上马匹以及军资粮食等来帮助军队，孝文帝经常表彰他。尔朱新兴年老了，请求把爵位传给尔朱荣，北魏朝廷准许了。尔朱荣心机神妙，明察而有决断，管理部属特别严格。当时四方兵起，烽火遍地，尔朱荣心中暗藏大志，把自己的牲畜钱财散发众人，招募纠合骁勇之徒，结交招纳豪杰，于是侯景、司马子如、贾显度以及五原人段荣、太安人窦泰等人都去依附了他。贾显度是贾显智的哥哥。

（十月）北魏广阳王元深上书说："如今六镇全都反叛了，高车二部的情况也与六镇相同，以这样的疲劳之兵攻打他们，必定没有取胜的道理。所以，不如挑选演练精兵把守恒州的各个要冲之地，再作以后的打算。"于是便与李崇领兵回到了平城。李崇对众将说："云中是白道的要冲，叛贼的咽喉要害，如果此地保不住，那么并州和肆州就危险了。所以，应当留下一个人镇守，谁来承当呢？"众人推举费穆，李崇便奏请任命费穆为朔州刺史。

【原文】

六年（乙巳，525年）

初，魏刘腾既卒，胡太后及魏主左右防卫微缓。元叉亦自宽，时出游于外，留连不返，其所亲谏，叉不纳；太后察知之。去秋，太后对帝谓群臣曰："今隔绝我母子，不听往来，复何用我为！我当出家，修道于嵩山闲居寺耳。"因自欲下发；帝及群臣叩头泣涕，殷勤苦请，太后声色愈厉。帝乃宿于嘉福殿，积数日，遂与太后密谋黜叉。然帝深匿形迹，太后有忿恚，欲得往来显阳之言，皆以告叉；又对叉流涕，叙太后欲出家，忧怖之心日有数四。叉殊不以为疑，乃劝帝从太后所欲。于是太后数御显阳殿，二宫无复禁碍。叉举元法僧为徐州，法僧反，太后数以为言，叉深愧悔。

丞相高阳王雍，虽位居叉上，而深畏惮之。会太后与帝游洛水，雍邀二宫幸其第。日晏，帝与太后至雍内室，从官皆不得入，遂相与定图叉之计。于是太后谓叉曰："元郎若忠于朝廷，无反心，何故不去领军，以余官辅政！"叉甚惧，免冠求解领军。乃以叉为骠骑大将军、开府仪同三司、尚书令、侍中、领左右。

魏元叉虽解兵权，犹总任内外，殊不自意有废黜之理。胡太后意犹豫未决，侍中穆绍劝太后速去之。绍，亮之子也。潘嫔有宠于魏主，宦官张景嵩说之云，"叉欲害嫔"。嫔泣诉于帝曰："叉非独欲害妾，将不利于陛下。"帝信之，因叉出宿，解叉侍中。明旦，叉将入宫，门者不纳。辛卯，太后复临朝摄政，下诏追削刘腾官爵，除叉名为民。

清河国郎中令韩子熙上书为清河王怿讼冤，乞诛元叉等曰："昔赵高柄秦，令关东鼎沸；今元叉专魏，使四方云扰。开逆之端，起于宋维，成祸之末，良由刘腾，宜枭首洿宫，斩骸沈族，以明其罪。"太后命发刘腾之墓，露散其骨，籍家没赀，尽杀其养子。以子熙为中书舍人。子熙，麒麟之孙也。

【译文】

六年（乙巳，公元525年）

早先之时，北魏的刘腾死了之后，胡太后以及北魏孝明帝身边的监视稍微有所松缓。元叉也觉得宽心了不少，便时常出外游玩，留连而不返，他的亲信多次劝谏，但他根本不听；胡太后察知了这一情况。去年秋天，胡太后当着孝明帝问众臣子们说："现在把我们母子隔绝开来，不允许我们互相往来，那么我还有什么用处呢！我应当去出家，去嵩山闲居寺修行当尼姑。"因此自己便要剃发，孝明帝以及群臣们磕头流泪，哀哀苦求，胡太后言语表情却更加严厉了，执意要出家做尼姑，不肯改变主意。于是孝明帝便住在了嘉福殿，一连住了好几天，同胡太后一起密谋要贬黜元叉。然而，孝明帝故意深匿形迹，没有行动，胡太后也做出特别愤恨的样子，孝明帝便把胡太后想常来显阳殿见自己的话全告诉了元叉；孝明帝还流着泪水对元叉讲述了胡太后想出家当尼姑一事，并特意表现出担忧害怕的样子，一天之内便讲了四次。元叉对此毫无所疑，便劝孝明帝顺从胡太后的要求。于是胡太后数次住宿于显阳殿，两宫之间不再有什么禁限了。元叉推荐元法僧出任徐州刺史，元法僧反叛，胡太后多次以此事发议论，元叉深自愧悔。

丞相高阳王元雍，虽然位居元叉之上，然而却特别惧怕元叉。正好胡太后与孝明帝到洛水游玩，元雍便邀请他们临幸自己府上。日落之时，孝明帝与胡太后进入元雍的内室，随从的官员们都不许进去，于是便一起制定了收拾元叉的计谋。因此，胡太后对元叉说："元郎如果忠于朝廷，没有反心的话，为什么不辞去领军之职，只担任其余的官职来辅政呢！"元叉听了特别害怕，摘下帽子请求解除自己的领军一职。于是，朝廷便任命元叉为骠骑大将军、开府仪同三司、尚书令、侍中、领左右。

北魏元叉虽然被解除了兵权，但还总管朝廷内外之事，所以一点也不觉得自己有被废黜的可能。胡太后心里也犹豫不决，侍中穆绍劝说胡太后迅速除去元叉。穆绍是穆亮的儿子。潘嫔有宠于孝明帝，宦官张景嵩游说她，说："元叉要谋害您。"潘嫔也哭着向孝明帝诉说："元叉不仅仅要害我，而且还将对陛下使坏。"孝明帝相信了他们的话，便借元叉出宫住宿之机，解除了他的侍中之职。第二天早晨，元叉将要进宫。守门的没有让他进去。辛卯（四月十七日），胡太后再次临朝摄政。她下诏书追削去刘腾的官爵，把元叉贬为平民。

清河国的郎中令韩子熙上书朝廷为清河王元怿鸣冤，请求诛死元叉等人，上书中说道："昔日赵高执掌秦国，使得关东民变汹涌；如今元叉专权魏国，导致四方祸乱纷起。由宋维起，开启了逆乱之端，而最终演变成祸难则实由刘腾而致。应该将宋维斩首示众，将刘腾的坟墓掘开，鞭尸灭族，以向世人宣明他们的罪行。"胡太后命令人挖开了刘腾的坟墓，把他的尸骨抛撒，没收了他的家财，将他的养子全部杀尽。胡太后任命韩子熙为中书舍人。韩子熙是韩麒麟的孙子。

资治通鉴第一百五十一卷

梁纪七

【原文】

高祖武皇帝七普通七年（丙午，526年）

魏以丞相高阳王雍为大司马。复以广阳王深为大都督，讨鲜于脩礼；章武王融为左都督，裴衍为右都督，并受深节度。

深以其子自随，城阳王徽言于太后曰："广阳王携其爱子，握兵在外，将有异志。"乃敕融、衍潜为之备。融、衍以敕示深，深惧，事无大小，不敢自决；太后使问其故，对曰："徽衔臣次骨，臣疏远在外，徽之构臣，无所不为。自徽执政以来，臣所表请，多不从允。徽非但害臣而已，从臣将士，有勋劳者皆见排抑，不得比他军，仍深被憎嫉，或因其有罪，加以深文，至于殊死，以是从臣行者，莫不悚惧。有言臣善者，视之如仇雠，言臣恶者，待之如亲戚。徽居中用事，朝夕欲陷臣于不测之诛，臣何以自安！陛下若使徽出临外州，臣无内顾之忧，庶可以毕命贼庭，展其忠力。"太后不听。

徽与中书舍人郑俨等更相阿党，外似柔谨，内实忌克，赏罚任情，魏政由是愈乱。

杜洛周遣都督王曹纥真等将兵掠蓟南，秋，七月，丙午，行台常景遣都督于荣等击之于栗园，大破之，斩曹纥真及将卒三千余级。洛周帅众南趣范阳，景与荣等又破之。

八月，癸巳；贼帅元洪业斩鲜于脩礼，请降于魏；贼党葛荣复杀洪业自立。

葛荣既得杜洛周之众，北趣瀛洲，魏广阳忠武王深自交津引兵蹑之。辛亥，荣至白牛逻，轻骑掩击章武庄武王融，杀之。荣自称天子，国号齐，改元广安。深闻融败，停军不进。侍中元晏密言于太后曰："广阳王盘桓不进，坐图非望。有于谨者，智略过人，为其谋主，风尘之际，恐非陛下之纯臣也。"太后深然之，诏榜尚书省门，募能获谨者有重赏。谨闻之，谓深曰："今女主临朝，信用谗佞，苟不明白殿下素心，恐祸至无日。谨请束身诣阙，归罪有司。"遂径诣榜下，自称于谨，有司以闻。太后引见，大怒。谨备论深忠款，兼陈停军之状，太后意解，遂舍之。

深引军还，趣定州，定州刺史杨津亦疑深有异志；深闻之，止于州南佛寺。经二日，深召都督毛谥等数人，交臂为约，危难之际，期相拯恤。谥愈疑之，密告津云，深谋不轨。津遣谥讨深，深走出，谥呼噪逐深。深与左右间行至博陵界，逢葛荣游骑，劫之诣荣。贼徒见深，颇有喜者，荣新立，恶之，遂杀深。城阳王徽诬深降贼，录其妻子。深府佐宋遊道为之诉理，乃得释。遊道，繇之玄孙也。

魏盗贼日滋，征讨不息，国用耗竭，豫征六年租调，犹不足，乃罢百官所给酒肉，又税入市者人一钱，及邸店皆有税，百姓嗟怨。吏部郎中辛雄上疏，以为："华夷之民相聚为乱，岂有余憾哉？正以守令不得其人，百姓不堪其命故也。宜及此时早加慰抚。但郡县选举，由来共轻，贵游俊才，莫肯居此。宜改其弊，分郡县为三等清官，选补之法，妙尽才望，如不可并，后地先才，不得拘以停年。三载黜陟，有称职者，补在京名官；如不历守令，不得为内职。则人思自勉，枉屈可申，强暴自息矣。"不听。

【译文】

梁武帝普通七年（丙午，公元526年）

（五月）北魏任命丞相高阳王元雍为大司马。又任命广阳王元深为大都督，让他讨征鲜于脩礼。任命章武王元融为左都督，裴衍为右都督，两人俱接受元深的指挥调遣。

元深让自己的儿子随行，城阳王元徽告诉胡太后说："广阳王携带着他的爱子，握兵在外，将会产生异心。"于是胡太后便命令元融、裴衍暗中对元深加以防备。元融、裴衍把胡太后的旨令出示给元深，元深害怕了，因此事情不论大小，都不敢自己决定。胡太后派人问其缘故，元深回答："元徽恨我恨得入骨，我远在外地，

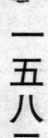

与朝廷关系疏远，元徽陷害我，手段无所不用。自从元徽执政以来，我的表奏请示，大多不能获准。元徽不但谋害我而已，凡是跟随我的将士中有功劳的人都受到他的排挤压制，无法同别的军队相比，但是就这样还仍然备受仇恨、嫉妒，有的人稍有罪过，他便加以苛求罗织，以至于被斩首，所以跟从我的人，无不恐惧不安。如果有谁说我好，元徽便对他视如仇敌，而对说我坏话的人，元徽便对待他如亲戚一般。元徽在朝中掌权，从早到晚想置我于死地，我如何能够放心得了呢？陛下如果让元徽出朝到外州任职，我便没有了内顾之忧，但愿可以战死于贼庭之上，为朝廷效忠尽力。"胡太后不听。

元徽同中书舍人郑俨等人迭相徇私舞弊，违法乱纪，他从外表上看好像挺温和谨慎，而内中实则非常嫉恨别人超过自己，在赏罚方面随心所欲，北魏的朝政因此而更加混乱了。

杜洛周派遣都督曹纥真等人率兵掠夺蓟南，秋季，七月丙午（初九），行台常景派遣都督于荣等人在栗园攻击曹纥真等人，大败敌人，斩了曹纥真以及将卒三千多名。杜洛周率众南去范阳，常景同于荣等人又击败了杜洛周。

八月癸巳（二十七日），强盗首领元洪业斩了鲜于脩礼，请求投降北魏。强盗同伙葛荣又杀了元洪业而自任头领。

葛荣得到了杜洛周的部众之后，北去瀛洲，北魏广阳忠武王元深从交津领兵追踪葛荣而进。辛亥（九月十五日），葛荣到了白牛逻，率轻骑突袭在章武的庄武王元融，杀了他。葛荣自称天子，定国号为齐，改换年号为广安。元深得知元融失败，便按兵不动。侍中元晏秘密地告诉胡太后："广阳王徘徊不进，坐图非分之想。有一个叫于谨的人，他智谋才略过人，担任元深的军师，在如今动荡不安之时，恐怕他不是陛下的忠诚之臣。"胡太后对元晏的话深表同意，便张榜于尚书省门前，以重赏招募能抓住于谨的人。于谨得知这一情况之后，对元深说："如今女主临朝，信任重用谗邪奸佞之徒，假如她不明白殿下您的一片真心，恐怕灾祸很快就会降临。于谨我请求捆绑自己赴朝，向有关官署投案服罪。"于是便径直来到尚书门前的榜文之下，自称是于谨，有关官署把情况报告了朝廷。胡太后召见于谨，勃然大怒。于谨详细地讲述了元深对朝廷的忠诚，兼而说明了停兵不进的原因，胡太后明白了情况，于是便放了于谨。

元深领兵返回，前往定州，定州刺史杨津也怀疑元深有异谋。元深知道情况之后，停在州城南边的南佛寺。两天之后，元深召来都督毛谥等人，同他们订立盟约，约定危难之时，互相援救。于是，毛谥越发怀疑他了。便秘密地告诉杨津，说元深图谋不轨。杨津派遣毛谥讨伐元深，元深跑走了，毛谥带人喊叫着去追逐元深。元深同身边人抄小道到了博陵地界，遇上了葛荣的流动骑兵，便被抓获送到葛荣那里。寇贼们见了元深，喜欢他的人还不少，葛荣刚自立为王，对此很反感，担心手下的人拥奉元深为主，便杀了元深。城阳王元徽诬陷元深投降了贼寇，逮捕了他的妻子、儿子。元深的府佐宋遊道替他们申诉，才得到释放。宋遊道是宋繇的玄孙。

北魏国内盗贼日益增多，征讨不停，国家财用耗竭，提前征收了六年的租调，还不够用，于是又停发了给百官们的酒肉，又向每个进入集市的人征收一个钱的税，以至投住旅店都要纳税，百姓无不嗟怨。吏部郎中辛雄上奏，认为："汉、夷之民相聚生乱，难道还有别的什么怨恨吗？完全是由于太守、县令任用不当，百姓们不堪于他们的欺压的缘故。宜于趁现在对百姓早加抚慰。但是对于郡守县令的选拔向来都不重视，因此王公贵族和才俊之士，都不肯担任这些官职。应该改革这一弊端，把郡县分为三等的清官，选补的办法，应当规定才能和门望两个方面同时都要具备，如果不能同时具备，先才能而后门望，不能拘泥于年资的长短。三年升降一次，有称职者，可以委任为京城中的官员；如果没有担任太守、县令的经历，便不能在朝廷内任职。如此一来，便人人思以自勉，百姓的枉屈可以申雪，天下强暴自然平息了。"这一建议没有被采纳。

【原文】

大通元年（丁未，527年）

魏分定、相二州四郡置殷州，以北道行台博陵崔楷为刺史。楷表称："州今新立，尺刃斗粮，皆所未有，乞资以后粮。"诏付外量闻，竟无所给。或劝楷留家，单骑之官,楷曰:"吾闻食人之禄者忧人之忧,若吾独往,则将士谁肯固志哉!"遂举家之官。葛荣逼州城,或劝减弱小以避之,楷遣幼子及一女夜出;既而悔之,曰:"人谓吾心不固,亏忠而全爱也。"遂命追还。贼至,强弱相悬,又无守御之具;楷抚勉将士以拒之,莫不争奋,皆曰:"崔公尚不惜百口,吾属何爱一身!"连战不息,死者相枕,终无叛志。辛未,城陷,楷执节不屈,荣杀之,遂围冀州。

初,上作同泰寺,又开大通门以对之,取其反语相协,上晨夕幸寺,皆出入是门。辛未,上幸寺舍身;甲戌,还宫,大赦,改元。

谯州刺史湛僧智围魏东豫州刺史元庆和于广陵,魏将军元显伯救之,司州刺史夏侯夔自武阳引兵助僧智。冬十月,夔至城下,庆和举城降。夔以让僧智,僧智曰:"庆和欲降公,不欲降僧智,今往,必乖其意。且僧智所将应募乌合之人,不可御以法;公持军素严,必无侵暴,受降纳附,深得其宜。"夔乃登城,拔魏帜,建梁帜;庆和束兵而出,吏民安堵,获男女四万余口。

臣光曰:湛僧智可谓君子矣!忘其积时攻战之劳,以授一朝新至之将,知己之短,不掩人之长,功成不取以济国事,忠且无私,可谓君子矣!

元显伯宵遁,诸军追之,斩获万计。诏以僧智领东豫州刺史,镇广陵。夔引军屯安阳,遣别将屠楚城,由是义阳北道遂与魏绝。

【译文】

大通元年(丁未,公元527年)

北魏从定、相两州中分出四个郡设置了殷州,任命北道行台博陵人崔楷为刺史。崔楷上表说:"殷州如今刚刚设立,连一尺长之刀、一斗粮食都没有,乞求给予兵器和粮食。"孝明帝诏令外台计算一下应该给的兵器和粮食的数量,然后上报批复,但最后竟然一点儿也没给。有人劝崔楷留下家属,单人匹马去赴任,崔楷说:"我听说食人之禄者忧人之忧,如果我单身独往,那么将士们谁还肯坚守其志呢!"于是便带着全家去上任。葛荣逼

郦道元著《水经注》书影

近州城，有人劝崔楷把家人中老弱幼小者送去别处避一下，崔楷便在夜间把幼子以及一个女儿送出城；然而他很快又后悔了，说："这样一来，人们一定要说我的内心不坚定，为了父爱而损害忠义。"于是又命令人把他们追了回来。贼寇到了，强弱悬殊，城中又没有防守抵御的器具。崔楷抚慰将士们，勉励他们抵抗敌人，大家无不奋勇争先，都说："崔公尚且不惜家中百口人的性命，我们又何能爱惜自身呢！"连战不停，死者相枕，但是大家终无叛逃之意。辛未（正月初七），州城失陷，崔楷坚志执节而不屈服，葛荣杀了他，便又开始围攻冀州。

原先，梁武帝修建了同泰寺，又开了大通门来与此相对，取"同泰"与"大通"的合音相同，梁武帝早晚临幸同泰寺，都出入大通门。辛未（三月初八），梁武帝来到同泰寺行舍身仪式；甲戌（十一日），回到宫中，颁发大赦令，改年号为大通。

谯州刺史湛僧智在广陵围攻北魏东豫州刺史元庆和，北魏将军元显伯前去援救他，梁朝司州刺史夏侯夔从武阳带兵来援助湛僧智。冬季，十月，夏侯夔来到广陵城下，元庆和率全城投降。夏侯夔把受降权利让给湛僧智，湛僧智说："元庆和要投降大人您，而不想投降我湛僧智，我现在如果前去受降，必定与他的心意不符。况且我所率领的都是应募而来的乌合之众，无法用法令来约束他们；大人您向来治军严肃，必定不会发生侵暴事件，所以前去受降接管，再也合适不过了。"于是夏侯夔便登上城楼，拔去北魏的旗帜，树上了梁朝的旗帜；元庆和放下兵器出城投降，全城吏民安居不乱，共获得男女四万多口。

臣司马光曰：湛僧智可说是一个君子了！忘掉自己长期攻战的劳苦，把受降之事让给梁朝新到的将领，知道自己的短处，不淹没他人的长处，功成而不取以成就国家大事，忠而无私，可以称为君子了！

元显伯在夜间逃遁，梁军追击他，斩俘人数以万计数。梁武帝诏令任命湛僧智兼任东豫州刺史，镇守广陵。夏侯夔领兵屯驻安阳，派别将攻破了楚城并屠杀了全城军民，从此义阳北道便从北魏分割出来了。

资治通鉴第一百五十二卷

梁纪八

【原文】

高祖武皇帝八大通二年（戊申，528年）

魏灵太后再临朝以来，嬖幸用事，政事纵弛，恩威不立，盗贼蜂起，封疆日蹙。魏肃宗年浸长，太后自以所为不谨，恐左右闻之于帝，凡帝所爱信者，太后辄以事去之，务为壅蔽，不使帝知外事。通直散骑常侍昌黎谷士恢有宠于帝，使领左右；太后屡讽之，欲用为州，士恢怀宠，不愿出外，太后乃诬以罪而杀之。有蜜多道人，能胡语，帝常置左右，太后使人杀之于城南而悬赏购贼。由是母子之间，嫌隙日深。

是时，车骑将军、仪同三司、并·肆·汾·广·恒·云六州讨房大都督尔朱荣兵势强盛，魏朝惮之。高欢、段荣、尉景、蔡俊先在杜洛周党中，欲图洛周不果，逃奔葛荣，又亡归尔朱荣。刘贵先在尔朱荣所，屡荐欢于荣，荣见其憔悴，未之奇也。欢从荣之马厩，厩有悍马，荣命欢翦之，欢不加羁绊而翦之，竟不蹄啮，起，谓荣曰："御恶人亦犹是矣。"荣奇其言，坐欢于床下，屏左右，访以时事，欢曰："闻公有马十二谷，色别为群，畜此竟何用也？"荣曰："但言尔意！"欢曰："今天子暗弱，太后淫乱，嬖孽擅命，朝政不行。以明公雄武，乘时奋发，讨郑俨、徐纥之罪以清帝侧，霸业可举鞭而成，此贺六浑之意也。"荣大悦，语自日中至夜半乃出，自是每参军谋。

魏肃宗亦恶俨、纥等，逼于太后，不能去，密诏荣举兵内向，欲以胁太后。荣以高欢为前锋，行至上党，帝复以私诏止之。俨、纥恐祸及己，阴与太后谋鸩帝，癸丑，帝暴殂。甲寅，太后立皇女为帝，大赦。既而下诏称："潘充华本实生女。故临洮王宝晖世子钊，体自高祖，宜膺大宝。百官文武加二阶，宿卫加三阶。"乙卯，钊即位。钊始生三岁，太后欲久专政，故贪其幼而立之。

【译文】

梁武帝大通二年（戊申，公元528年）

北魏胡太后再次当政以来，宠信之徒横行专权，政事松弛，朝廷的威信树立不起来，盗贼纷起，边界一天天缩小。孝明帝年纪渐渐长大，胡太后本人也认为自己的所作所为不够谨慎，担心左右会向孝明帝汇报，于是凡孝明帝平时所宠信的人，太后便借某种事由除掉他们，竭力堵塞孝明帝视听，不让他知道外面发生的事情。通直散骑常侍、昌黎人谷士恢深受孝明帝宠爱，命他统领宫中卫士。胡太后多次含蓄地暗示谷士恢，想把他调为地方官，但谷士恢受孝明帝宠幸，不愿离开京城，于是胡太后便罗织罪名将他杀了。有一个密多道人，会说胡话，孝明帝经常让他在身边服侍。胡太后派人在城南杀了他，还假装悬赏缉拿罪犯。从此胡太后和孝明帝母子二人之间，隔阂越来越深。

当时，车骑将军、仪同三司及并、肆、汾、广、恒、云六州讨虏大都督尔朱荣，兵势强盛，北魏朝廷很是害怕。高欢、段荣、尉景、蔡俊等人原先在杜洛周手下，本想图谋取代杜洛周，结果没成功，于是逃奔葛荣，接着又投奔尔朱荣。先前便在尔朱荣处做事的刘贵，多次向尔朱荣推荐高欢，尔朱荣见高欢身形瘦弱，相貌憔悴，并没有觉出他有什么出奇之处。一次高欢随尔朱荣来到马棚，马棚中有一匹强悍凶猛的马，尔朱荣令高欢给这匹马修剪。高欢对这匹马没套上马笼头和捆住马脚便修剪起来，这匹马竟然也没踢没咬。高欢修剪完后站起身来，对尔朱荣说："制服坏人也跟这是同一道理。"尔朱荣很惊奇他能说出这样的话来，于是请高欢坐在床下，屏退左右，向他征询当前的国家大事。高欢说道："我听说您有十二群马，按颜色分成不同的马群，这样畜养到底是要做什么用呢？"尔朱荣说："请只管说出你的看法！"高欢说："现在皇上软弱，太后淫乱，奸佞小人专权，朝廷的政策不能贯彻执行。凭您的雄才大略，若乘此时起兵，讨伐郑俨、徐纥的罪行，肃清皇上身边的奸佞小人。那么您的霸业挥鞭之际便可成就，这就是我高欢的主意。"尔朱荣听了非常高兴，二人从中午谈至半夜才出来。从此以后，高欢每每参与尔朱荣的军事谋划。

北魏孝明帝也很厌恶郑俨、徐纥等人，碍于胡太后，不能把他们除掉。于是孝明帝秘密下诏书命尔朱荣发兵至京城，想以此来胁迫胡太后。尔朱荣任命高欢为前锋，部队行至上党时，孝明帝又下密诏阻止了这一行动。郑俨、徐纥担心灾祸会降临到自己头上，便暗中与胡太后策划阴谋毒死孝明帝。癸丑（二月二十五日），北魏孝明帝突然去世。甲寅（二十六日），胡太后立皇女为皇帝，大赦天下。不久又下诏书宣称："潘充华实际上生的是女儿。原来的临洮王元宝晖的后代元钊，是孝文帝的嫡系后代，应该做皇帝。文武百官各进二级官位，宿卫进三级官位。"乙卯（二十七日），元钊即位。元钊这时才刚刚三岁，胡太后想长久地独揽大权，所以贪图元钊年纪小而立他为帝。

资治通鉴第一百五十三卷

梁纪九

【原文】

高祖武皇帝九中大通元年（己酉，529 年）

戊辰，北海王颢克梁国。颢以陈庆之为卫将军、徐州刺史，引兵而西。

魏主将出避颢，未知所之，或劝之长安，中书舍人高道穆曰："关中荒残，何可复往！颢士众不多，乘虚深入，由将帅不得其人，故能至此。陛下亲帅宿卫，高募重赏，背城一战，臣等竭其死力，破颢孤军必矣。或恐胜负难期，则车驾不若渡河，征大将军天穆、大丞相荣各使引兵来会，犄角进讨，旬月之间，必见成功，此万全之策也。"魏主从之。甲戌，魏主北行，夜，至河内郡北，命高道穆于烛下作诏书数十纸，布告远近，于是四方始知魏主所在。乙亥，魏主入河内。

临淮王彧，安丰王延明，帅百僚，封府库，备法驾迎颢。丙子，颢入洛阳宫，改元建武，大赦。以陈庆之为侍中、车骑大将军，增邑万户。

颢既入洛，自河以南州郡多附之。齐州刺史沛郡王欣集文武议所从，曰："北海、长乐，俱帝室近亲，今宗祐不移，我欲受赦，诸君意何如？"在坐莫不失色。军司崔光韶独抗言曰："元颢受制于梁，引寇仇之兵以覆宗国，此魏之乱臣贼子也；岂唯大王家事所宜切齿，下官等皆受朝眷，未敢仰从！"长史崔景茂等皆曰："军司议是。"欣乃斩颢使。光韶，亮之从父弟也。于是襄州刺史贾思同、广州刺史郑先护、南兖州刺史元暹亦不受颢命。思同，思伯之弟也。颢以冀州刺史元孚为东道行台、彭城郡王，孚封送其书于魏主。平阳王敬先起兵于河桥以讨颢，不克而死。

戊辰，荣命车骑将军尔朱兆与大都督贺拔胜缚材为筏，自马渚西硖石夜渡，袭击颢子领军将军冠受，擒之；安丰王延明之众闻之，大溃。颢失据，帅麾下数百骑南走，庆之收步骑数千，结陈东还，颢所得诸城，一时复降于魏。尔朱荣自追陈庆之，会嵩高水涨，庆之军士死散略尽，乃削须发为沙门，间行出汝阴，还建康，犹以功除右卫将军，封永县侯。

北海王颢自轘辕南出至临颍，从骑分散，临颍县卒江丰斩之，癸酉，传首洛阳。临淮王彧复自归于魏主，安丰王延明携妻子来奔。

陈庆之之入洛也，萧赞送启求还。时吴淑媛尚在，上使以赞幼时衣寄之，信未达而庆之败。庆之自魏还，特重北人，朱异怪而问之，庆之曰："吾始以为大江以北皆戎狄之乡，比至洛阳，乃知衣冠人物尽在中原，非江东所及也，奈何轻之？"

【译文】

梁武帝中大通元年（己酉，公元529年）

戊辰（五月十七日），投降梁朝的北海王元颢攻克梁国城。元颢任命陈庆之为卫将军、徐州刺史，率军西进。

北魏孝庄帝打算离开京城躲避元颢的大军，但不知该去哪里好。有人劝他到长安去，中书舍人高道穆说道："关中地区荒凉残破，怎么能再到那里去呢？元颢的军队不多，却乘虚而入，这是由于我们选用将帅不当，所以才能攻到这里。陛下若能亲自率领禁卫军，以重金招募士兵，多加奖赏，背城与敌决一死战，我等竭尽全力，就一定能够打败元颢的这支孤军的。若您还担心胜负难以预料的话，那么您不如渡过黄河，命大将军元天穆、大丞相尔朱荣各自率军前来会合，构成犄角之势，进讨元颢的军队，一月之内，一定会取得胜利，这是万全之策。"孝庄帝采纳了高道穆的意见。甲戌（二十三日），孝庄帝一行向北进发，夜间，来到了河内郡郡城的北边。孝庄帝命令高道穆在烛光下起草了几十张诏书，公告天下，于是四方才知道皇帝在哪儿。乙亥（二十四日），孝庄帝一行进入河内郡。

临淮王元彧和安丰王元延明，带领文武百官，封存府库，备好法驾迎接元颢。

丙子（二十五日），元颢进入洛阳宫，改年号为建武，大赦天下。元颢任命陈庆之为侍中、车骑大将军，增加封邑一万户。

元颢进入洛阳后，黄河以南的州郡大多归附了他。齐州刺史、沛郡王元欣召集文武官员商议何去何从，元欣说："北海王和长乐王，都是皇室近亲，现在皇位并未落入外人之手，我打算接受元颢的赦免，诸位认为如何？"在座的文武官员莫不大惊失色。只有军司崔光韶高声反对，他说："元颢受梁朝节制，勾结仇敌之兵来颠覆自己的国家，他是大魏朝的乱臣贼子。难道仅是因为大王您一家的事情而对他切齿痛恨，我等下官均受朝廷的恩典，所以不敢听从您的意见！"长史崔景茂等人都说："军司说得很对。"元欣便杀了元颢派来的使者。崔光韶是崔亮的堂弟。于是这样一来，襄州刺史贾思同、广州刺史郑先护、南兖州刺史元暹等，也都不承认元颢的政权。贾思同是贾思伯的弟弟。元颢封冀州刺史元孚为东道行台、彭城郡王，元孚将元颢的委任书封好，派人送给了孝庄帝。平阳王元敬先在河桥起兵讨伐元颢，未能成功而死。

戊辰（闰六月十八日），尔朱荣命令车骑大将军尔朱兆和大都督贺拔胜率军捆绑木材做木筏，从马渚西边的硖石这个地方夜渡黄河，袭击了元颢的儿子领军将军元冠受的部队，并抓获了元冠受，安丰王元延明的士卒们知道了这一情况之后，便纷纷溃散奔逃。元颢失去了依据，只好率部下数百名骑兵向南逃走，陈庆之收拢步兵、骑兵共几千人，结队向东逃归。颢原先攻取的那些城池，全都又投降了北魏。尔朱荣亲自率军追击陈庆之，正赶上嵩高河发大水，陈庆之的队伍死的死、逃的逃，差不多全没了，陈庆之于是剃光头发、胡须，打扮成一个和尚，从小路逃出汝阴，回到了建康，梁朝仍按功授他为右卫将军，封永兴县侯。

北海王元颢从辕辕向南逃至临颍，随从骑兵各自逃散，临颍县吏辛江丰杀掉了元颢，癸酉（二十三日），将元颢的首级送到了洛阳。临淮王元彧又归附了孝庄帝，安丰王元延明携带妻子儿女前来投奔梁朝。

陈庆之攻入洛阳之时，萧赞向梁武帝上书，请求允许回到梁朝。当时吴淑媛还在，梁武帝让吴淑媛将萧赞幼时穿的衣服给萧赞送去，书信等还未传到，陈庆之便失败了。陈庆之从北魏回到梁朝后，特别看重北方人，朱异对此感到很奇怪，便问陈庆之为什么这样，陈庆之说道："我当初认为长江以北地区都是戎狄之乡，等到了洛阳之后，才知道礼仪人物都在中原地区，不是江东所能企及的，我们有什么理由轻视北方人呢？"

资治通鉴第一百五十四卷

梁纪十

【原文】

高祖武皇帝十中大通二年（庚戌，530年）

魏尔朱荣虽居外藩，遥制朝政，树置亲党，布列魏主左右，伺察动静，大小必知。魏主虽受制于荣，然性勤政事，朝夕不倦，数亲览辞讼，理冤狱，荣闻之，不悦。

帝既外逼于荣，内逼皇后，恒怏怏不以万乘为乐，唯幸寇盗未息，欲使与荣相持。及关、陇既定，告捷之日，乃不甚喜，谓尚书令临淮王彧曰："即今天下便是无贼。"彧见帝色不悦，曰："臣恐贼平之后，方劳圣虑。"帝畏余人怪之，还以他语乱之曰："然。抚宁荒余，弥成不易。"荣见四方无事，奏称"参军许周劝臣取九锡，臣恶其言，已斥遣令去。"荣时望得殊礼，故以意讽朝廷，帝实不欲与之，因称叹其忠。

城阳王徽之妃，帝之舅女；侍中李彧，延寔之子，帝之姊婿也。徽、彧欲得权宠，恶荣为己害，日毁荣于帝，劝帝除之。帝惩河阴之难，恐荣终难保，由是密有图荣之意，侍中杨侃、尚书右仆射元罗亦预其谋。

是月，荣将四五千骑发并州，时人皆言"荣反"，又云"天子必当图荣"。九月，荣至洛阳，帝即欲杀之，以太宰天穆在并州，恐为后患，故忍未发，并召天穆。有人告荣云："帝欲图之。"荣即具奏，帝曰："外人亦言王欲害我，岂可信之！"于是荣不自疑，每入谒帝，从人不过数十，又皆挺身不持兵仗。帝欲止，城阳王徽曰："纵不反，亦何可耐，况不可保邪！"

壬辰，帝忌日；癸巳，荣忌日。甲午，荣暂入，即诣陈留王家饮酒，极醉，遂言病动，频日不入。帝谋颇泄，世隆又以告荣，且劝其速发，荣轻帝，以为无能为，曰："何匆匆！"

预帝谋者皆惧，帝患之。城阳王徽曰："以生太子为辞，荣必入朝，因此弊之。"帝曰："后怀孕始九月，可乎？"徽曰："妇人不及期而产者多矣，彼必不疑。"帝从之。戊戌，帝伏兵于明光殿东序，声言皇子生，遣徽驰骑至荣第告之。荣方与上党王天穆博，徽脱荣帽，欢舞盘旋，兼殿内文武声趣之，荣遂信之，与天穆俱入朝。帝闻荣来，不觉失色，中书舍人温子昇曰："陛下色变。"帝连索酒饮之。帝令子昇作赦文，既成，执以出，遇荣自外入，问："是何文书？"子昇颜色不变，曰"敕"，荣不取视而入。帝在东序下西向坐，荣、天穆在御榻西北南向坐。徽入，始一拜，荣见光禄少卿鲁安、典御李侃晞等抽刀从东户入，即起趋御座，帝先横刀膝下，遂手刃之，安等乱斫，荣与天穆同时俱死。荣子菩提及车骑将军尔朱阳睹等三十人从荣入宫，亦为伏兵所杀。帝得荣手版，上有数牒启，皆左右去留人名，非其腹心者悉在出限，帝曰："竖子若过今日，遂不可制。"于是内外喜噪，声满洛阳城。百僚入贺。帝登阊阖门，下诏大赦，遣武卫将军奚毅、前燕州刺史崔渊将兵镇北中。是夜，北乡长公主帅荣部曲，焚西阳门，出屯河阴。

汾州刺史尔朱兆闻荣死，自汾州帅骑据晋阳；世隆至长子，兆来会之。壬申，共推太原太守、行并州事长广王晔即皇帝位，大赦，改元建明。晔，英之弟子也。以兆为大将军，晋爵为王；世隆为尚书令，赐爵乐平王，加太傅、司州牧；又以荣从弟度律为太尉，赐爵常山王；世隆兄天柱长史彦伯为侍中，徐州刺史仲远为车骑大将军，兼尚书左仆射、三徐州大行台。仲远亦起兵向洛阳。

初，尔朱荣尝从容问左右曰："一日无我，谁可主军？"皆称尔朱兆。荣曰："兆虽勇于战斗，然所将不过三千骑，多则乱矣。堪代我者，唯贺六浑耳。"因戒兆曰："尔非其匹，终当为其穿鼻。"乃以高欢为晋州刺史。及兆引兵向洛，遣使召欢，欢遣长史孙腾诣兆，辞以"山蜀未平，今方攻讨，不可委去，致有后忧。定蜀之日，当隔河为掎角之势。"兆不悦，曰："还白高晋州，吾得吉梦，梦与吾先人登高丘，丘旁之地，耕之已熟，独余马蔺，先人命吾拔之，随手而尽。以此观之，往无不克。"腾还报，欢曰："兆狂愚如是，而敢为悖逆，吾势不得久事尔朱矣。"

十二月，壬寅朔，尔朱兆攻丹谷，都督崔伯凤战死，都督史仵龙开壁请降，源子恭退走。兆轻兵倍道兼行，从河桥西涉渡。先是，敬宗以大河深广，谓兆未能猝济，是日，水不没马腹。甲辰，暴风，黄尘涨天，兆骑叩宫门，宿卫乃觉，弯弓欲射，矢不得发，一时散走。华山王鸷，斤之玄孙也，素附尔朱氏。帝始闻兆南下，欲自帅诸军讨之，鸷说帝曰："黄河万仞，兆安得渡！"帝遂自安。及兆入宫，鸷复约止卫兵不使斗。帝步出云龙门外，遇城阳王徽乘马走，帝屡呼之，不顾而去。兆骑执帝，锁于永宁寺楼上，帝寒甚，就兆求头巾，不与。兆营于尚书省，用天子金鼓，设刻漏于庭；扑杀皇子，污辱嫔御妃主，纵兵大掠，杀司空临淮王彧、尚书左仆射范阳王诲、青州刺史李延寔等。

甲子，尔朱兆缢敬宗于晋阳三级佛寺，并杀陈留王宽。

【译文】

梁武帝中大通二年（庚戌，公元530年）

北魏尔朱荣虽居处京城之外的藩镇，却遥控朝政，广树党羽，布置于孝庄帝左右，以便窥伺观察朝中动静，因此朝中不管大事小事，他都知晓。孝庄帝虽然受到尔朱荣的控制，但生性勤于政事，从早到晚不疲倦，多次亲自察览诉状，审理冤案。尔朱荣听说这些之后，很不高兴。

孝庄帝既然外受逼于尔朱荣，内又受逼于尔朱皇后，因此总是怏怏不乐，并不以自己是皇帝而感到快乐，唯可庆幸的是寇盗尚未平息，希望寇盗与尔朱荣相抗衡。等到关、陇地区已经平定，捷报传到朝廷之时，孝庄帝却并不感到十分高兴，只是对尚书令临淮王元彧说道："从今以后天下便无贼寇

响铜长颈瓶　南北朝

了。"元徽见孝庄帝脸色不悦，说道："我担心贼寇平定以后，才真正会使圣上您多费思虑呢。"孝庄帝怕其他人感到奇怪，赶忙用别的话打乱他搪塞道："是的，抚慰安定兵荒后残剩的百姓，也实在不容易。"尔朱荣见四方平定无事，便向孝庄帝上奏道："参军许周劝我取得九锡的特殊荣宠，我很厌恶他的话，已经斥责了他一通，让他离开了。"尔朱荣当时希望能够得到孝庄帝特殊的礼遇，所以故意以此来委婉地向孝庄帝暗示自己的愿望，孝庄帝实在不想给尔朱荣以特殊礼遇，因此只是大加称赞了一番尔朱荣的忠诚之心。

城阳王元徽的妃子，是孝庄帝舅舅的女儿；侍中李彧，是李延寔之子，也是孝庄帝的姐夫。元徽、李彧想得到权力，获得孝庄帝的恩宠，便嫉恨尔朱荣，认为他是自己的障碍，于是终日在孝庄帝面前诋毁尔朱荣，劝孝庄帝除掉他。孝庄帝从河阴之难中吸取教训，担心尔朱荣最终难以驾驭，从此便暗暗生发了图谋尔朱荣的想法。侍中杨侃、尚书右仆射元罗也参与了这一计划。

这个月，尔朱荣率四五千骑兵从并州出发，当时人们都说："尔朱荣要反叛"，又说："天子肯定要图谋杀了尔朱荣。"九月，尔朱荣到了洛阳，孝庄帝当时便想杀了他，由于太宰元天穆还在并州，担心成为后患，所以忍住未杀尔朱荣，同时召元天穆进京。有人告诉尔朱荣说："皇帝想图谋杀了您。"尔朱荣便将这话上奏了孝庄帝，孝庄帝说道："外边的人也传言说你想害了我，怎么可以相信这些话呢！"于是尔朱荣便不再怀疑，每次入朝拜谒皇帝，随从之人不过几十，并且都赤手不带兵器。孝庄帝打算放弃原来的想法，不再杀尔朱荣，城阳王元徽说道："即使尔朱荣不反叛，又怎么能容忍他，何况并不能保证他不反呢！"

壬辰（十九日），这一天是皇帝的忌日，癸巳（二十日），这一天是尔朱荣的忌日。甲午（二十一日），尔朱荣短暂上朝之后，便到陈留王家里饮酒去了，喝得大醉，于是便说生病了，连日没有上朝。孝庄帝的计划大多被泄漏出去了，尔朱世隆又将这些告诉了尔朱荣，并且劝他赶快启程逃走，尔朱荣对孝庄帝很轻视，认为他不能有所作为，说道："何必这么匆忙呢！"

参与孝庄帝谋划的人都非常害怕，孝庄帝也很担心。城阳王元徽说："以皇后生太子为借口，尔朱荣肯定会人朝，趁机便可杀了他。"孝庄帝说："皇后才怀孕九个月，这样说行吗？"元徽说道："妇人不到日期而产子的多了，尔朱荣肯定不会怀疑的。"孝庄帝于是听从了他的建议。戊戌（二十五日），孝庄帝在明光殿东厢埋伏武士，对外声言说皇后生了皇太子，派元徽飞马赶至尔朱荣的府第告诉他这一消息。尔朱荣当时正跟上党王元天穆赌博，元徽摘下了尔朱荣的帽子，拿在手上欢舞盘旋，向他祝贺，再加上殿内文武信使也前来催促尔朱荣，于是尔朱荣便相信了这一消息，跟元天穆一起来到了朝廷。孝庄帝听说尔朱荣来了，不禁惊慌失色，中书舍人温子昇说："陛下脸色都变了。"孝庄帝赶忙连连要酒来喝。孝庄帝命温子昇起草赦文，写成之后，温子昇拿着走出了宫殿，这时正遇上尔朱荣从外面进来，尔朱荣问道："这是什么文书？"温子昇神色不变，答道："这是圣旨。"尔朱荣没有拿过来看一看便走了进去。孝庄帝在东墙下西向坐，尔朱荣、元天穆在御榻西北面南向坐。元徽进来后，刚拜了一拜，尔朱荣便看见光禄少卿鲁安、典御李侃晞等人持刀从东门闯了进来，尔朱荣赶快起身快步来到孝庄帝的座位旁，孝庄帝预先将刀横在了膝下，于是亲手杀了尔朱荣。鲁安等奔上前去一阵乱砍，尔朱荣与元天穆一起被杀死。尔朱荣的儿子尔朱菩提及车骑将军尔朱阳睹等三十名随尔朱荣入宫的人，也都被伏兵所杀。孝庄帝得到了尔朱荣的手版，上面有几张启奏书，记的都是些皇帝左右要除掉或留下的人名，不是尔朱荣心腹的人均在赶出之列。孝庄帝说道："这小子如果活过了今天，就难以制驭了。"于是朝廷内外一片欢喜之声，高兴的声音布满洛阳城。文武百官纷纷入朝庆贺。孝庄帝登上阊阖门，下诏实行大赦，派武卫将军奚毅、前燕州刺史崔渊率兵镇守北中城。当夜，北乡长公主率尔朱荣的部曲烧毁了西阳门，逃出洛阳城，屯驻于河阴。

汾州刺史尔朱兆听到了尔朱荣已死的消息后，从汾州率骑兵占据了晋阳。尔朱世隆到了长子，尔朱兆前来与他会合。壬申（十月三十日），大家共同推举太原太守、行并州事长广王元晔即皇帝位，实行大赦，改年号为建明。元晔是元英的侄子。任命尔朱兆为大将军，进爵为王；任命尔朱世隆为尚书令，赐爵为乐平王，加封为太傅、司州牧；又任命尔朱荣的堂弟尔朱度律为太尉，赐爵为常山王；任命尔朱世隆的哥哥天柱长史尔朱彦伯为侍中；任命徐州刺史尔朱仲远为车骑大将军，兼尚书左仆射、三徐州大行台。尔朱仲远这时也出兵指向洛阳。

当初，尔朱荣曾随便地问左右道："一旦我死了，谁可以统领军队？"左右都说尔朱兆可以。尔朱荣却说："尔朱兆虽然战斗勇猛，但他率领的部队至多不能超过三千骑，再多就会乱了。能够代替我的人，只有高欢啊。"因此尔朱荣告诫尔朱兆说："你不是高欢的对手，最终要受其所制的。"于是便任命高欢为晋州刺史。等到尔朱兆率军至洛阳的时候，派人召请高欢，高欢派长史孙腾前去见尔朱兆，推辞说："山蜀的叛乱还没有平息，现在正在讨伐，不能放弃，以免招致后患。等到平定山蜀叛乱后，当隔黄河与您构成掎角之势。"尔朱兆很不高兴，对孙腾说道："你回去告诉高刺史，我做了一个好梦，梦见自己与我的先人登上高丘，高丘周围的土地，耕翻得已经很熟了，却只剩下了马蔺草，先人命我将马蔺草拔除掉，我随手便将草拔除干净了。由此来看，我一定会无往而不克的。"孙腾回去向高欢做了汇报，高欢说道："尔朱兆如此猖狂愚蠢，竟敢做悖逆之事，看来我是不能长久事奉尔朱氏了。"

十二月，壬寅朔（初一），尔朱兆攻打丹谷，都督崔伯凤战死，都督史仵龙打开营门向尔朱兆请降，源子恭溃退逃走。尔朱兆率轻装兵士倍道兼程，从河桥的西边渡过了黄河。在这之前，孝庄帝以为黄河又深又宽，尔朱兆不可能很快渡过黄河，但是这一天，黄河水还没不过马腹。甲辰（初三），狂风大作，黄尘漫天，直至尔朱兆的骑兵叩击皇宫的宫门，值宿的卫士才发觉，搭弓放箭，由于狂风，箭射不出去，便都四散奔逃。华山王元鸷，是元斤的玄孙，一直依附于尔朱氏。孝庄帝开始听说尔朱兆南下的时候，想亲自统领六军讨伐，元鸷却对孝庄帝说："黄河水宽万仞，尔朱兆怎么会过得来呢！"孝庄帝于是自己也觉得很安全了。等到尔朱兆的部队攻进了皇宫，元鸷又制止宫廷卫兵，不让他们与之交战。孝庄帝走出云龙门外，遇到城阳王元徽正骑马而逃，孝庄帝连声呼叫元徽，元徽却不顾孝庄帝，径自逃去。尔朱兆的骑兵抓住了孝庄帝，将他锁在永宁寺的楼上，孝庄帝感到十分寒冷，向尔朱兆要头巾，尔朱兆没有给他。尔朱兆扎营于尚书省，用天子才能使用的金鼓，在庭中设刻漏，杀害了皇子，对宫中的嫔御、妃子、公主大加污辱，纵兵大肆掠夺财物，杀了司空临淮王元彧、尚书左仆射范阳王元诲和青州刺史李延寔等。

甲子（二十三日），尔朱兆将孝庄帝缢杀于晋阳的三级佛寺中，同时还杀害了陈留王元宽。

梁纪十一

【原文】

高祖武皇帝十一中大通三年（辛亥，531年）

魏自敬宗被囚，宫室空近百日。尔朱世隆镇洛阳，商旅流通，盗贼不作。世隆兄弟密议，以长广王疏远，又无人望，欲更立近亲。仪同三司广陵王恭，羽之子也，好学有志度，正光中领给事黄门侍郎，以元叉擅权，托喑病居龙华佛寺，无所交通，永安末，有白敬宗言王阳喑，将有异志，恭惧，逃于上洛山，洛州刺史执送之，系治久之，以无状获免。关西大行台郎中薛孝通说尔朱天光曰："广陵王，高祖犹子，夙有令望，沈晦不言，多历年所，若奉以为主，必天人允叶。"天光与世隆等谋之，疑其实喑，使尔朱彦伯潜往敦谕，且胁之，恭乃曰："天何言哉！"世隆等大喜。孝通，聪之子也。

己巳，长广王至邙山南，世隆等为之作禅文，使泰山太守辽西窦瑗执鞭独入，启长广王曰："天人之望，皆在广陵，愿行尧、舜之事。"遂署禅文。广陵王奉表三让，然后即位，大赦，改元普泰。黄门侍郎邢子才为赦文，叙敬宗枉杀太原王荣之状，节闵帝曰："永安手翦强臣，非为失德，直以天未厌乱，故逢成济之祸耳。"因顾左右取笔，自作赦文，直言："门下：朕以寡德，运属乐推，思与亿兆，同兹大庆，肆眚之科，一依常式。"帝闭口八年，至是乃言，中外欣然以为明主，望至太平。

庚午，诏以"三皇称'皇'，五帝称'帝'，三代称'王'，盖递为冲抱，自秦以来，竞称'皇帝'，予今但称'帝'，亦已褒矣。"加尔朱世隆仪同三司，赠尔朱荣相国、晋王，加九锡。世隆使百官议荣配飨，司直刘季明曰："若配世宗，于时无功；若配孝明，亲害其母；若配庄帝，为臣不终。以此论之，无所可配。"世隆怒曰："汝应死！"季明曰："下官既为议首，依礼而言，不合圣心，鬻戮唯命！"世隆亦不之罪。以荣配高祖庙廷。又为荣立庙于首阳山，因周公旧庙而为之，以为荣功可比周公。庙成，寻为火所焚。

夏，四月，乙巳，昭明太子统卒。太子自加元服，上即使省录朝政，百司进事，填委于前，太子辩析诈谬，秋毫必睹，但令改正，不加按劾，平断法狱，多所全宥，宽和容众，喜愠不形于色。好读书属文，引接才俊，赏爱无倦；出宫二十余年，不畜声乐。每霖雨积雪，遣左右周行闾巷，视贫者赈之。天性孝谨，在东宫，虽燕居，坐起恒西向，或宿被召当入，危坐达旦。及寝疾，恐贻帝忧，敕参问，辄自力手书。及卒，朝野惋愕，建康男女，奔走宫门，号泣道路。

初，昭明太子葬其母丁贵嫔，遣人求墓地之吉者。或赂宦者俞三副求卖地，云若得钱三百万，以百万与之。三副密启上，言"太子所得地不如今地于上为吉。"上年老多忌，即命市之。葬毕，有道士云："此地不利长子，若厌之，或可申延。"乃为蜡鹅及诸物埋于墓侧长子位。宫监鲍邈之、魏雅初皆有宠于太子，邈之晚见疏于雅，乃密启上云："雅为太子厌祷。"上遣检掘，果得鹅物，大惊，将穷其事，徐勉固谏而止，但诛道士。由是太子终身惭愤，不能自明。及卒，上征其长子南徐州刺史华容公欢至建康，欲立以为嗣，衔其前事，犹豫久之，卒不立，庚寅，遣还镇。

臣光曰：君子之于正道，不可少顷离也，不可跬步失也。以昭明太子之仁孝，武帝之慈爱，一染嫌疑之迹，身以忧死，罪及后昆，求吉得凶，不可湔涤，可不戒哉！是以诡诞之士，奇邪之术，君子远之。

魏高欢将起兵讨尔朱氏，镇南大将军斛律金、军主善无库狄干，与欢妻弟娄昭、妻之姊夫段荣皆劝成之。欢乃诈为书，称尔朱兆将以六镇人配契胡为部曲，众皆忧惧。又为并州符，征兵讨步落稽，发万人，将遣之。孙腾与都督尉景为请留五日，如此者再，欢亲送之郊，雪涕执别，众皆号恸，声震原野。欢乃谕之曰："与尔俱为失乡客，义同一家，不意在上征发乃尔！今直西向，已当死，后军期，又当死，配国人，又当死，奈何？"众曰："唯有反耳！"欢曰："反乃急计，然当推一人为主，谁可者？"众共推欢，欢曰："尔乡里难制。不见葛荣乎：虽有百万之众，曾无法度，终自败灭。今以吾为主，当与前异，毋得陵汉人，犯军令，生死任吾则可；不然，不能为天下笑。"众皆顿颡曰："死生唯命！"欢乃椎牛飨士，庚申，起兵于信都，亦未敢显言叛尔朱氏也。

会李元忠举兵逼殷州，欢令高乾帅众救之。乾轻骑入见尔朱羽生，与指画军计，羽生与乾俱出，因擒斩之，持羽生首谒欢。欢抚膺曰："今日反决矣！"乃以元忠为殷州刺史，镇广阿。欢于是抗表罪状尔朱氏，尔朱世隆匿之不通。

【译文】

梁武帝中大通三年（辛亥，公元 531 年）

北魏自从孝庄帝被囚禁以后，宫室空虚已近百日。尔朱世隆镇守洛阳，商人行旅流通，盗贼不敢骚扰。尔朱世隆兄弟暗中商议，认为长广王与皇族嫡系比较疏远，而且又素无声望，于是打算重新立一位嫡系近亲为帝。仪同三司广陵王元恭是元羽的儿子，好学而又有远志，正光年间任给事黄门侍郎，因元叉专权，元恭便假托嗓子哑，住到了龙华佛寺，不再与外人交往。永安末年，有人向孝庄帝报告说广陵王装哑，将别有企图。元恭很害怕，便逃到了上洛山，洛州刺史将他抓住送到了洛阳，被囚禁了很长一段时间，因没有发现他有谋反的证据，才释放了他。关西大行台郎中薛孝通对尔朱天光说："广陵王是高祖的侄子，早有好声望，沉默不言，已经多年，如果推奉他为帝，一定会天人和谐。"尔朱天光跟尔朱世隆等商议立元恭为帝，又怀疑他确实嗓子哑不能说话，于是便派尔朱彦伯秘密前往敦请元恭，并加以胁迫，至此，元恭才说出："天何言哉！"四字来，尔朱世隆等人大喜过望。薛孝通是薛聪的儿子。

己巳（二月二十九日），长广王来到邙山南侧，尔朱世隆等已替他做好了禅让文告，派泰山太守辽西人窦瑗持鞭独入帐中。窦瑗向长广王启奏道："天意人心，尽归于广陵,希望您行尧、舜禅代之事。"于是便让长广王签署了禅文。广陵王奉表辞让了三次,然后才即皇帝位,实行大赦,改年号为普泰。黄门侍郎邢子才起草了赦文,文中记述了孝庄帝枉杀太原王尔朱荣的情况,节闵帝说道:"孝庄帝亲手剪灭强臣,并非为失德之举,只是由于天意还没有厌恶祸乱,所以才重蹈成济杀高贵乡公的灾祸罢了。"因回头命左右取来笔砚,亲自起草赦文,直截了当地写道:"门下省:朕以寡德之身,有幸受到众人推举为帝,朕愿与天下万民,共同庆贺。大赦罪人,一依以往定式。"元恭闭口不言达八年之久,至此才说话,朝廷内外无不欣然,认为他是一位贤明之君,希望他能使天下达到太平。

庚午(三十日),北魏节闵帝元恭下诏书道:"三皇称'皇',五帝称'帝',三代称'王',大致是越来越谦让,从秦朝以来,竞相称'皇帝',我现在只称'帝',就已经是很高的褒扬了。"加封尔朱世隆为仪同三司,追赠尔朱荣为相国、晋王,加九锡。尔朱世隆让文武百官商议让尔朱荣的神位升入皇室宗庙中配飨之事,司直刘季明说:"如果配飨宣武帝的话,尔朱荣在那朝并无功勋;如果配飨孝明帝的话,尔朱荣又曾亲手杀害了孝明帝的母亲胡太后;如果配孝庄帝的话,尔朱荣又为臣不终。由此看来,没有可以配飨的。"尔朱世隆恼怒地说道:"你罪该万死!"刘季明道:"我既然身为谏议官之首,就应该依礼直陈意见,如有不合尊意之处,是杀是剐,任听裁处!"尔朱世隆听后也没敢加罪于他。最后将尔朱荣配飨于孝文帝庙廷。又为尔朱荣在首阳山立了庙,在周公旧庙的基址上建成,以此表示尔朱荣的功绩可以跟周公相比。庙建成后,不久便被一场大火焚烧掉了。

夏季,四月,乙巳(初六),梁朝昭明太子萧统去世。昭明太子自从举行冠礼以后,梁武帝便开始让他处理朝政,各部门的官员前来奏事,都汇集到太子那里。昭明太子善于辨析真伪谬误,对不实之处,洞察入微,但只是命有关部门改正,并不追究罪责。太子断案公正对犯人往往多加保全宽宥,待人宽和,能容人,喜怒不形于色。昭明太子喜欢读书做文章,引进接待才俊之士,赞叹爱重,毫无倦怠。太子出居东宫二十多年,不蓄养乐工歌伎。每当天降大雨或积雪不化之时,昭明太子总要派手下人巡视一番大街小巷,发现有穷苦之人则加以赈济。昭明太子天性孝顺,居处东宫,即便是悠闲无事之时,一起一坐,都要面朝西边,如事先接到诏令，召他明日入宫，则正襟危坐直到天明。太子病重之后，唯恐梁武帝担忧，每次派人送来问候的敕文，太子总是要亲自写回信奏答。等到昭明太子去世的时候，朝野上下都非常惊愕、惋惜，建康城中的男女老少，奔向宫门，沿途道路哭声不断。

  当初，梁昭明太子在埋葬生母丁贵嫔之时，曾派人四处求购风水好的墓地。有人向宦官俞三副行贿，求他帮助将自己的地卖与昭明太子，并说如果得到三百万钱的话，则将其中的一百万钱送给俞三副。俞三副于是便暗中启奏梁武帝，说："太子所购之地不如现在这块土地对皇上您更吉祥。"武帝年纪大了，多所忌讳，便命人将这块地买了下来。埋葬了丁贵嫔后，有个道士说："这块地不利于长子，但如果镇一镇，或许还可以宽延一下。"于是便将蜡鹅及其他物品埋在了丁贵嫔墓侧的长子之位。宫监鲍邈之、魏雅当初都很受昭明太子宠幸，鲍邈之后来被魏雅疏远，于是便暗中向武帝启奏道："魏雅竟敢给太子诅咒祈祷。"梁武帝派人去墓地检查挖掘，果然挖到了蜡鹅等物。武帝大惊，要彻底追究这件事，徐勉竭力劝谏，武帝这才作罢，只诛杀了那位道士。因为此事，太子终生惭愧忧愤，难以自明。等到太子去世后，梁武帝将太子的长子南徐州刺史华容公萧欢召到建康，想立萧欢为继承人，但心中仍记恨那件往事，犹豫了很长时间，最终还是没有立萧欢为嗣。庚寅（五月二十一日），又打发萧欢回到了南徐州。

  臣司马光曰：君子对于正道，不能顷刻有所偏离，也不能有半步过失。以昭明太子这样的仁孝，以梁武帝这样的慈爱，一旦产生了一点嫌疑，不但太子本身因忧而致死，而且祸害延及后代子孙。昭明太子本为求吉反而得凶，不能洗刷自己的冤屈，人们能不深深引以为戒么！所以对于那些诡诈怪诞之徒，奇异邪佞之术，君子要远远地离开。

  北魏高欢将起兵征讨尔朱氏，镇南大将军斛律金、军主善无库狄干与高欢的妻弟娄昭、高欢妻子的姐夫段荣等都力劝高欢起兵。高欢于是假借尔朱兆的名义写了一封假信，对士兵们说尔朱兆要把六镇之人配给契胡为部曲，大家听后都很忧虑恐惧。高欢又伪造了一张并州的符令，要征调高欢军讨伐步落稽。高欢派了一万人马，正要出发，孙腾与都督尉景为六镇人向高欢请求停留五天，这样停留了两次。高欢亲自将这支队伍送到郊外，流着眼泪与将士们告别，将士们都失声痛哭，声震原野。高欢于是又抚慰告诫将士们道:"我与你们大家都是失去了故乡之人,情义如同一家人,没想到上面如此征调我们!今若西向并、汾讨伐步落稽,已经应当死了,延误军期,又该当处死,配属契胡,还是要死,我们该如何是好?"众人齐声说道:"只有造反了!"高欢道:"造反乃迫不得已之计,但应推举一人为首领,谁能担当呢?"众人共推高欢为首领,高欢说道:"你们都是乡里乡亲,难以控制。不见当初葛荣么,虽然拥有百万大军,但却全无法令制度,终究还是败亡了。现在既然大家推举我为首领,就应该跟以前有所不同,不能凌辱汉人,违犯军纪,生死任我指挥调度才行;否则,就会被天下人耻笑。"众人都点头说:"我们不论生死都听您号令!"高欢于是杀牛犒飨将士,庚申(六月二十二日),高欢在信都起兵,但尚未敢公开声言反叛尔朱氏。

正值李元忠发兵逼近殷州,高欢命高乾率军前往援救殷州。高乾轻骑入城会见尔朱羽生,与尔朱羽生一起商议军事计划,尔朱羽生跟高乾一起出城,高乾趁机捕获并斩杀了尔朱羽生,带着尔朱羽生的人头前来拜见高欢。高欢摸着胸口说:"今日只好决计造反了!"遂任命李元忠为殷州刺史,镇守广阿。高欢于是上表朝廷列举尔朱氏的罪状,尔朱世隆将此表私藏扣押,没有上报皇帝。

【原文】

四年(壬子,532年)

辛巳,安定王至邙山。高欢以安定王疏远,使仆射魏兰根慰谕洛邑,且观节闵帝之为人,欲复奉之。兰根以帝神采高明,恐于后难制,与高乾兄弟及黄门侍郎崔㥄共劝欢废之。欢集百官问所宜立,莫有应者,太仆代人綦毋俊盛称节闵帝贤明,宜主社稷,欢欣然是之。㥄作色曰:"若言贤明,自可待我高王,徐登大位。"广陵既为逆胡所立,何得犹为天子!若从俊言,王师骑迎修入毡帐,陈诚,泣下沾襟,修让以寡德,欢再拜,修亦拜。欢出备服御,进汤沐,达夜严警。昧爽,文武执鞭以朝,使斛斯椿奉劝进表。椿入帐门,磬折延首而不敢前,修令思政取表视之,曰:"便不得不称朕矣。"乃为安定王作诏策而禅位焉。

戊子，孝武帝即位于东郭之外，用代都旧制，以黑毡蒙七人，欢居其一，帝于毡上西向拜天毕，入御太极殿，群臣朝贺，升闾阖门大赦，改元太昌。以高欢为大丞相、天柱大将军、太师，世袭定州刺史。庚寅，加高澄侍中、开府仪同三司。

【译文】

四年（壬子，公元532年）

辛巳（四月十八日），安定王到了邙山。高欢因安定王与皇族嫡系比较疏远，于是派仆射魏兰根前往洛阳慰问，同时观察一下节闵帝的为人，打算再推奉他为帝。魏兰根认为节闵帝神气高扬，担心以后难以驾驭，便与高乾兄弟及黄门侍郎崔㥄等一起劝高欢废掉节闵帝。高欢召集百官向大家征询应该立谁为帝，没人作声，太仆代郡人綦毋俊盛赞节闵帝贤明，认为应该立他做社稷之主，高欢很高兴，觉得綦毋俊说得很对。崔㥄正言厉色地说道："如果要说贤明，自然应该等待我们高王，慢慢登上皇位。广陵王既然是由叛乱的胡人所立，怎能还让他做天子！如果听从了綦何名义举？"欢遂幽节闵帝于崇训佛寺。

欢入洛阳，斛斯椿谓贺拔胜曰："今天下事，在吾与君耳，若不先制人，将为人所制。高欢初至，图之不难。"胜曰："彼有功于时，害之不祥。比数夜与欢同宿，序往昔之怀，兼荷兄恩意甚多，何苦惮之！"椿乃止。

欢以汝南王悦，高祖之子，召欲立之，闻其狂暴无常，乃止。

时诸王多逃匿，尚书左仆射平阳王修，怀之子也，匿于田舍。欢欲立之，使斛斯椿求之。椿见修所亲员外散骑侍郎太原王思政，问王所在，思政曰："须知问意。"椿曰："欲立为天子。"思政乃言之。椿从思政见修，修色变，谓思政曰："得无卖我邪？"曰："不也。"曰："敢保之乎？"曰："变态百端，何可保也！"椿驰报欢。欢遣四百綦毋俊的话，大王您的队伍怎么称得上是义举？高欢于是便将节闵帝幽禁在崇训佛寺中。

高欢进入洛阳之时，斛斯椿对贺拔胜说道："当今天下之事，全在于我和您了，如果我们不先发制人的话，将会被别人所制。高欢现在刚到洛阳，对付他还不难。"

贺拔胜说道："高欢有功于国家，杀害了他不吉祥。近几夜我与高欢同住，叙谈往昔之情，同时他又很感谢你的恩义，为什么要怕他呢！"斛斯椿这才作罢。

因为汝南王元悦是孝文帝的儿子，高欢便将元悦召来想立他为帝，但又听说元悦暴戾无常，这才作罢。

当时北魏诸王大多逃走藏匿了起来，尚书左仆射平阳王元修，是元怀的儿子，躲藏在乡间田舍中。高欢想立元修为帝，便派斛斯椿去寻找元修。斛斯椿找到元修所亲信的员外散骑侍郎太原人王思政，向他打听元修的下落，王思政说："我要知道您为何找他。"斛斯椿道："想立他为皇帝。"王思政这才说出元修在什么地方。斛斯椿随王思政去见元修，元修见了他们脸色大变，对王思政说道："你不是要出卖我吧？"王思政道："当然不是。"元修又说："你敢保证吗？"王思政答道："事情千变万化，怎么能保证呢！"斛斯椿飞马向高欢做了汇报，高欢派四百名骑兵将元修接入毛毡大帐之中，向元修表达了自己的诚挚之心，言谈之际泪落沾襟。元修以寡德为由推让再三，高欢又拜了两拜，元修也拜了一拜。高欢出帐，准备好皇帝的服装、用品让元修沐浴更衣，彻夜严加警戒。第二天早晨，因军中无法备朝服，所以文武百官执鞭朝拜元修，高欢让斛斯椿进奉劝进表。斛斯椿进入帷门，弯腰施礼伸着头不敢进到元修跟前，元修命王思政接过劝进表，看过之后，说道："我也只好即位称朕了。"高欢于是为安定王作诏书禅位于元修。

戊子（二十五日），北魏孝武帝元修在洛阳东郭外即皇帝位，采用鲜卑旧制，将黑毡蒙在七个人身上，高欢便是其中一人。元修在毡上向西拜过天之后，便入御太极殿，群臣朝拜庆贺。孝武帝元修登上阊阖门，大赦天下，改年号为太昌。任命高欢为大丞相、天柱大将军、太师、世袭定州刺史。庚寅（二十七日），加封高澄为侍中、开府仪同三司。

梁纪十二

【原文】

高祖武皇帝十二中大通五年（癸丑，533年）

春，正月，辛卯。魏窦泰奄至尔朱兆庭，军人因宴休惰，忽见泰军，惊走，追破之于赤谼岭，众并降散。兆逃于穷山，命左右西河张亮及苍头陈山提斩己首以降，皆不忍；兆乃杀所乘白马，自缢于树。欢亲临，厚葬之。慕容绍宗携尔朱荣妻子及兆余众诣欢降，欢以义故，待之甚厚。兆之在秀容，左右皆密通款于欢，唯张亮无启疏，欢嘉之，以为丞相府参军。

魏侍中斛斯椿闻乔宁、张子期之死，内不自安，与南阳王宝炬、武卫将军元毗、王思政密劝魏主图丞相欢。毗，遵之玄孙也。舍人元士弼又言欢受诏不敬，帝由是不悦。椿劝帝置阁内都督部曲，又增武直入数，自直阁已下，员别数百，皆选四方骁勇者充之。帝数出游幸，椿自部勒，别为行陈，由是朝政、军谋，帝专与椿决之。帝以关中大行台贺拔岳拥重兵，密与相结，又出侍中贺拔胜为都督三荆等七州诸军事，欲倚胜兄弟以敌欢，欢益不悦。

初，贺拔岳遣行台郎冯景诣晋阳，丞相欢闻岳使至，甚喜，曰："贺拔公讵忆吾邪！"与景歃血，约与岳为兄弟。景还，言于岳曰："欢奸诈有余，不可信也。"府司马宇文泰自请使晋阳，以观欢之为人，欢奇其状貌，曰："此儿视瞻非常。"将留之，泰固求复命；欢既遣而悔之，发驿急迫，至关不及而返。

泰至长安，谓岳曰："高欢所以未篡者，正惮公兄弟耳；侯莫陈悦之徒，非所忌也。公但潜为之备，图欢不难。今费也头控弦之骑不下一万，夏州刺史斛拔弥俄突胜兵三千余人，灵州刺史曹泥、河西流民纥豆陵伊利等各拥部众，未知所属。公若引军近陇，扼其要害，震之以威，怀之以惠，可收其士马以资吾军。西辑氐、羌，北抚沙塞，还军长安，匡辅魏室，此桓、文之举也。"岳大悦，复遣泰诣洛阳请事，密陈其状。魏主喜，加泰武卫将军，使还报。八月，帝以岳为都督雍·华等二十州诸军事、雍州刺史，又割心前血，遣使者赍以赐之。岳遂引兵西屯平凉，以牧马为名。斛拔弥俄突、纥豆陵伊利及费也头万俟受洛干、铁勒斛律沙门等皆附于岳，唯曹泥附于欢。秦、南秦、河、渭四州刺史同会平凉，受岳节度。兵以夏州被边要重，欲求良刺史以镇之，众举宇文泰，岳曰："宇文左丞，吾左右手，何可废也！"沈吟累日，卒表用之。

【译文】

梁武帝中大通五年（癸丑，公元533年）

春季，正月，辛卯（初二）。北魏窦泰率领军队突然攻到尔朱兆大本营的厅堂，军中的人因为正在摆宴而疏于防守，忽然看见窦泰的军队，连忙惊慌地逃跑，后来在赤谼岭被窦泰追上击溃，不是投降就是逃散了。尔朱兆逃到荒山中，命令在身旁侍奉的西河人张亮以及仆隶陈山提砍下自己的头颅投降，张亮与陈山提都不忍心这么做。尔朱兆就杀掉自己所骑的白马，自己吊死在树上。高欢亲自来到尔朱兆自杀的地方，为他举行了隆重的葬礼。慕容绍宗带着尔朱荣的妻子、孩子以及尔朱兆剩余的人马向高欢投降，高欢看在过去的交情上，给予他们很优厚的待遇。尔朱兆在秀容的时候，他的近臣们都悄悄地向高欢表示投靠之意，唯独张亮没有写信联系。高欢对他很赞许，任命他为丞相府的参军。

北魏侍中斛斯椿听到乔宁、张子期的死讯，心里无法安宁，他与南阳王元宝炬、武卫将军元毗、王思政一道秘密劝说孝武帝除掉丞相高欢。元毗是元遵的玄孙。舍人元士弼又告诉孝武帝，说高欢对皇帝颁下的诏书不恭不敬，孝武帝因此不大愉快。斛斯椿劝说孝武帝设置了负责皇宫守卫的閤内都督部曲，又在皇帝居住的朱华阁里增添了值勤侍卫的人数，在这些侍卫下面，还有定额以外的侍卫几百人。充当卫士的都是从各地精选出的骁勇善战的人。孝文帝几次外出巡游，斛斯椿亲自部署，在卫士以外另外排列队伍。从此，有关朝政、军机方面的大事，孝武帝只与斛斯椿商议决定。由于关中大行台贺拔岳手中掌握重兵，孝武帝就与他秘密联系，又派遣侍中贺拔胜担任统管三荆等七州军事的都督，想倚仗贺拔胜兄弟的力量与高欢抗衡，高欢心里更加不高兴。

起初，贺拔岳派遣行台郎冯景到晋阳，丞相高欢听说贺拔岳的使者来了，非常高兴，说道："贺拔公岂不是想念我了？"然后与冯景歃血为盟，约定与贺拔岳结为兄弟。冯景回去后，对贺拔岳说："高欢奸诈有余，真诚不足，不可信任。"府司马宇文泰自告奋勇，请求出使晋阳，以便观察高欢的为人到底如何。高欢见了宇文泰，对他的相貌感到惊奇，说道："这个年轻人的仪表看起来不同寻常。"因此要留下宇文泰，宇文泰坚决要求回去复命；高欢让宇文泰走了之后又觉得后悔，急忙派人骑驿马追赶，一直追到潼关还没有追上，只好返回。

宇文泰回到长安后，对贺拔岳说："高欢之所以还没有篡夺帝位，正是因为忌惮你们兄弟，而侯莫陈悦等人，并不是他所猜忌的对象。您只要悄悄地进行准备，干掉高欢是不难的。现在费也头部族善于射箭的骑兵不下一万人，夏州刺史斛拔弥俄突的精兵有三千多人，灵州刺史曹泥、河西流民纥豆陵伊利等人各自都拥有一帮人马，还不知道自己要归属哪一方。您要是带着军队逼近陇地，扼守该地的要害之处，用威势来震慑他们，同时再用恩惠对他们进行安抚，就可以收服他们的兵马来壮大我军的力量。此外，西边亲睦氐、羌部落，北边抚慰沙漠塞外之民，然后挥师返回长安，辅助魏国皇室，这是足以跟齐桓公、晋文公的功业相比的举动呀。"贺拔岳听了非常高兴，又派遣宇文泰到洛阳向孝武帝请示有关事宜，秘密陈述有关情况。孝文帝也很欢喜，加封宇文泰为武卫将军，叫他回去向贺拔岳汇报。八月，孝武帝任命贺拔岳为都督雍、华等二十州诸军事及雍州刺史，又割破自己心口前的皮肉，取出一些鲜血，派遣使者赐送给贺拔岳。贺拔岳于是带领兵马向西挺进，以牧马的名义驻扎在平凉。斛拔弥俄突、纥豆陵伊利以及费也头的万俟受洛干、铁勒斛律沙门等人都依附于贺拔岳，只有曹泥还依附于高欢。秦、南秦、河、渭四州的刺史一同汇集在平凉，接受贺拔岳的指挥调度。贺拔岳因为夏州地处边境，地形重要，想要寻找一位出色的刺史来镇守，大家都推举宇文泰，贺拔岳说道："宇文左丞是我的左右手，怎么可以离开我！"他反复考虑了好几天，最终还是上书孝武帝，请求任用宇文泰为夏州刺史。

【原文】

六年（甲寅，534年）

魏贺拔岳将讨曹泥，使都督武川赵贵至夏州与宇文泰谋之，泰曰："曹泥孤城阻远，未足为忧。侯莫陈悦贪而无信，宜先图之。"岳不听，召悦会于高平，与共讨泥。悦既得翟嵩之言，仍谋取岳。岳数与悦宴语，长史武川雷绍谏，不听。岳使悦前行，至河曲，悦诱岳入营坐，论军事，悦阳称腹痛而起，其婿元洪景拔刀斩岳。岳左右皆散走，悦遣人谕之云："我别受旨，止取一人，诸君勿怖。"众以为然，皆不敢动。而悦心犹豫，不即抚纳，乃还入陇，屯水洛城。岳众散还平凉，赵贵诣悦请岳尸葬之，悦许之。岳既死，悦军中皆相贺，行台郎中薛憕私谓所亲曰："悦才略素寡，辄害良将，吾属今为人虏矣，何贺之有！"憕，真度之从孙也。

岳众未有所属，诸将以都督武川寇洛年最长，推使总诸军；洛素无威略，不能齐众，乃自请避位。赵贵曰："宇文夏州英略冠世，远近归心，赏罚严明，士卒用命，若迎而奉之，大事济矣。"诸将或欲南召贺拔胜，或欲东告魏朝，犹豫不决。都督盛乐杜朔周曰："远水不救近火，今日之事，非宇文夏州无能济者，赵将军议是也。朔周请轻骑告哀，且迎之。"众乃使朔周驰至夏州召泰。

泰与将佐宾客共议去留，前太中大夫颍川韩褒曰："此天授也，又何疑乎！侯莫陈悦，井中蛙耳，使君往，必擒之。"众以为："悦在水洛，去平凉不远，若已有贺拔公之众，则图之实难，愿且留以观变。"泰曰："悦既害元帅，自应乘势直据平凉，而退据水洛，吾知其无能为也。夫难得易失者，时也。若不早赴，众心将离。"

泰与帐下轻骑驰赴平凉，令杜朔周帅众先据弹筝峡。时民间惶惧，逃散者多，军士争欲掠之，朔周曰："宇文公方伐罪讨民，奈何助贼为虐乎！"抚而遣之，远近悦附；泰闻而嘉之。朔周本姓赫连，曾祖库多汗避难改焉，泰命复其旧姓，名之曰达。

丞相欢使侯景招抚岳众，泰至安定遇之，谓曰："贺拔公虽死，宇文泰尚存，卿何为者！"景失色曰："我犹箭耳，唯人所射。"遂还。

泰至平凉，哭岳甚恸，将士皆悲喜。

欢复使侯景与散骑常侍代郡张华原、义宁太守太安王基劳泰，泰不受，欲劫留之，曰："留则共享富贵，不然，命在今日。"华原曰："明公欲胁使者以死亡，此非华原所惧也。"泰乃遣之。基还，言"泰雄杰，请及其未定击灭之。"欢曰："卿不见贺拔、侯莫陈乎！吾当以计拱手取之。"

魏主闻岳死，遣武卫将军元毗慰劳岳军，召还洛阳，并如侯莫陈悦。毗至平凉，军中已奉宇文泰为主；悦既附丞相欢，不肯应召。泰因元毗上表称："臣岳忽罹非命，都督寇洛等令臣权掌军事。奉诏召岳军入京，今高欢之众已至河东，侯莫陈悦犹在水洛，士卒多是西人，顾恋乡邑，若逼令赴阙，悦蹑其后，欢邀其前，恐败国殄民，所损更甚。乞少赐停缓，徐事诱导，渐就东引。"魏主乃以泰为大都督，即统岳军。

丞相欢闻泰定秦、陇，遣使甘言厚礼以结之，泰不受，封其书，使都督济北张轨献魏主。斛斯椿问轨曰："高欢逆谋，行路皆知之，人情所恃，唯在西方，未知宇文何如贺拔？"轨曰："宇文公文足经国，武能定乱。"椿曰："诚如君言，真可恃也。"

魏主欲伐晋阳，辛卯，下诏戒严，云"欲自将伐梁"。发河南诸州兵，大阅于洛阳，南临洛水，北际邙山，帝戎服与斛斯椿临观之。六月，丁巳，魏主密诏丞相欢，称"宇文黑獭、贺拔胜颇有异志，故假称南伐，潜为之备；王亦宜共为形援。读讫燔之。"欢表以为"荆、雍将有逆谋，臣今潜勒兵马三万，自河东渡，又遣恒州刺史库狄干等将兵四万自来违津渡，领军将军娄昭等将兵五万以讨荆州，冀州刺史尉景等将山东兵七万、突骑五万以讨江左，皆勒所部，伏听处分。"帝知欢觉其变，乃出欢表，令群臣议之，欲止欢军。欢亦集并州僚佐共议，还以表闻，仍云："臣为嬖佞所间，陛下一旦赐疑。臣若敢负陛下，使身受天殃，子孙殄绝。陛下若垂信赤心，使干戈不动,佞臣一二人愿斟量废出。"

帝以宇文泰兼尚书仆射,为关西大行台,许妻以冯翊长公主,谓泰帐内都督秦郡杨荐曰:"卿归语行台,遣骑迎我!"以荐为直阁将军。泰以前秦州刺史骆超为大都督,将轻骑一千赴洛,又遣荐与长史宇文侧出关候接。

平民丧葬图　南北朝

一辆由牛拉动的灵车,上有人字坡形白帐,帐下悬挂着随葬明器。灵车无人挽送,一人头顶祭盘走在前头。

【译文】

六年（甲寅,公元534年）

北魏的贺拔岳将要讨伐曹泥,派了都督武川人赵贵到夏州先与宇文泰商量,宇文泰说:"曹泥掌握的是一座孤城,隔的距离又远,不足以成为我们忧虑的对象。侯莫陈悦贪心而又不讲信义,应该先收拾他。"贺拔岳没有听从宇文泰的建议,而是召请侯莫陈悦在高平与自己会合,共同讨伐曹泥。侯莫陈悦听了翟嵩的话以后,就图谋除掉贺拔岳。贺拔岳多次与侯莫陈悦随便聊天说话,担任长史的武川人雷绍劝告他,他听不进去。贺拔岳叫侯莫陈悦走在前面,到了河曲,侯莫陈悦引诱贺拔岳到他的军营去坐,一同谈论军事,谈着谈着,侯莫陈悦假装说自己肚子疼,站起身来,他的女婿元洪景拔出腰刀杀了贺拔岳,贺拔岳身边的人都纷纷逃散,侯莫陈悦派人告诉他们说："我奉了朝廷密旨，只取贺拔岳一个人的性命，各位都不要害怕。"大家都认为侯莫陈悦的话是真的，不敢轻举妄动。但是侯莫陈悦自己的心里还犹豫不决，不敢安抚招纳贺拔岳的部属，于是就回到陇地，驻扎在水洛城。贺拔岳离散的部属回到平凉，赵贵来到侯莫陈悦处请求由他安葬贺拔岳的遗体，侯莫陈悦答应了他。贺拔岳死了之后，侯莫陈悦军队里的官兵都相互庆贺，行台郎中薛憕悄悄地对他亲近的人说："侯莫陈悦向来缺乏才识谋略，总是杀害良将，我们这些人现在已注定被人俘虏了，有什么可以庆贺的！"薛憕是薛真度的侄孙子。

　　贺拔岳的部下们都还没有归属，各位将领考虑到担任都督的武川人寇洛年龄最大，就推举他总管所有的军队，寇洛一向没有威望谋略，不能把大家管理好，就自己请求让位，赵贵说道："夏州刺史宇文泰的才略天下第一，远近的人心都向着他，他赏罚严明，士兵们都愿意听从他的命令，如果将他迎接来，拥戴他作为我们的统帅，大事就可以成功了。"各位将领中有的想去南方叫贺拔胜来收拾残局，有的想去东方把情况禀告北魏的朝廷，一时间犹豫不决。担任都督的盛乐人杜朔周说道："远水救不了近火，今天这样的事情，除了宇文泰外，没有任何人能够办成功，赵将军的一番议论是正确的。请允许我杜朔周骑上快马向宇文泰报告噩耗，并且迎接他到这儿来。"大家就让杜朔周作为使者赶往夏州请宇文泰来。

　　宇文泰与他的将领、幕僚、宾客一同商议是去是留，前太中大夫、颍川人韩褒说道："这是上天授命给您，还有什么可以疑虑的呀！侯莫陈悦不过是只井中之蛙，如果您去的话，一定能够捉住他。"众人都认为："侯莫陈悦所处的水洛距离平凉不远，如果他已经拥有贺拔岳留下的兵马，再算计他就非常困难了，希望暂且留下来观察时局的变化。"宇文泰说："侯莫陈悦既然杀害了贺拔岳元帅，自然应该乘这个势头直接占据平凉，而他却退了一步占据了水洛，由此我知道他没有能耐再干什么了。难以得到而又容易失去的是时机，假如我不早点去的话，人心将会离散。"

　　宇文泰与手下的轻骑兵一起快速地赶赴平凉，命令杜朔周带领兵马先占领弹筝峡。此时老百姓都很惊惶恐惧，逃散的人很多，士兵们争先恐后地要掠夺他们的财物，杜朔周对士兵们说："宇文泰大人正在征伐罪人，使百姓安享太平，你们怎么还帮助奸贼做坏事呀？"他对百姓进行安抚并把他们发送回去，远近的人因此都高兴地归附过来；宇文泰听到这一消息后嘉奖了他。杜朔周本姓赫连，他的曾祖父库多汗为了避难而改姓杜，宇文泰叫杜朔周恢复他的旧姓，给他起名为赫连达。

北魏的丞相高欢派侯景去招纳安抚贺拔岳的兵马，宇文泰走到安定的时候遇见了他，对他说："贺拔岳虽然已经去世，但我宇文泰还活着，你想要干什么！"侯景大惊失色，回答说："我不过是一支箭，人家把我射到哪儿我就到哪儿。"于是便返回了。

宇文泰到达平凉之后，非常悲痛地哭吊贺拔岳，将士们都又悲又喜。

高欢又派侯景与散骑常侍代郡人张华原、义宁太守太安人王基去慰劳宇文泰，宇文泰没有接受，还想把他们扣留下来，说："你们留下来我们就一同享受富贵，不然的话，你们的性命就在今日完结。"张华原回答说："您用死亡来威胁使者，这可不是我张华原所惧怕的。"宇文泰无奈，就让他们回去了。王基到晋阳后，对高欢说："宇文泰是一位英雄杰出的人，请您趁他还没有稳定就攻击消灭他。"高欢回答说："你不是看见贺拔岳与侯莫陈悦之间的情况了嘛！我会使用计谋拱手取他的性命。"

北魏国主孝武帝听到贺拔岳的死讯，派遣武卫将军元毗去慰问贺拔岳的军队，把他们召回洛阳，并且宣召侯莫陈悦。元毗到了平凉，部队里面已经拥戴宇文泰作为首领；侯莫陈悦已经归附了高欢，因此不愿意接受孝武帝的宣召。宇文泰通过元毗给孝武帝递送了表章，说："大臣贺拔岳突然死于非命，都督寇洛等人要我暂且掌握这儿的军事权力。我已经接到您宣召贺拔岳的军队进京城的诏书，但是现在高欢的兵马已经到了五原河以东地区，侯莫陈悦还在水洛，我手下的士兵大多数是西部人，留恋自己的家乡，如果硬逼着叫他们赶赴京城，侯莫陈悦在后面追击，高欢在前面拦截，恐怕会产生国家遭殃百姓被杀的后果，受到的损失更大。请您允许我们稍微停一停缓一缓，慢慢地进行诱导，渐渐地将他们带到东部地区。"孝武帝就任命宇文泰为大都督，就统率贺拔岳的部队。

丞相高欢听说宇文泰平定了秦、陇地区，就派遣使者用甜言蜜语和丰厚的礼品来结交宇文泰，宇文泰没有接受，而是封好高欢的书信，派担任都督的济北人张轨去献给孝武帝。斛斯椿问张轨："高欢的叛逆之心路人皆知，众望所归，唯有西边的宇文泰了，不知道宇文泰的才能与贺拔岳相比如何？"张轨回答说："宇文公论文足以管理国家，论武能够平定叛乱。"斛斯椿说道："果真像你说的那样，宇文泰真是可以依靠的对象。"

孝武帝想要讨伐高欢所住的晋阳，辛卯（五月初十），颁下诏书命令戒严，说"要亲自带兵讨伐梁"。他征调河南各州的兵马，在洛阳进行大规模的检阅仪式，部队的南端挨着洛水，北端靠近邙山，孝武帝身穿盔甲与斛斯椿一道亲临视察。六月，丁巳（初六），孝武帝秘密写给丞相高欢一封诏书，假称："宇文黑獭、贺拔胜颇有叛变篡位的意图，所以我假装说要讨伐南方，暗中进行准备；您也应该一同做出增援的样子。读后请将诏书烧掉。"高欢上书给孝武帝，说："荆州的贺拔胜、雍州的宇文泰将要实施叛逆的阴谋，我现在暗中带领三万兵马，从河东渡河，又派遣恒州刺史库狄干等人统领四万兵马从来违津渡河，领军将军娄昭等人统领五万兵马讨伐荆州，冀州刺史尉景等人统领七万山东兵、五万惯于冲锋陷阵的精锐骑兵讨伐江东地区，他们都已率领自己的部属，恭敬地聆听您的吩咐。"孝武帝知道高欢已经觉察自己要制造事变，就亮出高欢的奏章，叫大臣们对它进行评议，想要制止高欢出兵。高欢也召集并州的官佐属吏共同商议，然后又一次递上奏章，仍然说："我受到一群奸臣的挑拨离间，陛下因此一时对我产生了怀疑。我要是胆敢辜负陛下，就让上天将灾难降临到我的身上，断子绝孙。陛下如果相信我的赤胆忠心，免动干戈，我就希望您能考虑把一两位奸臣从您的身边赶出去。"

孝武帝让宇文泰兼任尚书仆射，出任关西大行台，还答应将冯翊长公主许配给他做妻子。他对宇文泰的帐内都督、秦郡人杨荐说："你回去告诉你们行台，让他派骑兵来迎接我！"又任命杨荐为直阁将军。宇文泰任命以前的秦州刺史骆超为大都督，率领一千名轻装骑兵前往洛阳，又派遣杨荐与长史宇文测一道到关外迎候孝武帝。

梁纪十三

【原文】

高祖武皇帝十三大同元年（乙卯，535年）

春，正月，戊申朔，大赦，改元。

勃海世子澄通于欢妾郑氏，欢归，一婢告之，二婢为证；欢杖澄一百而幽之，娄妃亦隔绝不得见。欢纳魏敬宗之后尔朱氏，有宠，生子浟，欢欲立之。澄求救于司马子如。子如入见欢，伪为不知者，请见娄妃；欢告其故。子如曰："消难亦通子如妾，此事正可掩覆。妃是王结发妇，常以父母家财奉王；王在怀朔被杖，背无完皮，妃昼夜供侍；后避葛贼，同走并州，贫困，妃然马矢，自作靴；恩义何可亡也！夫妇相宜，女配至尊，男承大业。且娄领军之勋，何宜摇动！一女子如草芥，况婢言不必信邪！"欢因使子如更鞫之。子如见澄，尤之曰："男儿何意畏威自诬！"因教二婢反其辞，胁告者自缢，乃启欢曰："果虚言也。"欢大悦，召娄妃及澄。妃遥见欢，一步一叩头，澄且拜且进，父子、夫妇相泣，复如初。欢置酒曰："全我父子者，司马子如也！"赐之黄金百三十斤。

魏丞相泰以军旅未息，吏民劳弊，命所司斟酌古今可以便时适治者，为二十四条新制，奏行之。

泰用武功苏绰为行台郎中，居岁馀，泰未之知也，而台中皆称其能，有疑事皆就决之。泰与仆射周惠达论事，惠达不能对，请出议之。出，以告绰，绰为之区处，惠达入白之，泰称善，曰："谁与卿为此议者？"惠达以绰对，且称绰有王佐之

才，泰及擢绰为著作郎。泰与公卿如昆明池观渔，行至汉故仓池，顾问左右，莫有知者。泰召绰问之，具以状对。泰悦，因问天地造化之始，历代兴亡之迹，绰应对如流。泰与绰并马徐行，至池，竟不设网罟而还。遂留绰至夜，问以政事，卧而听之；绰指陈为治之要，泰起，整衣危坐，不觉膝之前席，语遂达曙不厌。诘朝，谓周惠达曰："苏绰真奇士，吾方任之以政。"即拜大行台左丞，参典机密，自是宠遇日隆。绰始制文案程式朱出、墨入及计帐、户籍之法，后人多遵用之。

东魏以丞相欢之子洋为骠骑大将军、开府仪同三司，封太原公。洋内明决而外如不慧，兄弟及众人皆嗤鄙之；独欢异之，谓长史薛琡曰："此儿识虑过吾。"幼时，欢尝欲观诸子意识，使各治乱丝，洋独抽刀斩之，曰："乱者必斩！"又各配兵四出，使都督彭乐帅甲骑伪攻之，兄澄等皆怖挠，洋独勒众与乐相格，乐免胄言情，犹擒之以献。

【译文】

梁武帝大同元年（乙卯，公元535年）

春季，正月，戊申朔（初一），梁武帝下令大赦天下，改年号为大同。

勃海王高欢的嫡长子高澄与他的小妾郑氏私通。高欢袭击稽胡之后回来，一个婢女把这一情况告诉了他，还有两个婢女在一旁作证。高欢打了高澄一百大棍，并把他关押起来。娄妃也被隔离开来，不允许她见高欢。高欢以前把孝庄帝的皇后尔朱氏收纳为妾，非常宠爱她，他们生了一个儿子叫高浟，高欢想要立他做自己的继承人。高澄向司马子如求救。司马子如来到王府拜见高欢，假装不知道内情，请求见一见娄妃，高欢就把详细情况告诉了司马子如。司马子如说道："消难也和我的小妾私通了，这件事只能掩盖起来。娄妃是王爷的结发妻子，当初经常把父母家里的财物拿出来给您。您在怀朔的时候被人用木杖责打，背上没有一块完好的皮肉，娄妃白天黑夜地侍候您，后来为了躲避葛荣这个奸贼，你们一同出走到并州，生活贫困，王妃点燃马粪做饭，亲自制作靴子；这样的恩义怎么可以忘掉呀？你们夫妇二人相互适合，所生的女儿嫁给了最尊贵的皇帝，儿子高澄则继承了您的大业。况且王妃的弟弟娄领军功勋突出，怎么可以动摇得了呢？一个女人就像小草一样，没有必要多么看重，何况婢女的话不一定可信呢！"高欢听后，就叫司马子如重新查问这件事情。司马子如见到高澄，便责怪他道："你身为男子汉，怎么可以因为害怕威严就自己诬蔑自己！"与此同时，他又教那两位婢女推翻自己的证词，胁迫告状的婢女上吊自杀，然后向高欢报告说："那些话果然是无中生有。"高欢听了非常高兴，派人去叫娄妃和高澄。娄妃远远看见高欢，便走一步叩一个头，高澄也是一边跪拜一边向前，父亲与儿子，丈夫与妻子相互都流下了眼泪，从此又和好如初。高欢安排了酒宴，说道："成全我们父子两人关系的，是司马子如呀！"于是便赠给司马子如一百三十斤黄金。

西魏的丞相宇文泰考虑到战事得不到平息，官吏百姓已经疲劳，就命令有关部门斟酌参照古往今来既利于目前情况、又适合于治理天下的制度，制订出二十四项新的法令，上书得到文帝的批准后开始实行。

宇文泰任用武功人苏绰为行台郎中，一年多之后，宇文泰自己对苏绰还不大了解，但是行台官署中的人都称赞苏绰能力强，遇上有疑难的事情都去请他帮助决策。宇文泰与仆射周惠达讨论一件事，周惠达不能回答宇文泰的问题，请求允许他出去跟别人一起商议此事。周惠达出门后，把情况告诉了苏绰，苏绰为周惠达作了分析解答，周惠达进去后按照苏绰的意见做出回答。宇文泰认为周惠达回答得非常好，问道："谁和你一道做出了这番议论？"周惠达说出了苏绰的名字，并且称赞苏绰具有辅佐君王成就大业的才能，宇文泰便提拔苏绰为著作郎。宇文泰与公卿一起去昆明池观赏捕鱼，走到汉代传下来的仓池时，回过头来询问身旁的人，他们中没有一个知道仓池的情况。宇文泰把苏绰叫来，向他提问，苏绰把一件件事都讲得绘声绘色。宇文泰很高兴，就一直问到天地开始创造化育时有什么景象，历代兴盛与灭亡的经过如何，苏绰始终对答如流。宇文泰与苏绰一道骑着马慢慢地并行，到了昆明池，竟然没有撒网就返回了。在丞相府，宇文泰将苏绰一直留到晚上，就一些军政大事征求苏绰的意见，苏绰讲述，宇文泰躺着倾听。当苏绰指出治理国家有哪些关键之处的时候，宇文泰从睡榻上起来，整理好衣服端正地坐着，不知不觉他的膝头已经在席子上往前移动，苏绰的话从晚上又持续到第二天清晨，宇文泰还听得不满足。第二天早上，宇文泰对周惠达说："苏绰真是个奇特的人，我这就让他管理重要的政务。"他随即任命苏绰为大行台左丞，让他参与掌管处理机密大事，从此苏绰越来越受到宇文泰的宠信。苏绰开始制订处理文书的程序如用红笔批出，用黑笔签收，还有关于计账、户籍的一些办法，这些程序、办法后来的人大多遵照沿用了。

东魏任命丞相高欢的儿子高洋为骠骑大将军、开府仪同三司，并封他为太原公。高洋内心既果断而又精明，可是外表上看起来好像智力不够，他的兄弟以及其他许多人都嗤笑鄙视他，唯独高欢认为他与众不同，曾经对长史薛琡说："这孩子的见识与思考问题的能力都超过我。"还在高洋幼小的时候，高欢曾经想观察一下各位儿子的智能如何，让他们各自整理一团乱丝，唯独高洋一人抽出刀来砍断了乱丝，说："乱的东西就一定要砍断！"高欢还给儿子们各自配备了兵力让他们四面出击，又叫都督彭乐率领戴盔裹甲的骑兵假装进攻，长兄高澄等人都害怕得乱了阵脚，只有高洋布置兵力与彭乐对抗，彭乐脱去盔甲叙述情况时，高洋还擒拿了彭乐，将他献给高欢。

【原文】

二年（丙辰，536年）

三月，戊申，丹杨陶弘景卒。弘景博学多艺能，好养生之术。仕齐为奉朝请，弃官，隐居茅山。上早与之游，及即位，恩礼甚笃，每得其书，焚香虔受。屡以手敕招之，弘景不出。国家每有吉凶征讨大事，无不先谘之，月中尝有数信，时人谓之"山中宰相"。将没，为诗曰："夷甫任散诞，平叔坐论空。岂悟昭阳殿，遂作单于宫！"时士大夫竞谈玄理，不习武事，故弘景诗及之。

【译文】

二年（丙辰，公元536年）

三月，戊申（初七），梁朝的丹阳人陶弘景去世。陶弘景学识渊博，多才多艺，对养生术有特殊的兴趣。他在南齐担任过奉朝请的官职，后来又主动放弃，在茅山隐居起来。梁武帝早年曾经和他一同游处，等到登上皇位以后，总是给予他很不寻常的恩惠与礼遇，每次收到他的信，都要点上香后才虔诚地阅读。梁武帝多次亲自写信邀请陶弘景到朝廷做官，陶弘景始终没有出山。每当国家出现吉祥或不祥的征兆的时候，或有出征、讨伐这样大事的时候，梁武帝必定要先向他咨询，有时一个月里面两人要通好几封信，当时的人们称他是"山中宰相"。陶弘景去世之前，写了这样一首诗："王衍任情放诞，何晏议论虚空。岂能想到昭阳殿，竟然作了单于宫。"那个时代，大小官员都竞相谈论玄理，不愿意学习练兵打仗方面的东西，所以陶弘景写诗用魏晋时期的事情来影射梁朝。

【原文】

三年（丁巳，537年）

东魏遣兼散骑常侍李谐来聘，以吏部郎卢元明、通直侍郎李业兴副之。谐，平之孙；元明，旭之子也。秋，七月，谐等至建康，上引见，与语，应对如流。谐等出，上目送之，谓左右曰："朕今日遇勍敌。卿辈尝言北间全无人物，此等何自而来！"是时邺下言风流者，以谐及陇西李神俊、范阳卢元明、北海王元景、弘农杨遵彦、清河崔赡为首。神俊名挺，宝之孙；元景名昕，宪之曾孙也；皆以字行。赡，㥄之子也。

时南、北通好，务以俊义相夸，衔命接客，必尽一时之选，无才地者不得与焉。每梁使至邺，邺下为之倾动，贵胜子弟盛饰聚观，礼赠优渥，馆门成市。宴日，高澄常使左右觇之，一言制胜，澄为之抚掌。魏使至建康亦然。

【译文】

三年（丁巳，公元537年）

东魏派遣兼任散骑常侍的李谐为正使，吏部郎卢元明、通直侍郎李业兴为副使，出使梁朝。李谐是李平的孙子，卢元明是卢昶的儿子。秋季，七月，李谐等人抵达建康，梁武帝接见了他们，并和他们做了交谈，他们都对答如流。李谐等人出门了，梁武帝目送着他们远去后，对身旁的人说道："我今天可遇上了劲敌，你们这些人曾经说北方没有一个像样的人物，那么现在这几位是从哪里来的呢？"当时，东魏的国都邺城内够得上称作"风流人物"的，要以李谐以及陇西人李神俊、范阳人卢元明、北海人王元景、弘农人杨遵彦、清河人崔赡为首。李神俊的名字叫李挺，是李宝的孙子；王元景的名字叫王昕，是王宪的曾孙子；他们通常都用表字。崔赡是崔悛的儿子。

此时，南方与北方已经沟通和好，在交往中，务必要让对方夸己方的人贤能，所以奉命出使或接待客人的，必定是精选出的当时最杰出的人，才能门第不高的参与不了这些事情。每当梁朝的使者来到邺城的时候，城内为之轰动，那些高门贵族家庭的子弟都要打扮得珠光宝气，聚集在一起围观，赠送给对方的都是优厚的礼品，宾馆的门口简直变成了集市。举行宴会的日子，高澄经常叫身旁的人看他们，每当有惊人妙语压倒了来使，高澄就为他们鼓掌。东魏的使者到梁朝的建康时也是这样。

梁纪十四

【原文】

高祖武皇帝十四大同四年（戊午，538年）

初，柔然头兵可汗始得返国，事魏尽礼。及永安以后，雄据北方，礼渐骄倨，虽信使不绝，不复称臣。头兵尝至洛阳，心慕中国，乃置侍中、黄门等官；后得魏汝阳王典签淳于覃，亲宠任事，以为秘书监，使典文翰。及两魏分裂，头兵转不逊，数为边患。魏丞相泰以新都关中，方有事山东，欲结婚以抚之，以舍人元翌女为化政公主，妻头兵弟塔寒。又言于魏主，请废乙弗后，纳头兵之女。甲辰，以乙弗后为尼，使扶风王孚迎头兵女为后。头兵遂留东魏使者元整，不报其使。

柔然送悼后于魏，车七百乘，马万匹，驼二千头。至黑盐池，遇魏所遣卤簿仪卫。柔然营幕，户席皆东向，扶风王孚请正南面，后曰："我未见魏主，固柔然女也。魏伏南面，我自东向。"丙子，立皇后郁久闾氏。丁丑，大赦。以王盟为司徒。丞相泰朝于长安，还屯华州。

【译文】

梁武帝大同四年（戊午，公元538年）

当初，柔然国的头兵可汗刚被放回国的时候，对北魏毕恭毕敬，礼仪周全。到了永安年间之后，头兵可汗在他所占据的北方开始称雄，于是对北魏渐渐地变得傲慢起来，虽然仍旧和北魏保持书信与使者来往，但是不再自己称臣了。头兵可汗曾经到过洛阳，心里仰慕中原，就按照北魏的官制设置了侍中、黄门等官职；后来他得到了北魏汝阳王的典签淳于覃，非常亲近宠信，十分重用，委任为秘书监，使其主管文书。在北魏分裂成东魏、西魏之后，头兵可汗变得更加傲慢放肆，多次在边境地区制造事端。西魏的丞相宇文泰考虑到刚在关中地区建立新都，同时正和东魏发生摩擦，就想用联姻的办法来安抚头兵可汗。请文帝将舍人元翌的女儿封为化政公主，让她嫁给头兵可汗的弟弟塔寒为妻。宇文泰又劝说文帝，请他废掉乙弗皇后，娶头兵可汗的女儿。甲辰（二月十五日），文帝叫乙弗皇后削发为尼，又派遣扶风王元孚去迎接头兵可汗的女儿来当西魏的新皇后。头兵可汗于是扣留了东魏的使者元整，不回报东魏来使。

柔然国终于将悼后送往西魏，陪嫁品有七百辆车、一万匹马、二千头骆驼。到达黑盐池的时候，遇上了西魏派来迎接新皇后的仪仗队与侍卫队。柔然人宿营时，门户与席子都朝向东方，扶风王元孚请他们朝向正南方，悼后说道："我还没有见到魏主，依然算是柔然国的女子。你们魏国的仪仗队面向南方，我自己面向东方。"丙子（三月十七日），文帝正式册封郁久闾氏为皇后。丁丑（十八日），大赦天下。封王盟为司徒。丞相宇文泰来到长安朝拜文帝之后，又返回华州屯兵。

【原文】

五年（己未，539年）

春，正月，乙卯，以尚书左仆射萧渊藻为中卫将军，丹杨尹何敬容为尚书令，吏部尚书张缵为仆射。缵，弘策之子也。自晋、宋以来，宰相皆以文义自逸，敬容独勤簿领，日旰不休，为时俗所嗤鄙。自徐勉、周捨既卒，当权要者，外朝则何敬容，内省则朱异。敬容质悫无文，以纲维为己任；异文华敏洽，曲营世誉：二人行异而俱得幸于上。异善伺候人主意为阿谀，用事三十年，广纳货赂，欺罔视听，远近莫不忿疾。园宅、玩好、饮膳、声色穷一时之盛。每休下，车马填门，唯王承、王稚及褚翔不往。承、稚，暕之子；翔，渊之曾孙也。

九月，甲子，东魏发畿内十万人城邺，四十日罢。冬，十月，癸亥，以新宫成,大赦,改元兴和。

散骑常侍朱异奏:"顷来置州稍广,而小大不伦,请分为五品,其位秩高卑,参僚多少,皆以是为差。"诏从之。于是上品二十州,次品十州,次品八州,次品二十三州,下品二十一州。时上方事征伐,恢拓境宇,北逾淮、汝,东距彭城,西开牂柯,南平俚洞,纷纶甚众,故异请分之。其下品皆异国之人,徒有州名而无土地,或因荒徼之民所居村落置州及郡县,刺史守令皆用彼人为之,尚书不能悉领,山川险远,职贡罕通。五品之外,又有二十馀州不知处所。凡一百七州。又以边境镇戍,虽领民不多,欲重其将帅,皆建为郡,或一人领二三郡太守,州郡虽多而户口日耗矣。

【译文】

五年(己未,公元539年)

春季,正月,乙卯(初一),梁武帝任命尚书左仆射萧渊藻为中卫将军,丹阳尹何敬容为尚书令,吏部尚书张缵为仆射。张缵是张弘策的儿子。从晋、宋以来,凡是担任宰相的,都以文章、义理而自娱,唯独何敬容勤勉于各种文书,日夜不停,受到当时的嗤笑鄙视。自从徐勉、周捨去世以后,掌握国家大权的,在三公、卿、监、尚书这些外朝官员中要算何敬容,在门下省里则是朱异。何敬容本性忠厚而缺少文才,以维护国家的法纪作为自己的责任;朱异文思敏捷,见多识广,善于用各种手段,博得世间的赞誉。他们两个人的品行不同,但是都得到梁武帝的宠信。朱异善于迎合皇帝的意思,进行阿谀奉承,在掌权的三十年里,广泛地收受别人的贿赂,欺上瞒下,远近没有不痛恨他的。他的园林住宅的气派,古玩珍宝的华贵、饮食的精致,还有音乐与妻妾的美丽动人,都代表着当时的最高水准。每到他从省中还家休息的日子,各类车马多得把家门都堵塞住了,只有王承、王稚以及褚翔不去他那里。王承、王稚是王暕的儿子;褚翔是褚渊的曾孙子。

九月,甲子(十四日),东魏征调了京畿内十万人修筑邺城,四十天完工。冬季,十月癸亥(疑误),由于新的宫殿建成,孝静帝下令大赦天下,并改年号为

"兴和"。

梁朝散骑常侍朱异向梁武帝呈上奏折，说道："近来，州的建置稍微多了一些，而且还不分大小，现在请求皇上把各州分为五个等级，州长官地位俸禄的高低，参佐幕僚人数的多少，都根据各州的等级形成差别。"梁武帝颁下诏书，表示同意。于是全国的各个州区分成：第一等级二十个，第二等级十个，第三等级八个，第四等级二十三个，第五等级二十一个。此时，梁武帝正在进行征战讨伐，收复失土，拓展国境，在北方越过了淮、汝地区，在东方到达彭城，在西方开发了牂柯，在南方平定了俚洞，情况比较混乱无章，所以朱异请求区分各州的等级。第五等州的居民都不是汉人，所以空有州名而没有土地，也有的在僻远蛮荒之地根据百姓所居住的村落设置州以及郡、县，刺史、郡守、县令都让当地的土人担任，尚书无法统管起来，由于山川险峻遥远，赋税贡品很难送到朝廷。在五个等级以外，还有二十个州不知道设在什么地方。梁朝共有一百零七个州。又因为在边境地区驻兵守卫，虽然管理的百姓数量不多，但是为了显示对这些地方的将帅的重视，就把不该建立郡的地方都建成郡，官员中有的一个人就担任两三个郡的太守，州郡虽然多，可是百姓的户口却日益减少了。

【原文】

七年（辛酉，541年）

魏以侍中宇文测为大都督、行汾州事。测，深之兄也，为政简惠，得士民心。地接东魏，东魏人数来寇抄，测擒获之，命解缚，引与相见，为设酒淆，待以客礼，并给粮饩，卫送出境。东魏人大惭，不复为寇，汾、晋之间遂通庆吊，时论称之。或告测交通境外者，丞相泰怒曰："测为我安边，我知其志，何得间我骨肉！"命斩之。

魏丞相泰欲革易时政，为强国富民之法，大行台度支尚书兼司农卿苏绰尽其智能，赞成其事，减官员，置二长，并置屯田以资军国。又为六条诏书，九月，始奏行之：一曰清心，二曰敦教化，三曰尽地利，四曰擢贤良，五曰恤狱讼，六曰均赋役。泰甚重之，尝置诸坐右，又令百司习诵之，其牧守令长非通六条及计账，不得居官。

东魏丞相欢以诸州调绢不依旧式，民甚苦之，奏令悉以四十尺为匹。

魏自丧乱以来，农商失业，六镇之民相帅内徙，就食齐、晋，欢因之以成霸业。东西分裂，连年战争，河南州郡鞠为茂草，公私困竭，民多饿死。欢命诸州滨河及津、梁皆置仓积谷以相转漕，供军旅，备饥馑，又于幽、瀛、沧、青四州傍海煮盐，军国之费，粗得周赡。至是，东方连岁大稔，谷斛至九钱，山东之民稍复苏息矣。

【译文】

七年（辛酉，公元541年）

西魏委派侍中宇文测出任大都督，兼管汾州的事务。宇文测是宇文深的兄长，他处理政务时讲究效率、仁慈，受到世人与普通百姓的拥戴。他管辖的地域与东魏相连接，东魏人多次前来掠夺，宇文测抓住了他们之后，叫人给他们松绑，带他们来和自己见面，专门安排了美酒佳肴，像招待客人一样招待他们，还给他们粮食，派人护送他们出境。东魏人觉得非常惭愧，不再与宇文测为敌，汾州与晋州两方居民如果遇上喜事或丧事时，还相互前去祝贺或吊丧，当时的舆论给予了好评。有人控告宇文测交结联系国境以外的人，西魏丞相宇文泰听了愤怒地说："宇文测替我安定边境地区，我了解他的心意，你怎么能够离间我们骨肉兄弟！"他下令杀掉了控告者。

西魏丞相宇文泰想要改革当时的政治，采取有利于国家强盛、人民富裕的制度，大行台度支尚书兼司农卿苏绰想尽自己的才智能力，支持宇文泰的改革，裁减了多余的官员，设置了两个令长，并且实行屯田，以便增加军用开支。苏绰又撰写了六条诏书，在九月份经文帝同意后开始付诸实施。这六条诏书的内容是：第一、纯洁心灵，第二、使政教风化归于谆厚，第三、发挥土地资源效用，第四、提拔品德高尚的人才，第五、慎重对待刑案诉讼方面的事情，第六、公平地收纳赋税，指派劳役。宇文泰对这六条诏书非常重视，曾经专门摆在自己座位的右边，又命令各个部门的官员学习背诵，并规定凡是担任牧守令长的，如果不熟悉这六条和户籍情况，不能再担任这些官职。

东魏丞相高欢发现各个州征调绢帛时，都不按照原来的规定办事，老百姓为此吃了许多苦头，就上书请求孝静帝颁布命令，规定一律以四十尺为一匹。

北魏从孝昌年间国内发生动乱以后，农民、商人失业，六镇的百姓相继向内地迁移，到齐、晋之地寻求生路，高欢因此成就了霸业。北魏分裂成东魏、西魏之后，连年发生战争，在黄河以南的各个州郡，全都变为一片荒芜，公家和个人都贫困不堪，许多老百姓都饿死了。高欢命令各州的河岸以及有渡口和桥梁的地方，都设置仓库储存粮食，然后通过水道转运，供应部队，准备应付饥荒，又在幽、瀛、沧、青四个州的海边煮盐。由于采取了这些措施，军事和行政方面的开支，大致能够周转开了。到现时，东部地区的庄稼连年好收成，一斛谷子的价格降到了九个钱，崤山以东的百姓在经历了长时间的困顿之后能够稍稍地休养生息了。

资治通鉴第一百五十九卷

梁纪十五

【原文】

高祖武皇帝十五大同十一年（乙丑，545年）

散骑常侍贺琛启陈四事。启奏，上大怒，召主书于前，口授敕书以责琛。

上为人孝慈恭俭，博学能文，阴阳、卜筮、骑射、声律、草隶、围棋，无不精妙。勤于政务，冬月四更竟，即起视事，执笔触寒，手为皴裂。自天监中用释氏法，长斋断鱼肉，日止一食，惟菜羹、粝饭而已，或遇事繁，日移中则漱口以过。身衣布衣，木棉皂帐，一冠三载，一衾二年，后宫贵妃以下，衣不曳地。性不饮酒，非宗庙祭祀、大飨宴及诸法事，未尝作乐。虽居暗室，恒理衣冠，小坐、盛暑，未尝褰袒，对内竖小臣，如遇大宾。然优假士人太过，牧守多浸渔百姓，使者干扰郡县。又好亲任小人，颇伤苛察；多造塔庙，公私费损。江南久安，风俗奢靡，故琛启及之。上恶其触实，故怒。

臣光曰：梁高祖之不终也，宜哉！夫人君听纳之失，在于丛脞；人臣献替之病，在于烦碎。是以明主守要道以御万机之本，忠臣陈大礼以格君心之非，故身不劳而收功远，言至约而为益大也。观夫贺琛之谏未至于切直，而高祖赫然震，护其所短，矜其所长；诘贪暴之主名，问劳费之条目，困以难对之状，责以必穷之辞。自以蔬食之俭为盛德，日昃之勤为至治，君道已备，无复可加，群臣箴规，举不足听。如此，则自馀切直之言过于琛者，谁敢进哉！由是奸佞居前而不见，大谋颠错而不知，名辱身危，覆邦绝祀，为千古所闵笑，岂不衰哉！

上敦尚文雅，疏简刑法，自公卿大臣，咸不以鞫狱为意。奸吏招权弄法，货赂成市，枉滥者多。大率二岁刑已上岁至五千人；徒居作者具五任，其无任者著升械；若疾病，权解之，是后囚徒或有优、剧。时王侯子弟，多骄淫不法。上年老，厌于万几。又专精佛戒，每断重罪，则终日不怿；或谋反逆，事觉，亦泣而宥之。由是王侯益横，或白昼杀人于都街，或暮夜公行剽劫，有罪亡命者，匿于王家，有司不敢搜捕。上深知其弊，溺于慈爱，不能禁也。

【译文】

梁武帝大同十一年（乙丑，公元545年）

散骑常侍贺琛向梁武帝启奏了四件事。贺琛启奏之后，梁武帝大怒，把主书召到面前，口授敕书指责贺琛。

梁武帝为人很守孝道，待人慈悲，彬彬有礼，生活又节俭。他博学多才，善写文章，对阴阳、卜筮、骑射、声律、草隶、围棋无所不精。他对国家事务很勤勉，冬天，四更一过，他就起来工作。由于天气严寒，握笔的手都粗糙得裂口子了。自从天监年间信仰释迦牟尼的佛教以来，长期斋戒吃素食，不再吃鱼肉。每天只吃一顿饭，也只不过是些菜羹，粗米饭罢了。有时遇到事务繁多，太阳移过头顶了，就漱一漱口算吃过饭了。他身穿布衣，用的是木棉织的黑色帐子。一顶帽子戴三年，被子盖二年才换一床。后宫里贵妃以下，不穿拖地的衣裙。他生性不喝酒，如果不是在宗庙举行祭祀，或是办大宴席以及进行其他的拜佛等活动，就不奏乐。尽管他居住在幽暗的房子中，却一直衣冠楚楚，坐在宫中便座上，在酷暑的日子里，也没有袒胸露怀。对待宫中太监小臣，像对待尊贵的宾客一样。但是宽待士大夫太过分，牧守大多渔猎百姓，皇帝的使臣又干扰郡县。梁武帝本人又爱亲近任用奸诈的小人，很失之于苛刻挑剔。他还兴建了许多塔和庙，使公家和私人都破费损耗。江南一带长期安定，形成了生活奢侈的风俗，所以贺琛在奏折中提到了此事。武帝不喜欢他触及事实，所以大为恼怒。

臣司马光曰：梁武帝不得善终，是应该的！国君之所以在听取意见，接纳进谏方面出现过失，就是因为只注意了琐碎细小的事情而没有雄才大略。大臣进谏时所犯的毛病，也在于烦琐。因此贤明的君主要抓住最主要的问题以驾驭万事的根本，忠心的大臣要陈述大的方针政策来劝阻君主想得不对的地方，所以作为君主不需亲自动手操劳，就能取得大的功效，作为大臣说得简明扼要便能收到很大的效益。纵观贺琛的进谏，可以说还未达到直言极谏的地步，而梁武帝却已经勃然大怒，袒护自己的短处，夸耀自己的长处。质问贺琛贪婪暴虐的官吏名字，追问徭役过重、费用铺张的具体项目，用难以回答的问题来困扰他，用无法对答的言辞来责备他。梁武帝自认为每顿饭只吃蔬菜的节俭作风是极大的美德，忙到太阳偏西才吃饭这种勤勉的工作态度是最好的治国办法，为君之道他已具备，再没有什么需要增加的了，对于大臣的规劝，认为全不值得去听取。像这样，那么其余比贺琛的进谏更恳切、直率、激烈的话，谁还敢去对他说呢！因此，奸佞小人在眼前也视而不见，重大决策颠倒错误也不知道，声名受辱，自身危亡，国家颠覆，祭祀断绝，被人永世怜悯讥笑，难道不可悲吗！

　　梁武帝真心崇尚文章礼乐，对刑法则疏远忽视。从公卿大臣以下，都不重视审判刑案。奸佞的官吏便擅权弄法，受贿赂的东西多得像市场出售的商品一样，无辜受害扩大冤狱的事很多。大约被判二年以上刑罚的人每年多达五千；判罚劳役的人各自运用技巧服役劳作，那些没有一技之长的人就要被套上枷锁；如果有人病了，就暂时为他解开枷锁，这以后，囚徒中有能力行贿的人借此得到优待，没有能力行贿的人就会加剧痛苦。当时，王公贵族的子弟，大多骄奢淫逸，不遵守法规。武帝年纪已老，满足于处理日常的各种事务，又专心研究佛教戒律，每次裁决了重大罪犯，就一天不高兴，有人密谋反叛朝廷，事情被发觉后，他也哭泣悲伤一番并且原谅了这个人。由于这样，王公贵族们更加专横。有人在都城街道于光天化日之下把人杀死，有人在夜晚时分公开抢劫，有罪在身的逃命之人，藏在王侯家中，有关官吏不敢前去搜捕。梁武帝深深知道这些弊端，由于沉溺于慈悲仁爱，也不能禁止这些现象。

【原文】

中大同元年（丙寅，546年）

魏大行台度支尚书、司农卿苏绰，性忠俭，常以丧乱未平为己任，纪纲庶政；丞相泰推心任之，人莫能间。或出游，常预署空纸以授绰；有须处分，随事施行，及还，启知而已。绰常谓"为国之道，当爱人如慈父，训人如严师。"每与公卿论议，自昼达夜，事无巨细，若指诸掌，积劳成疾而卒。泰深痛惜之，谓公卿曰："苏尚书平生廉让，吾欲全其素志，恐悠悠之徒有所未达；如厚加赠谥，又乖宿昔相知之心；何为而可？"尚书令史麻瑶越次进曰："俭约，所以彰其美也。"泰从之。归葬武功，载以布车一乘，泰与群公步送出同州郭外。泰于车后酹酒言曰："尚书平生为事，妻子、兄弟所不知者，吾皆知之。唯尔知吾心，吾知尔志，方与共定天下，遽舍吾去，奈何！"因举声恸哭，不觉巵落于手。

东魏司徒、河南大将军、大行台侯景，右足偏短，弓马非其长，而多谋算。诸将高敖曹、彭乐等皆勇冠一时，景常轻之，曰："此属皆如豕突，势何所至！"景尝言于丞相欢："愿得兵三万，横行天下，要须济江缚取萧衍老公，以为太平寺主。"欢使将兵十万，专制河南，杖任若己之半体。

景素轻高澄，尝谓司马子如曰："高王在，吾不敢有异；王没，吾不能与鲜卑小儿共事！"子如掩其口。及欢疾笃，澄诈为欢书以召景。先是，景与欢约曰："今握兵在远，人易为诈，所赐书皆请加微点。"欢从之。景得书无点，辞不至；又闻欢疾笃，用其行台郎颍川王伟计，遂拥兵自固。

欢谓澄曰："我虽病，汝面更有馀忧，何也？"澄未及对，欢曰："岂非忧侯景叛邪？"对曰："然。"欢曰："景专制河南，十四年矣，常有飞扬跋扈之志，顾我能畜养，非汝所能驾御也。今四方未定，勿遽发哀。库狄干鲜卑老公，斛律金敕勒老公，并性遒直，终不负汝。可朱浑道元、刘丰生，远来投我，必无异心。潘相乐本作道人，心和厚，汝兄弟当得其力。韩轨少戆，宜宽借之。彭乐心腹难得，宜防护之。堪敌侯景者，唯有慕容绍宗，我故不贵之，留以遗汝。"又曰："段孝先忠亮仁厚，智勇兼备，亲戚之中，唯有此子，军旅大事，宜共筹之。"又曰："邙山之战，吾不用陈元康之言，留患遗汝，死不瞑目。"相乐，广宁人也。

【译文】

中大同元年（丙寅，公元546年）

西魏大行台度支尚书、司农卿苏绰，秉性忠厚俭朴。他常常把消除人民的死丧祸乱当作是自己的责任，每天处理许多国家大事。丞相宇文泰对他推心置腹，非常信任，没有人能离间他们的关系。有时宇文泰外出，常常预先把一些签上名的空白纸交给苏绰。如果有必须要安排的事，可以根据情况加以处理，等宇文泰回来之后，苏绰告知宇文泰就行了。苏绰常常说："治国之道，应该像慈父爱护孩子一样爱护百姓，要像严师训导学生一样训导百姓。"他经常与王公大臣们商议国家政务，从白天谈到夜晚，无论国事是大是小，他都了如指掌。最后积劳成疾而死。宇文泰对他的死深感悲痛和惋惜。他对王公大臣们说："苏尚书一生廉洁谦让。我想按照他平素的志向办理他的后事，只怕众多吏民不理解我的用意。如果对他厚加追赠，又违背了我们以往的相知之心。该怎么办才好呢？"尚书令史麻瑶逾越次序先进言说："节俭办理他的后事，便是表彰苏尚书美德的最好办法。"宇文泰采纳了麻瑶的意见。用一辆白色丧车载着苏绰的遗体，送回老家武功安葬，宇文泰和大臣们步行护送灵车走出同州城外。宇文泰在灵车后面把酒洒向大地，他悲恸地说："尚书一生做的事，你的妻儿、兄弟不知道的，我都知道。这世上只有你最了解我的心意，也只有我了解你的志向，我正要与你一同平定天下，你却这么快就离开我而去，这如何是好！"于是便放声痛哭起来，不知不觉中，酒杯从手上滑落。

东魏司徒、河南大将军、大行台侯景，右脚比左脚短，所以，骑马射箭对他来说并不擅长，但是他足智多谋。高敖曹、彭乐等将领都是当时最勇猛的，侯景常常很轻视他们，对人说："这些人就像受惊的猪一样横冲直撞，流窜侵扰，能撞到哪里去呢！"侯景曾对丞相高欢说："我愿意率领三万人马，横扫天下，应当渡过长江把萧衍那老头子绑来，让他做太平寺的寺主。"高欢派他带领十万兵马，全权管理黄河以南地区，对他的依靠、任用，就好像他是自己的半个身体一样。

侯景一贯轻视高澄，他曾对司马子如说："高王在世的时候，我不敢存有异心。如果高王去世了，我不能与那个鲜卑小子共事！"司马子如赶快捂住了侯景的嘴。到了高欢已病入膏肓的时候，高澄便假借高欢的名义写了一封书信召侯景前来。以前，侯景曾与高欢有过约定，他对高欢说："现在我在远处掌握着军队，人们很容易从中搞鬼。以后凡是您赐给我的书信都请您加一个小黑点。"高欢同意了侯景的要求。现在，侯景拿到了高欢的书信后，信上却没有黑点，便推托没有去。后来他又听说高欢的病情已经很严重了，就采纳了他的行台郎颍川人王伟的计谋，聚集军队，巩固自己的势力。

高欢问高澄："虽然是我病了，可你的脸上却有另外的忧虑，这是为什么？"没等到高澄回答，高欢又说："莫不是担心侯景要反叛？"高澄回答说："是的。"高欢又说："侯景专制河南已有十四年了，他一直飞扬跋扈，有夺取天下的志向。只有我能驾驭他，你很难驾驭他。现在，天下还没有安定，如果我死了，你不要马上发丧。库狄干这位鲜卑老人，斛律金这位敕勒老人，他们俩都是性格耿直、强劲有力的人，终不会对你负心的。可朱浑道元、刘丰生他们俩远道前来投奔我，也一定没有背离我们的心意。潘相乐原来是个道人，心地和善厚道，你们兄弟几个人会得到他的帮助的。韩轨有点耿直愚鲁，你们应宽容待他。彭乐的内心很难推测，应该提防他。所有人中，能够与侯景对抗的，只有慕容绍宗一人。我故意不让他得到富贵，就是要把他留下给你。"高欢接着又说："段孝先这个人忠实、正直、坦白、仁慈、厚道，既有勇又有谋，在所有内外亲属中，只有这个人，军机大事要和他一起商量。"高欢又说道："邙山战役时，我没有采纳陈元康的忠告，给你留下了隐患，我死不瞑目。"潘相乐是广宁人。

梁纪十六

【原文】

高祖武皇帝十六太清元年（丁卯，547年）

丙午，东魏勃海献武王欢卒。欢性深密，终日俨然，人不能测，机权之际，变化若神。制驭军旅，法令严肃。听断明察，不可欺犯。擢人受任，在于得才，苟其所堪，无问厮养，有虚声无实者，皆不任用。雅尚俭素，刀剑鞍勒无金玉之饰。少能剧饮，自当大任，不过三爵。知人好士，全护勋旧；每获敌国尽节之臣，多不之罪。由是文武乐为之用。世子澄秘不发丧，唯行台左丞陈元康知之。

侯景自念己与高氏有隙，内不自安。辛亥，据河南叛，归于魏，颍州刺史司马世云以城应之。景诱执豫州刺史高元成、襄州刺史李密、广州刺史怀朔暴显等。遣军士二百人载仗暮入西兖州，欲袭取之，刺史邢子才觉之，掩捕，尽获之，因散檄东方诸州，各为之备，由是景不能取。

诸将皆以景之叛由崔暹，澄不得已，欲杀暹以谢景。陈元康谏曰："今虽四海未清，纲纪已定；若以数将在外，苟悦其心，枉杀无辜，亏废刑典，岂直上负天神，何以下安黎庶！晁错前事，愿公慎之。"澄乃止。遣司空韩轨督诸军讨景。

是岁，正月，乙卯，上梦中原牧守皆以其地来降，举朝称庆。旦，见中书舍人朱异，告之，且曰："吾为人少梦，若有梦必实。"异曰："此乃宇宙混壹之兆也。"及丁和至，称景定计以正月乙卯，上愈神上。然意犹未决，尝独言："我国家如金瓯，无一伤缺，今忽受景地，讵是事宜？脱致纷纭，悔之何及？"朱异揣知上意，

对曰:"圣明御宇,南北归仰,正以事无机会,未达其心。今侯景分魏土之半以来,自非天诱其衷,人赞其谋,何以至此!若拒而不内,恐绝后来之望。此诚易见,愿陛下无疑。"上乃定议纳景。

【译文】

梁武帝太清元年(丁卯,公元547年)

丙午(正月初八),东魏勃海献武王高欢去世。高欢性格深沉谨细,一天到晚总是一副很庄严的样子,谁都不能猜测到他内心想些什么,在掌握机会和权变方面,他能千变万化,如有神助。在治理、驾驭军队方面,又能做到法令严格。他听取和断决事情,能做到明察秋毫,谁也不敢冒犯、欺骗他。在选拔人才,提升任用官员时,只注重其才能,如果能担当此任,哪怕是仆人也不管;那些徒有虚名而无实际能力的,都不被任用。高欢平时喜好节俭朴素,所用的刀、剑、马鞍以及缰绳都没用金银玉器装饰。他年轻时很能饮酒,自从担当大任之后,饮酒便不超过三杯。他了解下属,喜欢人才,对有功勋者和老部下都极力保护、成全;每次俘获到敌国的那些为本国尽忠尽节的大臣,大多不处罚他们。由于这样,文武百官都乐意被他使用。长子高澄封锁了高欢去世的消息,秘而不宣,只有行台左丞陈元康知道。

侯景想到自己与高家有隔阂,心里感到惴惴不安。辛亥(十三日),侯景依据河南而反叛东魏,归属了西魏,颍州刺史司马世云带领全城百姓响应他的行动。侯景引诱并捉住了豫州刺史高元成、襄州刺史李密、广州刺史怀朔人暴显等人。他派遣了二百人的军队,用战车载着刀、戟等兵器在黄昏时分进入了西兖州,想用偷袭的方法夺取这个州。西兖州刺史邢子才发觉了,不动声色先发制人,侯景派出的二百人马全部被擒,于是邢子才向东方的各个州都散发了檄文,这些州各自都做了准备,因此侯景未能夺取这些地方。

各位将领都认为侯景之所以反叛是由崔暹引起的,高澄出于不得已,想要杀掉崔暹,以此向侯景道歉。陈元康劝谏高澄说:"现在虽然天下还未太平,但国家法纪已经确定。如果因为几个将领外叛，为了讨得他们的欢心，便枉杀无辜、破坏刑典，岂止有负于上苍神灵，而且又用什么来安抚黎民百姓呢！汉朝晁错的事情是前车之鉴，希望大人您慎重处理此事。"高澄听完这番话，便打消了杀崔暹的念头。高澄派遣了司空韩轨督率各路军队去讨伐侯景。

  这一年，正月，乙卯（十七日），梁武帝梦见中原地区的牧守们都献地来投降，举朝上下一片欢庆。早晨起来，梁武帝遇见中书舍人朱异，便把做梦的事告诉了他，并说："我这个人很少做梦，如果做了梦，梦中之事就一定会应验。"朱异忙说："这是天下要统一的征兆。"等到侯景的使者丁和前来告诉梁武帝，说侯景定下计策要在正月乙卯（十七日）这天行动，梁武帝就更相信这个梦是天神的意志。但是他的决心还没有完全定下，曾独自自言自语地说："我的国家象金瓯一样，无一伤缺之处，现在忽然要接受侯景送来的土地，这难道是合乎事理的吗？倘若因此而引起混乱，后悔怎么来得及呢？"朱异揣摩到了梁武帝的心思，便对梁武帝说："陛下圣明无比，君临天下，南北方的人都仰慕、归心于您，只是因为没有机会侍奉您，所以其心意一直没有实现。现在，侯景把魏的一半土地分割出来归附您，如果不是天意引导他的心，人们又赞助他的打算，怎么会走到这一步呢！如果拒绝侯景，不收留他，恐怕就会杜绝了随后准备来归降的人的希望。这些实在是显而易见的，希望陛下您不要犹豫。"梁武帝听完这席话，于是决定接纳侯景。

梁纪十七

【原文】

高祖武皇帝十七太清二年（戊辰，548年）

春，正月，己亥，慕容绍宗以铁骑五千夹击侯景，景诳其众曰："汝辈家属，已为高澄所杀。"众信之。绍宗遥呼曰："汝辈家属并完，若归，官勋如旧。"被发向北斗为誓。景士卒不乐南渡，其将暴显等各帅所部降于绍宗。景众大溃，争赴涡水，水为之不流。景与腹心数骑自硖石济淮，稍收散卒，得步骑八百人，南过小城，人登陴诟之曰："跛奴！欲何为邪！"景怒，破城，杀诟者而去。昼夜兼行，追军不敢逼。使谓绍宗曰："景若就擒，公复何用！"绍宗乃纵之。

侯景既败，不知所适，时鄱阳王范除南豫州刺史，未至。马头戍主刘神茂，素为监州事韦黯所不容，闻景至，故往候之，景问曰："寿阳去此不远，城池险固，欲往投之，韦黯其纳我乎？"神茂曰："黯虽据城，是监州耳。王若驰至近郊，彼必出迎，因而执之，可以集事。得城之后，徐以启闻，朝廷喜王南归，必不责也。"景执其手曰："天教也。"神茂请帅步骑百人先为乡导。壬子，景夜至寿阳城下；韦黯以为贼也，授甲登陴。景遣其徒告曰："河南王战败来投此镇，愿速开门！"黯曰："既不奉敕，不敢闻命。"景谓神茂曰："事不谐矣。"神茂曰："黯懦而寡智，可说下也。"乃遣寿阳徐思玉入见黯曰："河南王，朝廷所重，君所知也。今失利来投，何得不受？"黯曰："吾之受命，唯知守城；河南自败，何预吾事！"思玉曰："国家付君以阃外之略，今君不肯开城，若魏兵来至，河南为魏所杀，君岂能独存！

何颜以见朝廷？"黯然之。思玉出报，景大悦曰："活我者，卿也。"癸丑，黯开门纳景，景遣其将分守四门，诘责黯，将斩之；既而抚手大笑，置酒极欢。黯，睿之子也。朝廷闻景败，未得审问；或云："景与将士尽没。"上下咸以为忧。侍中、太子詹事何敬容诣东宫，太子曰："淮北始更有信，侯景定得身免，不如所传。"敬容曰："得景遂死，深为朝廷之福。"太子失色，问其故，敬容曰："景翻覆叛臣，终当乱国。"太子于玄圃自讲《老》《庄》，敬容谓学士吴孜曰："昔西晋祖尚玄虚，使中原沦于胡、羯。今东宫复尔，江南亦将为戎乎！"

甲寅，景遣仪同三司于子悦驰以败闻，并自求贬削；优诏不许。景复求资给，上以景兵新破，未忍移易。乙卯，即以景为南豫州牧，本官如故；更以鄱阳王范为合州刺史，镇合肥。光禄大夫萧介上表谏曰："窃闻侯景以涡阳败绩，只马归命，陛下不悔前祸，复敕容纳。臣闻凶人之性不移，天下之恶一也。昔吕布杀丁原以事董卓，终诛董而为贼；刘牢反王恭以归晋，还背晋以构妖。何者？狼子野心，终无驯狎之性，养虎之喻，必见饥噬之祸矣。侯景以凶狡之才，荷高欢卵翼之遇，位忝台司，任居方伯，然而高欢坟土未干，即还反噬。逆力不逮，乃复逃死关西；宇文不容，故复投身于我。陛下前者所以不逆细流，正欲比属国降胡以讨匈奴，冀获一战之效耳；今既亡师失地，直是境上之匹夫，陛下爱匹夫而弃与国。若国家犹待其更鸣之辰，岁暮之效，臣窃惟侯景必非岁暮之臣；弃乡国如脱屣，背君亲如遗芥，岂知远慕圣德，为江、淮之纯臣乎！事迹显然，无可致惑。臣朽老疾侵，不应干预朝政；但楚囊将死，有城郢之忠，卫鱼临亡，亦有尸谏之节。臣忝为宗室遗老，敢忘刘向之心！"上叹息其忠，然不能用。介，思话之孙也。

【译文】

梁武帝太清二年（戊辰，公元548年）

春季，正月，己亥（初七），东魏慕容绍宗带领五千精锐骑兵前后夹击侯景的军队。侯景欺骗他的士兵们说："你们这些人的家属，已经被高澄杀掉了。"侯景手下的士兵都相信了他的话。慕容绍宗从远方高喊着："你们的家属都平安无事，如果你们回归，官职和勋爵会像从前一样封给你们。"说完，他披散着头发面向北斗星发誓。侯景的士兵们不愿意南渡，他的将领暴显等人各自统率自己的部队投降了慕容绍宗。侯景的人马全面溃败，士兵们争相抢渡涡水，河水都被败兵们阻断、不再奔流了。侯景与自己的几个心腹之人骑马从硖石渡过了淮河。他们逐渐收集了一些溃散的士兵，步兵、骑兵共有八百人。他们向南经过一座小城时，有人登上了城墙上面呈凸凹形的短墙对侯景谩骂道："跛脚的奴才，看你还想做什么！"侯景听完恼羞成怒，攻破了这座小城，杀掉了骂他的人之后带兵离去。他们昼夜兼行，追击他们的东魏军队不敢逼近。侯景派人对慕容绍宗说："侯景如果被抓去，您还有什么用呢？"慕容绍宗于是便放过了他。

柱础　南北朝

南北朝时期的建筑风格都或多或少地溶入了佛教建筑的特色，通行莲花饰、飞天饰、礼佛图、天井样等极具特点的装饰。此柱础上部的佛教莲花环饰邓为当时的流行装饰。

侯景战败后，不知道该投奔哪里。这时，鄱阳王萧范被任命为南豫州刺史，还没有上任。马头戍主刘神茂，平素不被监州事韦黯所容。当他听说侯景来到，便前去迎候侯景。侯景问他："寿阳离这个地方路途不远，城池险要、坚固，我想要前往投奔，韦黯他能接纳我吗？"刘神茂回答说："韦黯虽然占据着寿阳城，但他只是监州官罢了。如果您率兵到了寿阳近郊，韦黯一定会出来迎接，趁此机会拘捕他，事情就可以成功。得到寿阳城之后，再慢慢地启奏皇上，让皇上知道此事。朝廷对大王南来归顺很高兴，一定不会责怪你的。"侯景听完握住刘神茂的手说："真是天教我也。"刘神茂请求率领一百名步兵和骑兵先去做向导。壬子（二十日），侯景夜间来到了寿阳城下。韦黯以为是贼盗来了，披上铠甲登上了城墙。侯景派手下人告诉韦黯说："河南王侯景战败前来投奔此镇，希望赶快打开城门！"韦黯说："我因为没有接到皇帝的圣旨，不敢听从你的命令。"侯景对刘神茂说："事情不妙了。"刘神茂回答说："韦黯懦弱并且缺少智谋，可以让人劝说他改变主意。"于是，侯景派寿阳人徐思玉进城拜见韦黯说："河南王是朝廷所器重的人，您是知道的。现在他失利前来投奔你，怎么能不接纳他呢？"韦黯说："我所接受的命令，只知道要守卫寿阳城，河南王战败了，与我有什么相干！"徐思玉说："国家赋予你统兵在外的权力，现在你不肯打开城门，如西魏的军队追来，河南王被西魏人杀掉，你怎能独自生存呢！你还有什么脸面去见朝廷？"韦黯认为徐思玉说得很对。徐思玉出城禀报了侯景，侯景非常高兴地说："救活我的人，正是你啊。"癸丑（二十一日），韦黯打开了城门接纳侯景。侯景派他的将领分别把守四个城门。他斥责韦黯不马上接纳他，要斩杀韦黯。不久，侯景又拍手放声大笑起来，摆出酒宴，尽情欢乐。韦黯是韦睿的儿子。

朝廷听说侯景战败，没有能详细地查问。有人说："侯景与他的将士全军覆没了。"朝廷上上下下都为此而担忧。侍中、太子詹事何敬容来到东宫，太子说："淮河北面又有消息了，侯景一定会免于身亡，并不像人们所传说的那样。"何敬容说："得知侯景终于死了，这实在是朝廷的福分啊。"太子听完大惊失色，问他为什么这样说。何敬容说："侯景是个反复无常的叛臣，他终将会使国家大乱。"太子在玄圃亲自讲读《老子》《庄子》，何敬容对学士吴孜说："昔日，西晋始祖崇尚玄妙、虚无之说，结果使中原沦丧在胡人、羯人手中。现在东宫太子又这样做，江南恐怕也将成为胡人的天下了吧！"

甲寅（二十二日），侯景派遣仪同三司于子悦飞马返回建康，把自己战败的事启奏朝廷，并且自己请求革职贬官。梁武帝下诏没有答应。侯景又请求为他补充财物和给养，梁武帝因为侯景的军队刚刚被打败，没有忍心把他调动。乙卯（二十三日），梁武帝就让侯景担任南豫州牧，他原来的官职还依然保持；又任命鄱阳王萧范为合州刺史，镇守合肥。光禄大夫萧介上表进谏说："我私下听说侯景在涡阳打了败仗，单枪匹马前来归顺。陛下您不追悔他从前造成的灾难，又赦免并容纳了他。我听说恶人的秉性不会改变，天下的恶人是一样的。昔日吕布杀死了丁原，来侍奉董卓，而最终又杀死了董卓，成为叛贼。刘牢反叛王恭，归附晋朝，但又背弃了晋朝，制造邪恶事端。为什么呢？因为狼子野心，最终也不会有驯服、顺从的秉性，以喂养老虎为例，一定会出现被饥饿的老虎吃掉的祸患。侯景凭借着他的凶狠与狡猾的才能，受高欢的豢养和保护，身居高位，独据一方，然而，高欢死后坟土还未干，他就反叛了高氏。只是因为叛逆的力量还不足，他才又逃奔到了关西。宇文泰没有收容他，所以他才投靠了我们。陛下您以往之所以不拒细流，接纳了侯景，正是为了像汉代在边境上设置属国安置投降的胡人来对付匈奴那样，欲让侯景来对付东魏，希望他同东魏打一仗；而现在侯景既然亡师失地，吃了败仗，那么他便只是边境上的一个平常之人，陛下您舍不得区区一个侯景，却失去了与友好国家的和睦，如果国家还等待他自新之时，晚年效力，我私下认为侯景必定不是晚年效力的臣子。他抛弃家国像脱掉鞋一样轻率，背弃国君、亲人像丢掉草芥一样容易，他怎么会懂得远慕圣德而来，做我们梁朝纯贞的臣子呢！他的所作所为很明显，没有人会感到迷惑不解。我已经衰老，又受疾病侵扰，本不应该干预朝廷政事。但是，楚国令尹子囊在临死时，还叮嘱子庚修筑郢都的城墙，不忘保卫社稷。卫国的史鱼将死之时，尚有让儿子置尸窗下进谏卫灵公之举。我身为皇族遗老，怎么敢忘记刘向的一片忠心！"梁武帝很赞赏萧介的一片忠心，但是却不能听从他的忠告。萧介是萧思话的孙子。

资治通鉴第一百六十二卷

梁纪十八

【原文】

高祖武皇帝十八太清三年（己巳，549年）

己巳，太子迁居永福省。高州刺史李迁仕、天门太守樊文皎将援兵万馀人至城下。台城与援军信命久绝，有羊车儿献策，作纸鸱，系以长绳，写敕于内，放以从风，冀达众军，题云："得鸱送援军，赏银百两。"太子自出太极殿前乘西北风纵之，贼怪之，以为厌胜，射而下之。援军募人能入城送启者，鄱阳世子嗣左右李朗请先受鞭，诈为得罪，叛投贼，因得入城，城中方知援兵四集，举城鼓噪。上以朗为直阁将军，赐金遣之。朗缘钟山之后，宵行昼伏，积日乃达。

临贺王记室吴郡顾野王起兵讨侯景，二月，己丑，引兵来至。初，台城之闭也，公卿以食为念，男女贵贱并出负米，得四十万斛，收诸府藏钱帛五十万亿，并聚德阳堂，而不备薪刍、鱼盐。至是，坏尚书省为薪。撤荐，到以饲马，荐尽，又食以饭。军士无膂，或煮铠、熏鼠、捕雀而食之。御甘露厨有乾苔，味酸咸，分给战士。军人屠马于殿省间，杂以人肉，食者必病。侯景众亦饥，抄掠无所获；东城有米，可支一年，援军断其路。又闻荆州兵将至，景甚患之。王伟曰："今台城不可猝拔，援兵日盛，吾军乏食，若伪求和以缓其势，东城之米，足支一年，因求和之际，运米入石头，援军必不得动，然后休士息马，善修器械，伺其懈怠击之，一举可取也。"景从之，遣其将任约、于子悦至城下，拜表求和，乞复先镇。太子以城中穷困，白上，请许之。上怒曰："和不如死！"太子固请曰："侯景围逼已久，援军相仗不战，宜且许其和，更为后图。"上迟回久之，乃曰："汝自图之，勿令取笑千载。"遂报许之。景乞割江右四州之地，并求宣城王大器出送，然后济江。中领军傅岐固争曰："岂有贼举兵围宫阙而更与之和乎！此特欲却援军耳。戎狄兽心，必不可信。且宣城嫡嗣之重，国命所系，岂可为质！"上乃以大器之弟石城公大款为侍中，出质于景。又敕诸军不得复进，下诏曰："善兵不战，止戈为武。可以景为大丞相，都督江西四州诸军事，豫州牧、河南王如故。"己亥，设坛于西华门外，遣仆射王克、上甲侯韶、吏部郎萧瑳与于子悦、任约、王伟登坛共盟。太子詹事柳津出西华门，景出栅门，遥相对，更杀牲歃血为盟。既盟，而景长围不解，专修铠仗，托云"无船，不得即发"，又云"恐南军见蹑"，遣石城公还台，求宣城王出送；邀求稍广，了无去志。太子知其诈言，犹羁縻不绝。韶，懿之孙也。

于是景决石阙前水，百道攻城，昼夜不息。邵陵世子坚屯太阳门，终日蒲饮，不恤吏士，其书佐董勋、熊昙朗恨之。丁卯，夜向晓，勋、昙朗于城西北楼引景众登城，永安侯确力战，不能却，乃排闼入启上云："城已陷。"上安卧不动，曰："犹可一战乎？"确曰："不可。"上叹曰："自我得之，自我失之，亦复何恨！"因谓确曰："汝速去，语汝父：勿以二宫为念。"因使慰劳在外诸军。

俄而景遣王伟入文德殿奉谒，上命褰帘开户引伟入，伟拜呈景启，称："为奸佞所蔽，领众入朝，惊动圣躬，今诣阙待罪。"上问："景何在？可召来。"景入见于太极东堂，以甲士五百人自卫。景稽颡殿下，典仪引就三公榻。上神色不变，问曰："卿在军中日久，无乃为劳！"景不敢仰视，汗流被面。又曰："卿何州人，而敢至此，妻子犹在北邪？"景皆不能对。任约从旁代对曰："臣景妻子皆为高氏所屠，唯以一身归陛下。"上又问："初渡江有几人？"景曰："千人。""围台城几人？"曰："十万。""今有几人？"曰："率土之内，莫非己有。"上俯首不言。

景复至永福省见太子，太子亦无惧容。侍卫皆惊散，唯中庶子徐摛、通事舍人陈郡殷不害侧侍。摛谓景曰："侯王当以礼见，何得如此！"景乃拜。太子与言，又不能对。

景退，谓其厢公王僧贵曰："吾常跨鞍对陈，矢刃交下，而意气安缓，了无怖心；今见萧公，使人自慑，岂非天威难犯！吾不可以再见之。"于是悉撤两宫侍卫，纵兵掠乘舆、服御、官人皆尽。收朝士、王侯送永福省，使王伟守武德殿，于子悦屯太极东堂。矫诏大赦，自加大都督中外诸军、录尚书事。

建康士民逃难四出。太子洗马萧允，至京口，端居不行，曰："死生有命，如何可逃！祸之所来，皆生于利；苟不求利，祸从何生！"

己巳，景遣石城公大款以诏命解外援军。柳仲礼召诸将议之，邵陵王纶曰："今日之命，委之将军。"仲礼熟视不对。裴之高、王僧辩曰："将军拥众百万，致宫阙沦没，正当悉力决战，何所多言！"仲礼竟无一言，诸军乃随方各散。南兖州刺史临成公大连、湘东世子方等、鄱阳世子嗣、北兖州刺史湘潭侯退、吴郡太守袁君正、晋陵太守陆经等各还本镇。君正，昂之子也。邵陵王纶奔会稽。仲礼及弟敬礼、羊鸦仁、王僧辩、赵伯超并开营降，军士莫不叹愤。仲礼等入城，先拜景而后见上；上不与言。仲礼见父津，津恸哭曰："汝非我子，何劳相见！"

湘东王绎使全威将军会稽王琳送米二十万石以馈军，至姑孰，闻台城陷，沉米于江而还。

景命烧台内积尸，病笃未绝者亦聚而焚之。

【译文】

梁武帝太清三年（己巳，公元549年）

己巳（正月十三日），梁朝的皇太子搬到永福省居住。高州刺史李迁仕、天门太守樊文皎率领一万多名援兵赶到城下。朝廷与援军之间的书信往来已经中断很久，有一位叫羊车儿的人出了一个主意，按照这一主意做了一只纸鸢，在上面系上长绳，将敕令写在里头，顺风放出去，希望它能到达援军中

梁武帝

的任何一支部队里。为了保证成功，纸鸢上还题上这样几个字："如果得到纸鸢后把它送给援军，奖赏一百两银子。"皇太子亲自走到太极殿的前面，乘着西北风放

出纸鸢，贼兵见了觉得奇怪，以为这是一种能以诅咒制服人的巫术用品，就把它射了下来。援军那一边也在招募能进入都城呈送文书的人，鄱阳王嫡长子萧嗣身边的下属李朗主动请求先打自己一顿鞭子，然后假装得罪了上司，叛逃到贼兵那里，因此得到机会进入城中，城中的军民这才知道援军已经聚集在周围，全城上下高兴得又是擂鼓又是呐喊。梁武帝任命李朗为直阁将军，赏赐给他金银后又派他出城。李朗沿着钟山的后面，晚上行走白天潜伏，几天之后才到达援军的营垒。

南梁临贺王的记室，吴郡人顾野王拉起队伍讨伐侯景，二月，己丑（初三），顾野王率部队赶到了京城。当初，台城关闭城门的时候，公卿们将粮食问题记挂在自己的心上，男的、女的、尊贵的、低贱的都出来背米，一共得到四十万斛粮食，同时还收集了各个府第贮藏的钱和帛达五十万亿，它们全都集中在德阳堂，但是他们并没有储备柴火、牲口草料，以及鱼、盐。到了此时，只好拆除尚书省的建筑作木柴，拿掉垫席，磨碎了以后喂马，垫席用光了，又把米饭喂马。士兵们没有肉吃之后，有的人都煮甲衣上的皮革，烤老鼠，捕捉鸟雀来吃。皇室的厨房里有一种干的海苔，味道又酸又咸，不得已拿出来分给战士。军人们在皇宫与各省的办公地点之间杀马，煮的马肉中还夹杂着人肉，吃的人无不得病。侯景的部队也很饥饿，四处搜寻掠夺没有取得什么收获。东府城里有不少大米，可以供应部队整整一年，可是去那里的路被援军切断了。在这种情况下，侯景又听说荆州的部队将要赶到，心里非常害怕。王伟对他说："现在看来，台城不可能迅速攻克，对方的援军力量日益强大，而我们的部队缺少粮食，如果我们假装向他们求和的话，可以缓解他们逼近的势头，东城的大米，足够让我们吃一年，趁着求和的时候，把大米运进石头城，援军一定不敢行动，然后我们使将士与战马都得到休息，修理好有关器械，看到对方懈怠下来再攻击他们，一下子就可以夺取台城。"侯景接受了他的建议，派遣手下的将领任约、于子悦来到台城下面，恭敬地递上文书求和，请皇上允许他去恢复原先镇守的失地。皇太子考虑到城里已穷困不堪，就将此事禀报给梁武帝，请他答应侯景的要求。梁武帝愤怒地说道："跟侯景和好，还不如死！"皇太子坚持请求说："侯景围困逼迫我们已经很久，我们的援军又相互推诿不投入战斗，应该暂且答应与侯景媾和，以后再作其他打算。"梁武帝犹豫了很久才说："你自己考虑吧，不要让千载以下的人讥笑。"于是派人告诉侯景，说皇上已答应他的请求。侯景乞求朝廷割让长江西面的四个州给他，又表示得让宣城王萧大器出来相送，然后他才渡过长江。中领军傅岐态度坚决地争辩说："哪有叛贼兴兵包围宫殿，而我们转过头来跟他们媾和的道理呢！侯景现在的这一行动只是想让援军撤走而已。戎狄侯景人面兽心，绝对不能相信。况且宣城王是皇上的直系后裔，地位重要，国家的命运维系在他的身上，怎么可以去当人质！"梁武帝于是便任命萧大器的弟弟，石城公萧大款为侍中，派他去侯景部做人质。他又命令各路援军不得再前进，同时还颁下诏书："善于用兵的人不必以刀兵定胜负，止与戈两字合成为'武'。我可以任命侯景为大丞相，统管江西四个州诸军事，仍旧担任豫州牧、河南王。"己亥（十三日），梁武帝在西华门外设坛，派遣仆射王克、上甲侯萧韶、吏部郎萧瑳与于子悦、任约、王伟一同登坛订立盟约。太子詹事柳津来到西华门外，侯景则来到栅门外，遥遥相对，双方再屠宰牲畜，口中含血，订立盟誓。盟约订立以后，侯景却长时间地不解除原来的包围，集中精力专门修缮铠甲与兵器，找借口说："没有船只，不能立即出发。"又说："害怕被那些屯驻在秦淮河南岸的援军追击。"他叫石城公返回台城，要求宣城王出来相送，提的要求越来越多，丝毫没有离去的意思。皇太子明知他说的都是假话，却还是不停地笼络他。萧韶是萧懿的孙子。

侯景于是挖开皇宫石门前的玄武湖，引出里面的湖水灌城，开始从各处攻城，昼夜不停。邵陵王的嫡长子萧坚屯驻在太阳门，终日不是赌博就是饮酒，不体恤手下官吏与将士的疾苦，他的书佐董勋、熊昙朗恨透了他。丁卯（十二日），下半夜临近拂晓的时候，董勋、熊昙朗从台城的西北楼引导侯景的人马攀登上来，永安侯萧确奋力拼搏，不能打退敌人，就推开宫中的小门启禀梁武帝道："台城已经陷落了。"梁武帝平静地躺着不动，问道："还可以打一仗吗？"萧确回答说："已经不行了。"梁武帝叹了一口气说道："从我这儿得到的，又从我这儿失去，还有什么可遗憾的呢！"他于是对萧确说道："你快些离开，告诉你的父亲不要记挂我和太子。"于是便派萧确慰劳在外面的各路援军。

没有多久，侯景派遣王伟来到文德殿拜见梁武帝，梁武帝下令揭起帘幕，打开房门带王伟进来，王伟跪拜之后，将侯景的文书呈交给梁武帝，声称："我们受到一些奸佞的蒙蔽，带领人马进入朝堂，惊动了皇上，现在特地到宫中等候降罪。"梁武帝问道："侯景在什么地方？你可以把他叫来。"侯景来到太极殿的东堂晋见梁武帝，带了五百名顶盔带甲的武士保护自己。侯景在大殿下面跪拜，以额触地，典仪带着他走到三公坐的榻前。梁武帝神色不变，问候景道："你在军队里的时间很长，恐怕很辛苦！"侯景不敢抬头正视梁武帝，汗水流了一脸。梁武帝又问道："你是哪个州的人，敢到这里来，你的妻儿还在北方吗？"对这些问题侯景都不能回答。任约在旁边代替侯景回答说："臣下侯景的妻儿都被离家屠杀光了，只有我单身一人投靠了陛下您。"梁武帝又问道："当初你渡江过来的时候有多少人？"侯景说道："一千人。"再问道："包围台城时有多少人？"回答说："十万人。"问："现在有多少人？"回答："四海之内，没有不属于我的人。"梁武帝低下头去，不再说话。

侯景又到永福省去拜见皇太子，皇太子也没有表现出害怕的神情。皇太子身边的侍卫都已惊慌地逃散了，唯独中庶子徐摛、通事舍人陈郡人殷不害在一旁侍奉。徐摛对侯景说："你来拜见应当遵守礼节，怎么可以像现在这样？"侯景便跪下参拜。皇太子与侯景说话，侯景又不能回答。

侯景离开之后，对他的厢公王僧贵说道："我经常跨上马鞍与敌人对阵，面临刀丛箭雨，而心绪平稳和缓，一点也不害怕；今天见到萧公，心里竟然不由自主地恐慌起来，这岂不是天子的威严难以触犯吗？我不能再见他们了。"于是他把两宫的侍卫都撤掉，放纵将士把皇帝及后妃使用的车辆、服装，还有宫女都抢得一干二净。又将朝士、王侯们捉了送到永福省，派王伟守卫武德殿，于子悦屯驻在太极殿的东堂。侯景接着又伪造梁武帝的诏书，下令大赦天下，加封自己为都督中外诸军、录尚书事。

建康的老百姓往四面八方逃难。太子洗马萧允来到京口时，端正地坐着不走，说道："死生都是命中注定，怎么可以逃掉呢？灾祸的到来，都是由利而生；如果不追求利，灾祸从哪里产生！"

己巳（十四日），侯景派遣石城公萧大款带上梁武帝的诏书，去下令解散外面的救援部队。柳仲礼召集各位将领商议此事，邵陵王萧纶对柳仲礼说道："今天该下什么样的命令，我们都听将军您了。"柳仲礼注目细看萧纶不作回答。裴之高、王僧辩说道："将军您拥有百万人马，却致使皇宫沦陷，眼下正是应该投入全部力量决一死战的时候，何必多言呢？"柳仲礼竟然始终不发一言，各路援军于是只好分散，回到各自原来驻守的地方去了。南兖州刺史临成公萧大连、湘东王嫡长子萧方等、鄱阳王嫡长子萧嗣、北兖州刺史湘潭侯萧退、吴郡太守袁君正、晋陵太守陆经等人都返回本来镇守的州郡。袁君正是袁昂的儿子。邵陵王萧纶逃往会稽。柳仲礼和他的弟弟柳敬礼，还有羊鸦仁、王僧辩、赵伯超一道打开营门向侯景投降，将士们没有不叹息愤恨的。柳仲礼等人进入京城之后，先拜会侯景然后才晋见梁武帝，梁武帝不跟他们说话。柳仲礼见到了父亲柳津，柳津痛哭道："你不是我的儿子，何必来跟我相见！"

湘东王萧绎派遣全威将军会稽人王琳运送二十万石大米来馈赠援军，到达姑孰时，他们听说台城已经陷落，就将大米沉到江中，然后回去了。

侯景下令焚烧掉宫殿内堆积的尸体，那些病重但是还没有断气的人，也都被堆集在一块烧掉了。

梁纪十九

【原文】

太宗简文皇帝上大宝元年（庚午，550年）

春，正月，辛亥朔，大赦，改元。

陈霸先发始兴，至大庾岭，蔡路养将二万人军于南野以拒之。路养妻侄兰陵萧摩诃，年十三，单骑出战，无敢当者。杜僧明马被伤，陈霸先救之，授以所乘马；僧明上马复战，众军因而乘之，路养大败，脱身走。霸先进军南康，湘东王绎承制授霸先明威将军、交州刺史。

丙午，侯景请上幸西州，上御素辇，侍卫四百馀人，景浴铁数千，翼卫左右。上闻丝竹，凄然泣下，命景起舞；景亦请上起舞。酒阑坐散，上抱景于床曰："我念丞相。"景曰："陛下如不念臣，臣何得至此！"逮夜乃罢。

时江南连年旱蝗，江、扬尤甚，百姓流亡，相与入山谷、江湖，采草根、木叶、菱芡而食之，所在皆尽，死者蔽野。富室无食，皆鸟面鹄形，衣罗绮，怀珠玉，俯伏床榻，待命听终。千时绝烟，人迹罕见，白骨成聚，如丘陇焉。

景性残酷，于石头立大碓，有犯法者捣杀之。常戒诸将曰："破栅平城，当净杀之，使天下知吾威名。"故诸将每战胜，专以焚掠为事，斩刈人如草芥，以资戏笑。由是百姓虽死，终不附之。又禁人偶语，犯者刑及外族。为其将帅者，悉称行台，来降附者，悉称开府，其亲寄隆重者曰左右厢公，勇力兼人者曰库直都督。

绎自去岁闻高祖之丧，以长沙未下，故匿之。壬寅，始发丧，刻檀为高祖像，

置于百福殿，事之甚谨，动静必咨焉。绎以为天子制于贼臣，不肯从大宝之号，犹称太清四年。丙午，绎下令大举讨侯景，移檄远近。

丙辰，司空潘乐、侍中张亮、黄门郎赵彦深等求入启事，东魏孝静帝在昭阳殿见之。亮曰："五行递运，有始有终，齐王圣德钦明，万方归仰，愿陛下远法尧、舜。"帝敛容曰："此事推挹已久，谨当逊避。"又曰："若尔，须作制书。"中书郎崔劼、裴让之曰："制已作讫。"使侍中杨愔进之。东魏主既署，曰："居朕何所？"愔对曰："北城别有馆宇。"乃下御坐，步就东廊，咏范蔚宗《后汉书》《赞》曰："献生不辰，身播国屯，终我四百，永作虞宾。"所司请发，帝曰："古人念遗簪弊履，朕欲与六宫别，可乎？"高隆之曰："今日天下犹陛下之天下，况在六宫。"帝步入，与妃嫔已下别，举宫皆哭。赵国李嫔诵陈思王诗云："王其爱玉体，俱享黄发期。"直长赵道德以车一乘候于东阁，帝登车，道德超上抱之，帝叱之曰："朕自畏天顺人，何物奴敢逼人如此！"道德犹不下。出云龙门，王公百僚拜辞，高隆之洒泣。遂入北城，居司马子如南宅，遣太尉彭城王韶等奉玺绶，禅位于齐。

戊午，齐王即皇帝位于南郊，大赦，改元天保。自魏敬宗以来，百官绝禄，至是始复给之。已未，封东魏主为中山王，待以不臣之礼。追尊齐献武王为献武皇帝，庙号太祖，后改为高祖；文襄王为文襄皇帝，庙号世宗。辛酉，尊王太后娄氏为皇太后。乙丑，降魏朝封爵有差，其宣力霸朝及西、南投化者，不在降限。

齐主初立，励精为治。赵道德以事属黎阳太守清河房超，超不发书，棓杀其使；齐主善之，命守宰各设棓以诛属请之使。久之，都官中郎宋轨奏曰："若受使请赇，犹致大戮，身为枉法，何以加罪！"乃罢之。

司都功曹张老上书请定齐律，诏右仆射薛琡等取魏《麟趾格》，更讨论损益之。

齐主简练六坊之人，每一人必当百人，任其临陈必死，然后取之，谓之"百保鲜卑"。又简华人之勇力绝伦者，谓之"勇士"，以备边要。

始立九等之户，富者税其钱，贫者役其力。

武陵王纪帅诸军发成都，湘东王绎遣使以书止之曰："蜀人勇悍，易动难安，弟可镇之，吾自当灭贼。"又别纸曰："地拟孙、刘，各安境界；情深鲁、卫，书信恒通。"

初，魏敬宗以尔朱荣为柱国大将军，位在丞相上；荣败，此官遂废。大统三年，文帝复以丞相泰为之。其后功参佐命，望实俱重者，亦居此官，凡八人，曰安定公宇文泰，广陵王欣，赵郡公李弼，陇西公李虎，河内公独孤信，南阳公赵贵，常山公于谨，彭城公侯莫陈崇，谓之八柱国。泰始籍民之才力者为府兵，身租庸调，一切蠲之，以农隙讲阅战陈，马畜粮备，六家供之；合为百府，每府一郎将主之，分属二十四军。泰任总百揆，督中外诸军；欣以宗室宿望，从容禁闼而已。馀六人各督二大将军，凡十二大将军，每大将军各统开府二人，开府各领一军。是后功臣位至柱国大将军、开府仪同三司、仪同三司者甚众，率为散官，无所统御，虽有继掌其事者，闻望皆出诸公之下云。

【译文】

梁简文帝大宝元年（庚午，公元 550 年）

春季，正月，辛亥朔（初一），梁朝大赦天下，改年号为大宝。

陈霸先率军从始兴出发，抵达大庾岭。蔡路养统率两万人驻扎在南野进行抵抗。蔡路养的妻侄兰陵人萧摩诃，年方十三，单骑出战，没人敢抵挡他。杜僧明的战马受了伤，陈霸先救了他，并把自己骑的马给他；杜僧明跃上马又投入战斗，众军乘着他的气势勇猛进击，蔡路养大败，脱身逃跑了。陈霸先于是进军南康，湘东王萧绎以皇帝之令授予陈霸先明威将军、交州刺史。

丙午（四月二十七日），侯景请简文帝巡视西州，简文帝乘坐不加雕漆的素辇，带四百多名侍卫人员。而侯景则率几千名铁甲铮亮的武士，翼卫在左右。简文帝听到丝竹之声，凄然流泪，传命侯景起舞；侯景也请简文帝起舞。酒阑人散，简文帝在床上抱着侯景说："我心里念着丞相。"侯景回答说："陛下如不念顾我，我哪能得到现在的地位！"直到夜色降临才分手。

这时江南连年闹旱灾、蝗灾，江州、扬州尤其严重，老百姓流离失所，成群结队逃入山谷之中，江湖之滨，采集草根、树叶、菱角、鸡头为食物。饥民所至，这些东西一扫而空，饿死的人横陈田野，比比皆是。富裕人家也没有吃的，一个个饿得鸟面鹄形，穿着罗绮衣裳，怀里藏着珍珠美玉，俯伏在床帷之间，等待死亡。千里之内，炊烟断绝，人迹罕见，白骨成堆，像丘陇一样。

侯景生性残酷，他在石头城设立大碓，犯法的人被抓住，就用大碓捣杀。平常总是告诫诸将说："一旦攻破栅栏，踏平城市，就杀它个干干净净，使天下人知道我的厉害！"所以他手下的诸将每次战胜，就专门以烧杀抢掠为能事，杀人如刈草芥，以此作为游戏取乐。因此老百姓即使死，也绝不归附他。侯景又禁止人民在一起交头接耳，有违犯的刑罚株连到他的外族。当他的将帅的，都称为行台；来投降归附他的，都称为开府。他所特别亲信看重的称为左右厢公，勇气力量超人的称为库直都督。

萧绎自去年就听到了梁武帝驾崩的消息，因为当时长沙还没打下，所以封锁消息。壬寅（二十三日），才发丧，用檀木雕刻梁武帝像，安放在百福殿里，朝拜很恭谨，一举一动都前往咨求。萧绎认为天子被贼臣挟制，所以不肯采用大宝的年号，还是照旧年号称太清四年。丙午（二十七日），萧绎下令大举讨伐侯景，檄文传遍远近。

丙辰（五月初八），司空潘乐、侍中张亮、黄门郎赵彦深等要求入宫奏事，东魏孝静帝在昭阳殿召见他们。张亮说："金木水火土五行互相递代地运行，帝命有始有终，这是天意。齐王高洋天资圣明，道德崇高，天下归心，万众钦仰，希望陛下效法尧、舜，把帝位禅让给齐王。"孝静帝神色凝重地说："这件事推让很久了，我谨遵众意，理当逊位让贤。"又说："如果是这样，必须写成正式诏书。"中书郎崔劼、裴让之说："诏书已经准备好了。"便让侍中杨愔把让位的诏书进呈孝静帝。孝静帝签署之后，说："退位之后，让我住到哪去？"杨愔回答说："北城另外有一套楼馆房舍。"于是孝静帝走下御座，步行走向东廊，口里吟咏着范晔所做的《后汉书》中对汉献帝的一段赞辞："献帝生不逢辰，身既播迁，国又遭难，到我为止，汉实行祚四百年终结了，让我永远充当虞的宾客尧子丹朱的角色吧！"掌管禅位事宜的人要孝静帝马上出发到为他准备的别馆去，孝静帝说："古人有顾念遗簪敝屦的遗风，我想效法，和六宫的妃嫔们告别一下，可以吗？"高隆之说："今天天下还是陛下的天下，何况六宫呢？"孝静帝步行进宫，与妃嫔及其下属告别，整个皇宫都痛哭失声。赵国人李嫔诵读陈思王曹植的诗："王其爱玉体，俱享黄发期。"直长赵道德准备好一乘牛车于东阁门，孝静帝登车，赵道德赶上车去抱住他，孝静帝呵斥他说："我自己畏天命，顺人心，让出帝位，你是什么东西，敢这样肆无忌惮地逼我！"赵道德仍然不下车。孝静帝出云龙门，王公大臣们向他拜辞，高隆之流泪哭泣。就这样孝静帝进入了北城，住在司马子如的南宅。派太尉彭城王元韶等人捧着玉玺印绶，把皇位禅让给齐王。

戊午（初十），齐王高洋在邺城南郊即皇帝位，宣布大赦天下，改年号为天保。自魏孝庄帝以来，朝廷百官都断了俸禄，到这时候才又给了。己未（十一日），北齐封孝静帝为中山王，让他可以不用臣下之礼。同时追尊齐献武王为献武皇帝，庙号太祖，后来又改称为高祖；追尊文襄王为文襄皇帝，庙号世宗。辛酉（十三日），尊王太后娄氏为皇太后。乙丑（十七日），北齐把原来魏朝给大臣们的封爵按不同情况降了级，但其中随高欢起兵以来有过功勋的大臣以及关西和江南来投降归附的臣子不在降级之列。

北齐国主高洋刚刚登基，励精图治。赵道德为了私事派人暗暗投书求助于黎阳太守清河人房超，房超不看求情信，而且用木杖打死使者。高洋知道了此事，很是称许，并命令各地地方官各设木杖，以杀敢于请托的使者。过了很久，都官中郎宋轨向高洋启奏说："奉命去行贿，还要受到诛杀，贪赃枉法的本人又怎么治罪呢！"高洋听了，才废除了这一重刑。

司都功曹张老给高洋上书请求制定北齐法律。高洋下诏命令右仆射薛琡等人拿北魏律书《麟趾格》为底本，在此基础上增减而成。

北齐国主高洋精选六坊的宿卫之士，每一个人要能抵挡一百个人，要求他们作战抱有必死的决心，起名为"百保鲜卑"。又精选汉人中勇气力量超凡绝伦的人，叫作"勇士"，以充实边境要害之地。

开始设立户分九等的制度，富户纳税交钱，贫户任役出力。

武陵王萧纪率领各路人马从成都出发，意欲进攻侯景。湘东王萧绎派使者送一封信劝止他。信中说："蜀地民性勇猛剽悍，容易骚动而难以安定，老弟你要好好镇守成都，我自己有能力消灭乱贼。"又用另一张纸写道："我们之间疆界依照当年

孙权、刘备各自的疆界来划分即可，我们之间的情谊则像春秋时鲁国、卫国的友谊那样深厚，希望常通书信。"

当初，孝庄帝任命尔朱荣为柱国大将军，地位在丞相之上。尔朱荣势败之后，这个官职也就废止了。大统三年，西魏文帝又任命丞相宇文泰当柱国大将军，这以后凡是有辅佐皇帝之功，名望和实绩并重的大臣，也给封上这个官职。共有八个人当过柱国大将军，即安定公宇文泰，广陵王元欣，赵郡公李弼，陇西公李虎，河内公独孤信，南阳公赵贵，常山公于谨，彭城公侯莫陈崇，统称为八柱国。宇文泰开始选才智力气出众的人为府兵，一当府兵，本该交纳的租粮、帛、银，该服的劳役，一切都免去了。入籍的府兵在农闲时学习操练战斗本领及战争阵法，他所需要的马匹粮草，由六个家庭负责供给。全国设置一百个府，每府委派一个郎将当头领，分别隶属于二十四军。宇文泰自任总百揆，督中外诸军。元欣是皇帝宗室中资格老声望高的人物，不过是在皇宫内从容优游地出入而已。其他六个人每个人各统率二个大将军，共有十二个大将军。每个大将军又各统率开府二人，每个开府各领一军。从这以后有功之臣官职升到柱国大将军、开府仪同三司、仪同三司的很多，但大抵都是闲散之官，没有统率军队。虽然也有继续掌管军队的，可是其声名威望都在这八柱国之下。

梁纪二十

【原文】

太宗简文皇帝下大宝二年（辛未，551年）

庚戌，魏文帝殂，太子钦立。

湘东王绎以王僧辩为大都督，帅巴州刺史丹杨淳于量、定州刺史杜龛、宜州刺史王琳、郴州刺史裴之横东击景，徐文盛以下并受节度。戊申，僧辩等军至巴陵，闻郢州已陷，因留戍之。绎遗僧辩书曰："贼既乘胜，必将西下，不劳远击；但守巴丘，以逸待劳，无虑不克。"又谓将佐曰："贼若水步两道，直指巴陵，此上策也。据夏首，积兵粮，中策也。悉力攻巴陵，下策也。巴陵城小而固，僧辩足可委任。景攻城不拔，野无所掠，暑疫时起，食尽兵疲，破之必矣。"乃命罗州刺史徐嗣徽自岳阳，武州刺史杜崱自武陵引兵会僧辩。

景使丁和将兵五千守夏首，宋子仙将兵一万为前驱，趣巴陵，分遣任约直指江陵，景帅大兵水步继进。于是缘江戍逻，望风请服，景拓逻至于隐矶。僧辩乘城固守，偃旗卧鼓，安若无人。壬戌，景众济江，遣轻骑至城下，问："城内为谁？"答曰："王领军。"骑曰："何不早降？"僧辩曰："大军但向荆州，此城自当非碍。"骑去。顷之，执王珣等至城下，使说其弟琳。琳曰："兄受命讨贼，不能死难，曾不内惭，翻欲赐诱！"取弓射之，珣惭而退。景肉薄百道攻城，城中鼓噪，矢石雨下，景士卒死者甚众，乃退。僧辩遣轻兵出战，凡十余返，皆捷。景被甲在城下督战，僧辩著绛、乘舆、奏鼓吹巡城，景望之，服其胆勇。

侯景昼夜攻巴陵，不克，军中食尽，疾疫死伤太半。湘东王绎遣晋州刺史萧惠正将兵援巴陵，惠正辞不堪，举胡僧祐自代。僧祐坐谋议忤旨系狱，绎即出之，拜武猛将军，令赴援，戒之曰："贼若水战，但以大舰临之，必克。若欲步战，自可鼓棹直就巴丘，不须交锋也。"僧祐至湘浦，景遣任约帅锐卒五千据白塉以待之。僧祐由他路西上，约谓其畏己，急追之，及于芊口，呼僧祐曰："吴儿，何不早降，走何所之！"僧祐不应，潜引兵至赤沙亭；会信州刺史陆法和至，与之合军。法和有异术，隐于江陵百里洲，衣食居处，一如苦行沙门，或豫言吉凶，多中，人莫能测。侯景之围台城也，或问之曰："事将何如？"法和曰："凡人取果，宜待熟时，不撩自落。"固问之，法和曰："亦克亦不克。"及任约向江陵，法和自请击之，绎许之。

初，景既克建康，常言吴儿怯弱，易以掩取，当须拓定中原，然后为帝。景尚帝女溧阳公主，嬖之，妨于政事，王伟屡谏景，景以告主，主有恶言，伟恐为所谮，因说景除帝。及景自巴陵败归，猛将多死，自恐不能久存，欲早登大位。王伟曰："自古移鼎，必须废立，既示我威权，且绝彼民望。"景从之。使前寿光殿学士谢昊为诏书，以为"弟侄争立，星辰失次，皆由朕非正绪，召乱致灾，宜禅位于豫章王栋。"使吕季略赍入，逼帝书之。栋，欢之子也。

戊午，景遣卫尉卿彭㒦等帅兵入殿，废帝为晋安王，幽于永福省，悉撤内外侍卫，使突骑左右守之，墙垣悉布枳棘。庚申，下诏迎豫章王栋。栋时幽拘，廪饩甚薄，仰蔬茹为食。方与妃张氏锄葵，法驾奄至，栋惊，不知所为，泣而升辇。

景杀哀太子大器、寻阳王大心、西阳王大钧、建平王大球、义安王大昕及王侯在建康者二十余人。太子神明端凝，于景党未尝屈意，所亲窃问之，太子曰："贼若于事义，未须见杀，吾虽陵慢呵叱，终不敢言。若见杀时至，虽一日百拜，亦无所益。"又曰："殿下今居困厄，而神貌怡然，不贬平日，何也？"太子曰："吾自度死日必在贼前，若诸叔能灭贼，贼必先见杀，然后就死。若其不然，贼亦杀我以取富贵，安能以必死之命为无益之愁乎！"及难，太子颜色不变。徐曰："久知此事，嗟其晚耳！"刑者将以衣带绞之，太子曰："此不能见杀，"命取帐绳绞之而绝。

壬戌，栋即帝位。大赦，改元大正。太尉郭元建闻之，自秦郡驰还，谓景曰："主上先帝太子，既无愆失，何得废之！"景曰："王伟劝吾，云'早除民望'。吾故从之以安天下。"元建曰："吾挟天子，令诸侯，犹惧不济，无故废之，乃所以自危，何安之有！"景欲迎帝复位，以栋为太孙。王伟曰："废立大事，岂可数改邪！"乃止。

王伟说侯景弑太宗以绝众心，景从之。冬，十月，壬寅夜，伟与左卫将军彭㒞、王脩纂进酒于太宗曰："丞相以陛下幽忧既久，使臣等来上寿。"太宗笑曰："已禅帝位，何得言陛下！此寿酒，将不尽此乎！"于是㒞等赍曲项琵琶，与太宗极饮。太宗知将见杀，因尽醉，曰："不图为乐之于斯也！"既醉而寝。伟乃出，㒞进土囊，脩纂坐其上而殂。伟撤门扉为棺，迁殡于城北酒库中。太宗自幽絷之后，无复侍者及纸，乃书壁及板障，为诗及文数百篇，辞甚凄怆。景谥曰明皇帝，庙号高宗。

已卯，加侯景九锡，汉国置丞相以下官。已丑，豫章王栋禅位于景，景即皇帝位于南郊。还，登太极殿，其党数万，皆吹唇呼噪而上。大赦，改元太始。封栋为淮阴王，并其二弟桥、摎同销于密室。

王伟请立七庙，景曰："何谓七庙？"伟曰："天子祭七世祖考。"并请七世讳，景曰："前世吾不复记，唯记我父名标；且彼在朔州，那得来唉此！"众咸笑之。景党有知景祖名乙羽周者；自外皆王伟制其名位，追尊父标为元皇帝。

景之作相也，以西州为府，文武无尊卑皆引接；及居禁中，非故旧不得见，由是诸将多怨望。景好独乘小马，弹射飞鸟，王伟每禁止之，不许轻出。景郁郁不乐，更成失志，曰："吾无事为帝，与受摈不殊。"

【译文】

梁简文帝大宝二年（辛未，公元551年）

庚戌（三月初六），西魏文帝元宝炬去世，太子元钦立为皇帝。

湘东王萧绎任命王僧辩为大都督，率领巴州刺史丹阳人淳于量、定州刺史杜尭、宜州刺史王琳、郴州刺史裴之横向东出发进攻侯景，徐文盛以下的将领一并受王僧辩指挥。戊申（四月初五），王僧辩等人率领的军队抵达巴陵，听说郢州已经陷落，于是，就在巴陵驻扎下来。萧绎写信给王僧辩说："贼兵凭借着胜利的气势，必然会向西进攻。我军不用远出奔袭，只要守住巴陵，以逸待劳，不用担心打败不了敌人。"同时萧绎又对身边的将领谋士们说："贼兵如果水陆两路齐头并进，直扑江陵，这是上策；如果据守夏首，蓄兵积粮，这是中策。如果他们尽力攻打巴陵，这是下策。巴陵城很小但很坚固，易守难攻，王僧辩足以胜任守城之职。侯景攻城不下，野外又没有什么可抢掠的东西，酷暑季节流行疾病不时发生，军粮吃完，士兵疲惫，我们打败他是必然的事！"于是命令罗州刺史徐嗣徽从岳阳出发，武州刺史杜崱从武陵出发，各率军队和王僧辩会合。

侯景派丁和带兵五千人守卫夏首，宋子仙带兵一万人为先锋，进逼巴陵，又另外派任约挥师直指江陵，自己则率大军从水陆两路齐头并进。于是萧绎部下沿着长江戍卫巡逻的士兵，纷纷请求归降。侯景又把巡逻的范围扩大到隐矶。王僧辩依城固守，他命令卷起旗帜，藏起战鼓，城内安静得像没有人一样。壬戌（十九日），侯景的军队渡过了长江，派轻骑兵来到城下，问道："城内守将是谁？"城内士兵回答："是王领军。"轻骑兵高声喝问："为什么不早早投降？"王僧辩从容回答："大军尽管指向荆州，我这城池自然不会构成屏障。"轻骑兵听罢拍马回去了。过了一阵，侯景派军人把王珣等人抓到城下来，让他向城里的守将、弟弟王琳劝降。王琳高声对王珣喊道："哥哥接受命令讨伐贼兵，不能以身殉难，竟然不知内疚，反而要来诱我投降！"说着拿过弓箭就射，王珣惭愧地退回去了。侯景派士卒从很多通道肉搏攻打城池，城中鼓声大作，呐喊震天，飞箭、巨石像雨点一样打下来，侯景手下的士卒死去很多，不得不退下去。王僧辩又派轻便迅捷的小部队出城袭击，打胜了就跑，这样出击了十几次，都获得胜利。侯景披着铠甲在城下亲自督战，王僧辩身系绶带、坐着轿子，奏着鼓乐，吹吹打打地巡视守城将士。侯景远远看着他，佩服他的大胆勇敢。

侯景日夜不停地攻打巴陵城，攻不下来，军队没有吃的，又染上了疾病，死伤了一大半。湘东王萧绎派晋州刺史萧惠正率兵支援巴陵，萧惠正以自己担当不了这一重任为由推辞了，举荐胡僧祐代替自己。当时胡僧祐因为犯了进谏忤旨的罪正关在监狱里，萧绎就把他释放了，封他为武猛将军，命令他去救援巴陵。临走之时，萧绎告诫他说："贼兵如果水战，你只管用大兵舰去对付它，一定能击败它。如果贼兵要在陆上以步兵作战，那你可以开船直抵巴丘，不必与之交锋。"胡僧祐抵达湘浦，侯景派任约率五千名精锐士卒据守白塉阻击他。胡僧祐避开任约，由别的路径直西进，任约以为他害怕自己，急忙挥师追赶，追到芊口之时，对胡僧祐呼喊："吴儿，为什么不早早投降？要逃到哪里去？"胡僧祐不理睬他，偷偷把队伍带到赤沙亭，正好信州刺史陆法和也到了，两下里合成一军。陆法和有奇异的法术，隐居在江陵百里洲，衣食居处，一切都像苦行的和尚。有时预言吉凶祸福，往往应验，一般人不能测知其奥妙。侯景包围台城时，有人去问他："事情将会怎样？"陆法和不做正面回答，却说："人要是想摘果子，最好等待果子成熟的时候，那时不去碰它，它自己就掉下来。"问的人再三追问一定要他明言，陆法和高深莫测地回答："也能胜也不能胜。"待到任约进攻江陵时、陆法和自动请缨，要求去攻打任约，萧绎答应了。

当初，侯景攻下建康之后，常常说吴儿生性胆怯软弱，很容易乘其不备就收拾掉，不足为患，所以重要的是收复、平定中原地区，然后当皇帝。侯景娶简文帝的女儿溧阳公主，很宠爱她，因而妨碍了处理政事。王伟多次劝谏侯景不要贪恋女色，侯景把这话告诉了溧阳公主，公主很不高兴，口吐恶言，王伟恐怕被她的谗言所害，就极力劝说侯景除去简文帝。等到侯景从巴陵兵败逃回，手下的猛将大部分战死了，自己担心活不长，想早日登上皇帝大位。王伟说："自古以来，凡是要夺取别人的政权，必须有废有立，这样既显示我方的威权，又断了对方的民望。"侯景听从了他的建议，让前寿光殿学士谢昊起草诏书，诏书说："我们梁朝出现皇弟们和皇侄们争夺帝位的自相残杀，星辰的运行也失去正常的秩序，这都是由于我不是正统的继承人，才招来这样的动乱和灾难，理应由我禅位给豫章王萧栋。"又派吕季略把诏书带入宫内，逼着简文帝抄写出来。豫章王萧栋是华容公萧欢的儿子。

戊午（八月十七日），侯景派卫尉卿彭㒞等人率领士兵进入宫殿，把简文帝废了，改封为晋安王，幽禁在永福省，把他的内侍和卫兵都撤了，派精锐的骑兵把他严密看守起来，在墙头插上枳、棘一类多刺的树枝。庚申（十九日），侯景下诏书迎立豫章王萧栋。萧栋那时正被关在暗室里，饮食很差，吃的是蔬菜薯类。一天，他正与妃子张氏一起锄葵菜，迎接他即位的辇车突然来了，萧栋大吃一惊，不知所措，哭着登上了车。

　　侯景杀了哀太子萧大器、寻阳王萧大心、西阳王萧大钧、建平王萧大球、义安王萧大昕，以及在建康居住的王侯二十多人。太子萧大器神色端严凝重，在侯景乱党面前从没曲意逢迎过，他的身边人私下里问他为什么要这样，太子说："贼党如果明白事理，不一定就要杀掉我，所以我虽然对他们傲慢轻蔑，乃至呵斥他们，这班人也不敢说什么。如果杀我的时候到来了，我即使对他们一天跪拜一百次，也没有什么用处。"左右亲信们又问："殿下如处于困难艰危的境地中，但神色气度显得那么平静轻松，也不比平日差，这是为什么？"太子萧大器说："我自己估计，我一定会死在贼人前头。因为，如果皇叔们能消灭贼党，贼人一定先把我杀了，然后自己再去死；如果贼党没有被消灭，贼人也会杀害我以换取富贵。既然这样，我怎么能用这一定会死的生命去做无益的犯愁呢？"临死时，太子萧大器神色不变。他慢慢地说："老早就知道会有这样的结果，我不过感叹它来得太晚了！"刽子手要用衣带绞死他，太子萧大器说："这带子不能杀人。"他让刽子手拿系帐幕的绳子来绞死了自己。

　　壬戌（二十一日），萧栋登上皇帝位。大赦天下，改换年号为天正。太尉郭元建听到这个消息，从秦郡急忙赶回建康，质问侯景："皇上是先帝的亲生太子，一向没有什么罪过，怎么能随便就废了他！"侯景回答说："王伟劝我这样做的，他对我说：'早点消除梁室在老百姓中的声望。'我这才听从了他的意见，以便安定天下。"郭元建说："我们现在挟持天子，用他的名义命令诸侯，还总担心不能成功，可是现在无缘无故把简文帝废了，这是自取危亡，有什么安定可言！"侯景听了，又想迎接简文帝回来复位，让萧栋当太孙。王伟说："废旧帝立新主是国家大事，怎么可以来回改变主意！"侯景这才作罢。

　　王伟劝说侯景弑杀简文帝以断绝众人之心，侯景听从了。冬季，十月，壬寅（初二）夜，王伟和左卫将军彭㑺、王脩纂献酒给简文帝，说："丞相侯景因为想到陛下心情忧郁已经很久了，特派我们来为陛下祝寿。"简文帝苦笑着说："我已经把帝位禅让出去了，怎么还称我为陛下呢？这送来的寿酒，恐怕会命尽于此吧！"于是彭㒦等人拿出带来的弯脖子琵琶弹奏起来，和简文帝尽情痛饮。简文帝知道自己将被杀害，就喝得酩酊大醉，说："没想到今天能痛饮取乐到这种程度！"醉倒后就入睡了。王伟退了出来，彭㒦带进一个盛了土的大口袋压在简文帝面上，王修纂坐在口袋上，把简文帝活活憋死了。王伟把门板卸下来当棺材，把简文帝的尸体搬到城北酒库中小殓和停柩。简文帝自从被关在暗室之后，再也没有侍者和纸张，于是他就把字写在墙壁和隔板上，写了几百篇诗文，辞意非常凄惨悲怆。侯景给简文帝的谥号是明皇帝，庙号为高宗。

己卯（初九），豫章王萧栋加封侯景九锡，汉国设置丞相以下的官职。己丑（十一月十九日），豫章王萧栋把皇位禅让给侯景，侯景在南郊举行登基大典登上皇帝位。侯景从南郊回来之后，登上了太极殿，他的党徒好几万人，都欢喜若狂，喧喊不已，争先恐后地趋前朝拜。侯景下令大赦天下，改年号为太始。侯景封萧栋为淮阴王，把他和他的两个弟弟萧桥、萧樛一起关进密室之中。

王伟启奏要求建立七庙，侯景问："什么叫七庙？"王伟说："天子对自己的祖先要往上祭祀七代。"并请侯景说出他上七代祖先的名讳。侯景说："上几辈子的祖先名字我不记得了，只记得我父亲名叫标，而且他在朔州，那能跑到这儿来吃祭饭！"大家都把这当笑话。侯景党徒中有人知道侯景的祖父名叫乙羽周，再往上就都由王伟制定他们的名位，追尊侯景父亲侯标为元皇帝。

当侯景作丞相时，以西州为自己的府第，对文武百官，无论尊卑都接见交往。但是等到他当了皇帝，住在禁苑之中后，不是故旧不得参见，于是将领们都开始抱怨。侯景喜欢独自骑坐小马，用弹弓射杀飞鸟。王伟老是禁止他，不许他轻易出去。侯景行动不自由，郁郁不乐，更加深了失望情绪，便自言自语说："我无端地当了这个皇帝，和受到摈弃没什么两样！"

【原文】

世祖孝元皇帝上承圣元年（壬申，552年）

湘东王命王僧辩等东击侯景，二月，庚子，诸军发寻阳，舳舻数百里。陈霸先帅甲士三万，舟舰二千，自南江出溢口，会僧辩于白茅湾，筑坛歃血，共读盟文，流涕慷慨。癸卯，僧辩使侯瑱袭南陵、鹊头二戍，克之。戊申，僧辩等军于大雷；丙辰，发鹊头。戊午，侯子鉴还至战鸟，西军奄至，子鉴惊惧，奔还淮南。

丁丑，僧辩至姑孰，子鉴帅步骑万余人渡洲，于岸挑战，又以鹢舸千艘载战士。僧辩麾细船皆令退缩，留大舰夹泊两岸。子鉴之众谓水军欲退，争出趋之；大舰断其归路，鼓噪大呼，合战中江，子鉴大败，士卒赴水死者数千人。子鉴仅以身免，收散卒走还建康，据东府。僧辩留虎臣将军庄丘慧达镇姑孰，引军而前，历阳戍迎降。景闻子鉴败，大惧，涕下覆面，引衾而卧，良久方起，叹曰："误杀乃公！"

丁亥，王僧辩进军招提寺北，侯景帅众万余人、铁骑八百余匹陈于西州之西。陈霸先曰："我众贼寡，应分其兵势，以强制弱；何故聚其锋锐，令致死于我！"乃命诸将分处置兵。景冲将军王僧志陈，僧志小缩，霸先遣将军安陆徐度将弩手二千横截其后，景兵乃却。霸先与王琳、杜龛等以铁骑乘之，僧辩以大兵继进，景兵败退，据其栅。龛，岸之兄子也。景仪同三司卢晖略守石头城，开北门降，僧辩入据之。景与霸先殊死战，景帅百余骑，弃矟执刀，左右冲陈；陈不动，众遂大溃，诸军逐北至西明门。

景至阙下，不敢入台，召王伟责之曰："尔令我为帝，今日误我！"伟不能对，绕阙而藏。景欲走，伟执鞚谏曰："自古岂有叛天子邪！宫中卫士，犹足一战，弃此，将欲安之！"景曰："我昔败贺拔胜，破葛荣，扬名河、朔，渡江平台城，降柳仲礼如反掌；今日天亡我也！"因仰观石阙，叹息久之。以皮囊盛其江东所生二子，挂之鞍后，与房世贵等百余骑东走，欲就谢答仁于吴。侯子鉴、王伟、陈庆奔朱方。

僧辩之发江陵也，启湘东王曰："平贼之后，嗣君万福，未审何以为礼？"王曰："六门之内，自极兵威。"僧辩曰："讨贼之谋，臣为己任，成济之事，请别举人。"王乃密谕宣猛将军朱买臣，使为之所。及景败，太宗已殂，豫章王栋及二弟桥、樛相扶出于密室，逢杜崱于道，为去其锁。二弟曰："今日始免横死矣！"栋曰："倚伏难知，吾犹有惧！"辛卯，遇朱买臣，呼之就船共饮，未竟，并沉于水。

【译文】

梁元帝承圣元年（王申，公元552年）

湘东王命令王僧辩等向东进军，攻击侯景。二月，庚子（二十六日），各路大军从寻阳出发，兵船从头到尾达几百里。陈霸先率甲兵三万，舟舰二千只，从南江出湓口，和王僧辩会师于白茅湾。两军将士筑坛歃血，一起宣读盟文，人人都慷慨激昂，涕下沾衣。癸卯（初四），王僧辩派侯瑱袭击南陵、鹊头这两个敌军的戍所，取得了胜利。戊申（初九），王僧辩等驻扎在大雷，丙辰（十七日），从鹊头出发。戊午（十九日），侯子鉴率军从合肥回到战鸟，发现西边的湘东王萧绎的大军已经突然来了，他又惊又怕，赶快逃回了淮南。

丁丑（三月初九），王僧辩等抵达姑孰，侯子鉴率领步、骑兵一万余人渡过水洲，在岸上挑战，又用狭长的船千艘装载战士。王僧辩指挥小船，让它们都退缩到后头去，只留大兵舰在两岸夹江停泊。侯子鉴的士兵们以为敌军水师要退却了，争着出来追赶。这时，王

石头城之战

僧辩指挥大兵舰截断了侯军的归路，呐喊鼓噪，从两边夹击侯子鉴的部队，在长江中间作战。侯子鉴大败，士兵跳入水里淹死的有几千人。侯子鉴只身一人逃脱，收罗溃散的残兵逃回建康，据守东府。王僧辩留下虎臣将军庄丘慧达镇守姑孰，自己带兵乘胜挺进，历阳戍所的守将出迎而降。侯景听到侯子鉴大败的消息，大为恐惧，泪流满面，拉过被子躺下，过了很久才起来，叹息着说："你可把老子给坑了！"

丁亥（十九日），王僧辩向招提寺北面进军，侯景率领士兵一万余人，铁甲骑兵八百余骑排列在西州的西边严阵以待。陈霸先说："我军兵力多，贼党兵力少，

应该设法分散贼兵的兵势，达到以强制弱的目的。为什么要让贼兵把精锐力量集中在一起，让它们来把我军置于死地呢！"于是命令将领们分头到几个地方布置部队。侯景冲击将军王僧志的战阵，王僧志有意稍稍退却，陈霸先派将军安陆人徐度带领弓箭手二千人横截敌军的后路，于是侯景的部队惊慌而退。侯景军退却时，陈霸先和王琳、杜龛等用铁甲骑兵迅速追击，王僧辩指挥大军跟进，侯景的士兵败退下去，缩入营栅固守。杜龛是杜岸哥哥的儿子。侯景手下的仪同三司卢晖略负责守石头城，他打开北门投降，王僧辩长驱直入，占据了石头城。侯景与陈霸先展开了白刃战以决生死，侯景亲率一百多骑兵，扔了长矛，手执短刀，左冲右突地冲击陈霸先的阵脚，但冲击不动，侯景的兵众于是彻底崩溃，陈霸先指挥各路兵马追击败兵，一直追到西明门。

侯景逃到宫阙下，不敢入台，把王伟叫来责备他说："你劝我称帝，你看，今天可让你害苦了！"王伟无言以对，绕着宫阙躲闪着。侯景要逃跑，王伟抓住他的鞍镫劝他说："自古以来哪里有什么叛逃天子！宫中卫士很多，还足够再决一死战，扔下这地方，你将跑到哪儿去安身！"侯景叹息说："我过去打败贺拔胜，击破葛荣，扬名黄河、朔方，渡长江南下后又平定台城，降服柳仲礼几十万大军易如反掌。今天是天要亡我啊！"于是仰头看着石阙，久久地叹息不已。然后，侯景用皮袋子把他到建康后生的两个儿子装好，挂在马鞍后头，就带着房世贵等一百余骑兵逃跑了，想去吴地投奔谢答仁。侯子鉴、王伟、陈庆逃走投奔了朱方。

当初，王僧辩出发到江陵去的时候，对湘东王萧绎说："平定侯景乱贼之后，继承君位的人康强万福，不知应该奉行什么礼仪？"湘东王回答道："台城六门之内，任你充分发挥兵威。"王僧辩说："讨伐侯景乱贼的谋略战术，我义不容辞视为己任；至于像成济弑魏君那样的事，请另外推举别人去干。"于是，湘东王就秘密地告诉宣猛将军朱买臣，要他届时去简文帝宫中执行任务。待到侯景兵败，简文帝也死了，豫章王萧栋和他的两个弟弟萧桥、萧樛互相搀扶着从密室走出来，正好在路上碰上杜崱，杜崱为他们去掉锁链。两个弟弟说："今天才算免了横死的灾祸了！"萧栋说："祸与福互为倚伏，变化难知，我还有深深的恐惧！"辛卯（二十三日），三个人遇到朱买臣，朱买臣喊他们到船上一块饮酒，没到席散，三个人全被沉入水中。

梁纪二十一

【原文】

世祖孝元皇帝下承圣二年（癸酉，553年）

上闻武陵王纪东下，使方士画版为纪像，亲钉支体以厌之，又执侯景之俘以报纪。初，纪之举兵，皆太子圆照之谋也。圆照时镇巴东，执留使者，启纪云："侯景未平，宜急进讨；已闻荆镇为景所破。"纪信之，趣兵东下。

上甚惧，与魏书曰："'子纠，亲也，请君讨之。'"太师泰曰："取蜀制梁，在兹一举。"诸将咸难之。大将军代人尉迟迥，泰之甥也，独以为可克。泰问以方略，迥曰："蜀与中国隔绝百有余年，恃其险，不虞我至，若以铁骑兼行袭之，无不克矣。"泰乃遣迥督开府仪同三司原珍等六军，甲士万二千，骑万匹，自散关伐蜀。

武陵王纪至巴郡，闻有魏兵，遣前梁州刺史巴西谯淹还军救蜀。初，杨乾运求为梁州刺史，纪以为潼州刺史；杨法琛求为黎州刺史，以为沙州：二人皆不悦。乾运兄子略说乾运曰："今侯景初平，宜同心勠力，保国宁民，而兄弟寻戈，此自亡之道也。夫木朽不雕，世衰难佐，不如送款关中，可以功名两全。"乾运然之，令略将二千人镇剑阁，又遣其婿乐广镇安州，与法琛皆潜通于魏。魏太师泰密赐乾运铁券，授骠骑大将军、开府仪同三司、梁州刺史。尉迟迥以开府仪同三司侯吕陵始为前军，至剑阁，略退就乐广，翻城应始，始入据安州。甲戌，迥至涪水，乾运以州降。迥分军守之，进袭成都。时成都见兵不满万人，仓库空竭，永丰侯㧑婴城自守，迴围之。谯淹遣江州刺史景欣、幽州刺史赵跋彪援成都，迴使原珍等击走之。

武陵王纪至巴东，闻侯景已平，乃自悔，召太子圆照责之，对曰："侯景虽平，江陵未服。"纪亦以既称尊号，不可复为人下，欲遂东进。将卒日夜思归，其江州刺史王开业以为宜还救根本，更思后图；诸将皆以为然。圆照及刘孝胜固言不可，纪从之，宣言于众曰："敢谏者死！"己丑，纪至西陵，军势甚盛，舳舻翳川。护军陆法和筑二城于峡口两岸，运石填江，铁锁断之。

帝拔任约于狱，以为晋安王司马，使助法和拒纪，谓之曰："汝罪不容诛，我不杀，本为今日！"因撤禁兵以配之，仍许妻以庐陵王续之女，使宣猛将军刘棻与之俱。

魏尉迟迴围成都五旬，永丰侯㧑屡出战，皆败，乃请降。诸将欲不许，迴曰："降之则将士全，远人悦；攻之则将士伤，远人惧。"遂受之。八月，戊戌，㧑与宜都王圆肃帅文武诣军门降，迴以礼接之，与盟于益州城北。吏民皆复其业，唯收婢及储积以赏将士，军无私焉。魏以㧑及圆肃并为开府仪同三司，以迴为大都督益·潼等十二州诸军事、益州刺史。

【译文】

梁元帝承圣二年（癸酉，公元553年）

元帝听到武陵王萧纪出兵东下的消息，就派会妖术的方士在木版上画上萧纪的图像，亲自往图像的躯体四肢上钉钉子，以为可以把他诅死。又把侯景的俘虏押送到萧纪那儿，告诉他侯景已平。当初，萧纪举兵东进，全是太子萧圆照的主意。萧圆照这时镇守巴东，截获了使者，派人报告萧纪说："侯景还没平定，应该赶快进军声讨。我已听到荆州被侯景攻破的消息。"萧纪信以为真，就火速率兵东下。

元帝很害怕，就写信给西魏求援，信中引用了《左传》中鲍叔所说的"子纠，是我的亲族，请你不必顾虑，出兵讨伐他"，让宇文泰出兵打萧纪。太师宇文泰说："夺取蜀地，制伏梁朝，就在这一次了。"但是，将领们都感到困难。大将军代京人尉迟迴是宇文泰的外甥，只有他以为能打下来。宇文泰问他有什么方法谋略，尉迟迴说:"蜀地和中原别的地区隔绝有一百多年了,仗恃其地险要,从来不曾担心我军会去攻打,如果我们用铁甲骑兵,昼夜兼行去偷袭,没有打不下来的。"宇文泰深以为然,就派尉迟迥率领开府仪同三司原珍等六支部队,甲士一万二千人,骑兵一万,从散关进发讨伐蜀地。

武陵王萧纪的军队抵达巴郡,听说有西魏的士兵出现,就派前梁州刺史巴西人谯淹掉头回师救蜀。当初,杨乾运要求当梁州刺史,萧纪任命他为潼州刺史;杨法琛要求当黎州刺史,萧纪任命他为沙州刺史,两人都不高兴。杨乾运的侄子杨略向杨乾运进言说:"现在侯景之乱刚刚平定,应该同心协力,保卫国家,安抚黎民,而萧纪却起兵与萧绎争帝,兄弟打仗,争斗不已,这是自我灭亡的行为。人们说木头朽烂了就不能雕刻,世道衰颓了就难以扶救。我看不如和西魏联络一下,派人到关中去表示归附的心迹,这样可以功名两全。"杨乾运深以为然,命令杨略带兵二千去镇守剑阁,又派他女婿乐广去镇守安州,连同杨法琛一起,暗暗和西魏打通了关系。西魏太师宇文泰秘密地把铁券赐给杨乾运,并授予他骠骑大将军、开府仪同三司、梁州刺史的职位。西魏尉迟迥以开府仪同三司侯吕陵始为前军,抵达剑阁,杨略有意弃城退却,去投靠乐广,他从城墙翻出来接应侯吕陵始,这样,侯吕陵始就轻而易举地占据了安州。甲戌(五月十三日),尉迟迥进军到涪水,杨乾运献出潼州投降。尉迟迥分出一部分军队守潼州,大军继续挺进,袭击成都。这时成都的守军剩下不满一万人,仓库空虚,粮草兵器都用完了,永丰侯萧㧑环城防守,尉迟迥把成都包围起来。谯淹派江州刺史景欣、幽州刺史赵拔扈带兵去救援成都。尉迟迥派原珍等人击跑了他们。

武陵王萧纪进军到巴东时,才听说侯景之乱已经平定,于是感到后悔,就把太子萧圆照找来,责备他。但萧圆照回答说:"侯景之乱虽平,但江陵方面湘东王并没有臣服呀!"萧纪也认为自己既然已经称帝,就不能再臣服别人,于是就想继续东进。但是,他军中的将士们日夜思念故土,想回老家,他手下的江州刺史王开业认为应该回去,救援成都,巩固根本,慢慢再考虑今后的发展。将领们也都觉得这种想法是对的。只有萧圆照和刘孝胜固执地说不行,必须继续东进。萧纪听从了这两人的意见,当众宣布说:"敢再多说的就处死!"乙丑(疑误),萧纪的军队到达西陵，军势看起来很强盛，战船把江面都遮蔽了。江陵方面派护军陆法和在峡口修筑了两座城堡，运来很多大石头填江，同时拉上铁索把江面航道切断。

元帝把任约从监狱里放出来，任命他为晋安王司马，让他协助陆法和抵抗萧纪，并对他说："你本来是该得死罪的，我不杀你，就是为了今天让你戴罪立功。"于是，把宫廷警卫部队也撤销了，把他们发配给任约指挥。元帝仍然答应任约把庐陵王萧续的女儿嫁给他，还派宣猛将军刘棻和他一块儿出发。

西魏尉迟迥把成都包围了五十天，永丰侯萧㧑多次出城迎战，都失败了，于是请求投降。但是尉迟迥手下的将领们不允许，尉迟迥说："接受他投降，则我军将士完好无死伤，远方百姓也高兴。继续进攻则将士必有伤亡，远方百姓会害怕。"于是就接受了萧㧑的投降。八月，戊戌（初八），萧㧑和宜都王萧圆肃带着文武官员到尉迟迥军营前投降，尉迟迥按礼仪迎接了他，和他在益州城北订立了受降盟约。凡官吏百姓都各安其业，只没收奴婢和仓库积粮赏赐给将士们，军队中没有人敢私下抢掠的。西魏任命萧㧑和萧圆肃一并为开府仪同三司，任命尉迟迥为大都督益·潼等十二州诸军事、益州刺史。

【原文】

三年（甲戌，54年）

齐中书令魏收撰《魏书》，颇用爱憎为褒贬，每谓人曰："何物小子，敢与魏收作色！举之则使升天，按之则使入地！"既成，中书舍人卢潜奏"收诬罔一代，罪当诛。"尚书左丞卢斐、顿丘李庶皆言《魏史》不直。收启齐主云："臣既结怨强宗，将为刺客所杀。"帝怒，于是斐、庶及尚书郎中王松年皆坐谤史，鞭二百，配甲坊。斐、庶死于狱中，潜亦坐系狱。然时人终不服，谓之"秽史"。潜，度世之曾孙；斐，同之子；松年，遵业之子也。

庚戌，魏太师泰鸩杀废帝。

辛未，帝为魏人所杀。梁王詧遣尚书傅准监刑，以土囊陨之。詧使以布帊缠尸，敛以蒲席，束以白茅，葬于津阳门外。并杀愍怀太子元良、始安王方略、桂阳王大成等。世祖性好书,常令左右读书,昼夜不绝,虽熟睡,卷犹不释,或差误及欺之,帝辄惊寤。作文章,援笔立就。常言:"我韬于文士,愧于武夫。"论者以为得言。

【译文】

三年(甲戌,公元554年)

北齐中书令魏收修撰《魏书》,很爱以自己的爱憎任意褒贬人物,常常对人说:"你是什么东西,敢和我魏收搭架子,摆脸色!我在写史,抬举你能让你升天,贬低你能叫你入地。"《魏书》写成以后,中书舍人卢潜启奏高洋,说:"魏收的史书诬蔑了一代人,他的罪应该处死。"尚书左丞卢斐、顿丘人李庶都说《魏史》写得不公正。魏收启奏文宣帝高洋,说:"我既然因修史和强大的宗族结下仇怨,那么将会被刺客杀死。"文宣帝听了勃然大怒,于是卢斐、李庶和尚书郎中王松年都因诽谤史书而获罪,每人被鞭打二百下,被发配在甲坊里制造兵甲。结果卢斐、李庶死在监狱中,卢潜也犯罪关入监狱。但当时人终究不服气,把《魏书》说成"秽史"。卢潜是卢度世的曾孙。卢斐是卢同的儿子。王松年是王遵业的儿子。

庚戌(疑误),西魏太师宇文泰用毒药毒死了废帝元钦。

辛未(十二月十九日),元帝被西魏人处死。梁王萧詧派尚书傅准去监刑,用装土的袋子把他压死。萧詧让人用粗布把尸体缠裹起来,以蒲草织的席子进行收殓,用白茅草牢牢捆住,埋葬在津阳门外。同时把愍怀太子萧元良、始安王萧方略、桂阳王萧大成等都杀了。元帝萧绎天性喜好书,常常让身边人为他读书,昼夜不停地读,虽然睡着了,手里还拿着书卷。如果读错了或有意漏读欺骗他,他就惊醒过来。他写起文章来,提笔马上就能成篇,平时常说:"我比起文士来更善为文,比起武夫来却有些惭愧。"评论他的人认为他这话说得很恰当。

梁纪二十二

【原文】

敬皇帝绍泰元年（乙亥，555年）

春，正月。

二月，癸丑，晋安王至自寻阳，入居朝堂，即梁王位，时年十三。以太尉王僧辩为中书监、录尚书、骠骑大将军、都督中外诸军事，加陈霸先征西大将军，以南豫州刺史侯瑱为江州刺史，湘州刺史萧循为太尉，广州刺史萧勃为司徒，镇东将军张彪为郢州刺史。

三月，贞阳侯渊明至东关，散骑常侍裴之横御之。齐军司尉瑾、仪同三司萧轨南侵皖城，晋州刺史萧惠以州降之。齐改晋熙为江州，以尉瑾为刺史。丙戌，齐克东关，斩裴之横，俘数千人；王僧辩大惧，出屯姑孰，谋纳渊明。

庚子，遣龙舟法驾迎之。渊明与齐上党王涣盟于江北，辛丑，自采石济江。于是梁舆南渡，齐师北返。僧辩疑齐，拥楫中流，不敢就西岸。齐侍中裴英起卫送渊明，与僧辩会于江宁。癸卯，渊明入建康，望朱雀门而哭，逆者以哭对。丙午，即皇帝位，改元天成，以晋安王为皇太子，王僧辩为大司马，陈霸先为侍中。

【译文】

梁敬帝绍泰元年（乙亥，公元555年）

春季，正月，壬午朔（初一）。

二月癸丑（初二），晋安王萧方智从寻阳来到建康，进入朝堂居住，登上梁王的位置，当时年仅十三岁。他任命太尉王僧辩为中书监、录尚书、骠骑大将军、都督中外诸军事，加封陈霸先为征西大将军，任命南豫州刺史侯瑱为江州刺史，湘州刺史萧循为太尉，广州刺史萧勃为司徒，镇东将军张彪为郢州刺史。

三月，北齐护送来的贞阳侯萧渊明到了东关，散骑常侍裴之横带兵防御他。北齐军司尉瑾、仪同三司萧轨向南侵犯皖城，晋州刺史萧惠献出州郡投降了。北齐把晋熙改名为江州，任命尉谨当刺史。丙戌（初六），北齐攻克东关，杀了裴之横，俘虏了几千人。王僧辩大惊失色，带兵出城屯驻于姑孰，准备接受萧渊明。

庚子（五月二十一日），王僧辩派龙船，备法驾去迎接萧渊明。萧渊明和北齐上党王高涣在长江北边盟誓，辛丑（二十二日），才从采石渡过长江。于是梁朝的车辆南渡，北齐的军队返回北方。王僧辩对北齐军队心存疑惧，把船停在长江中流，不敢靠近西岸。北齐侍中裴英起护送萧渊明南渡，和王僧辩在江宁会面。癸卯（二十四日），萧渊明进入建康，看到朱雀门痛哭失声，去迎接他的群臣也痛哭。丙午（二十七日），萧渊明即皇帝位，改换年号为天成，立晋安王萧方智为皇太子，任命王僧辩为大司马，陈霸先为侍中。

【原文】

太平元年（丙子，556年）

齐显祖之初立也，留心政术，务存简靖，坦于任使，人得尽力。又能以法驭下，或有违犯，不容勋戚，内外莫不肃然。至于军国机策，独决怀抱；每临行陈，亲当矢石，所向有功。数年之后，渐以功业自矜，遂嗜酒淫泆，肆行狂暴；或身自歌舞，尽日通宵；或散发胡服，杂衣锦彩；或袒露形体，涂傅粉黛；或乘驴、牛、橐驼、白象，不施鞍勒；或令崔季舒、刘桃枝负之而行，担胡鼓拍之；勋戚之第，朝夕临幸，游行市里，街坐巷宿；或盛夏日中暴身，或隆冬去衣驰走；从者不堪，帝居之自若。三台构木高二十七丈，两栋相距二百余尺，工匠危怯，皆系绳自防，帝登脊疾走，殊无怖畏；时复雅儛，折旋中节，傍人见者莫不寒心。尝于道上问妇人曰："天子何如？"曰："颠颠痴痴，何成天子！"帝杀之。

娄太后以帝酒狂，举杖击之曰："如此父生如此儿！"帝曰："即当嫁此老母与胡。"太后大怒，遂不言笑。帝欲太后笑，自匍匐以身举床，坠太后于地，颇有所伤。既醒，大惭恨，使积柴炽火，欲入其中。太后惊惧，亲自持挽，强为之笑，曰："邪汝醉耳！"帝乃设地席，命平秦王归彦执杖，口自责数，脱背就罚，谓归彦曰："杖不出血，当斩汝。"太后前自抱之，帝流涕苦请，乃笞脚五十，然后衣冠拜谢，悲不自胜。因是戒酒，一旬，又复如初。

又尝于众中都督韩哲，无罪，斩之。作大镬、长锯、锉、碓之属，陈之于庭，每醉，辄手杀人，以为戏乐。所杀者多令支解，或焚之于火，或投之于水。杨愔乃简邺下死囚，置之仗内，谓之供御囚，帝欲杀人，辄执以应命，三月不杀，则宥之。

开府参军裴谓之上书极谏，帝谓杨愔曰："此愚人，何敢如是！"对曰："彼欲陛下杀之，以成名于后世耳。"帝曰："小人，我且不杀，尔焉得名！"帝与左右饮酒，曰："乐哉！"都督王纮曰："有大乐，亦有大苦。"帝曰："何谓也？"对曰："长夜之饮，不寤国亡身陨，所谓大苦！"帝缚纮，欲斩之，思其有救世宗之功，乃舍之。

帝游宴东山，以关、陇未平，投杯震怒，召魏收于前，立为诏书，宣示远近，将事西行。魏人震恐，常为度陇之计。然实未行。一日，泣谓群臣曰："黑獭不受我命，奈何？"都督刘桃枝曰："臣得三千骑，请就长安擒之以来。"帝壮之，赐帛千匹。赵道德进曰："东西两国，强弱力均，彼可擒之以来，此亦可擒之以往。桃枝妄言应诛，陛下奈何滥赏！"帝曰："道德言是。"回绢赐之。帝乘马欲下峻岸入于漳，道德揽辔回之；帝怒，将斩之。道德曰："臣死不恨，当于地下启先帝，论此儿酗酗颠狂，不可教训。"帝默然而止。他日，帝谓道德曰："我饮酒过，须痛杖我。"道德抶之，帝走。道德逐之曰："何物人，为此举止！"

典御丞李集面谏，比帝于桀、纣。帝令缚置流中，沈没久之，复令引出，谓曰："吾何如桀、纣？"集曰："向来弥不及矣！"帝又令沈之，引出，更问，如此数四，集对如初。帝大笑曰："天下有如此痴人，方知龙逄、比干未是俊物！"遂释之。顷之，又被引入见，似有所谏，帝令将出要斩。其或斩或赦，莫能测焉。

【译文】

太平元年（丙子，公元556年）

北齐在文宣帝高洋刚刚立国的时候，很注意研究为政之术，一切政务，力求简便稳定，有所任命，也是坦诚待人，臣子们也得以尽其所能为国服务。又能用法律为准绳来驾驭部下，如果有谁犯了法，即使元勋贵戚也绝不宽容，所以朝廷内外秩序井然。至于军事机要、国家大政方针，则由文宣帝自己拿出决断。文宣帝每次亲临战阵，总是亲自冒着箭石纷飞的危险，所到之处都立功绩。几年以后，文宣帝渐渐以为建立了大功业，就骄傲自满起来，于是就贪杯纵酒，淫逸无度，滥行狂暴之事。有时自己亲自参与歌舞，又唱又跳，通宵达旦。有时披散头发，穿上胡服，披红挂绿，有时却又裸露着身体，涂脂抹粉；有时骑着驴、牛、骆驼、白象，连鞍子和勒绳也不用；有时让崔季舒、刘桃枝背着他走，自己挎着胡鼓用手拍得嘭嘭响；元勋和贵戚之家，他常常不分朝夕驾临，在集市上穿游而行，坐街头睡小巷都是常事；有时大夏天在太阳下晒身子；有时大冬天脱去衣服猛跑步；跟从他的人受不了这么折腾，文宣帝却全不当一回事。三台的梁柱高达二十七丈，两柱之间相距二百多尺，工匠上去都感到危险畏惧，在身上系绳子防止出意外。但文宣帝爬上三台的梁脊快步小跑，竟然一点也不害怕。跑着跑着还不时来点雅致的舞蹈动作，又折身子又打旋，居然符合节奏，旁边看的人吓得汗毛直竖，没有不寒心的。有一次，文宣帝在路上问一个妇女说："咱们的天子怎么样呢？"这妇女不知他就是天子，说："他成天疯疯癫癫，呆呆痴痴，哪有什么天子样！"文宣帝把她杀了。

娄太后有一次因为文宣帝发酒疯，举起拐杖打他，说："这样英雄的父亲竟生出这样混账的儿子！"文宣帝竟然说："看来得把这老太太嫁给胡人了。"娄太后勃然大怒，从此再也不说话，脸上也没有了笑容。文宣帝想让娄太后笑，自己爬到了床底下去，用身子把床抬起来，把坐在床上的太后摔了下来，使太后受了伤。酒醒之后,高洋大感羞惭悔恨,让人堆起柴堆点燃,自己想跳进去烧死。娄太后大吃一惊,害怕极了,赶忙亲自过来又抱又拉,勉强笑着说:"刚才是你喝醉了,我不当真。"文宣帝于是让人铺上地席,命令平秦王高归彦亲自执刑杖,自己口里列数着自己的罪过,脱开衣服露出背部接受杖刑。文宣帝对高归彦说:"你用力打,打不出血来,我就杀了你。"娄太后上前自己抱着他不让打,文宣帝痛哭流涕,最后还是在脚上打了五十下,然后穿上衣服,戴上帽子向娄太后拜谢宽恕之恩,一副悲不自胜的样子。因为这一番酒后失言伤害太后的事,文宣帝下决心戒酒。但刚十天,又嗜酒如命,和原来一样。

北齐文宣帝还曾经在大庭广众之中召见都督韩哲,也没什么罪就把他斩首。还派人制造大铁锅、长锯子、大铡刀、大石碓之类刑具,摆在宫廷里,每次喝醉了酒,就动手杀人,以此当作游戏取乐。被他杀掉的人大多下令肢解,有的扔到火里去烧,有的扔到水里去。杨愔只好选了一些邺城的死罪囚犯,作为仪仗人员,叫作"供御囚",文宣帝一想杀人,就抓出来应命,如果三个月没被杀掉,就得到宽大处理。

开府参军裴谓之上书极力谏阻文宣帝随意杀人的狂暴行为,文宣帝对杨愔说:"这是个蠢人,他怎么敢这样做!"杨愔回答说:"他大概是想让陛下您杀了他,这样他好在后世成名吧!"文宣帝说:"小人!我权且不杀,看你怎么出名!"文宣帝和身边亲信饮酒作乐,得意忘形地说:"真快乐呀!"都督王纮在旁说:"有大快乐,也会有大痛苦。"文宣帝问道:"这话怎么说?"王纮回答说:"老是作长夜之饮,酩酊大醉,没等醒过来已经国亡身死,这就是我所说的大痛苦!"文宣帝一听生了气,命人把王纮捆起来,要把他处斩,但想起他过去有救文襄帝生命的功劳,于是放了他。

文宣帝去东山游玩欢宴,因为想起关、陇一带尚未平定,便把杯子往地上一摔,大发雷霆,马上把魏收叫到跟前,让他站着写下诏书,向远近四方宣告自己将要向西方采取军事行动。西魏人闻讯感到震动惊恐,于是经常也在筹划防止齐军越过陇地的办法。但实际上文宣帝这一计划并没有实行。有一天,文宣帝流着泪对群臣说:"黑獭不接受我的命令,怎么办呢?"都督刘桃枝回答说:"给我三千骑兵,我就到长安去把他擒拿归来。"文宣帝听了，便称赞他的勇气，赐给他一千匹帛。赵道德走上前说："魏和齐是西方和东方并立的两个邻国，国势国力强弱是相均等的。你可以把那边的人擒拿归来，对方也可以把你这边的人擒拿过去。刘桃枝口吐狂言，虚妄欺君，应该处死，陛下怎么向他滥施奖赏？"文宣帝听了，说："道德说得对。"收回给刘桃枝的绢帛赐给刘道德。有一次，文宣帝骑着马欲从很高的陡岸跳到漳河里去，赵道德用力拉着马缰绳把他拽回来。文宣帝勃然大怒，要把赵道德处斩。赵道德说："我为此而死心中没有什么怨恨，到了地下，我要向先帝启奏，把他这个儿子拼命酗酒，疯癫狂乱，不可教训的种种行为告诉他。"文宣帝听了沉默良久，就不杀赵道德了。这以后有一天，文宣帝对赵道德说："我喝酒喝得过分了，必须狠狠打我一顿。"赵道德真的动手打他，文宣帝跑开了。赵道德追着文宣帝，边追边喊："你是个什么人，竟做出这种不成体统的举动！"

典御史李集当面进谏，甚至把文宣帝比为夏桀、商纣。文宣帝下令把他捆起来放到流水中去，让他没入水里很久，再下令把他拽出水面，问他说："你说，我比夏桀、商纣怎样？"李集回答说："看来你还比不上他们呢！"文宣帝又下令把他没入水里，拽出来又问，这样折腾了多次，李集的回答一点也没变。文宣帝哈哈大笑说："天下竟然有这样呆痴的家伙，我这才知道龙逢、比干还不算出色人物呢！"于是释放了他。过了一会儿，李集又被拉着进来见文宣帝，他似乎又想有所进谏，文宣帝下令带出去腰斩。文宣帝喜怒无常，想要杀人还是想要赦免，没有人能猜想得到。

资治通鉴第一百六十七卷

陈纪一

【原文】

高祖武皇帝永定元年（丁丑，557年）

春，正月，辛丑，周公即天王位，柴燎告天，朝百官于露门；追尊王考文公为文王，妣为文后；大赦。封魏恭帝为宋公。以木德承魏水，行夏之时，服色尚黑。以李弼为太师，赵贵为太傅、大冢宰，独孤信为太保、大宗伯，中山公护为大司马。

曲江侯勃在南康，闻欧阳頠等败，军中恟惧。甲寅，德州刺史陈法武、前衡州刺史谭世远攻勃，杀之。

故曲江侯勃主帅兰裕袭杀谭世远，军主夏侯明彻杀裕，持勃首降。勃故记室李宝藏奉怀安侯任据广州。萧孜、余孝顷犹据石头，为两城，各据其一，多设船舰，夹水而陈。丞相霸先遣平南将军侯安都助周文育击之。戊戌，安都潜师夜烧其船舰，文育帅水军、安都帅步军进攻之；萧孜出降，孝顷逃归新吴，文育等引兵还。丞相霸先以欧阳頠声著南土，复以頠为衡州刺史，使讨岭南，未至，其子纥已克始兴，頠至岭南，诸郡皆降，遂克广州，岭南悉平。

周孝愍帝性刚果，恶晋公护之专权。司会李植自太祖时为相府司录，参掌朝政，军司马孙恒亦久居权要，及护执政，植、恒恐不见容，乃与宫伯乙弗凤、贺拔提等共潜之于周王。植、恒曰："护自诛赵贵以来，威权日盛，谋臣宿将，争往附之，大小之政，皆决于护。以臣观之，将不守臣节，愿陛下早图之！"王以为然。

凤、提曰:"以先王之明,犹委植、恒以朝政,今以事付二人,何患不成!且护常自比周公,臣闻周公摄政七年,陛下安能七年邑邑如此乎!"王愈信之,数引武士于后园讲习,为执缚之势。植等又引宫伯张光洛同谋,光洛以告护。护乃出植为梁州刺史,恒为潼州刺史,欲散其谋。后王思植等,每欲召之,护泣谏曰:"天下至亲,无过兄弟,若兄弟尚相疑,他人谁可信者!太祖以陛下富于春秋,属臣后事,臣情兼家国,实愿竭其股肱。若陛下亲览万机,威加四海,臣死之日,犹生之年。但恐除臣之后,奸回得志,非唯不利陛下,亦将倾覆社稷,使臣无面目见太祖于九泉。且臣既为天子之兄,位至宰相,尚复何求!愿陛下勿信谗臣之言,疏弃骨肉。"王乃止不召,而心犹疑之。

凤等益惧,密谋滋甚,刻日召群公入宴,因执护诛之;张光洛又以告护。护乃召柱国贺兰祥、领军尉迟纲等谋之,祥等劝护废立。时纲总领禁兵,护遣纲入宫召凤等议事,及至,以次执送护第,因罢散宿卫兵。王方悟,独在内殿,令宫人执兵自守。护遣贺兰祥逼王逊位,幽于旧第。悉召公卿会议,废王为略阳公,迎立岐州刺史宁都公毓。公卿皆曰:"此公之家事,敢不唯命是听!"乃斩凤等于门外,孙恒亦伏诛。

时李植父柱国大将军远镇弘农,护召远及植还朝,远疑有变,沉吟久之,乃曰:"大丈夫宁为忠鬼,安可作叛臣邪!"遂就征。既至长安,护以远功名素重,犹欲全之,引与相见,谓之曰:"公儿遂有异谋,非止屠戮护身,乃是倾危宗社。叛臣贼子,理宜同疾,公可早为之所。"乃以植付远。远素爱植,植又口辩,自陈初无此谋。远谓植信然,诘朝,将植谒护。护谓植已死,左右白植亦在门。护大怒曰:"阳平公不信我!"乃召入,仍命远同坐,令略阳公与植相质于远前。植辞穷,谓略阳曰:"本为此谋,欲安社稷,利至尊耳!今日至此,何事云云!"远闻之,自投于床曰:"若尔,诚合万死!"于是护乃害植,并逼远令自杀。植弟叔诣、叔谦、叔让亦死,馀子以幼得免。初,远弟开府仪同三司穆知植非保家之主,每劝远除之,远不能用。及远临刑,泣谓穆曰:"吾不用汝言以至此!"穆当从坐,以前言获免,除名为民,及其子弟亦免官。植弟淅州刺史基,尚义归公主,当从坐,穆请以二子代基命,护两释之。

【译文】

陈武帝永定元年（丁丑，公元557年）

春季，正月，辛丑（初一），周公宇文觉即了天王正位，点燃篝火禀告上苍，在朝廷外的大门前接受文武百官的朝拜。追奠天王的父亲文公宇文泰为文王，母亲为文后。大赦天下。封退位的西魏恭帝为宋公。新朝体现五行中的木德，以表示继承西魏的水德，实行古代夏朝的历法，服装的颜色以黑色为上。任命李弼为太师，赵贵为太傅、大冢宰，独孤信为太保、大宗伯，中山公宇文护为大司马。

曲江侯萧勃在南康，听到欧阳頠等兵败的消息，军中顿时人心惊慌。甲寅（三月十五日），德州刺史陈法武，前衡州刺史谭世远攻打萧勃，杀死了他。

原曲江侯萧勃的主帅兰裕袭击并杀死了谭世远，军主夏侯明彻杀了兰裕，拿着萧勃的首级投降。萧勃原来的记室李宝藏拥戴怀安侯萧任据守广州，萧孜、余孝顷还占据着石头，修筑了两座城池，两人各据守一个，造了很多船舰，夹着江水两边摆开。丞相陈霸先派平南将

陈霸先

军侯安都协助周文育去攻打他们。戊戌（四月三十日），侯安都偷偷派部队乘黑夜烧掉了他们的兵船，周文育率领水军，侯安都率领步军协同大举进攻，萧孜出城投降，余孝顷逃回新吴，周文育等人带兵回朝。丞相陈霸先考虑到欧阳頠的声望在南方一带很高，于是又任命欧阳頠为衡州刺史，派他去讨伐岭南。欧阳頠还没抵达岭南，他的儿子欧阳纥已经攻下了始兴。欧阳頠抵达岭南后，岭南诸郡都投降了，于是就攻占了广州，岭南从此全部平定了。

北周孝愍帝性格刚强果决，对晋公宇文护的专权很反感。司会李植从太祖时就任相府司录，参与掌管朝政，军司马孙恒也久居权要之位，待到宇文护执政时，李

植、孙恒担心不被宇文护容纳，于是就与宫伯乙弗凤、贺拔提等人一起在孝愍帝那儿说宇文护的坏话。李植、孙恒说："宇文护自从杀了赵贵，威权越来越盛大，谋臣宿将都争着去依附他。政事无论大小，都是宇文护一个人说了算。依臣等观察，宇文护早晚会不守臣节，图谋篡夺大位，希望陛下早点做出安排，除掉他以绝后患！"孝愍帝认为他们说得很对。乙弗凤、贺拔提又说："先王明察秋毫，尚且把朝政委托给李植、孙恒，可见这两个人的才能和品质了。现在如果把除掉宇文护的事托付给这两个人，还怕事情办不成吗？而且宇文护常常把自己比成周公，臣等听说周公摄政七年之久，陛下怎么能在七年内都悒悒不乐地屈从宇文护专权呢？"孝愍帝听了，愈发信赖他们，多次带武士在宫廷后园练习如何捕捉捆绑人。李植等人又勾引宫伯张光洛当同谋，张光洛就把他们的密谋向宇文护告发了。于是宇文护就调李植出任梁州刺史，孙恒出任潼州刺史，想以此来瓦解他们的阴谋。后来孝愍帝想念李植等人，总是想召见他们。宇文护痛哭流涕地谏阻说："天下最亲的也亲不过兄弟，如果兄弟之间还相互怀疑，别的人还有谁是可以信任的！太祖因为陛下年幼，把后事托付给我，我对圣上的忠诚实际上兼有尽责于兄弟之托的亲情与君臣之义，实在愿意尽心竭力，效股肱之劳。如果陛下能够亲自察览万机，威权加于四海，那么，我即使死了，也好像还活着一样。但是，恐怕把我除去之后，奸贼小人趁机得志，非但对陛下不利，也将倾覆社稷，危害国家，使我没有面目可见太祖于九泉之下。而且，我既然是天子的叔叔，官位也做到了宰相，还有什么可贪求的呢？愿陛下不要相信谗臣的话，疏远抛弃骨肉之亲。"孝愍帝听了，才停止对李植等人的召见，但心里还是对宇文护有怀疑。

乙弗凤等人见此情状，越发害怕起来，他们的密谋策划也更加紧张和频繁了。终于确定一个日子，要趁召集群臣入宫饮宴的机会，把宇文护抓起来杀掉。张光洛又把这密谋报告了宇文护。宇文护于是召集柱国贺兰祥，领军尉迟纲等商量对策。贺兰祥等人劝宇文护废了孝愍帝另立皇帝。当时尉迟纲总领宫廷禁兵，宇文护派尉迟纲入宫召集乙弗凤等人商议国事，等他们来了，挨个抓住送到宇文护宅第里，同时把宿卫兵全部撤换、遣散掉了。孝愍帝觉察到事情突变，独自躲在内殿，令宫人们手执兵器守护自己。宇文护派贺兰祥进宫逼孝愍帝退位，把他幽禁在过去做略阳公时的旧府中。宇文护把全部公卿召集起来开会商议大事,把孝愍帝废为略阳公,把岐州刺史宁都公宇文毓迎来立为皇帝。公卿们都说:"这是您的家事,我们岂敢不唯命是听!"于是就把乙弗凤等人斩首于宫门之外,孙恒也伏法被诛。

当时李植的父亲柱国大将军李远镇守弘农,宇文护下令召李远和李植回朝廷,李远怀疑朝廷里有非常事变,沉吟了很久,才说:"大丈夫宁可作忠鬼,怎么可以做叛臣呢!"于是接受了征召。到了长安之后,宇文护考虑到李远功劳名望一向很高,还想保全他的性命,就把他叫来见面,对他说:"您的儿子终于陷入与朝廷异心的阴谋,这种阴谋不只是要杀害我宇文护,而且是要颠覆危害宗庙社稷。对这样的叛臣贼子,我们理所应当一起痛恨,您可以早点为他准备一个处理办法。"于是把李植交给李远处理。李远平时一向喜爱李植,李植又有口才,极力声辩自己本来就没有参与这样的阴谋。李远认为李植的申辩是可信的,第二天早朝,就带着李植去拜谒宇文护。宇文护以为李植已被处死,但身边的人告诉他李植也来在门口,宇文护勃然大怒,说:"阳平公不相信我!"于是就把李远召进来,仍然让李远和自己同坐,让废帝略阳公与李植在李远面前相互对证。李植智竭词穷,对略阳公说:"我参与这一次谋反,本来是为了安定社稷,有利于至尊的威权。今天弄到这个地步,还有什么好说的呢!"李远听得真切,自己仆倒在座位上,说:"如果是这样,实在是罪该万死!"于是宇文护就杀害了李植,并逼李远,让他自杀。李植的弟弟叔谐、叔谦、叔让也被杀死,李远的其他儿子因年幼得到宽免。当初,李远的弟弟开府仪同三司李穆知道李植不是保家的角色,常常劝李远除掉他,李远不能接受这一意见。待到李远临刑时,才哭着对李穆说:"我不采纳你的话,才有今天这样的下场!"李穆本来应当跟着治罪,但因有从前规劝李远的话而获得宽免,只是免官,削职为民,他的子弟也都被免去官职。李植的弟弟渐州刺史李基,娶义归公主为妻,本来应当跟着治罪,李穆要求以自己两个儿子的性命来替李基赎死,宇文护把他们连李基全都释放了。

【原文】

二年（戊寅，558年）

帝既残忍，有司讯囚，莫不严酷，或烧犁耳，使立其上，或烧车釭，使以臂贯之，既不胜苦，皆至诬伏。唯三公郎中武强苏琼，历职中外，所至皆以宽平为治。时赵州及清河屡有人告谋反者，前后皆付琼推检，事多申雪。尚书崔昂谓琼曰："若欲立功名，当更思馀理；数雪反逆，身命何轻！"琼正色曰："所雪者冤枉耳，不纵反逆也。"昂大惭。

帝怒临漳令稽晔、舍人李文思，以赐臣下为奴。中书侍郎彭城郑颐私诱祠部尚书王昕曰："自古无朝士为奴者。"昕曰："箕子为之奴。"颐以白帝曰："王元景比陛下于纣。"帝衔之。顷之，帝与朝臣酣饮，昕称疾不至，帝遣骑执之，见方摇膝吟咏，遂斩于殿前，投尸漳水。

齐主北筑长城，南助萧庄，士马死者以数十万。重以修筑台殿，赐予无节，府藏之积，不足以供，乃减百官之禄，撤军人常廪，并省州郡县镇戍之职，以节费用焉。

齐主如北城，因视永安简平王浚、上党刚肃王涣于地牢。帝临穴讴歌，令浚等和之，浚等惶怖且悲，不觉声颤；帝怆然，为之下泣，将赦之。长广王湛素与浚不睦，进曰："猛虎安可出穴！"帝默然。浚等闻之，呼湛小字曰："步落稽，皇天见汝！"帝亦以浚与涣皆有雄略，恐为后害，乃自刺涣，又使壮士刘桃枝就笼乱刺。槊每下，浚、涣辄以手拉折之，号哭呼天，于是薪火乱投，烧杀之，填以土石。后出之，皮发皆尽，尸色如炭，远近为之痛愤。帝以仪同三司刘郁捷杀浚，以浚妃陆氏赐之；冯文洛杀涣，以涣妃李氏赐之，二人皆帝家旧奴也。陆氏寻以无宠于浚，得免。

【译文】

二年（戊寅，公元558年）

文宣帝既然生性残忍，上行下效，司法部门审问囚犯，没有不严酷行刑的。有

的把铁犁的犁耳烧红，让囚犯站在上面；有的把车轴烧红，让囚犯用手臂从中间的孔中穿过去。囚犯既受不了这种苦刑，就都屈打成招，受诬屈服。只有三公郎中武强人苏琼，在朝廷内外多年历任各种官职，所到之处都以宽和平缓作为治理的法则。当时赵州和清河老是有人告发谋反者，前后多次都交给苏琼推问检查，这些诬告的事最后都得到申明昭雪。尚书崔昂对苏琼说："你如果想建立功名，那就应当重新想想别的办法；像这样多次为谋反的逆贼洗刷罪名，那你的身家性命就太不值钱了！"苏琼严肃地说："我所洗刷的是被冤枉的人，从来也不纵容谋反逆贼。"崔昂听了非常惭愧。

文宣帝对临漳令稽晔、舍人李文思非常恼火，把他们赐给臣下当奴仆。中书侍郎彭城人郑颐私下设圈套陷害祠部尚书王昕。他有意对王昕说："自古以来，没有朝廷士大夫当奴仆的。"这句话引得王昕说了一句："商朝的箕子不就当了纣王的奴隶吗？"郑颐把这话拿去报告给文宣帝，对文宣帝说："王元景把陛下比成纣王。"文宣帝自此对王昕怀恨在心。过了不久，文宣帝与朝廷大臣们设宴畅饮，王昕借口有病没有去参加，文宣帝派骑兵去抓他，骑兵去了一看，王昕正坐在那儿晃着腿吟诗呢，于是把他抓来斩首于宫殿前，将尸体扔入漳河水。

北齐文宣帝在北边修筑长城，在南边兴兵帮助萧庄，士兵战马因此死亡的共有几十万人。此外，还动工修筑台阁宫殿，赏赐臣下也凭一时的高兴，毫无节度，这样一来，弄得内府仓库的积蓄全耗光了。于是就下令减少文武百官的俸禄，撤销对军人平常的供给，把省、州、郡、县、镇、戍的职官予以合并，想用这种办法来节省费用。

（十二月）北齐国主文宣帝到北城，趁便到地牢去看永安简平王高浚，上党刚肃王高涣。文宣帝站在地牢边放声唱歌，命令高浚等囚犯应和，高浚等人惶惶然，又恐怖又悲伤，不知不觉声音颤抖起来。文宣帝听了，不禁也悲伤起来，为之流泪，准备赦免他们。长广王高湛平素与高浚有矛盾，见状进言说："猛虎怎么能放出洞穴？"文宣帝听了默不作声。高浚等人听了，就叫着高湛的小名说："步落稽呀，皇天看到你今天的作为了！"文宣帝也因为高浚与高涣都有雄才大略，恐怕留下他们将来是个祸害，于是自己抽剑刺向高涣，又让壮士刘桃枝朝囚笼乱刺。刘桃枝的桨每次刺去，高浚、高涣就用手拽住折断它，同时呼天抢地地号哭着，于是随从们用点着的柴火往里乱扔，把高浚、高涣活活烧死在地牢，再填上泥土石块。后来挖出来，皮肤头发都脱落光了，尸体的颜色和木炭一样，远近的人们看到了，都为之痛哭愤恨不已。文宣帝因为仪同三司刘郁捷动手杀了高浚，就把高浚的妃子陆氏赐给他；因为冯文洛杀了高涣，就把高涣的妃子李氏赐给他。刘郁捷、冯文洛这两个人都是皇帝家的旧家奴。不久又由于陆氏并不为高浚所宠爱，才被命令离开刘家。

【原文】

三年（己卯，559年）

春，正月，己酉，周太师护上表归政，周王始亲万机；军旅之事，护犹总之。初改都督州军事为总管。

周处士韦夐，孝宽之兄也，志尚夷简，魏、周之际，十征不屈。周太祖甚重之，不夺其志，世宗礼敬尤厚，号曰"逍遥公"。晋公护延之至第，访以政事；护盛修第舍，夐仰视堂，叹曰："酣酒嗜音，峻宇雕墙，有一于此，未或不亡。"护不悦。

骠骑大将军、开府仪同三司寇俊，赞之孙也，少有学行。家人常卖物，多得绢五匹，俊于后知之，曰："得财失行，吾所不取。"访主还之。敦睦宗族，与同丰约，教训子孙，必先礼义。自大统中，称老疾，不朝谒；世宗虚心欲见之，俊不得已入见。王引之同席而坐，问以魏朝旧事；载以御舆，令于王前乘之以出，顾谓左右曰："如此之事，唯积善者可以致之。"

【译文】

三年（己卯，公元559年）

春季，正月，己酉（疑误），北周太师宇文护上表表示把政权归还周王，周王开始亲理万机；但军事方面的事务，宇文护还是总揽着。开始把都督州军事这一官职改称总管。

北周的处士韦夐是韦孝宽的哥哥,他的志向是崇尚平和淡泊,魏、周之际,曾十次征召他做官,他都不屈志服从。文帝宇文泰对他很尊重,不强迫他改变素志,明帝宇文毓对他的礼遇敬重尤其优厚,称他为"逍遥公"。晋公宇文护把他请到家里,询问他对政事的意见;宇文护把自己的房子修得高大漂亮,韦夐进门后仰头看看厅堂,感叹地说:"酗酒纵饮,嗜好靡靡之音,修建高峻的房子,雕绘屋墙,这几样如果占了一样,没有不灭亡的。"宇文护听了很不高兴。

骠骑大将军、开府仪同三司寇俊是寇赞的孙子,自小就有学问,有品行。家里人常常卖东西,有一回卖东西多得了五匹绢,寇俊后来知道了,说:"得到财物,失去品行,这是我所不容之事。"于是寻访到绢的主人,把多得的绢还给了他。寇俊平时与宗族里的人和睦相处,和他们保持同样的生活水平,教育训导子孙,必定先把礼义教给他们。从大统中期开始他就托言老病,不再进朝觐见皇帝。明帝宇文毓虚心礼贤,想和他见面,寇俊不得已才入朝觐见。明帝拉着他,和他同席而坐,问他有关魏朝的旧事;用御用的车子给他乘坐,让他就在自己面前乘上车子出宫。明帝看看左右的人,说:"像寇俊享受到的这样的礼遇,只有积善的人才可以得到。"

陈纪二

【原文】

世祖文皇帝上天嘉元年（庚辰，560年）

春，正月，癸丑朔，大赦，改元。

齐显祖之丧，常山王演居禁中护丧事，娄太后欲立之而不果；太子即位，乃就朝列。以天子谅阴，诏演居东馆，欲奏之事，皆先咨决。杨愔等以演与长广王湛位地亲逼，恐不利于嗣主，心忌之。居顷之，演出归第，自是诏敕多不关预。

或谓演曰："鸷鸟离巢，必有探卵之患。今日王何宜屡出？"中山太守阳休之诣演，演不见。休之谓王友王晞曰："昔周公朝读百篇书，夕见七十士，犹恐不足。录王何所嫌疑，乃尔拒绝宾客！"

先是，显祖之世，群臣人不自保。及济南王立，演谓王晞曰："一人垂拱，吾曹亦保优闲。"因言："朝廷宽仁，真守文良主。"晞曰："先帝时，东宫委一胡人傅之。今春秋尚富，骤览万机，殿下宜朝夕先后，亲承音旨。而使他姓出纳诏命，大权必有所归，殿下虽欲守藩，其可得邪！借令得遂冲退，自审家祚得保灵长乎？"演默然久之，曰："何以处我？"晞曰："周公抱成王摄政七年，然后复子明辟，惟殿下虑之！"演曰："我何敢自比周公！"晞曰："殿下今日地望，欲不为周公，得邪？"演不应。显祖常遣胡人康虎儿保护太子，故晞言及之。

齐主将发晋阳，时议谓常山王必当留守根本之地；执政欲使常山王从帝之邺，留长广王镇晋阳；既而又疑之，乃敕二王俱从至邺。外朝闻之，莫不骇愕。又敕以王晞为并州长史。演既行，晞出郊送之。演恐有觇察，命晞还城，执晞手曰："努力自慎！"跃马而去。

平秦王归彦总知禁卫，杨愔宣敕留从驾五千兵于西中，阴备非常；至邺数日，归彦乃知之，由是怨愔。

领军大将军可朱浑天和，道元之子也，尚帝姑东平公主，每曰："若不诛二王，少主无自安之理。"燕子献谋处太皇太后于北宫，使归政皇太后。

又自天保八年已来，爵赏多滥，杨愔欲加澄汰，乃先自表解开府及开封王，诸叨窃恩荣者皆从黜免。由是嬖宠失职之徒，尽归心二叔。平秦王归彦初与杨、燕同心，既而中变，尽以疏忌之迹告二王。

侍中宋钦道，弁之孙也，显祖使在东宫，教太子以吏事。钦道面奏帝，称"二叔威权既重，宜速去之。"帝不许，曰："可与令公共详其事。"

愔等议出二王为刺史，以帝慈仁，恐不可所奏，乃通启皇太后，具述安危。宫人李昌仪，高仲密之妻也，李太后以其同姓，甚相昵爱，以启示之；昌仪密启太皇太后。

愔等又议不可令二王俱出，乃奏以长广王湛镇晋阳，以常山王演录尚书事。二王既拜职，乙巳，于尚书省大会百僚。愔等将赴之，散骑常侍兼中书侍郎郑颐止之，曰："事未可量，不宜轻脱。"愔曰："吾等至诚体国，岂常山拜职有不赴之理！"

长广王湛，旦伏家僮数十人于录尚书后室，仍与席上勋贵贺拔仁、斛律金等数人相知约曰："行酒至愔等，我各劝双杯，彼必致辞。我一曰'执酒'，二曰'执酒'，三曰'何不执'，尔辈即执之！"及宴，如之。愔大言曰："诸王反逆，欲杀忠良邪！尊天子，削诸侯，赤心奉国，何罪之有！"常山王演欲缓之。湛曰："不可。"于是拳杖乱殴，愔及天和、钦道皆头面血流，各十人持之。燕子献多力，头又少发，狼狈排众走出门，斛律光逐而擒之。子献叹曰："丈夫为计迟，遂至于此！"使太子太保薛孤延等执颐于尚药局。颐曰："不用智者言至此，岂非命也！"

二王与平秦王归彦、贺拔仁、斛律金拥愔等唐突入云龙门，见都督叱利骚，招之，不进，使骑杀之。开府仪同三司成休宁抽刃呵演，演使归彦谕之，休宁厉声不从。归彦久为领军，素为军士所服，皆弛仗，休宁方叹息而罢。

演入，至昭阳殿，湛及归彦在朱华门外。帝与太皇太后并出，太皇太后坐殿上，皇太后及帝侧立。演以砖叩头，进言曰："臣与陛下骨肉至亲，杨遵彦等欲独擅朝权，威福自己，自天公已下皆重足屏气；共相唇齿，以成乱阶，若不早图，必为宗社之害。臣与湛为国事重，贺拔仁、斛律金惜献武皇帝之业，共执遵彦等入宫，未敢刑戮。专辄之罪，诚当万死。"

时庭中及两庑卫士二千余人，皆被甲待诏。武卫娥永乐，武力绝伦，素为显祖所厚，叩刀仰视，帝不睨之。帝素吃讷，仓猝不知所言。太皇太后令却仗，不退；又厉声曰："奴辈即今头落！"乃退。永乐内刀而泣。

太皇太后因问："杨郎何在？"贺拔仁曰："一眼已出。"太皇太后怆然曰："杨郎何所能为，留使岂不佳邪！"乃让帝曰："此等怀逆，欲杀我二子，次将及我，尔何为纵之？"帝犹不能言。太皇太后怒且悲，曰："岂可使我母子受汉老妪斟酌！"太后拜谢。太皇太后又为太后誓言："演无异志，但欲去逼而已。"演叩头不止。太后谓帝："何不安慰尔叔！"帝乃曰："天子亦不敢为叔惜，况此汉辈！但丐儿命，儿自下殿去，此属任叔父处分。"遂皆斩之。长广王湛以郑颐昔尝谮己，先拔其舌，截其手而杀之。演令平秦王归彦引侍卫之士向华林园，以京畿军士入守门阁，斩娥永乐于园。

太皇太后临情丧，哭曰："杨郎忠而获罪。"以御金为之一眼，亲内之，曰："以表我意。"演亦悔杀之。于是下诏罪状情等，且曰："罪止一身，家属不问。"顷之，复簿录五家；王晞固谏，乃各设一房，孩幼尽死，兄弟皆除名。

以中书令赵彦深代杨情总机务。鸿胪少卿阳休之私谓人曰："将涉千里，杀骐骥而策蹇驴，可悲之甚也！"

【译文】

陈文帝天嘉元年（庚辰，公元560年）

春季，正月，癸丑朔（初一），陈朝大赦天下，改换年号为天嘉。

在北齐文宣帝的丧期内，常山王高演住在宫禁之中处理丧事，娄太后想立他为帝，但没有实现；太子登了皇位之后，高演才到朝廷百官中去就列。因为天子居丧，便下诏让高演居住在东馆，大臣们想启奏皇帝的事，都先到高演那儿请示决定。杨愔等人因为高演与长广王高湛地位很高，与皇帝又是亲属关系，恐怕他们对嗣主产生威胁，所以对他们心怀猜忌。在东馆住了一阵子之后，高演搬出来回自己的宅第。从此之后，有关诏书敕令的事大多不再干预了。

有人对高演说："凶猛的鸷鸟一旦离开窝巢，鸟蛋就有被掏的危险。在如今这种形势之下，大王您怎么可以经常外出呢？"中山太守阳休之去拜见高演，高演托词不见他。阳休之对常山王友王晞说："过去周公早上读一百篇书，晚上会见七十个士，还恐怕做得不够。录王避什么嫌疑，竟这样拒绝宾客？"

早先，文宣帝在的时候，群臣人人不能自保。待到济南王立为皇帝，高演对王晞说："皇上现在亲自执政了，我们也能托福保住悠闲的日子了。"因此又说："皇上宽和施仁，真是能继承基业、光大教化的良主啊。"王晞回答说："先帝时，东宫太子那儿还曾委派一个胡人去辅导他呢。现在皇上年龄还小，骤然承担起处理纷繁的军国大事的重任，殿下正是得早晚陪在他身边，亲自听取皇上的言语圣旨。如果放任外姓之人去传递诏命，国家大权必然会旁落，那时殿下虽然想守住自己的藩国，还能如愿吗？即使您能如愿以偿，急流勇退，但请想想，高家的国祚还能够千秋万代永在吗？"高演听了，默不作声，想了很久，才问："那我该怎样自处呢？"王晞进言说："过去周公曾抱着成王摄政七年，然后才把政权归还成王，明确表示自身引退，希望殿下好好想想！"高演说："我怎么敢自比为周公呢！"王晞回答说："以殿下今日的地位声望而言，你想不当周公，能行吗？"高演听了没有应声。文宣帝常常派胡人康虎儿保护太子，所以王晞的话里提到这件事。

北齐国主高殷将从晋阳出发去邺城继位，当时的舆论认为常山王高演必定会留守在晋阳这个国家的根本之地；执政者想让常山王跟随高殷去邺城，留下长广王高湛镇守晋阳；不久又对高湛产生了怀疑，于是下令二王都跟从高殷去邺城。朝廷外的人听到这种安排，没有不感到害怕惊愕的。接着又下一道敕令，让王晞去当并州长史。高演既已出发，王晞到郊外为他送行。高演恐怕有人暗中窥视监察，命令王晞快回城去，临别，拉着王晞的手说："望你努力自我保重！"然后跳上马奔跃而去。

平秦王高归彦总管禁卫军，杨愔宣布敕令，留下随驾的五千名精兵在晋阳，暗中准备对付非常事件。到达邺城几天后，高归彦才知道这种安排，从此对杨愔产生了怨恨之心。

领军大将军可朱浑天和，是可朱浑道元的儿子，娶了废帝高殷的姑母东平公主为妻，他总是说："如果不杀了二王，少主绝不可能平安执政。"燕子献谋划着把太皇太后安置到邺城北宫去，使国家政权归皇太后掌管。

另外，自从天保八年以来，官爵赏赐太多太滥，杨愔想加以澄清淘汰，于是带头上表请求解除自己开府及开封王的职务，众多沾光窃取皇恩享受荣华的人都跟着被废黜罢免了。从此那些原来被宠幸但现在失去官职的人，都归心于高演与高湛两位皇叔。平秦王高归彦起初和杨愔、燕子献是一条心，不久中途变志，把杨愔、燕子献疏远猜忌二王的种种迹象全部报告了二王。

侍中宋钦道是宋弁的孙子。文宣帝派他供职东宫，教育太子熟悉吏事。宋钦道当面启奏废帝说："两位皇叔威权已经很重，应该设法尽快除去他们。"废帝不许可，对他说："你可以和令公杨愔共同详细讨论这件事。"

杨愔等人商议把二王派出去当刺史，但考虑到高殷天性慈爱仁厚，恐怕不会批准他们的奏请，于是就直接启奏皇太后，详尽讲述了二王构成的威胁以及皇上的安危。宫人李昌仪，是高仲密的妻子。李太后因为她和自己同姓，便和她很亲近，十分喜爱她，就把杨愔等人递上来的奏折给她看。李昌仪便秘密地把奏折的内容报告了太皇太后。

杨愔等人又商议说不能让二王都出去当刺史，于是就启奏，请求让长广王高湛镇守晋阳，任命常山王高演为录尚书事。二王拜领了官职以后，乙巳（二十三日），在尚书省会见百官。杨愔等人将去赴会，散骑常侍兼中书侍郎郑颐阻止了他们，说："这事的祸福不可测量，不宜轻率。"杨愔说："我等对国家一片至诚，岂有常山王拜职而不去赴会的道理！"

长广王高湛，一早就在后室中埋伏了几十个家僮，并对参与宴会的勋贵贺拔仁、解律金等几个人关照说:"敬酒敬到杨愔等人时,我对他们每个人各劝双杯酒,他们必定起来致辞。我头一次说:'拿酒',第二次说:'拿酒',第三次说'为什么不拿!'你们就动手把他们抓起来!"到了宴会时,果真照计划办理。杨愔被抓时大声说:"诸王造反谋逆,想杀害忠臣良将吗?我等尊奉天子,削弱诸侯,赤胆忠心为国家,有什么罪!"常山王高演想缓和一点。高湛说:"不行。"于是拳头棍棒乱打,杨愔、可朱浑天和、宋钦道都被打的满头满面流血,每人被十个人按住,一点也动弹不得。燕子献力气大,头发又很少,一下子挣脱,狼狈地推开众人跑出门去,斛律光追上去捉住了他。燕子献长叹说:"大丈夫用计迟了一步,终于落到这步田地!"二王又派太子太保薛孤延等到尚药局去抓郑颐。郑颐说:"这帮人不听智者的话以至于此,这难道不是命吗?"

常山王高演、长广王高湛与平秦王高归彦、贺拔仁、解律金推拥着杨愔等人闯入云龙门,遇见了都督叱利骚,便招呼他过来,他不来,便派骑兵去杀了他。开府仪同三司成休宁抽出刀来呵斥高演,高演派高归彦去说服他,成休宁声色俱厉地抗议,表示绝不服从。高归彦长期以来担任领军,军士们一向对他很敬服,这时都放下兵器不再抵抗,成休宁才叹息着让开了。

高演进了皇宫,来到昭阳殿,高湛和高归彦停在朱华门外。废帝和太皇太后、皇太后一起走出来,太皇太后坐在宫殿上,皇太后和废帝站在两侧。高演把头抵在殿砖上,边叩头边说:"臣与陛下是至亲骨肉,杨遵彦等人想独自垄断朝廷大权,作威作福,自王公以下的文武百官无不蹑足屏气,莫敢吱声;这帮人互相勾结,串通一气,已经成了动乱的祸根,如果不早日除掉他们,必定会成为宗庙社稷的大害。我与高湛以国家安危为重,贺拔仁、斛律金珍惜献武皇帝开创的事业,所以才共同行动,抓住了杨遵彦等人人宫见皇上,我们未敢对他们擅自施刑杀戮,现交由皇上处治。我等没有事先请示就行事,专断之罪,实在罪该万死。"

当时宫廷中和两边走廊里有卫士二千余人,都披着甲胄、拿着兵器等待废帝的诏令。武卫娥永乐,武艺力气超群,过去一向为文宣帝所看重厚待,这时用手敲着刀刃,抬起头来仰视废帝,期待他下令。但废帝有意不看他。废帝平素就口吃木讷,这时仓促之间更不知该说什么好。太皇太后下令卫兵放下兵器退下,卫士们不退；太皇太后又厉声喝道："你们这些奴才不听令，立刻就让你们掉脑袋！"卫士们这才退下了。娥永乐把刀插入鞘内痛哭起来。

太皇太后这才发问："杨郎现在在哪里？"贺拔仁回答说："他一只眼睛的眼球被打出来了。"太皇太后怆然涕下，说："杨郎能有什么反抗之力呢，留着他以待任命使唤难道不好吗？"于是责备废帝，说："这些人心怀叛逆，想杀害我的两个儿子，接着就将要杀害我，你为什么纵容他们？"废帝还是说不出话来。太皇太后既非常生气又悲伤难禁，她说："怎么可以让我们母子受这汉族老太婆的算计呢！"皇太后跪下谢罪。太皇太后又为皇太后发誓说："高演并没有夺位的异志，只是想除去自身的威胁而已。"高演在下面不断叩头。皇太后只好对废帝说："还不赶快安慰你叔叔！"废帝这才说出话来："天子也不敢为叔叔的事而惜身不前呀，何况这些汉人！只要给侄儿一条命，我自己下殿走开，这些人交给叔叔，由你们处治。"于是把杨愔等人全部斩首了。

长广王高湛因为记恨郑颐过去曾经在皇帝面前进他的谗言，就特别凌虐他，先把他的舌头割掉，又砍下他的手，然后才杀死他。高演命令平秦王高归彦把原来的侍卫兵士带到华林园去，另换京城一带的军士来宫中担任守卫，娥永乐在华林园被斩杀。

太皇太后亲自参加杨愔的丧事，哭着说："杨郎是因为忠君才获罪的呀！"她让人用御府的金子做了一只眼睛，亲自放到杨愔眼眶里去，说："以此来表达我痛惜的心意。"高演也后悔杀了杨愔。于是下诏宣布杨愔等人的罪状时，加上了这样一句："这些人的罪由他们个人负责，家属不予问罪。"过一阵子，又根据簿册逮捕杨愔、可朱浑天和、燕子献、宋钦道、郑颐等五家的人口；王晞一再劝谏，于是五家各抄斩一房，小孩也斩而不留，兄弟们则全被除名。

任命中书令赵彦深代替杨愔总理朝廷机要大事。鸿胪少卿阳休之私下对人说："这真是将要跋涉千里的时候，却杀掉了骐骥骏马而换上跛足老驴呀，真是太可悲了！"

【原文】

二年（辛巳，561年）

春，正月，戊申，周改元保定。以大冢宰护为都督中外诸军事；令五府总于天官，事无巨细，皆先断后闻。

齐主之诛杨、燕也，许以长广王湛为太弟；既而立太子百年，湛心不平。帝在晋阳，湛居守于邺。散骑常侍高元海，高祖之从孙也，留典机密。帝以领军代人库狄伏连为幽州刺史，斛律光之弟羡为领军，以分湛权。湛留伏连，不听羡视事。

先是，济南闵悼王常在邺，望气者言：邺中有天子气。平秦王归彦恐济南复立，为己不利，劝帝除之。帝乃使归彦至邺，征济南王如晋阳。

湛内不自安，问计于高元海。元海曰："皇太后万福，至尊孝友异常，殿下不须异虑。"湛曰："此岂我推诚之意邪！"元海乞还省，一夜思之，湛即留元海于后堂。元海达旦不眠，唯绕床徐步。夜漏未尽，湛遽出，曰："神算如何？"元海曰："有三策，恐不堪用耳。请殿下如梁孝王故事，从数骑入晋阳，先见太后求哀，后见主上，请去兵权，以死为限，不干朝政，必保太山之安。此上策也。不然，当具表云，威权太盛，恐取谤众口，请青、齐二州刺史，沈靖自居，必不招物议。此中策也。"更问下策。曰："发言即恐族诛。"固逼之。元海曰："济南世嫡，主上假太后令而夺之。今集文武，示以征济南之敕，执斛律丰乐，斩高归彦，尊立济南，号令天下，以顺讨逆，此万世一时也。"湛大悦。然性怯，狐疑未能用，使术士郑道谦等卜之，皆曰："不利举事，静则吉。"有林虑令潘子密，晓占候，潜谓湛曰："宫车当晏驾，殿下为天下主。"湛拘之于内以候之。又令巫觋卜之，多云"不须举兵，自有大庆。"

湛乃奉诏，令数百骑送济南王至晋阳。九月，帝使人鸩之，济南王不从，乃扼杀之。帝寻亦悔之。

齐肃宗出畋，有兔惊马，坠地绝肋。娄太后视疾，问济南所在者三，齐主不对。太后怒曰："杀之邪？不用吾言，死其宜矣！"遂去，不顾。

十一月，甲辰，诏以嗣子冲眇，可遣尚书右仆射赵郡王睿谕旨，征长广王湛统兹大宝。又与湛书曰："百年无罪，汝可以乐处置之，勿效前人也。"是日，殂于晋阳宫。临终，言恨不见太后山陵。

【译文】

二年（辛巳，公元561年）

春季，正月，戊申（初一），北周改换年号为保定。任命大冢宰宇文护为都督中外诸军事；命令地官、春官、夏官、秋官、冬官等五府全部隶属于天官府，事情无论大小，都可以由宇文护先拍板决定再奏闻皇帝。

北齐孝昭帝杀杨愔、燕子献等人时，答应让长广王高湛当太弟，将来接他的皇位。后来却立高百年为太子，高湛心中愤愤不平。孝昭帝在晋阳，高湛留守在邺城。散骑常侍高元海，是神武帝的堂孙，留下来掌管机密。孝昭帝任命领军代郡人库狄伏连为幽州刺史，斛律光的弟弟斛律羡为领军，以此来分散高湛的兵权。高湛留下库狄伏连，不让他到幽州去上任，又不让斛律羡去执行领军的职务。

原先，济南闵悼王高殷常住在邺城，一个会望气之术的人说：邺中有天子之气笼罩。平秦王高归彦怕济南王将来又当孝昭帝，对自己很不利，就劝孝昭帝除去济南王。孝昭帝便派高归彦去邺城，征召济南王到晋阳来。

高湛因为违抗孝昭帝的任命，心里很不踏实，就向高元海询问计策。高元海说："皇太后健康长寿，福泽绵长，皇上异常地孝顺友爱，殿下不必有什么异样的考虑。"高湛听了不高兴，说："这难道就是我信任你，对你推诚相待的本意吗？"高元海要求回到台省中，用一晚上仔细考虑此事，高湛把高元海留在后堂。高元海到天亮还没有入睡，只是绕着床缓缓踱步。计算时间的夜漏还没有滴完，高湛突然出来了，问高元海："你神机妙算得怎样呢？"高元海回答说："有三条计策，只是恐怕不中用罢了。请殿下效法汉朝梁孝王的故事，带着几个随从到晋阳去，先去拜见太后，求她哀怜，随后再去求见皇上，请皇上削去你的兵权，一直到死也不再干预朝政，这样必定能使殿下安如泰山，这是上策。如果上策不行，那就应该上表，申述因为自己威权太盛，恐怕遭到众口的毁谤，请求任命自己为青、齐二州刺史，沉默安静地住在那儿，这样做必定不会招来议论。这是中策。"高湛又问下策又如何呢，高元海回答说："我说出来怕遭到灭族的灾祸。"高湛再三逼他说出来。高元海这才说："济南王是先帝的嫡子，主上假托太后的命令夺了他的帝位。现在你不妨把文武大臣召集起来，把皇上征召济南王去晋阳的敕令拿出来让他们看，把斛律丰乐抓起来，把高归彦斩首，尊立济南王为帝，号令天下，以顺讨逆，这是万世一时的大好机会。"高湛听了这下策，非常高兴。但他性格怯懦，犹犹豫豫不能采用，让术士郑道谦等人占卜吉凶，术士们大多说："举事是不利的，安安静静才是大吉。"有一个林虑县的县令叫潘子密，通晓占卜观察天象之术，他偷偷对高湛说："皇帝很快会驾崩，殿下会成为天下之主。"高湛把他抓来，放在内庭，以验证他的预言。又命令巫觋占卜，大多说："不用举兵，自然会有大喜事临头。"

高湛于是奉诏派数百名骑兵送济南王去晋阳。九月，孝昭帝派人送毒酒去毒死济南王，济南王不肯喝，于是就扼其咽喉，将他卡死。事后孝昭帝又后悔了。

北齐孝昭帝出外打猎，窜出一只兔子，把他骑的马惊了，他被掀掉在地上，摔断了肋骨。娄太后来探望他的伤势，再三问起济南王在哪里，齐孝昭帝不回答。娄太后勃然大怒，说："被你杀了吧？不听我的话，死了也是活该！"于是离去，头都不回。

十一月，甲辰（初二），北齐孝昭帝下诏，说是因为皇太子年纪幼小，可以派尚书右仆射赵郡王高睿传旨，征召长广王高湛来继承皇位。又写了封信给高湛，说："高百年没有罪过，你可以好好处置他，不要学前人的样子。"这一天，北齐孝昭帝死在晋阳宫里。他临终时，说自己的遗憾是不能为太后送终。

【原文】

三年（壬午，562年）

上以闽州刺史陈宝应之父为光禄大夫，子女皆受封爵，命宗正编入属籍。而宝应以留异女为妻，阴与异合。

虞荔弟寄，流寓闽中，荔思之成疾，上为荔征之，宝应留不遣。寄尝从容讽以逆顺，宝应辄引他语以乱之。宝应尝使人读《汉书》，卧而听之，至蒯通说韩信曰："相君之背，贵不可言。"蹶然起坐，曰："可谓智士！"寄曰："通一说杀三士，何足称智！岂若班彪《王命》，识所归乎！"

寄知宝应不可谏，恐祸及已，乃著居士服，居东山寺，阳称足疾。宝应使人烧其屋，寄安卧不动。亲近将扶之出，寄曰："吾命有所悬，避将安往！"纵火者自救之。

后梁主安于俭素，不好酒色，虽多猜忌，而抚将士有恩。以封疆褊隘，邑居残毁，干戈日用，郁郁不得志，疽发背而殂；葬平陵，谥曰宣皇帝，庙号中宗。太子岿即皇帝位，改元天保；尊龚太后为太皇太后，王后曰皇太后，母曹贵嫔为皇太妃。

【译文】

三年（壬午，公元562年）

陈文帝任命闽州刺史陈宝应的父亲为光禄大夫，陈宝应的子女也都封爵，而且命令宗正把他们的名字编入官府名册。但陈宝应娶了留异的女儿为妻，因此暗地里和留异合作。

虞荔的弟弟虞寄，寄居在闽中，虞荔因思念他而病了。陈文帝为虞荔特地向闽中征召虞寄回朝，但陈宝应把人扣着不放。虞寄曾经在闲谈中对陈宝应劝谕叛逆和归顺何去何从的道理，但陈宝应一听就把话头引开，打乱虞寄的话。陈宝应曾经让人为他读《汉书》，自己躺着听，当听到蒯通游说韩信时说的话"看你后背的形状，骨相极贵，几乎不便说出"之时，突然坐起来，感叹说："真可称为智士了！"虞寄在一边说："蒯通这一番游说，造成了郦生被烹、田横失败、韩信骄纵亡身的后果，杀害了三个才俊之士，有什么足以称为智士的呢？这哪比得上班彪在《王命论》中能理解何去何从呢！"

虞寄深知陈宝应是劝谏不过来了，担心灾祸降到自己身上，于是就穿上隐居不仕的士人服装，住进了东山寺，假称是脚上有毛病。陈宝应派人去烧他所住的房子，虞寄安然躺卧在那儿，一动也不动。身边亲近的人要扶他出来，虞寄说："我的生命悬在人家手里，将到哪儿去躲避呢？"结果放火的人自己把他救出来了。

后梁国主习惯于节俭朴素，不好酒色，虽然性多猜忌，但却能体贴将士，广施恩惠。因为国家疆土狭小偏僻，老百姓的住所破败，干戈不断，所以总是郁郁不得志，终于因背疽发作而死，葬在平陵，谥号为宣皇帝，庙号中宗。太子萧岿即皇帝位，改年号为天保，尊龚太后为太皇太后，王皇后为皇太后，母亲曹贵嫔为皇太妃。

陈纪三

【原文】

世祖文皇帝下天嘉四年（癸未，563年）

周主将视学，以太傅燕国公于谨为三老。谨上表固辞，不许，仍赐以延年杖。戊午，帝幸太学。谨入门，帝迎拜于门屏之间，谨答拜。有司设三老席于中楹，南向。太师护升阶，设几，谨升席，南面凭几而坐。大司马豆卢宁升阶，正舄。帝升阶，立于斧扆之前，西面。有司进馔，帝跪设酱豆，亲为之袒割。谨食毕，帝亲跪授爵以酳。有司撤讫，帝北面立而访道。谨起，立于席后，对曰："木受绳则正，后从谏则圣。明王虚心纳谏以知得失，天下乃安。"又曰："去食去兵，信不可去；愿陛下守信勿失。"又曰："有功必赏，有罪必罚，则为善者日进，为恶者日止。"又曰："言行者，立身之基，愿陛下三思而言，九虑而行，勿使有过。天子之过，如日月之食，人莫不知，愿陛下慎之。"帝再拜受言，谨答拜。礼成而出。

齐侍中、开府仪同三司和士开有宠于齐主，齐主外朝视事，或在内宴赏，须臾之间，不得不与士开相见，或累日不归，一日数入；或放还之后，俄顷即追，未至之间，连骑督趣。奸谄百端，宠爱日隆，前后赏赐，不可胜纪。每侍左右，言辞容止，极诸鄙亵；以夜继昼，无复君臣之礼。常谓帝曰："自古帝王，尽为灰土，尧舜、桀纣，竟复何异！陛下宜及少壮，极意为乐，纵横行之。一日取快，可敌千年。国事尽付大臣，何虑不办，无为自勤约也！"帝大悦。于是委赵彦深掌官爵，元文遥掌财用，唐邕掌外、骑兵，信都冯子琮、胡长粲掌东宫。帝三四日一视朝，书数字而已，略无所言，须臾罢人。长粲，僧敬之子也。

帝使士开与胡后握槊。河南康献王孝瑜谏曰："皇后天下之母，岂可与臣下接手！"孝瑜又言："赵郡王睿，其父死于非命，不可亲近。"由是睿及士开共潜之。士开言孝瑜奢僭，睿言"山东唯闻河南王，不闻有陛下。"帝由是忌之。孝瑜窃与尔朱御女言，帝闻之，大怒。庚申，顿饮孝瑜酒三十七杯。孝瑜体肥大，腰带十围，帝使左右娄子彦载以出，鸩之于车，至西华门，烦躁投水而绝。赠太尉、录尚书事。诸侯在宫中者，莫敢举声，唯河间王孝琬大哭而出。

【译文】

陈文帝天嘉四年（癸未，公元 563 年）

北周武帝准备巡视学校，任命太傅燕国公于谨为掌管国家教化的"三老"。于谨上书坚决推辞，武帝不准，仍旧赏赐他"延年杖"。戊午（四月二十五日），武帝驾临太学。于谨进门时，武帝在大门和屏风之间迎接施礼，于谨答谢还礼。官员在厅堂中间设下三老席，座位朝南。太师宇文护走上台阶，摆了一张小桌子，于谨入席，面朝南倚着小桌子坐定。大司马豆卢宁走上台阶，把于谨脱下的鞋子放端正。武帝走上台阶，站在画有斧状图案的屏风前，面朝西。官员送上饮食，武帝跪着放好盛放调料的食器，挽起衣袖为于谨割肉，于谨吃完后，武帝亲自跪着送上盛酒的酒器请于谨漱口。官员撤去饮食器皿，武帝面朝北站着向于谨请教治理国家的道理。于谨起身站在座席后面，回答说："木材经过墨线校正才能平直，帝王能听从规劝就是圣明。明理的帝王能虚心听取规劝可以知道自己的得失，这样天下就能安定。"又说："即使失去食物和军队，但不能失去信用；希望陛下不要失去信用。"又说："有功必赏，有罪必罚，那么做好事的人会一天比一天多，做坏事的人会一天比一天少。"还说："言论和行为，是立身的根本，希望陛下三思以后再说话，九次考虑以后再行动，不要发生过错。天子有了过错，正像日食和月食那样，没有人不知道的，希望陛下一定要谨慎从事。"武帝再次拜谢表示听从，于谨答谢还礼。仪礼结束后武帝离开太学。

北齐的侍中、开府仪同三司和士开得到武成帝的宠爱，武成帝外出视察，或在宫中宴请时，过不了一会儿，就要召和士开来见面，或者留他好几天，或者一天里召他进宫许多次；或者和士开刚走，又立刻追他回来，在和士开还没回来以前，接二连三派人骑马去催促。由于他各式各样的奸诈谄媚，受到武成帝的日益宠爱，前后赏赐给他的物品，数不胜数。每当在武成帝身边侍候，说话和动作极其卑鄙下流；夜以继日，毫无君臣之礼。他常常告诉武成帝说："自古以来的帝王，都成了灰土，尧舜和桀纣，有什么两样！陛下应当在少壮时恣意行乐，放纵而不必顾忌。快乐一天，比得上一千年。国事都交给大臣，何必担心办不成，不用自己劳累约束自己！"武成帝大喜。于是委托赵彦深掌管封官授爵，元文遥掌管钱财费用，唐邕掌管外兵和骑兵，信都人冯子琮、胡长粲掌管东宫。武成帝三四天才上一次朝，批几个字，也不说什么话，一会儿就退朝进宫。胡长粲是胡僧敬的儿子。

武成帝叫和士开和胡后玩"握槊"的赌博游戏。河南康献王高孝瑜规劝说："皇后是天下人的母亲，怎么可以和臣子的手接触！"又说："赵郡王高睿，他的父亲死于非命，不可以和他亲近。"因此高睿和士开一起说高孝瑜的坏话。和士开说高孝瑜生活奢侈僭越，高睿说："山东只听说有河南王，没有听说有您陛下。"武成帝因此猜忌高孝瑜。高孝瑜偷偷地和尔朱御女说话，关系暧昧，武成帝听到这事，勃然大怒。庚申（六月二十八日），一次叫高孝瑜饮了三十七杯酒。高孝瑜身体肥大，腰带十围，武成帝叫在旁边侍候的近臣娄子彦用车送他出去，在车上又给他饮了毒酒，到西华门时，毒性发作烦躁投水而死。追赠太尉、录尚书事。在宫里的诸侯，都不敢出声，只有河间王高孝琬大哭而去。

【原文】

五年（甲申，564年）

周皇姑之归也，齐主遣人为晋公护母作书，言护幼时数事，又寄其所著锦袍，以为信验。且曰："吾属千载之运，蒙大齐之德，矜老开恩，许得相见。禽兽草木，母子相依。吾有何罪，与汝分离！今复何福，还望见汝！言此悲喜，死而更苏。世间所有，求皆可得，母子异国，何处可求！假汝贵极王公，富过山海，有一老母，八十之年，飘然千里，死亡旦夕，不得一朝暂见，不得一日同处，寒不得汝衣，饥不得汝食，汝虽穷荣极盛，光耀世间，于吾何益！吾今日之前，汝既不得申其供养，事往何论；今日以后，吾之残命，唯系于汝尔。戴天履地，中有鬼神，勿云冥昧，而可欺负！"

护得书，悲不自胜。复书曰："区宇分崩，遭遇灾祸，违离膝下，三十五年。受生禀气，皆知母子，谁同萨保，如此不孝！子为公侯，母为俘隶，暑不见母暑，寒不见母寒，衣不知有无，食不知饥饱，泯如天地之外，无由暂闻。分怀冤酷，终此一生，死若有知，冀奉见于泉下耳！不谓齐朝解网，惠以德音，磨敦、四姑，并许矜放。初闻此旨，魂爽飞越，号天叩地，不能自胜。齐朝霈然之恩，既已沾洽，有家有国，信义为本，伏度来期，已应有日。一得奉见慈颜，永毕生愿。生死肉骨，岂过今恩；负山戴岳，未足胜荷。"

齐人留护母，使更与护书，邀护重报，往返再三。时段韶拒突厥军于塞下，齐主使黄门徐世荣乘传赍周书问韶。韶以"周人反覆，本无信义，比晋阳之役，其事可知。护外托为相，其实主也。既为母请和，不遣一介之使。若据移书，即送其母，恐示之以弱。不如且外许之，待和亲坚定，然后遣之未晚。"齐主不听，即遣之。

阎氏至周，举朝称庆，周主为之大赦。凡所资奉，穷极华盛。每四时伏腊，周主帅诸亲戚行家人之礼，称觞上寿。

突厥自幽州还，留屯塞北，更集诸部兵，遣使告周，欲与共击齐如前约。闰月，乙巳，突厥寇齐幽州。

晋公护新得其母，未欲伐齐；恐负突厥约，更生边患，不得已，征二十四军及左右厢散隶秦、陇、巴、蜀之兵并羌、胡内附者，凡二十万人。冬，十月，甲子，周主授护斧钺于朝庭；丁卯，亲劳军于沙苑；癸酉，还宫。

护军至潼关，遣柱国尉迟迥帅精兵十万为前锋，趣洛阳，大将军权景宣帅山南之兵趣悬瓠，少师杨㯔出轵关。

晋公护本无将略，是行也，又非本心，故无功，与诸将稽首谢罪。周主慰劳罢之。

【译文】

五年（甲申，公元564年）

北周武帝的姑母回去时，北齐武成帝派人代晋公宇文护的母亲写了回信，信中说到宇文护年幼时的几件事，还寄去自己穿的锦袍，作为证明。信上说："我遇到千载难逢的运气，蒙受大齐的恩德，怜悯我年老特别开恩，允许我们母子见面。就是禽兽草木，也都母子相依为命。我犯了什么罪孽，竟会和你分离！现在又得到什么福气，还能回去和你相见！说到这些，悲喜交集，死而复生。世上所有的东西，只要追求都能得到，母子分处异国，又能向哪里求得团聚！即使你的尊贵到达王公，富有超过山海，但有个年已八十的老母亲，还漂泊在千里之外，生命在旦夕之间，得不到一天短暂的相见，得不到一天的共同生活，寒冷而得不到你的衣服，饥饿而得不到你的饮食，你虽然极其荣华富贵，光辉照耀人间，对我有什么好处！在今天以前，你没有尽供养我的本分，事情已过就不必再说了；从今以后，我的余生就依赖于你了。天地之间，中有鬼神，不要以为天地冥冥，可以欺骗负心！"

宇文护接到书信，忍不住悲痛。复信说："天下四分五裂，遭遇灾祸，离开母亲，已经三十五年。禀性承受天地自然之气，都知道母子之情，谁像我萨保一般，这样不孝！儿子是公侯，母亲却是被俘虏的奴隶，热天看不见母亲受暑，冷天看不见母亲挨冻，不知道有没有衣穿，不知道吃得饱不饱，踪迹消失在天地以外，无从得到一点音讯。分别怀有冤屈和惨痛，结束一生以后，身后如果有知，希望能在九泉之下侍奉母亲！不意齐朝网开一面，赐给好消息，母亲和四姑母，获得怜悯允许释放。刚听到这道诏旨时，连魂魄都变得清朗而飞升起来，呼天抢地，不由自己。现在受到齐朝雨露般恩泽的滋润，家庭和国家，应该以信义为根本，估计母亲归来之期，已经不远。一旦能够见到母亲慈祥的面容，永远了却我毕生的愿望。死者复生，白骨长肉，怎能比得上今天这样的恩情；象背负大山高岳，真是担当不起。"

北齐人留下宇文护的母亲，再次给宇文护去信，希望宇文护再次回信，这样往返了好几次。当时段韶在边塞抵御突厥的军队,北齐武成帝派黄门郎徐世荣乘驿车带了北周的书信去问段韶的意见。段韶表示"周人反复无常,本来就没有信义,比照晋阳之役,事情就明白了。宇文护在表面上还仅仅是相国,实际上是一国之主。既然为了母亲请求和好,却不派一个使者来。如果根据他送来的书信,就把他的母亲送回去,恐怕会给对方留下我们软弱的印象。不如暂且对外表示答允,等和睦亲善的事完全肯定以后,再把他的母亲送回去也不晚。"武成帝不听段韶的意见,立即把宇文护的母亲送回长安。

阎氏回到北周,满朝欢庆,北周武帝为此在国内大赦。他给阎氏所供奉的一切,美好丰盛到了极点,每逢四季的节日,武帝带领所有亲戚不行国礼而行家礼,举杯祝阎氏长寿。

突厥从幽州返回,屯兵在塞北,进一步召集各部落的军队,派使者告诉北周,打算像以前所约定那样共同进攻北齐。闰九月,乙巳(二十日),突厥入侵北齐幽州。

晋公宇文护刚迎来了母亲,不想进攻北齐;但又怕违背了和突厥的协约,反而发生边患,不得已,征召关中的府兵二十四军、左右厢的禁卫兵及其隶属的秦、陇、巴、蜀等地的军队,加上归附的羌人、胡人等,一共二十万人。冬季,十月,甲子(初十),北周武帝在朝廷授给宇文护斧钺;丁卯(十三日),亲自到沙苑慰劳军队;癸酉(十九日),回宫。

宇文护的军队抵达潼关,派柱国尉迟迥领十万精兵做前锋,向洛阳进发,大将军权景宣率领荆州、襄阳的兵向悬瓠进发,少师杨檦进攻轵关。

晋公宇文护本来就没有将帅的胆略本领,这次行动,又不是他的本意,所以无功而归,只得和将领们向周武帝叩头请罪。北周国主对他们加以慰劳了事。

【原文】

天康元年(丙戌,566 年)

上不豫,台阁众事,并令尚书仆射到仲举、五兵尚书孔奂共决之。奂,琇之曾孙也。疾笃，奂、仲举与司空·尚书令·扬州刺史安成王顼、吏部尚书袁枢、中书舍人刘师知入侍医药。枢，君正之子也。太子伯宗柔弱，上忧其不能守位，谓顼曰："吾欲遵太伯之事。"顼拜伏泣涕，固辞。上又谓仲举、奂等曰："今三方鼎峙，四海事重，宜须长君。朕欲近则晋成，远隆殷法，卿等宜遵此意。"孔奂流涕对曰："陛下御膳违和，痊复非久。皇太子春秋鼎盛，圣德日跻，安成介弟之尊，足为周旦。若有废立之心，臣等愚诚，不敢闻诏。"上曰："古之遗直，复见于卿。"乃以奂为太子詹事。

臣光曰：夫人臣之事君，宜将顺其美，正救其恶。孔奂在陈，处腹心之重任，决社稷之大计，苟以世祖之言为不诚，则当如窦婴面辩，袁盎廷争，防微杜渐以绝觊觎之心。以为诚邪，则当请明下诏书，宣告中外，使世祖有宋宣之美，高宗无楚灵之恶。不然，谓太子嫡嗣，不可动摇，欲保辅而安全之，则当尽忠竭节，如晋之荀息，赵之肥义。奈何于君之存，则逆探其情而求合焉；及其既没，则权臣移国而不能救，嗣主失位而不能死！斯乃奸谀之尤者，而世祖谓之遗直，以托六尺之孤，岂不悖哉！癸酉，上殂。

上起自艰难，知民疾苦。性明察俭约，每夜刺闱取外事分判者，前后相续。敕传更签于殿中者，必投签于阶石之上，令枪然有声，曰："吾虽眠，亦令惊觉。"

太子即位，大赦。五月，己卯，尊皇太后曰太皇太后，皇后曰皇太后。

【译文】

天康元年（丙戌，公元566年）

陈文帝生病，台阁等官署的事情，令尚书仆射到仲举、五兵尚书孔奂共同决定。孔奂是孔琇之的曾孙。文帝病重，孔奂、到仲举和司空及尚书令扬州刺史安成王陈顼、吏部尚书袁枢、中书舍人刘师知进宫侍候医病服药。袁枢是袁君正的儿子。太子陈伯宗懦弱，文帝担心他不能守住皇位，对安成王陈顼说："我要像太伯那样把天下让给你。"陈顼流泪拜伏在地，坚决推辞。文帝又对到仲举、孔奂说："现在三方鼎立对峙，天下的事情繁重，需要有个年纪较大的君主。近的，朕准备效法晋成帝,远的,遵照殷朝的法则,把皇位传给弟弟,你们要按朕的意思去做。"孔奂流着泪回答说:"陛下因为饮食不当所以身体欠安,不用很久就能康复。皇太子正在盛年,威德一天比一天高。安成王贵为陛下的弟弟,足以承担周公旦那样的责任。陛下如果有废立的想法,我们虽然愚笨,实在不敢听到这样的诏命。"文帝说:"古代直道而行的遗风,在你们身上表现出来了。"于是任命孔奂为太子詹事。

臣司马光曰:作为臣子服侍君主,应该顺随他做得对的好事,以匡正补救他做得不对的坏事。孔奂在陈朝,负有心腹大臣的重任,决定国家的大计,假如认为陈文帝的话不是真心实意,就应当像窦婴那样当面辩论,像袁盎那样在朝廷上力争,在错误或坏事萌芽的时候及时制止,不使它发展,杜绝非分企图之心。如果认为真心实意,就应当请皇帝明下诏书,向中外宣布,可以使陈文帝有宋宣公舍子立弟的美德,陈宣帝无楚灵王杀兄自立的恶行。不然,说太子是嫡系王位继承人,不能动摇,要辅佐他,使他没有危险,就应当尽忠全节,像晋国的荀息,赵国的肥义那样。奈何在君主活着时,预先猜度他的想法而迎合他;等到君主死后,权臣篡国而不能挽救,继位的君主失位时而不能殉节去死!这就是奸诈奉承到了极点的人,而世祖说他们有古代直道而行的遗风,托付他们辅助未成年而继位的君主,岂不荒谬!癸酉(四月二十七日),陈文帝去世。

陈文帝出身于艰苦困难之中,知道民间的疾苦。他生性目光敏锐、节俭朴实,每晚从宫中小门送来刺探外事以供分析的人,前后接连不断。他下令传送更签到殿中的人,一定要把签投在石阶上,使它发出清脆的声音,说:"我即使睡着了,也要让我惊醒觉察。"

太子临海王陈伯宗即皇帝位,大赦全国。五月,己卯(初三),尊称皇太后为太皇太后,皇后为皇太后。

陈纪四

资治通鉴第一百七十卷

【原文】

临海王光大元年（丁亥，567年）

乙亥，大赦，改元。

初，高祖为梁相，用刘师知为中书舍人。师知涉学工文，练习仪礼，历世祖朝，虽位宦不迁，而委任甚重，与扬州刺史安成王顼、尚书仆射到仲举同受遗诏辅政。师知、仲举恒居禁中，参决众事，顼与左右三百人入居尚书省。师知见顼地望权势为朝野所属，心忌之，与尚书左丞王暹等谋出顼于外。众犹豫，未敢先发。东宫通事舍人殷不佞，素以名节自任，又受委东宫，乃驰诣相府，矫敕谓顼曰："今四方无事，王可还东府经理州务。"

顼将出，中记室毛喜，驰入见顼曰："陈有天下日浅，国祸继臻，中外危惧。太后深惟至计，今王入省共康庶绩，今日之言，必非太后之意。宗壮（社）之重，愿王三思，须更闻奏，无使奸人得肆其谋。今出外即受制于人，譬如曹爽，愿作富家翁，其可得邪！"顼遣喜与领军将军吴明彻筹之，明彻曰："嗣君谅暗，万机多阙。殿下亲实周、邵，当辅安社稷，愿留中勿疑。"

顼乃称疾，召刘师知，留之与语，使毛喜先入言于太后，太后曰："今伯宗幼弱，政事并委二郎。此非我意。"喜又言于帝。帝曰："此自师知等所为，朕不知也。"喜出，以报顼。顼因囚师知，自入见太后及帝，极陈师知之罪，仍自草敕请画，以师知付廷尉，其夜，于狱中赐死。以到仲举为金紫光禄大夫。王暹、殷不佞

并付治。不佞，不害之弟也，少有孝行，顼雅重之，故独得不死，免官而已。王暹伏诛。自是国政尽归于顼。

右卫将军会稽韩子高，镇领军府，在建康诸将中士马最盛，与仲举通谋。事未发。毛喜请简士马配子高，并赐铁炭，使修器甲。顼惊曰："子高谋反，方欲收执，何为更如是邪？"喜曰："山陵始毕，边寇尚多，而子高受委前朝，名为杖顺。若收之，恐不即授首，或能为人患。宜推心安诱，使不自疑，伺间图之，一壮士之力耳。"顼深然之。

仲举既废归私第，心不自安。子郁，尚世祖妹信义长公主，除南康内史，未之官。子高亦自危，求出为衡、广诸镇；郁每乘小舆，蒙妇人衣，与子高谋。会前上虞令陆昉及子高军主告其谋反。顼在尚书省，因召文武在位议立皇太子。平旦，仲举、子高入省，皆执之，并郁送廷尉，下诏，于狱赐死，余党一无所问。

辛巳，齐左丞相咸阳武王斛律金卒，年八十。长子光为大将军，次子羡及孙武都并开府仪同三司，出镇方岳，其余子孙封侯显贵者甚众。门中一皇后，二太子妃，三公主，事齐贵宠，三世无比。自肃宗以来，礼敬尤重，每朝见，常听乘步挽车至阶，或以羊车迎之。然金不以为喜，尝谓光曰："我虽不读书，闻古来外戚鲜有能保其族者。女若有宠，为诸贵所嫉；无宠，为天子所憎。我家直以勋劳致富贵，何必藉女宠也！"

俨有宠于上皇及胡后，时兼京畿大都督、领军大将军，领御史中丞。魏朝故事：中丞出，与皇太子分路，王公皆遥驻车，去牛，顿轭于地，以待其过；其或迟违，则前驱以赤棒棒之。自迁邺以后，此仪废绝，上皇欲尊宠俨，命一遵旧制。俨初从北宫出，将上中丞，凡京畿步骑、领军官属、中丞威仪、司徒卤簿，莫不毕从。上皇与胡后张幕于华林园东门外而观之，遣中使骤马趣仗。不得入，自言奉敕，赤棒卒应声碎其鞍，马惊，人坠。上皇大笑，以为善，更敕驻车，劳问良久。观者倾邺城。

俨恒在宫中，坐含光殿视事，诸父皆拜之。上皇或时如并州，俨恒居守。每送行，或半路，或至晋阳乃还。器玩服饰，皆与齐主同，所须悉官给。尝于南宫见新冰早李，还，怒曰："尊兄已有，我何意无！"自是齐主或先得新奇，属官及工人必获罪。俨性刚决,尝言于上皇曰:"尊兄懦,何能帅左右!"上皇每称其才,有废立意,胡后亦劝之,既而中止。

齐秘书监祖珽,与黄门侍郎刘逖友善。珽欲求宰相,乃疏赵彦深、元文遥、和士开罪状,令逖奏之,逖不敢通;彦深等闻之,先诣上皇自陈。上皇大怒,执珽,诘之,珽因陈士开、文遥、彦深等朋党、弄权、卖官、鬻狱事。上皇曰:"尔乃诽谤我!"珽曰:"臣不敢诽谤,陛下取人女。"上皇曰:"我以其饥馑,收养之耳。"珽曰:"何不开仓振给,乃买入后宫乎?"上皇益怒,以刀环筑其口,鞭杖乱下,将扑杀之。珽呼曰:"陛下勿杀臣,臣为陛下合金丹。"遂得少宽。珽曰:"陛下有一范增不能用。"上皇又怒曰:"尔自比范增,以我为项羽邪?"珽曰:"项羽布衣,帅乌合之众,五年而成霸业。陛下藉父兄之资,才得至此,臣以为项羽未易可轻。"上皇愈怒,令以土塞其口。珽且吐且言,乃鞭二百,配甲坊,寻徙光州,敕令牢掌。别驾张奉福曰:"牢者,地牢也。"乃置地牢中,桎梏不离身;夜,以芜菁子为烛,眼为所熏,由是失明。

【译文】

陈临海王光大元年(丁亥,公元567年)

乙亥(正月初三),陈朝大赦天下,改年号为光大。

当初,陈武帝是梁敬帝的丞相,任用刘师知为中书舍人。刘师知学识广博擅长文学,熟悉朝仪礼制,在梁世祖时,虽然为官得不到升迁,但委任他的事情很重要,他和扬州刺史安成王陈顼、尚书仆射到仲举一起受先皇的遗诏辅政。刘师知、到仲举常常在宫里,参与决定许多事情。陈顼和三百名身边亲信进驻尚书省,刘师知看到陈顼的门第和权势为朝廷和民间所注目,心中妒忌,和尚书左丞王暹等策划拟把陈顼排挤出尚书省。大家犹豫不定,不敢率先发难。东宫通事舍人殷不佞,一贯以维护名望气节为己任,加上在东宫任职,是皇帝亲自任命的,于是赶到尚书省假传圣旨对陈顼说:"现在天下无事,安成王可以回自己的东府管理州务。"

陈顼正准备离开尚书省,中记室毛喜赶来见他,说:"陈朝据有天下为时还很短，国家接连遇到大丧事，上上下下都感到担忧害怕。太后经过深思熟虑，才决定叫您安成王进尚书省共同兴办各种事功，殷不佞所说的，一定不是太后的意思。社稷的重任在身，希望您能三思，必须另行向朝廷奏报，不要使邪恶之徒的阴谋得逞。现在离开尚书省就会受到别人的牵制束缚，比如像曹爽那样，只愿当个富家翁，这怎能如愿！"陈顼派毛喜和领军将军吴明彻商议，吴明彻说："继位的国君正在居丧，日常纷繁的政务很多还没有着手。殿下亲如周公、召公，应当辅助皇上安定国家，希望殿下留在尚书省，不必疑虑。"

陈顼于是假装生病，请刘师知来，留住他进行谈话，同时派毛喜先向太后禀告。太后说："现在伯宗皇帝年幼，政事都委托给二郎陈顼。殷不佞所说的不是我的意思。"毛喜又去向陈废帝说这件事。陈废帝说："这是刘师知他们自己的所作所为，朕并不知道。"毛喜回来报告给陈顼。陈顼把刘师知囚禁起来，亲自进宫见太后和皇帝，极力陈述刘师知的罪行，自己起草了诏命请皇帝御批，把刘师知交给廷尉，这天夜里，在牢狱中把他赐死。任命到仲举办金紫光禄大夫。王暹、殷不佞一同交送有关部门治罪。殷不佞是殷不害的弟弟，少年时对父母很孝顺，陈顼平素很看重他，所以唯独他没有被处死，只是被罢官而已。王暹被处死。从此以后国家大政都归于陈顼。

右卫将军会稽人韩子高，镇守幕府，在建康的诸多将帅中，部下的兵马最为强盛，曾经和到仲举联系共谋。这件事没有揭露。毛喜请陈顼选派士兵马匹给韩子高，并赐给他铁和木炭，供他修治兵器盔甲。陈顼感到惊讶说："韩子高参与谋反，正要把他抓起来，为什么反倒这样？"毛喜说："先帝的山陵刚修建完毕，边境的盗寇还很多，韩子高受前朝的委用，号称凭倚之材。如果抓他，恐怕不能斩杀，或许变成祸患。应当对他推心置腹安抚诱导，使他不产生怀疑，等到有机会再对付他，只要一个壮士的力量就够了。"陈顼非常同意。

到仲举被免职后回到住所，心里很不安。他的儿子到郁，娶文帝的妹妹信义长公主为妻，授南康内史的官职，他没有赴任。韩子高自己也感到有危险，请求离京镇守衡、广等州；到郁往往坐小轿，蒙上妇女的衣服，到韩子高那里去策划。恰巧前上虞令陆昉和韩子高军队的主将检举到郁谋反。陈顼在尚书省，召集在位的文武大臣们商议立皇太子的事。清晨，到仲举、韩子高到尚书省，都被抓起来，连同到郁一并押送廷尉，诏令在狱中赐死，他们的余党一个也不追问。

辛巳（六月二十四日），北齐左丞相咸阳武王斛律金死去，终年八十岁。他的长子斛律光为大将军，次子斛律羡和孙子斛律武都皆封开府仪同三司，出任州的地方长官，其他子孙被封侯而显贵的很多。斛律氏的门第中出了一个皇后，两个太子妃，娶了三个公主，服侍北齐受到恩宠，三代无比。自孝昭帝以来，特别礼待尊敬，每当上朝拜见天子，常常准许坐人推的车辆到宫殿的台阶前，或用羊拉的车去迎接他上朝。然而斛律金并不为这种待遇而感到高兴，曾经对斛律光说："我虽然不读书，但听到从古以来帝王的母族、妻族很少有能够保护自己亲族的。女的如果得到皇帝的宠爱，就会受到公侯权贵们的妒忌；如果不得宠爱，就会被天子憎恨。我家一直以功勋劳绩而得到富贵，何必依靠女儿受到皇帝的恩宠！"

高俨受到太上皇和胡后的恩宠，当时兼任京畿大都督、领军大将军，领御史中丞。魏朝旧时的制度是：中丞外出时，和皇太子分路而行，王公们离他们很远时就要停车，把驾车的牛牵走，把车辕放在地上，等待他们通过；如果行动稍有迟缓或是违犯，开道的前驱就用红色的棍棒棒打驱逐。自从迁都到邺城以后，这种仪式已经废除，太上皇为了表示对高俨的尊重宠爱，下令恢复这种制度。高俨刚离开北宫，就职中丞，凡是京畿的步骑、领军的属官、中丞和司徒的仪仗随从，都全部出动，太上皇帝和胡后在华林园东门外设置帷幕观看，派遣使者骑马疾驰到高俨的仪仗队那里。使者不得进入，自称是奉皇帝的命令而来的，手持红色棍棒的兵士应声打碎使者的马鞍，马受到惊吓，把使者颠下来。太上皇大笑，以为很好，便下令高俨停车。对他慰问了很久。全邺城的人都出来观看。

高俨常在宫里，坐在含光殿办理政事，同宗族长辈都向他下拜表示尊敬。太上皇有时去并州，高俨便常常在宫中留守。给太上皇送行时，或送到半路，或送到晋阳才回宫。他的用具服饰，都和北齐国主的一般，需用的东西都由官府供给。曾经在北齐国主所住的南宫见到刚送来的冰镇的李子，回去后，勃然大怒说："我的哥哥有这个，我为什么却没有！"从此以后北齐国主比他先得到新奇的东西，属官和工匠一定会获罪。高俨性情刚愎果断，曾对太上皇说："哥哥懦弱，怎么能统率左右!"太上皇往往称赞他的才能,有废高纬立高俨的意思,胡后也劝他这样做,但不久就中止了这个想法。

北齐秘书监祖珽,和黄门侍郎刘逖关系很好。祖珽想做宰相,便上疏陈述赵彦深、元文遥、和士开的罪状,叫刘逖向太上皇奏报,刘逖不敢启奏;赵彦深等人听到后,自己先到太上皇那里申述情况。太上皇勃然大怒,把祖珽抓来,亲自审问,祖珽说出和士开、元文遥、赵彦深等人拉帮结党、玩弄权术、出卖官职、办狱受贿的事实。太上皇说:"你是在诽谤我!"祖珽说:"臣不敢诽谤,因为陛下娶了人家的女儿。"太上皇说:"我因为她们遭受灾荒饥馑,所以才收养她们。"祖珽说:"那为什么不开粮仓赈济粮食,反把她们买到后宫?"太上皇更加恼怒,用刀把的铁环凿他的嘴,用鞭子棍子乱打,要把他打死。祖珽大叫说:"陛下不要杀臣,臣能给陛下炼金丹。"这才稍为缓和。祖珽说:"陛下有一个像范增那样的人却不能用他。"太上皇又大怒说:"你把自己比作范增,把我比作项羽吗?"祖珽说:"项羽出身布衣,率领乌合之众,用五年时间而成就霸业。陛下靠了父兄的地位、声望,才有今天,臣以为不能轻视项羽。"太上皇愈加震怒,叫人用土塞在他嘴里。祖珽边吐边说,被鞭打二百,发配甲坊做工,不久又把他迁到光州,命令他做"牢掌"。别驾张奉福说:"牢,就是地牢。"便把他囚在地牢里,戴上手铐脚镣;晚上点燃蔓菁子油代替蜡烛,眼睛被烟火所熏,从此失明。

【原文】

二年(戊子,568年)

戊午,周燕文公于谨卒。谨勋高位重,而事上益恭,每朝参,所从不过二三骑。朝廷有大事,多与谨谋之。谨尽忠补益,于功臣中特被亲信,礼遇隆重,始终无间;教训诸子,务存静退,而子孙蕃衍,率皆显达。

始兴王伯茂以安成王顼专政,意甚不平,屡肆恶言。甲寅,以太皇太后令诬帝,云与刘师知、华皎等通谋。且曰:"文皇知子之鉴,事等帝尧;传弟之怀,又符太伯。今可还申曩志,崇立贤君。"遂废帝为临海王,以安成王入纂。又下令,黜伯茂为温麻侯，置诸别馆，安成王使盗邀之于道，杀之车中。

【译文】

二年（戊子，公元568年）

戊午（三月二十三日），北周燕文公于谨去世。于谨虽然功勋很高，地位重要，而侍奉皇帝非常恭敬，每逢上朝参拜皇帝，骑马的随从不过二三人。朝廷遇到大事，皇帝都和于谨商量。于谨竭尽忠诚增益帮助，在所有功臣中特别被亲信，赐给他很高的礼遇，君臣间始终没有隔阂；他还教育儿子们一定要恬静谦虚，后来子孙繁衍，都很显贵。

陈朝的始兴王陈伯茂因为安成王陈顼专政，心中不平，经常口出恶言。甲寅（十一月二十三日），陈顼借太皇太后的令诬告废帝，说他和刘师知、华皎等人互通共谋。还说："文皇帝对儿子的审察，不想传位给他，这事相当于唐尧那样；传位给弟弟的胸怀，又像泰伯那样。现在应当重申文皇帝以前的意向，另立一个贤明的君主。"于是把在位的皇帝废为临海王，以安成王陈顼入继皇帝位。又下命令把陈伯茂贬为温麻侯，安置在王室成员举行婚礼的别馆里，安成王陈顼嗾使强盗在路上将他截住，把他杀死在车里。

【原文】

高宗宣皇帝上之上太建元年（己丑，569年）

甲午，安成王即皇帝位，改元，大赦。复太皇太后为皇太后，皇太后为文皇后；立妃柳氏为皇后，世子叔宝为太子；封皇子叔陵为始兴王，奉昭烈王祀。乙未，上谒太庙。丁酉，以尚书仆射沈钦为左仆射，度支尚书王劢为右仆射。劢，份之孙也。

初，侍中、尚书右仆射和士开，为世祖所亲狎，出入卧内，无复期度，遂得幸于胡后。及世祖殂，齐主以士开受顾托，深委任之，威权益盛；与娄定远及录尚书事赵彦深、侍中·尚书左仆射元文遥、开府仪同三司唐邕、领军綦连猛、高阿那

肱、度支尚书胡长粲俱用事，时号"八贵"。太尉赵郡王睿、大司马冯翊王润、安德王延宗与娄定远、元文遥皆言于齐主，请出士开为外任。会胡太后饯朝贵于前殿，睿面陈士开罪失云："士开先帝弄臣，城狐社鼠，受纳货赂，秽乱宫掖。臣等义无杜口，冒死陈之。"太后曰："先帝在时，王等何不言？今日欲欺孤寡邪？且饮酒，勿多言！"睿等辞色愈厉。仪同三司安吐根曰："臣本商胡，得在诸贵行末，既受厚恩，岂敢惜死！不出士开，朝野不定。"太后曰："异日论之，王等且散！"睿等或投冠于地，或拂衣而起。明日，睿等复诣云龙门，令文遥入奏之，三返，太后不听。左丞相段韶使胡长粲传太后言曰："梓宫在殡，事太匆匆，欲王等更思之！"睿等遂皆拜谢。长粲复命，太后曰："成妹母子家者，兄之力也。"厚赐容等，罢之。

太后及齐主召问士开，对曰："先帝于群臣之中，待臣最厚。陛下谅暗始尔，大臣皆有觊觎。今若出臣，正是翦陛下羽翼。宜谓睿云：'文遥与臣，俱受先帝任用，岂可一去一留！并可用为州，且出纳如旧。待过山陵，然后遣之。'睿等谓臣真出，心必喜之。"帝及太后然之，告容等如其言。乃以士开为兖州刺史，文遥为西兖州刺史。葬毕，睿等促士开就路。太后欲留士开过百日，睿不许；数日之内，太后数以为言。有中人知太后密旨者，谓睿曰："太后意既如此，殿下何宜苦违！"睿曰："吾受委不轻。今嗣主幼冲，岂可使邪臣在侧！不守之以死，何面戴天！"遂更见太后，苦言之。太后令酌酒赐容，容正色曰："今论国家大事，非为卮酒！"言讫，遽出。

士开载美女珠帘诣娄定远，谢曰："诸贵欲杀士开，蒙王力，特全其命，用为方伯。今当奉别，谨上二女子，一珠帘。"定远喜，谓士开曰："欲还入不？"士开曰："在内久不自安，今得出，实遂本志，不愿更入。但乞王保护，长为大州刺史足矣。"定远信之。送至门，士开曰："今当远出，愿得一觐二宫。"定远许之。士开由是得见太后及帝，进说曰："先帝一旦登遐，臣愧不能自死。观朝贵意势，欲以陛下为乾明。臣出之后，必有大变，臣何面目见先帝于地下！"因恸哭。帝、太后皆泣，问："计安出？"士开曰："臣已得入，复何所虑，正须数行诏书耳。"于是诏出定远为青州刺史，责赵郡王容以不臣之罪。

旦日，睿将复入谏，妻子咸止之，睿曰："社稷事重，吾宁死事先皇，不忍见朝廷颠沛。"至殿门，又有人谓曰："殿下勿入，恐有变。"睿曰："吾上不负天，死亦无恨。"入，见太后，太后复以为言，容执之弥固。出，至永巷，遇兵，执送华林园雀离佛院，令刘桃枝拉杀之。睿久典朝政，清正自守，朝野冤惜之。复以士开为侍中、尚书左仆射。定远归士开所遗，加以余珍赂之。

【译文】

陈宣帝太建元年（己丑，公元569年）

甲午（正月初四），安成王陈顼即皇帝位，改年号，大赦全国。恢复太皇太后的皇太后称号，皇太后称文皇后；立妃子柳氏为皇后，世子陈叔宝为太子；封皇子陈叔陵为始兴王，作为昭烈王的后嗣。乙未（初五），陈宣帝谒太庙。丁酉（初七），任命尚书仆射沈钦为左仆射，度支尚书王劢为右仆射。王劢是王份的孙子。

起初，侍中、尚书右仆射和士开，受武成帝的宠爱亲昵，在皇帝卧室出入，不受限制，因此就和胡太后私通。武成帝死后，北齐后主高纬因为和士开曾经受武成帝的顾托之命，所以对他信任重用，威势和权力更大；他和娄定远、录尚书事赵彦深、侍中及尚书左仆射元文遥、开府仪同三司唐邕、领军綦连猛、高阿那肱、度支尚书胡长粲都在朝廷当权，当时号称"八贵"。太尉赵郡王高睿、大司马冯翊王高润、安德王高延宗和娄定远、元文遥都对后主说，请后主把和士开调离朝廷去外地任职。适逢胡太后在前殿请朝廷中的亲贵们饮酒，高睿当面陈述和士开的罪过说："和士开是先帝时的亲近狎玩之臣，仗势作恶，接受贿赂，淫乱宫廷。臣等出于正义不能闭口不说，所以冒死陈述。"胡太后说："先帝在世时，你们为什么不说？今天是不是想欺侮我们孤儿寡母？姑且饮酒，不要多说！"高睿等人的言语和面色更加严厉。仪同三司安吐根说："臣家本来是经商胡人，得以位于诸多亲贵的末尾，既然受到朝廷的厚恩，怎敢怕死！不把和士开从朝廷调走，朝野上下就不安定。"胡太后说："改日再谈，你们都走吧！"高睿等有的把帽子扔在地上，有的甩衣袖离开座位，感到生气。第二天，高睿等再次到云龙门，派元文遥进宫启奏，进出三次，胡太后不听。左丞相段韶派胡长粲传太后的话说："先皇的灵柩还没有殡葬，这件事太匆忙了，望你们再考虑！"高睿等都表示拜谢。胡长粲回宫复命，胡太后说："成就妹妹我母子全家的，是哥哥你的力量。"又给高睿等人优厚的赏赐，事情暂时作罢。

  胡太后和后主把和士开召来询问，和士开回答说："先帝在群臣中，待臣最优厚。陛下刚居丧不久，大臣们都怀有非分的企图。现在如果把臣调走，正好比剪掉陛下的羽翼。应该对高睿说：'元文遥与和士开，都是受先帝信任重用的，怎么能去一个留一个！都可以出任州刺史，现在暂时还是担任原有的官职，等太上皇的陵寝完工，然后派出去。'高睿等以为臣真的被调走，心里一定高兴。"后主和太后认为很对，就按和士开所说的那样告诉高睿。便任命和士开为兖州刺史，元文遥为西兖州刺史。丧葬结束，高睿等就催促和士开出发就任。胡太后打算留和士开过先皇百日祭再走，高睿不许；几天之内，胡太后说了好几次。有知道胡太后隐私的太监，对高睿说："太后的意思既然这样，殿下何必苦苦反对！"高睿说："我受朝廷的委托责任不轻。现在继位的君主年龄还小，怎么能使奸臣在君主旁边！如果不是以生命来守护，有何面目和这种人在一个天底下生活！"便再次去见胡太后，苦苦陈说。胡太后叫人酌酒赐给他，高睿正言厉色说："我今天来是谈国家大事，并不是为了一杯酒！"说完，立即离去。

  和士开送美女和珍珠帘子给娄定远，表示感谢说："那些亲贵们想杀我，蒙您大王的大力，特地保住了我的性命，任命为一州之长。现在将要和你分别，特意送上两个女子，一张珠帘。"娄定远大喜，对和士开说："你还想回朝吗？"和士开答道："我在朝内心里不安已经很久了，现在得以离开，使本来的志愿能够实现，不愿意再到朝内做官了。但请求您对我加以保护，使我长久做大州的刺史就足够了。"娄定远相信了。把他送到门口，和士开说："现在我要远出了，很想见见太后和皇上向他们告辞。"娄定远答允他的要求。和士开因此见到胡太后和后主，向他们进说道："先帝去世时，臣惭愧自己没能跟着去死。臣观察朝廷权贵们的意图和架势，想把陛下当作乾明年间的济南王那样对待。我离开朝廷以后，一定有大的变化，我有什么脸面见先帝在九泉之下！"于是哀痛地大哭起来，后主、胡太后也哭，问他：

"你有什么计策?"和士开说:"臣已经进来见到你们,还有什么顾虑,只需得到几行字的诏书就行。"于是后主下诏把娄定远调出任青州刺史,斥责赵郡王高睿有僭越的罪过。

第二天,高睿要再次进宫直言规劝胡太后,妻儿们都劝他不要去,高睿说:"国事重大,我宁可死去追随先皇,不忍活着见到朝廷动荡变乱。"他到了殿门,又有人告诉他:"殿下不要进去,恐怕有变。"高睿说:"我上不负天,死也无恨。"进入宫殿,见了胡太后,太后重申了自己的旨意,高睿更加固执己见。出宫后,走到深巷,遇到士兵,把他捉住送到华林园的雀离佛院,命令刘桃枝将他殴打致死。高睿主管朝廷政事的时间很久,清廉正直注意操守,朝野上下都感到冤枉痛惜。重又任命和士开为侍中、尚书左仆射。娄定远把和士开送给他的东西又还给他,还添了一些别的珍宝对他贿赂。

【原文】

二年 (庚寅,570年)

欧阳纥召阳春太守冯仆至南海,诱与同反。仆遣使告其母洗夫人。夫人曰:"我为忠贞,经今两世,不能惜汝负国。"遂发兵拒境,帅诸酋长迎章昭达。

昭达倍道兼行,至始兴。纥闻昭达奄至,恇扰不知所为,出顿洭口,多聚沙石,盛以竹笼,置于水栅之外,用遏舟舰。昭达居上流,装舰造拍,令军人衔刀潜行水中,以斫笼,篾皆解,因纵大舰随流突之。纥众大败,生擒纥,送之;癸未,斩于建康市。

纥之反也,士人流寓在岭南者皆惶骇。前著作佐郎萧引独恬然,曰:"管幼安、袁曜卿,亦但安坐耳。君子直己以行义,何忧惧乎!"纥平,上征为金部侍郎。引,允之弟也。

冯仆以其母功,封信都侯,迁石龙太守,遣使持节册命洗氏为石龙太夫人,赐绣幰油络驷马安车一乘,给鼓吹一部,并麾幢旌节,其卤簿一如刺史之仪。

士开威权日盛,朝士不知廉耻者,或为之假子,与富商大贾同在伯仲之列。尝有一人士参士开疾,值医云:"王伤寒极重,应服黄龙汤。"士开有难色。人士曰:"此物甚易服,王不须疑,请为王先尝之。"举而尽。士开感其意,为之强服,遂得愈。

【译文】

二年(庚寅,公元 570 年)

陈朝欧阳纥召阳春太守冯仆到南海,劝说他一同谋反。冯仆派人告诉母亲洗夫人。洗夫人说:"我们忠贞报国,已经两代,不能因为怜惜你而辜负国家。"于是发兵在境内拒守,并率领部落的酋长迎接章昭达。

章昭达兼程而行,到达始兴。欧阳纥听说章昭达的军队突然来到,惊恐混乱得不知所措,领兵出屯在洭口,用竹笼装满了沙子石块,放在水栅的外面,用来阻止对方船只的进路。章昭达在河的上游,装配船只,制造"拍竿",命士兵口里衔刀潜入水中,用刀砍断编竹笼的篾片,随后驾大船顺流而下突破敌军的防守。欧阳纥的部众大败,欧阳纥被活捉,押送回朝;癸未(二月二十九日),被斩于建康市中。

欧阳纥的反叛,使侨居在岭南的士大夫都感到惊恐害怕。前著作佐郎萧引却很坦然,说:"以往历史上的管宁、袁涣遇到变故时,也都是静坐待变。君子自己行为正直行施正义,何必忧虑恐惧!"欧阳纥被平定以后,陈宣帝征召萧引为金部侍郎。萧引是萧允的弟弟。

冯仆由于母亲洗夫人的功劳,被封为信都侯,升迁为石龙太守,朝廷派使者持符节册封洗夫人为石龙太夫人,赐给有彩色帷幔丝质绳网用四匹马拉的坐车一辆,乐队一套,以及旌旗等物,洗夫人驾车出行时的仪仗和州刺史一样。

和士开的声势权力越来越大,朝廷中那些不知廉耻的官吏们,有的投靠他当干儿子,和富商大贾们的行为差不多。曾经有个官员去探视和士开的疾病,正值医生说:"大王的伤寒病很重,应当服用粪汁黄龙汤。"和士开面有难色。这个人说:"黄龙汤并不难吃,大王不必多疑,请让我替您先尝尝。"于是将黄龙汤一饮而尽。和士开感激他的好意,于是勉强服用,病便痊愈。

【原文】

三年（辛卯，571年）

壬寅，齐以兰陵王长恭为太尉，赵彦深为司空，和士开录尚书事，徐之才为尚书令，唐邕为左仆射，吏部尚书冯子琮为右仆射，仍摄选。

子琮素谄附士开，至是，自以太后亲属，且典选，颇擅引用人，不复启禀，由是与士开有隙。

齐琅邪王俨以和士开、穆提婆等专横奢纵，意甚不平。二人相谓曰："琅邪王眼光奕奕，数步射人，向者暂对，不觉汗出；吾辈见天子奏事尚不然。"由是忌之，乃出俨居北宫，五日一朝，不得无时见太后。

俨之除太保也，余官悉解，犹带中丞及京畿。士开等以北城有武库，欲移俨于外，然后夺其兵权。治书侍御史王子宜，与俨所亲开府仪同三司高舍洛、中常侍刘辟强说俨曰："殿下被疏，正由士开间构，何可出北宫入民间也！"俨谓侍中冯子琮曰："士开罪重，儿欲杀之，何如？"子琮心欲废帝而立俨，因劝成之。

俨令子宜表弹士开罪，请禁推。子琮杂他文书奏之，帝主不审省而可之。俨诳领军库狄伏连曰："奉敕，令领军收士开。"伏连以告子琮，且请覆奏，子琮曰："琅邪受敕，何必更奏。"伏连信之，发京畿军士，伏于神虎门外，并戒门者不听士开入。秋，七月，庚午旦，士开依常早参，伏连前执士开手曰："今有一大好事。"王子宜授以一函，云："有敕，令王向台。"因遣军士护送。俨遣都督冯永洛就台斩之。

俨本意唯杀士开，其党因逼俨曰："事既然，不可中止。"俨遂帅京畿军士三千余人屯千秋门。帝使刘桃枝将禁兵八十人召俨，桃枝遥拜，俨命反缚，将斩之，禁兵散走。帝又使冯子琮召俨，俨辞曰："士开昔来实合万死，谋废至尊，剃家家发为尼，臣为是矫诏诛之。尊兄若欲杀臣，不敢逃罪。若赦臣，愿遣姊姊来迎，臣即入见。"姊姊，谓陆令萱也，俨欲诱出杀之。令萱执刀在帝后，闻之，战栗。

帝又使韩长鸾召俨，俨将入，刘辟强牵衣谏曰："若不斩穆提婆母子，殿下无由得入。"广宁王孝珩、安德王延宗自西来,曰:"何不入?"辟强曰:"兵少。"延宗顾众而言曰:"孝昭帝杀杨遵彦,止八十人。今有数千,何谓少?"

帝泣启太后曰:"有缘,复见家家;无缘,永别!"乃急召斛律光,俨亦召之。

光闻俨杀士开,抚掌大笑曰:"龙子所为,固自不似凡人!"入,见帝于永巷。帝帅宿卫者步骑四百,授甲,将出战,光曰:"小儿辈弄兵,与交手即乱。鄙谚云:'奴见大家心死。'至尊宜自至千秋门,琅邪必不敢动。"帝从之。

【译文】

三年(辛卯,公元571年)

壬寅(二月二十四日),北齐任命兰陵王高长恭为太尉,赵彦深为司空,和士开为录尚书事,徐之才为尚书令,唐邕为左仆射,吏部尚书冯子琮为右仆射,仍旧执掌吏部对官吏的铨选。

冯子琮一贯阿谀附和和士开,到这时,自以为是太后的亲属,而且主管选用官吏,于是擅自引荐任命人选,不再向上启奏报告,因此与和士开产生矛盾。

北齐琅邪王高俨因为和士开、穆提婆等人专横跋扈奢侈放纵,感到愤愤不平。和士开、穆提婆二人互相说:"琅邪王的目光奕奕有神,几步路以外就咄咄逼人,以往和他暂时打个照面,不知不觉地就出汗了;我们面见天子奏事时还不致这样。"因此对他嫉恨,便将高俨调出住在北宫,五天上朝一次,不准他随时去见太后。

高俨被授职太保时,其余的官职都被免掉,不过还带有中丞和京畿大都督的职衔。和士开等人因为北城有武器库,想把高俨调移到城外,然后夺取他总督京畿军队的兵权。治书侍御史王子宜,和高俨的亲信开府仪同三司高舍洛、中常侍刘辟强对高俨劝说道:"殿下所以被疏远,正由于和士开从中离间挑拨,您怎能离开北宫住到民间去!"高俨对侍中冯子琮说:"和士开罪孽深重,孩儿打算杀掉他,怎么样?"冯子琮心里想废掉后主另立高俨做皇帝,因此劝高俨这样做。

高俨令王子宜上表弹劾和士开的罪状,请求将他收禁并加以审问。冯子琮又夹杂了其他文书一同上奏,后主没有仔细审阅就批准同意。高俨欺骗领军库狄伏连说："奉到皇上的命令，叫领军收禁和士开。"库狄伏连把这告诉了冯子琮，请他再次向皇上奏报，冯子琮说："琅邪王已经接到皇上的敕令，何必再次奏报。"库狄伏连相信了，于是征调京畿的军士，埋伏在神虎门外，并告诫守门人不要让和士开进神虎门。秋季，七月，庚午（二十五日）早晨，和士开按常例到宫中早朝，库狄伏连上前握住他的手说："今天有一件大好事。"王子宜递给和士开一封信，说："皇上有敕令，叫你去到台省相见。"并派军士护送。高俨派都督冯永洛在台省中将和士开斩杀。

高俨本意只杀死和士开一个人，他的党羽却胁迫高俨说："事情已经如此，不能中止。"高俨便率领京畿的军士三千多人驻扎在千秋门。后主派刘桃枝率领八十名禁兵把高俨召来，刘桃枝离高俨还很远时就惶恐地对他施礼，高俨下令把他反绑起来，要杀死他，禁兵们纷纷走散。后主又派冯子琮去召高俨，高俨推辞说："和士开往昔以来的罪行实在应该万死，他图谋废掉天子，叫亲生母亲剃发当尼姑，臣才假托陛下的诏命将他杀死。我兄长陛下如果要杀臣，臣不敢逃避罪责。如果能宽恕我，希望派乳母来迎接，臣就去见陛下。"乳母，是指陆令萱，高俨想骗她出来杀死她。陆令萱手里拿刀躲在后主背后，听到高俨的要求，怕得浑身打战。

后主又派韩长鸾去召高俨，高俨准备去见后主，刘辟强拉住他的衣服劝道："如果不杀掉穆提婆母子俩，殿下不能去。"广宁王高孝珩、安德王高延宗打从西面过来，问道："为什么不进去？"刘辟强说："兵太少。"高延宗环顾周围说："孝昭帝杀杨遵彦时，只有八十人。现在有几千人，怎能说少？"

后主哭着对太后说："如果还有缘分，仍可与母亲相见；没有缘分，就和您永别了！"于是急忙召斛律光，高俨也召斛律光来。

斛律光听说高俨杀了和士开，拍手大笑说："这真是龙子的作为，自然不像一般人！"于是进宫，在长巷见到后主。后主率领在宫中宿卫的步骑兵四百人，授给铠甲，准备出战，斛律光说："小孩子们动干戈，刚一交手就会乱了阵脚。俗话说：'奴仆见主人，心里就沮丧。'陛下应该亲自去千秋门，琅邪王一定不敢行动。"后主便听从了。

资治通鉴第一百七十一卷

陈纪五

【原文】

高宗宣皇帝上之下太建四年（壬辰，572年）

时帝始亲览朝政，颇事威刑，虽骨肉无所宽借。齐公宪虽迁冢宰，实夺之权。又谓宪侍读裴文举曰："昔魏末不纲，太祖辅政；及周室受命，晋公复执大权；积习生常，愚者谓法应如是。岂有年三十天子而可为人所制乎！《诗》云：'夙夜匪懈，以事一人。'一人，谓天子耳。卿虽陪侍齐公，不得遽同为臣，欲死于所事。宜辅以正道，劝以义方，辑睦我君臣，协和我兄弟，勿令自致嫌疑。"文举咸以白宪，宪指心抚几曰："吾之夙心，公宁不知！但当尽忠竭节耳，知复何言。"

卫公直，性浮诡贪狠，意望大冢宰；既不得，殊怏怏；更请为大司马，欲据兵权。帝揣知其意，曰："汝兄弟长幼有序，岂可返居下列！"由是用为大司徒。

齐尚书右仆射祖珽，势倾朝野，左丞相咸阳王斛律光恶之，遥见，辄骂曰："多事乞索小人，欲行何计！"又尝谓诸将曰："兵马处分，赵令恒与吾辈参论。盲人掌机密以来，全不与吾辈语，正恐误国家事耳。"光尝在朝堂垂帘坐，珽不知，乘马过其前，光怒曰："小人乃敢尔！"后珽在内省，言声高慢，光适过，闻之，又怒。珽觉之，私赂光从奴问之。奴曰："自公用事，相王每夜抱膝叹曰：'盲人入，国必破矣。'"

穆提婆求娶光庶女，不许。齐王赐提婆晋阳田，光言于朝曰："此田，神武帝以来常种禾，饲马数千匹，以拟寇敌。今赐提婆，无乃阙军务也！"由是祖、穆皆怨之。

斛律后无宠，珽因而间之。光弟羡，为都督、幽州刺史、行台尚书令，亦善治兵，士马精强，鄣候严整，突厥畏之，谓之"南可汗"。光长子武都，为开府仪同三司、梁·兖二州刺史。

光虽贵极人臣，性节俭，不好声色，罕接宾客，杜绝馈饷，不贪权势。每朝廷会议，常独后言，言辄合理。或有表疏，令人执笔，口占之，务从省实。行兵仿其父金之法，营舍未定，终不入幕；或竟日不坐，身不脱介胄，常为士卒先。士卒有罪，唯大杖挞背，未尝妄杀，众皆争为之死。自结发从军，未尝败北，深为邻敌所惮。周勋州刺史韦孝宽密为谣言曰："百升飞上天，明月照长安。"又曰："高山不推自崩，槲木不扶自举。"令谍人传之于邺，邺中小儿歌之于路，珽因续之曰："盲老公背受大斧，饶舌老母不得语。"使其妻兄郑道盖奏之。帝以问珽，珽与陆令萱皆曰："实闻有之。"珽因解之曰："百升者，斛也。盲老公，谓臣也，与国同忧。饶舌老母，似谓女侍中陆氏也。且斛律累世大将，明月声震关西，丰乐威行突厥，女为皇后，男尚公主，谣言甚可畏也。"帝以问韩长鸾，长鸾以为不可，事遂寝。

珽又见帝，请间，唯何洪珍在侧，帝曰："前得公启，即欲施行，长鸾以为无此理。"珽未对，洪珍进曰："若本无意则可；既有此意而不决行，万一泄露，如何？"帝曰："洪珍言是也。"然犹未决。会丞相府佐封士让密启云："光前西讨还，敕令散兵，光引兵逼帝城，将行不轨，事不果而止。家藏弩甲，僮奴千数，每遣使往丰乐、武都所，阴谋往来。若不早图，恐事不可测。"帝遂信之，谓何洪珍曰："人心亦大灵，我前疑其欲反，果然。"帝性怯，恐即有变，令洪珍驰召祖珽告之："欲召光，恐其不从命。"珽请："遣使赐以骏马，语云：'明日将游东山，王可乘此同行。'光必入谢，因而执之。"帝如其言。

【译文】

陈宣帝太建四年（壬辰，公元572年）

当时北周武帝开始亲政，很注重威令用刑，尽管是骨肉至亲也不宽恕。齐公宇文宪名义上升为冢宰，实际上夺了他的实权。武帝对宇文宪的侍读裴文举说："从前魏朝末年武帝不能操持朝廷大纲，所以才有太祖辅政；等到周朝建立，晋公宇文护又掌握大权；原只是多年的习惯，后来竟成为常规，愚人还说法度应该如此。哪有年已三十岁的天子还可以被别人钳制的道理！《诗经》中说：'从早到晚不懈怠，来侍奉一个人。'一个人，指的是天子。您虽然陪伴侍奉齐公，不能怕得如同他的臣子，老死在侍读的事上。应当以正道去辅助他，用作人的道理去规劝他，使我们君臣和睦，使我们兄弟同心，不要使他自己招致嫌疑。"裴文举把这番话都告诉了宇文宪，宇文宪指着自己的心口拍着小桌子说："我平素的心意，您难道不知道吗！只是应该尽忠竭节罢了，我还有什么好说的。"

卫公宇文直性格浮躁诡诈贪婪狠毒，想做大冢宰；没能如愿，心里很不痛快；又请求当大司马，想掌握兵权。武帝猜到他的用意，说："你们兄弟长幼有序，怎能反而处于下列！"因此任命他为大司徒。

北齐尚书右仆射祖珽，势力可以倾动朝内外，左丞相咸阳王斛律光很厌恶他，远远地见到祖珽，总是骂道："使国家多事、贪得无厌的小人，想搞什么样的诡计！"又曾对部下的将领们说："军事兵马的处理，尚书令赵彦深还常常和我们一起商量讨论。这个瞎子掌管机密以来，完全不和我们说，使人担心会误了国家的大事。"斛律光曾在朝堂上坐在帘子后面，祖珽不知道，骑马经过他的面前，斛律光大怒说："这个小人竟敢这样！"后来祖珽在门下省，说话声调既高又慢，正巧斛律光经过那里，听到祖珽说话的腔调，又大怒。祖珽发觉后，私下贿赂斛律光的随从奴仆询问原因，奴仆说："自从您当权以来，相王每天夜里手抱双膝叹气说：'瞎子入朝，国家必毁。'"

穆提婆请求娶斛律光的妾所生的女儿做妻子，没有得到允许。齐王赐给穆提婆晋阳地方的田地，斛律光在朝上说："这些田地，从神武帝以来一直种谷物，饲养几千匹马，打算对付入寇的外敌。现在赏赐给穆提婆，恐怕会影响国家的军务吧！"从此祖珽、穆提婆都怨恨他。

斛律后得不到皇帝的宠爱，祖珽因此离间他们的关系。斛律光的弟弟斛律羡是都督、幽州刺史、行台尚书令，也善于治军，兵士马匹都很精干强壮，设置的要塞堡垒规范整齐，突厥很怕他，称他为"南可汗"。斛律光的长子斛律武都是开府仪同三司，梁、兖二州的刺史。

斛律光虽然贵极人臣，但生性节俭，不喜欢声色，很少接待宾客，拒绝接受馈赠，不贪图权势。每逢朝廷集会议事，常常在最后发言，说的话总是很符合情理。遇有上表或奏疏，叫人拿了笔，由自己口述，替他写下来，务必简短真实。用兵时仿照他父亲斛律金的办法，军队的营房没有落实，自己不进账幕；或者整天不坐，身上不脱铠甲，打仗时身先士卒。士兵犯了罪，只用大棒敲打脊背，从不随意杀人，所以部下的士兵争相为他效命。自从年轻时参加军队，没有打过败仗，深为相邻的敌方害怕。北周的勋州刺史韦孝宽私下制造谣言说："百升飞上天，明月照长安。"又说："高山不推自崩，槲木不扶自举。"派间谍把谣言传到邺城，叫邺城的小孩在路上歌唱。祖珽接续道："盲老公背受大斧，饶舌老母不得语。"叫妻兄郑道盖向后主奏报。后主就此问祖珽，祖珽和陆令萱都说："确实听说有这件事。"祖珽还解释说："百升，就是斛。盲老公，是指我，和国家同忧愁。饶舌老母，似乎指女侍中陆令萱。况且斛律氏几代都是大将，斛律光字明月，声震关西，斛律羡字丰乐，威行突厥，女儿是皇后，儿子娶公主，谣言令人可畏。"后主又问韩长鸾，韩长鸾以为不可能，这件事才压下来。

祖珽又去见后主，请求后主屏退左右，当时只有何洪珍在旁边，后主说："以前接到你的启奏，就准备执行，韩长鸾认为没有这种道理。"祖珽还没有回答，何洪珍向后主进言说："如果本来没有这种意思就算了；既然有这种意思而不决定执行，万一泄露出去，怎么办？"后主说："何洪珍的话说得对。"但是还没有决定。恰逢丞相府佐封士让上密启说："斛律光以前西征回来，皇上下诏命令将军队解散，斛律光却指挥军队进逼都城，准备进行违反法纪的活动，事情没有成功而停止了。家里私藏弓弩和铠甲，僮仆奴婢数以千计，常常派使者去斛律羡、斛律武都的住所，阴谋往来。如果不趁早谋划，恐怕事情不可预测。"后主便相信了，对何洪珍说："人心也太灵验，我以前怀疑他要造反，果真如此。"后主性格懦弱胆小，只恐马上有变，叫何洪珍迅速把祖珽召来，告诉他说："我要召斛律光来，恐怕他不肯服从命令。"祖珽请求说："派使者赐给他骏马，告诉他：'明天将去东山游玩，王可以骑这匹马和我一同前往。'斛律光一定会来向陛下道谢,趁此机会把他抓起来。"后主就照祖珽所说的那样去做。

【原文】

五年(癸巳,573年)

乙巳,齐立右皇后穆氏为皇后。穆后母名轻霄,本穆氏之婢也,面有黥字。后既以陆令萱为母,穆提婆为外家,号令萱曰"太姬"。太姬者,齐皇后母号也,视一品,班在长公主上。由是不复问轻霄。轻霄自疗面,欲求见后,太姬使禁掌之,竟不得见。

齐主颇好文学。丙午,祖珽奏置文林馆,多引文学之士以充之,谓之待诏;以中书侍郎博陵李德林、黄门侍郎琅邪颜之推同判馆事,又命共撰《修文殿御览》。

齐自和士开用事以来,政体隳紊。及祖珽执政,颇收举才望,内外称美。珽复欲增损政务,沙汰人物,官号服章,并依故事。又欲黜诸阉竖及群小辈,为致治之方,陆令萱、穆提婆议颇同异。珽乃讽御史中丞丽伯律,令劾主书王子冲纳赂。知其事连提婆,欲使赃罪相及,望因此并坐及令萱。犹恐齐主溺于近习,欲引后党为援,乃请以胡后兄君瑜为侍中、中领军;又征君瑜兄梁州刺史君璧,欲以为御史中丞。令萱闻而怀怒,百方排毁,出君瑜为金紫光禄大夫,解中领军;君璧还镇梁州。胡后之废,颇亦由此。释王子冲不问。珽日以益疏,诸宦者更共谮之。帝以问陆令萱,令萱悯默不对,三问,乃下床拜曰:"老婢应死。老婢始闻和士开言孝徵多才博学,意谓善人,故举之。比来观之,大是奸臣。人实难知,老婢应死。"帝令韩长鸾检按。长鸾素恶珽,得其诈出敕受赐等十余事。帝以尝与之重誓,故不杀,解珽侍中、仆射,出为北徐州刺史。珽求见帝,长鸾不许,遣人推出柏阁,珽坐,不肯行,长鸾令牵曳而出。

【译文】

五年(癸巳,公元573年)

乙巳(二月初九),北齐立右皇后穆氏为皇后。穆后的母亲名叫轻霄,原先是

穆家的婢女，脸上有刺字。穆后认陆令萱为母亲，以穆提婆为外家，称陆令萱为"太姬"。太姬，是北齐皇后母亲的称号，相当于一品，等级在皇帝的姊妹以上。皇后因此不再理轻霄。轻霄把脸治好，要求见皇后，太姬叫人禁止并用手掌打她，结果不能见到。

北齐后主很爱好文学。丙午（初十），祖珽奏请设立文林馆，延揽了许多文学之士到馆里，称为待诏；任命中书侍郎博陵人李德林、黄门侍郎琅邪人颜之推为同判馆事，又叫他们共同编写《修文殿御览》。

北齐从和士开掌权以来，朝政体制毁坏紊乱。到祖珽执政时，颇能收罗荐举有才能声望的人，得到内外的美誉。祖珽还准备调整政务，筛选淘汰官员，官号以及标志官吏身份品级的服饰，仍然依照成规。又打算罢免宫中的太监和小人之流，作为治理朝政的大纲，陆令萱、穆提婆的议论和祖珽不一。祖珽便向御史中丞丽伯律暗示，叫他弹劾主书王子冲接受贿赂。因为知道这件事涉及穆提婆，想把他和贪赃罪联系起来，并希望因此使陆令萱连坐。他还担心君主沉溺于亲近的人之中，所以想攀引后党作为自己的后援，便请齐后主任命胡后的哥哥胡君瑜为侍中、中领军；又征聘胡君瑜的哥哥梁州刺史胡君璧，想任命他为御史中丞。陆令萱听到这些事后心中恼怒，千方百计加以反对诋毁，把胡君瑜调出为金紫光禄大夫，解除中领军的职务；胡君璧回梁州当刺史。后来胡后被废，也主要由于这个原因。释放王子冲没有问罪。

祖珽日益被疏远，那些太监都一起说他的坏话。后主向陆令萱询问，陆令萱忧愁地默不作答，连问三次，才下床向后主叩拜说："我这个老婢该死。老婢起初听和士开说祖珽博学多才，认为他是个好人，所以才荐举他。近来看他，十足是个奸臣。人的实情难以深知，老婢该死。"后主命令韩长鸾调查核实情况。韩长鸾素来就讨厌祖珽，查出他伪作敕令骗取赏赐等十几件事。后主因为曾经和祖珽立下重誓，所以没有杀他，只解除祖珽侍中、仆射的官职，派出任北徐州刺史。祖珽求见后主，韩长鸾不准，派人将他推出柏阁。祖珽坐在地上，不肯走，韩长鸾叫人把祖珽拉出去。

资治通鉴第一百七十二卷

陈纪六

【原文】

高宗宣皇帝中之上太建七年（乙未，575年）

丁丑，下诏伐齐，以柱国陈王纯、荥阳公司马消难、郑公达奚震为前三军总管，越王盛、周昌公侯莫陈崇、赵王招为后三军总管。齐王宪帅众二万趋黎阳，随公杨坚、广宁公薛迥将舟师三万自渭入河，梁公侯莫陈芮帅众二万守太行道，申公李穆帅众三万守河阳道，常山公于翼帅众二万出陈、汝。

周师入齐境，禁伐树践稼，犯者皆斩。丁未，周主攻河阴大城，拔之。齐王宪拔武济；进围洛口，拔东、西二城，纵火焚浮桥，桥绝。齐永桥大都督太安傅伏，自永桥夜入中渾城。周人既克南城，围中渾，二旬不下。洛州刺史独孤永业守金墉，周主自攻之，不克。永业通夜办马槽二千，周人闻之，以为大军且至而惮之。

九月，齐右丞高阿那肱自晋阳将兵拒周师。至河阳，会周主有疾，辛酉夜，引兵还。水军焚其舟舰。傅伏谓行台乞伏贵和曰："周师疲弊，愿得精骑二千追击之，可破也。"贵和不许。

齐王宪、于翼、李穆，所向克捷，降拔三十余城，皆弃而不守。

【译文】

陈宣帝太建七年（乙未，公元575年）

丁丑（七月二十五日），北周武帝下诏征讨北齐，任命柱国陈王宇文纯、荥阳公司马消难、郑公达奚震为前三军总管,越王宇文盛、周昌公侯莫陈崇、赵王宇文招为后三军总管。齐王宇文宪率领二万人进军黎阳。随公杨坚、广宁公薛迥率领水军三万人从渭水进入黄河,梁公侯莫陈芮率领二万人在太行道防守,申公李穆率领三万人在河阳道防守,常山公于翼率领二万人进军陈州、汝州。

北周军队进入北齐境内,下令禁止砍伐树木践踏庄稼,违反者一律斩首。丁未(八月二十五日),北周国主进攻河阴大城,攻克。齐王宇文宪攻克武济;进围洛口,攻克东、西二城,放火烧毁浮桥,桥断。北齐的永桥大都督太安傅伏,趁夜晚从永桥进入中潬城。北周攻克南城以后,包围中潬城,二十天也没能攻克。北齐的洛州刺史独孤永业镇守金墉,北周国主亲自进攻,也没有攻克。独孤永业连夜赶制二十只马槽,北周人听说,以为北齐的大军将要来到,感到畏惧。

九月,北齐右丞高阿那肱从晋阳率军抵御北周的军队。他们到达河阳,正巧北周国主生病,辛酉(初九),晚上,率军回国。北周水军焚烧了自己的船只。傅伏对行台乞伏贵和说:"北周军队疲惫不堪,我愿意率领二千精骑追击他们,可以打败他们。"乞伏贵和不准许。

齐王宇文宪、于翼、李穆,矛头所向都打了胜仗,投降的和攻克的有三十多座城池,然而都弃城不守。

【原文】

八年(丙申,576年)

冬,十月,己酉,周主自将伐齐,以越王盛、杞公亮、随公杨坚为右三军,谯王俭、大将军窦泰、广化公丘崇为左三军,齐王宪、陈王纯为前军。

遣内史王谊监诸军攻平阳城。齐行台仆射海昌王尉相贵婴城拒守。甲子,齐集兵晋祠。庚午,齐主自晋阳帅诸军趣晋州。周主日自汾曲至城下督战,城中窘急。庚午,行台左丞

北齐陶骆驼俑

侯子钦出降于周。壬申，晋州刺史崔景嵩守北城，夜，遣使请降于周，王轨帅众应之。未明，周将北海段文振，杖槊与数十人先登，与景嵩同至尉相贵所，拔佩刀劫之。城上鼓噪，齐兵大溃，遂克晋州，虏相贵及甲士八千人。

齐主方与冯淑妃猎于天池，晋州告急者，自旦至午，驿马三至。右丞相高阿那肱曰："大家正为乐，边鄙小小交兵，乃是常事，何急奏闻！"至暮，使更至，云"平阳已陷"，乃奏之。齐主将还，淑妃请更杀一围，齐主从之。

齐师遂围平阳，昼夜攻之。城中危急，楼堞皆尽，所存之城，寻仞而已。或短兵相接，或交马出入，外援不至，众皆震惧。梁士彦慷慨自若，谓将士曰："死在今日，吾为尔先。"于是勇烈齐奋，呼声动地，无不一当百。齐师少却，乃令妻妾、军民、妇女，昼夜修城，三日而就。周主使齐王宪将兵六万屯涑川，遥为平阳声援。齐人作地道攻平阳，城陷十余步，将士乘势欲入。齐主敕且止，召冯淑妃观之。淑妃妆点，不时至，周人以木拒塞之，城遂不下。旧俗相传，晋州城西石上有圣人迹，淑妃欲往观之。齐主恐弩矢及桥，乃抽攻城木造远桥。齐主与淑妃度桥，桥坏，至夜乃还。

戊申，周主至平阳。庚戌，诸军总集，凡八万人，稍进，逼城置陈，东西二十余里。

先是齐人恐周师猝至，于城南穿堑，自乔山属于汾水；齐主大出兵，陈于堑北，周主命齐王宪驰往观之。宪复命曰："易与耳，请破之而后食。"周主悦，曰："如汝言，吾无忧矣！"周主乘常御马，从数人巡陈，所至辄呼主帅姓名慰勉之。将士喜于见知，咸思自奋。将战，有司请换马。周主曰："朕独乘良马，欲何之！"周主欲薄齐师，碍堑暂止，自旦至申，相持不决。

兵才合，齐主与冯淑妃并骑观战。东偏少却，淑妃怖曰："军败矣！"录尚书事城阳王穆提婆曰："大家去！大家去！"齐主即以淑妃奔高梁桥。开府仪同三司奚长谏曰："半进半退，战之常体。今兵众全整，未有亏伤，陛下舍此安之！马足一动，人情骇乱，不可复振。愿速还安慰之！"武卫张常山自后至，亦曰："军寻收讫，甚完整。围城兵亦不动。至尊宜回。不信臣言，乞将内参往视。"齐主将从之。穆提婆引齐主肘曰："此言难信。"齐主遂以淑妃北走。齐师大溃，死者万余人，军资器械，数百里间，委弃山积。安德王延宗独全军而还。

【译文】

八年（丙申，公元576年）

冬季，十月，己酉（初四），北周国主亲自率军队征伐北齐，任命越王宇文盛、杞公宇文亮、随公杨坚为右三军，谯王宇文俭、大将军窦泰、广化公丘崇为左三军，齐王宇文宪、陈王宇文纯为前军。

派内史王谊监督各路军队进攻平阳城。北齐的行台仆射海昌王尉相贵据城抵抗。甲子（十月十九日），北齐军队聚集在晋桐。庚午（十月二十五日），北齐后主从晋阳率领各路军队向晋州进发。北周国主当天从汾曲来到晋州城下督战，城中情况危急。庚午（十月二十五日），北齐的行台左丞侯子钦出城向北周投降。壬申（十月二十七日），晋州刺史崔景嵩防守北城，晚上，派使者出城向北周请求投降，王轨率领众军响应崔景嵩。天还没有亮，北周将领北海人段文振，手持长矛和几十人先行登上城头，和崔景嵩一同到尉相贵那里，拔出佩刀劫持他。城上呼喊骚乱，齐兵大溃，于是攻克晋州，俘虏了尉相贵和他部下的甲士八千人。

北齐后主正和冯淑妃在天池狩猎，晋州告急的人，从早晨到中午，骑驿马来了三次。右丞相高阿那肱说："皇上正在取乐，边境有小小的军事行动，这是很平常的事，何必急着来奏报！"到傍晚，告急的使者再次到来，说"平阳已经陷落，"这才向君主奏报。北齐国主准备回去，冯淑妃却要求君主再围猎一次，北齐国主听从了她的要求。

北齐军队便围困了平阳，昼夜发起进攻。城里形势危急，城上的敌楼和矮墙都被夷平，残存的城墙，只有六七尺高。双方或是短兵相接，或是马匹可以随意从城墙上进出，城外的援兵不来，人们都感到震惊害怕。梁士彦慷慨从容，对将士们说："如果今天战死，我一定先你们而死。"于是大家激昂奋起，喊声动地，无不以一当百。北齐军队稍稍后退，梁士彦下令妻妾、军民、妇女，昼夜修城，三天修好。北周国主派齐王宇文宪率兵六万驻屯在涑川，远远地为平阳声援。北齐挖掘地道进攻平阳，城下陷了好几丈,将士们乘势准备进入城内。北齐后主下令暂时停止,把冯淑妃召来一同观看。冯淑妃穿衣打扮,没有及时到来,北周人用木头堵住了下陷的地方,平阳城便没有被攻克。旧俗相传,晋州城西的石头上有圣人的遗迹,冯淑妃想去那里观看。北齐后主恐怕对方的箭会射到桥上,便抽调用来攻城的大木头在离城较远的地方造了一座桥。北齐后主和冯淑妃过桥时,桥梁损坏,到晚上才返。

戊申(十二月初四),北周国主到平阳。庚戌(初六),各路军队一齐集中,有八万人,逐渐向前推进,兵临城下摆开阵势,东西绵延有二十多里地。

起先北齐恐怕北周的军队突然来到,在城南凿通护城河,从乔山连接到汾水;北齐后主派出大批军队,在护城河的北面列阵,北周国主命令齐王宇文宪驰马去那里观察。宇文宪回来报告说:"这很好对付,请先攻破然后吃饭。"北周国主很高兴,说:"如果像你所说的那样,我就不担心了!"北周国主骑着平时所用的马匹,由几个人跟随来到阵前巡视,所到之处就称呼主帅的姓名予以慰问鼓励。将士们对被国君了解信任感到很高兴,都想奋勇作战。临战前,随从官员请君主换马。北周国主说:"朕独自一人骑着骏马,要到哪里去!"北周国主要逼近北齐军队,由于有护城河的阻碍而停下来,从早上直到下午,双方相持不下。

双方军队刚接触,北齐后主和冯淑妃一起骑着马去观战。东面的部分军队稍稍后退,冯淑妃害怕说:"我们的军队打败了!"录尚书事城阳王穆提婆说:"皇上快离开!皇上快离开!"北齐后主就和冯淑妃退奔高梁桥。开府仪同三司奚长向后主劝阻说:"军队半进半退,是作战时的常规。目前士兵们都完全整齐,没有受到挫折伤亡,陛下离开这里又到哪里去!马脚一动,人的情绪就会惊恐混乱,不能重新振作。希望陛下迅速回去安慰他们!"武卫张常山从后面赶到,也说:"军队刚刚就收拢完毕,非常完整。围城的士兵也没有动摇。天子最好返回。如果不相信我的话,请求天子领太监去巡看。"北齐后主将按他所说的去做。穆提婆却拉着北齐后主的胳膊说:"他的话难以相信。"北齐后主便带冯淑妃向北退走。北齐军队大败溃散,死了一万多人,军用物资器械,在几百里间被遗弃的堆积如山。唯有安德王高延宗全军而回。

资治通鉴第一百七十三卷

陈纪七

【原文】

高宗宣皇帝中之下太建九年（乙酉，577年）

春，正月，乙亥朔，齐太子恒即皇帝位，生八年矣；改元承光，大赦。尊齐主为太上皇帝，皇太后为太皇太后，皇后为太上皇后。以广宁王孝珩为太宰。

壬辰，周师至邺城下；癸巳，围之，烧城西门。齐人出战，周师奋击，大破之。

齐上皇从百骑东走，使武卫大将军慕容三藏守邺宫。周师入邺，齐王、公以下皆降。

周师奄至青州，上皇囊金，系于鞍，与后、妃、幼主等十余骑南走，己亥，至南邓村，尉迟勤追及，尽擒之，并胡太后送邺。

于是齐之行台、州、镇，唯东雍州行台傅伏、营州刺史高宝宁不下，其余皆入于周。凡得州五十，郡一百六十二，县三百八十，户三百三万二千五百。高宝宁者，齐之疏属，有勇略，久镇和龙，甚得夷、夏之心。周主于河阳、幽、青、南兖、豫、徐、北朔、定置总管府，相、并二州各置宫及六府官。

梁主入朝于邺。自秦兼天下，无朝觐之礼，至是始命有司草具其事：致积，致饩，设九傧、九介，受享于庙，三公、三孤、六卿致食，劳宾，还贽，致享，皆如古礼。周主与梁主宴，酒酣，周主自弹琵琶。梁主起舞，曰："陛下既亲抚五弦，臣何敢不同百兽！"周主大悦，赐赉甚厚。

己丑，周主祭方丘。诏以："路寝会义、崇信、含仁、云和、思齐诸殿，皆晋公护专政时所为，事穷壮丽，有逾清庙，悉可毁撤。雕斫之物，并赐贫民。缮造之宜，务从卑朴。"又诏："并、邺诸堂殿壮丽者准此。"

臣光曰：周高祖可谓善处胜矣！他人胜则益奢，高祖胜而愈俭。

初，魏虏西凉之人，没为隶户，齐氏因之，仍供厮役。周主灭齐，欲施宽惠，诏曰："罪不及嗣，古有定科。杂役之徒，独异常宪，一从罪配，百代不免，罚既无穷，刑何以措！凡诸杂户，悉放为民。"自是无复杂户。

九月，戊寅，周制："庶人已上，唯听衣绸、绵绸、丝布、圆绫、纱、绢、绡、葛、布等九种，余悉禁之。朝祭之服，不拘此制。"

上闻周人灭齐，欲争徐、兖，诏南兖州刺史、司空吴明彻督诸军伐之，以其世子戎昭、将军惠觉摄行州事。明彻军至吕梁，周徐州总管梁士彦帅众拒战，戊午，明彻击破之。士彦婴城自守，明彻围之。

周主性节俭，常服布袍，寝布被，后宫不过十余人；每行兵，亲在行陈，步涉山谷，人所不堪；抚将士有恩，而明察果断，用法严峻。由是将士畏威而乐为之死。

周初行《刑书要制》：群盗赃一匹，及正、长隐五丁、若地顷以上，皆死。

【原文】

陈宣帝太建九年（丁酉，公元577年）

春季，正月，乙亥朔（初一），北齐太子高恒即皇帝位，当时出生才八年；改年号为承光，大赦全国。尊称北齐后主为太上皇帝，皇太后为太皇太后，皇后为太上皇后。任命广宁王高孝珩为太宰。

壬辰（正月十八日），北周军队到了邺城城下；癸巳（正月十九日），包围了邺城，焚烧邺城的西门。北齐士兵出城作战，北周军队奋勇攻击，大破北齐军队。

北齐太上皇帝由上百名骑兵跟从向东出走，派武卫大将军慕容三藏守卫邺城的宫室。北周军队进入邺城，北齐的王、公以下的官员都向北周投降。

北周军队很快到了青州，北齐太上皇帝高纬用袋子装了金子，系在马鞍上，和皇后、妃子、幼主等十几人骑马向南逃走，己亥（二十五日），到南邓村，尉迟勤追上他们，全部活捉，连同胡太后一起送往邺城。

于是北齐的行台、州、镇中，只有东雍州行台傅伏、营州刺史高宝宁没有降服，其他地方都并入北周。一共得到五十州，一百六十二郡，三百八十县，三百零三万二千五百户。高宝宁是北齐皇室的远支，勇敢有胆略，长久在和龙镇守，很得夷人和汉人的人心。北周国主在河阳、幽、青、南兖、豫、徐、北朔、定各州设置总管府，相、并二州分别设置宫室和六府官。

后梁国主到邺城朝见北周君主。自从秦始皇兼并天下以后，朝见礼制久已废缺，这时才开始命令有关部门拟订礼节：如致送薪米、致送活羊，设九个宾相、九个传达，在宗庙中设宴款待，三公、三孤、六卿向后梁国主献食，慰劳宾客、还礼、宴享宾客等，都依照古礼。北周国主设宴款待后梁国主，酒喝到高兴时，北周国主亲自弹琵琶。后梁国主起身跳舞，说："陛下既然亲自演奏琵琶，臣怎敢不像百兽那样起舞！"北周国主听了大为高兴，赏赐给他很多东西。

己丑（五月十七日），北周国主到方丘祭地。诏告："天子的正室会议、崇信、含仁、云和、思齐等殿，都是晋公宇文护专政时所兴建的，穷极壮丽之能事，超过宗庙的规模，可以全部拆毁。雕饰的物件，可以赐给贫民。修缮建造的事宜，务必简单朴素。"又诏告："并、邺各处壮丽的厅堂宫殿照此办理。"

臣司马光曰：周武帝可以称得上善于对待胜利了！别人得到胜利后就更加奢侈，周武帝胜利后却更加节俭。

当初，北魏俘虏了西凉人，便没入官府当奴隶户，北齐沿袭北魏的做法，奴隶户仍旧为官府服劳役。北周国主灭掉北齐，要对这些人给予宽恕恩惠，下诏说："犯罪不能株连后代，是古代已有的法律。从事杂役的犯人，唯独异于常法，一旦犯罪发配，百代都得不到赦免，惩罚既已无穷无尽，正常的刑法还怎么执行！凡属于这类杂户，全都释放为民。"从此以后就不再有杂户。

九月，戊寅（初八），北周下诏："平民百姓以上的人，可以穿用绸、绵绸、丝布、圆绫、纱、绢、绡、葛、布等九种材料做的衣服，其余的一概禁止。朝祭时的服装，不受这种制度的限制。"

陈宣帝听到北周灭亡了齐国，想和北周争夺徐州、兖州，下诏南兖州刺史、司空吴明彻督率军队进行讨伐，任命吴明彻的长子吴戎昭、将军惠觉代理州事。吴明彻的军队到了吕梁，北周的徐州总管梁士彦率领军队抵抗，戊午（十月十九日），被吴明彻打败。梁士彦据城自守，被吴明彻的军队包围。

北周国主生性节俭，常常穿布袍，睡觉时盖布被，后宫不过十几人；每逢行军作战，亲自在队列里，徒步在山谷里行走，这是别人所不能忍受的；安抚将士给予恩惠，而且明察果断，用法严厉，因此将士们虽然怕他的威严但乐意为他效死。

北周开始实行《刑书要制》：凡盗窃一匹赃物，以及闾正、里正、族正、保长、党长隐瞒五个丁口、一百亩地以上的，都处死。

【原文】

十年（戊戌，578年）

吴明彻围周彭城，环列舟舰于城下，攻之甚急。王轨引兵轻行，据淮口，结长围，以铁锁贯车轮数百，沈之清水，以遏陈船归路；军中惆惧。谯州刺史萧摩诃言于明彻曰："闻王轨始锁下流，其两端筑城，今尚未立，公若见遣击之，彼必不敢相拒。水路未断，贼势不坚；彼城若立，则吾属必为虏矣。"明彻奋髯曰："搴旗陷陈，将军事也；长算远略，老夫事也。"摩诃失色而退。一旬之间，水路遂断。

周兵益至，诸将议破堰拔军，以舫载马而去，马主裴子烈曰："若破堰下船，船必倾倒，不如先遣马出。"时明彻苦背疾甚笃，萧摩诃复请曰："今求战不得，进退无路。若潜军突围，未足为耻。愿公帅步卒、乘马舆徐行，摩诃领铁骑数千驱驰前后，必当使公安达京邑。"明彻曰："弟之此策，乃良图也。然步军既多，吾为总督，必须身居其后，相帅兼行。弟马军宜速，在前，不可迟缓。"摩诃因帅马军夜发。甲子，明彻决堰，乘水势退军，冀以入淮。至清口，水势渐微，舟舰并碍车轮，不复得过。王轨引兵围而蹙之，众溃。明彻为周人所执，将士三万并器械辎重皆没于周。萧摩诃以精骑八十居前突围，众骑继之，比旦，达淮南，与将军任忠、周罗睺独全军得还。

癸巳，帝不豫，留止云阳宫；丙申，诏停诸军。驿召宗师宇文孝伯赴行在所，帝执其手曰："吾自量必无济理，以后事付君。"是夜，授孝伯司卫上大夫，总宿卫兵。又令驰驿入京镇守，以备非常。六月，丁酉朔，帝疾甚，还长安；是夕殂，年三十六。

戊戌，太子即位。尊皇后阿史那氏为皇太后。宣帝初立，即逞奢欲。大行在殡，曾无戚容，扪其杖痕，大骂曰："死晚矣！"阅视高祖宫人，逼为淫欲。超拜吏部下大夫郑译为开府仪同大将军、内史中大夫，委以朝政。

帝以齐炀王宪属尊望重，忌之。谓宇文孝伯曰："公能为朕图齐王，当以其官相授。"孝伯叩头曰："先帝遗诏，不许滥诛骨肉。齐王，陛下之叔父，功高德茂，社稷重臣。陛下若无故害之，则臣为不忠之臣，陛下为不孝之子矣。"帝不怿，由是疏之。乃与开府仪同大将军于智、郑译等密谋之，使智就宅候宪，因告宪有异谋。

甲子，帝遣宇文孝伯语宪，欲以宪为太师，宪辞让。又使孝伯召宪，曰："晚与诸王俱入。"既至殿门，宪独被引进。帝先伏壮士于别室，至，即执之。宪自辩理，帝使于智证宪，宪目光如炬，与智相质。或谓宪曰："以王今日事势，何用多言！"宪曰："死生有命，宁复图存！但老母在堂，恐留兹恨耳！"因掷笏于地。遂缢之。

又杀上大将军王兴，上开府仪同大将军独孤熊，开府仪同大将军豆卢绍，皆素与宪亲善者也。帝既诛宪而无名，乃云与兴等谋反，时人谓之"伴死"。

【译文】

十年（戊戌，公元 578 年）

陈朝的吴明彻包围北周的彭城，将战船环绕排列在城下，攻城很急。北周派王轨领兵轻装前进，占据淮口，结成长长的包围圈，用铁锁连接起几百个车轮，沉在清水河里，用来阻断陈朝船只的归路；军队中动荡不安感到恐惧。谯州刺史萧摩诃对吴明彻说:"听说王轨刚开始封锁清水河的下游,在铁锁的两头筑城,现在还没有建起来,您如果现在去攻击,对方一定不敢抵抗。水路没有阻断,贼势不会牢固;等到他们的城建成,我们就会成为对方的俘虏。"吴明彻掀起胡子,说:"拔掉敌人的军旗冲锋陷阵,是你将军的事情;长谋远略,是我老夫的事情。"萧摩诃吓得脸上变色退了出来。十天之间,水路终于被阻断。

北周军队越来越多,陈朝的将领们商议破坏堵水的土堤将军队撤离,用船只装载马匹退走,马军主将裴子烈说:"如果破了土堤将马匹放下船,船一定会倾翻,不如先将马匹送出去。"当时吴明彻背上长疮病得很重,萧摩诃再次向他请求说:"现在求战不得,进退无路。军队如果秘密地突围,也不足为耻。希望您率领步兵、乘马车慢慢地前进,我带领几千名铁骑在前后来往奔驰,一定能使您平安地到达京城建康。"吴明彻说:"老弟这个计策,是个好办法。然而步兵很多,我是总督,必须在队伍后面,率领他们一起行动。老弟的马军应当行动迅速,走在步兵前面不能迟缓。"萧摩诃因此率领马军在晚上出发。甲子(二月二十七日),吴明彻决断土堤,乘水势撤退军队,希望从这里进入淮河。到清口时,水越来越浅,水军船只被沉在清水河中的车轮所阻挡,无法通过。王轨带领军队将他们包围起来并加以收缩,陈朝军队溃败。吴明彻被北周捉住,三万将士以及军队的器械物资都被北周吞并。萧摩诃率领八十名精骑兵在前面突围,其余的骑兵在后面跟随,早晨时,到达淮河南岸,和将军任忠、周罗睺的军队得以保全回去。

癸巳(五月二十七日),北周武帝生病,留在云阳宫;丙申(三十日),下诏所有军队停止行动。派驿使到长安召宗师宇文孝伯赶到武帝所在的地方,武帝握住他的手说:"我自己估计不能痊愈了,把后事都托付给您。"这天晚上,授给宇文孝伯司卫上大夫的职位,总管宿卫兵。又命令他骑上驿马到京城镇守,防备非常事件。六月,丁酉朔(初一),武帝病情严重,回长安;在当天夜晚去世,年三十六岁。

戊戌(六月初二),皇太子宇文赟即位。尊称皇后阿史那氏为皇太后。北周宣帝刚即位,便放肆地奢侈纵欲。北周武帝还没有殡葬,他毫无悲伤的样子,抚摸以前被棍棒所打留下的伤痕,大骂道:"死得太晚了!"察看北周宣帝后宫的女子,强迫她们满足自己的淫欲。越级封吏部下大夫郑译为开府仪同大将军、内史中大夫，把朝政委托给他。

北周宣帝因为齐炀王宇文宪位高望重，对他很嫉恨。对宇文孝伯说："您如果能为朕除掉齐王，就把他的官职授给您。"宇文孝伯叩头说："先帝有遗诏，不许滥杀骨肉至亲。齐王是陛下的叔父，功高德重，是国家的重臣，陛下如果无缘无故地杀害他，那么我就是不忠之臣，陛下就是不孝之子了。"宣帝很不高兴，从此对他疏远。宣帝便和开府仪同大将军于智、郑译等人密谋，派于智到宇文宪的家里去伺探，诬告宇文宪有阴谋。

甲子（六月二十八日），宣帝派宇文孝伯传话给宇文宪，想任命他为太师，宇文宪表示推辞。又派宇文孝伯召宇文宪，说："晚上和其他王公一起来。"他们应召刚到殿门，宇文宪被单独领进去。宣帝预先在别的房子里埋伏了壮士，宇文宪一到，就被捉住。宇文宪为自己辩护说理，宣帝就叫于智和他对证，宇文宪的目光如火，和于智对质。有人对宇文宪说："以你今天事情的趋势，何必多说！"宇文宪说："死生有命，我难道还想活吗！只是老母亲还在，感到遗憾而已！"因此把朝笏扔在地上。宇文宪被绞死。

宣帝又杀掉上大将军王兴、上开府仪同大将军独孤熊、开府仪同大将军豆卢绍，他们都是素来和宇文宪亲近的人。宣帝既然杀掉宇文宪而没有罪名，便说他是和王兴等人密谋造反，当时人称王兴等人为"伴死"。

【原文】

十一年（己亥，579年）

周主之初立也，以高祖《刑书要制》为太重而除之，又数行赦宥。京兆郡丞乐运上疏，以为："《虞书》所称'眚灾肆赦'，谓过误为害，当缓赦之；《吕刑》云：'五刑之疑有赦，'谓刑疑从罚，罚疑从免也。谨寻经典，未有罪无轻重，溥天大赦之文。大尊岂可数施非常之惠，以肆奸宄之恶乎！"帝不纳。既而民轻犯法，又自以奢淫多过失，恶人规谏，欲为威虐，慑服群下。乃更为《刑经圣制》，用法益深，大醮于正武殿，告天而行之。密令左右伺察群臣，小有过失，辄行诛谴。

他日，帝托以齐王宪事让孝伯曰："公知齐王谋反，何以不言？"对曰："臣知齐王忠于社稷，为群小所谮，言必不用，所以不言。且先帝付嘱微臣，唯令辅导陛下。今谏而不从，实负顾托。以此为罪，是所甘心。"帝大惭，俯首不语，命将出，赐死于家。

突厥佗钵可汗请和于周，周主以赵王招女为千金公主，妻之，且命执送高绍义；佗钵不从。

辛巳，周宣帝传位于太子阐，大赦，改元大象，自称天元皇帝，所居称"天台"，冕二十四旒，车服旗鼓皆倍于前王之数。皇帝称正阳宫，置纳言、御正、诸卫等官，皆准天台。尊皇太后为天元皇太后。

天元既传位，骄侈弥甚，务自尊大，无所顾惮，国之仪典，率情变更。

每召侍臣论议，唯欲兴造变革，未尝言及政事。游戏无常，出入不节，羽仪仗卫，晨出夜还，陪侍之官，皆不堪命。自公卿以下，常被楚挞。每捶人，皆以百二十为度，谓之"天杖"，其后又加至二百四十。宫人内职亦如之，后、妃、嫔、御，虽被宠幸，亦多杖背。于是内外恐怖，人不自安，皆求苟免，莫有固志，重足累息，以逮于终。

丁巳，周铸永通万国钱，一当千，与五行大布并行。

【译文】

十一年（己亥，公元579年）

北周宣帝刚即位时，认为高祖时的《刑书要制》量刑太重而废除，又几次施行赦罪。京兆郡丞乐运向宣帝上疏，以为："《虞书》中所说的'眚灾肆赦'，是说因无心的过失而犯罪的，应当宽恕赦免；《吕刑》中说：'五刑之疑有赦'，是说对判刑有怀疑可以改为处罚，对处罚有怀疑可以改为免罪。我认真地查阅了经典，没有发现对罪行不分轻重，普天下一律大赦的记载。天子怎能几次施行非同寻常的仁慈，使为非作歹的人放肆作恶！"北周宣帝不采纳他的意见。不久以后百姓不怕犯

法，宣帝自己又因为奢侈有许多过失，痛恨别人的规劝，想用威势和残暴，令下面的人畏惧屈服。于是另行制定《刑经圣制》，用刑更加严厉，在正武殿设坛进行祈祷，祷告上天以后加以实施。秘密地派左右的人窥伺观察群臣，发现犯有小的过失，便任意杀害治罪。

另一天，宣帝假借了齐王宇文宪的事情责备宇文孝伯说："你知道齐王谋反的事，为什么不说？"答道："臣知道齐王忠于国家，是被一帮小人造谣中伤，我说话一定不被陛下采纳，所以不说。况且先帝曾嘱咐微臣，只让我辅导陛下。现在规劝而不被采纳，实在辜负了先帝的委托。以此作为罪名，我心甘情愿。"北周宣帝大为惭愧，低头不语，命令放他出去，在家里把他赐死。

突厥佗钵可汗向北周求和，北周宣帝将赵王宇文招的女儿封为千金公主，嫁给佗钵可汗为妻，又命令可汗捉住高绍义送回北周，佗钵可汗不听。

辛巳（二十日），北周宣帝将皇位传给皇太子宇文阐，大赦全国，改年号为大象，自称天元皇帝，居住的地方称"天台"，皇冠悬垂二十四条玉串，车服旗鼓比以前的皇帝增加一倍。皇帝所住的地方称正阳宫，设置纳言、御正、诸卫等官职，都以天台为准。尊称皇太后为天元皇太后。

天元皇帝传位以后，更加骄纵奢侈，妄自尊大，无所顾忌，国家的典章制度，随意改变。

天元皇帝召集侍臣议论，只谈宫室的兴建变革，从不谈论政事。游戏无限度，出入没有节制，仪仗随从，早出夜归，陪伴侍奉的官员都无法忍受。自公卿以下的官员，常常遭到刑杖的拷打鞭挞。每次拷打，都以一百二十下为准，称为"天杖"，以后又增加到二百四十下。宫女和在宫中任职的女官也都这样，后、妃、嫔、御，虽然受到宠幸，也多被拷打背脊。于是内外都感到恐怖，弄得人人不安，只求苟且幸免，失去了意志，恐惧到叠足而立不敢出气，直到死去为止。

丁巳（十一月三十日），北周铸造永通万国钱，以一当千，和五行大布一并流通。

资治通鉴第一百七十四卷

陈纪八

【原文】

高宗宣皇帝下之上太建十二年（庚子，580年）

周杨后性柔婉，不妒忌，四皇后及嫔、御等，咸爱而仰之。天元昏暴滋甚，喜怒乖度，尝谴后，欲加之罪。后进止详闲，辞色不挠，天元大怒，遂赐后死，逼令引诀，后母独孤氏诣阁陈谢，叩头流血，然后得免。

后父大前疑坚，位望隆重，天元忌之，尝因忿谓后曰："必族灭尔家！"因召坚，谓左右曰："色动，即杀之。"坚至，神色自若，乃止。

甲午夜，天元备法驾，幸天兴宫；乙未，不豫而还。小御正博陵刘昉，素以狡谄得幸于天元，与御正中大夫颜之仪并见亲信。天元召昉、之仪入卧内，欲属以后事，天元喑，不复能言。昉见静帝幼冲，以杨坚后父，有重名，遂与领内史郑译、御饰大夫柳裘、内史大夫杜陵韦謩、御正下士朝那皇甫绩谋引坚辅政，坚固辞，不敢当；昉曰："公若为，速为之；不为，昉自为也。"坚乃从之，称受诏居中侍疾。

是日，帝殂。秘不发丧。昉、译矫诏以坚总知中外兵马事。

坚恐诸王在外生变，以千金公主将适突厥为辞，征赵、陈、越、代、滕五王入朝。

时众情未壹，坚引司武上士卢贲置左右。将之东宫，百官皆不知所从。坚潜令贲部伍仗卫，因召公卿，谓曰："欲求富贵者宜相随。"往往偶语，欲有去就，贲严兵而至，众莫敢动。出崇阳门，至东宫，门者拒不纳，贲谕之，不去；嗔目叱之，

门者遂却，坚入。贲遂典丞相府宿卫。

内史下大夫勃海高颎明敏有器局，习兵事，多计略，坚欲引之入府，遣杨惠谕意。颎承旨，欣然曰："愿受驱驰。纵令公事不成，颎亦不辞灭族。"乃以为相府司录。

坚革宣帝苛酷之政，更为宽大，删略旧律，作《刑书要制》，奏而行之；躬履节俭，中外悦之。

周尉迟迥知丞相坚将不利于帝室，谋举兵讨之。迥乃自称大总管，承制置官司。时赵王招入朝，留少子在国，迥奉以号令。

甲子，坚发关中兵，以韦孝宽为行军元帅，郧公梁士彦、乐安公元谐、化政公宇文忻、濮阳公武川宇文述、武乡公崔弘度、清河公杨素、陇西公李询等皆为行军总管，以讨迥。

周青州总管尉迟勤，迥之弟子也。初得迥书，表送之，寻亦从迥。迥所统相、卫、黎、洺、贝、赵、冀、瀛、沧，勤所统青、齐、胶、光、莒等州皆从之，众数十万。荥州刺史邵公胄，申州刺史李惠，东楚州刺史费也利进，潼州刺史曹孝远，各据本州，徐州总管司录席毗罗据兖州，前东平郡守毕义绪据兰陵，皆应迥。

赵僭王招谋杀坚，邀坚过其第，坚赍酒殽就之。招引入寝室，招子员、贯及妃弟鲁封等皆在左右，佩刀而立，又藏刃于帷席之间，伏壮士于室后。坚左右皆不得从，唯从祖弟开府大将军弘、大将军元胄坐于户侧。胄，顺之孙也。弘、胄皆有勇力，为坚腹心。酒酣，招以佩刀刺瓜连啖坚，欲因而刺之。元胄进曰："相府有事，不可久留。"招诃之曰："我与丞相言，汝何为者！"叱之使却。胄嗔目愤气，扣刀入卫。招赐之酒，曰："吾岂有不善之意邪！卿何猜警如是？"招伪吐，将入后阁，胄恐其为变，扶令上坐，如此再三。招伪称喉乾，命胄就厨取饮，胄不动。会滕王逌后至，坚降阶迎之。胄耳语曰："事势大异，可速去！"坚曰："彼无兵马，何能为！"胄曰："兵马皆彼物，彼若先发，大事去矣。胄不辞死，恐死无益。"坚复入坐。胄闻室后有被甲声，遽请曰："相府事殷，公何得如此！"因扶坚下床趋去。招将追之，胄以身蔽户，招不得出；坚及门，胄自扣至。招恨不时发，弹指出血。壬子，坚诬招与越野王盛谋反，皆杀之，及其诸子。赏赐元胄，不可胜计。

周室诸王数欲伺隙杀坚,坚都督临泾李圆通常保护之,由是得免。

【译文】

陈宣帝太建十二年（庚子,公元580年）

北周杨皇后性格柔顺,不妒忌,所以其他四位皇后以及后宫中的九嫔、侍御等都爱戴并敬重他。天元皇帝越来越昏庸暴虐,喜怒无常,曾无故责备杨皇后,想强加给她罪名。但是杨皇后举止安详,言语态度没有曲挠服软的表示,所以天元皇帝十分愤怒,遂将杨皇后赐死,逼令他自杀。杨皇后的母亲独孤氏闻讯后,急忙进宫,为杨皇后求情,以至叩头流血,杨皇后才免于一死。

杨皇后的父亲杨坚任职大前疑,地位尊崇,深孚众望。天元皇帝一直猜忌他,有一次发怒时对杨皇后说:"我一定要将你家灭族。"于是传令召杨坚进宫,对左右侍从说:"他如果变了脸色,就立即把他杀死。"杨坚来到以后,神色自若,天元皇帝才没有杀他。

甲午（五月初十）夜,天元皇帝乘坐车驾,临幸天兴宫。乙未（十一日）,因病返回。小御正博陵人刘昉一向以狡黠谄媚得到天元皇帝的宠爱,与御正大夫颜之仪一起受到天元皇帝的信任。天元皇帝召见刘昉、颜之仪到卧室,想向他们托付后事,但因病发音困难,不能再说话。刘昉见静帝年纪幼小,而杨坚是杨皇后的父亲,声名显赫,于是和领内史郑译、御饰大夫柳裘、内史大夫杜陵人韦謩、御正下士朝那人皇甫绩商议,邀请杨坚辅政。杨坚坚辞不接受,刘昉就对他说:"您如果想干,就赶快上任;如果不想干,我就自己干。"杨坚这才答应,对外则宣称接到天元皇帝诏命,要他住进宫中侍奉疾病。

当天,天元皇帝去世。宫中对外秘而不宣。刘昉、郑译又假传诏命,让杨坚总管朝野内外的军队。

杨坚恐怕宗室诸王在地方发动叛乱,就以千金公主将要远嫁突厥为借口,征召赵王宇文招、陈王宇文纯、越王宇文盛、代王宇文达、滕王宇文逌等五王入朝。

当时北周将帅大臣尚未归心于杨坚,杨坚把掌管宫廷宿卫的司武上士卢贲安排在自己的身边。杨坚将要去正阳宫，朝中百官都不知道该怎么办。杨坚一面密令卢贲部署宿卫禁兵，一面召见公卿大臣，对他们说："想求取富贵的人请追随我。"公卿大臣们三三两两私下商议，有的表示愿意追随杨坚，有的则想留在朝廷。这时，卢贲带着全副武装的宿卫禁兵来到，公卿大臣们谁也不敢再有离去的表示。杨坚带着朝中百官出了宫廷东门崇阳门，来到正阳宫，但是守门的禁兵不放杨坚进去，卢贲上前对他们说明情况，可是这样禁兵还是不肯撤离。于是卢贲双目圆睁，厉声喝令他们闪开，守门禁兵这才退下，杨坚得以进入正阳宫。卢贲从此负责掌管丞相府的警卫。

北周内史下大夫勃海人高颎，聪明敏捷，有度量，懂军事，足智多谋。杨坚想请他进丞相府任职，于是派杨惠去向高颎转达相邀之意。高颎接受了邀请，并欣然回答说："愿意听从杨公差遣。纵使杨公大业不成，我也不怕遭到灭族之祸。"杨坚于是任命高颎为丞相府司录。

杨坚执政以后，革除了北周宣帝苛刻残暴的政令，为政务从宽大。他删改旧律，制定《刑书要制》，上奏静帝颁行天下。他又提倡节俭，并且身体力行，于是得到了朝野内外的称赞。

北周尉迟迥深知丞相杨坚将会篡夺政权，就密谋起兵讨伐。尉迟迥于是自封为大总管，宣称秉承天子之意，设置各种官吏。当时赵王宇文招应朝廷征召入朝，小儿子留在封地襄国。尉迟迥就尊奉他并以他的名义号令天下。

甲子（六月初十），杨坚调发北周在关中的军队，任命韦孝宽为行军元帅，郕公梁士彦、乐安公元谐、化政公宇文忻、濮阳公武川人宇文述、武乡公崔弘度、清河公杨素、陇西公李询等人为行军总管，统率军队讨伐尉迟迥。

北周青州总管尉迟勤是尉迟迥弟弟的儿子。起初，他收到尉迟迥的信后，派人把信送到长安，但是不久，又追随了尉迟迥。尉迟迥所统辖的相、卫、黎、洛、贝、赵、冀、瀛、沧等州，尉迟勤所统辖的青、齐、胶、光、莒等州，都追随他们，军队多达数十万人。另外，荥州刺史郡公宇文胄、申州刺史李惠、东楚州刺史费也利进、潼州刺史曹孝远等都各据本州，徐州总管司录席毗罗占据兖州，前东平郡守毕义绪占据兰陵，都起兵响应尉迟迥。

北周赵僭王宇文招密谋除掉杨坚，就邀请杨坚到他的府第，杨坚带着酒菜前往。宇文招把杨坚引到自己的寝室，他的儿子宇文员、宇文贯和妻弟鲁封等都在左右陪侍，佩刀而立。宇文招又把兵器暗藏在帷幕与宴席之间，让壮士埋伏于寝室后面。杨坚的左右侍卫都不许跟从，只有杨坚的从祖堂弟开府大将军杨弘与大将军元胄坐在寝室的门旁。元胄是元顺的孙子。杨弘与元胄都很有勇力，是杨坚的心腹将领。酒吃到尽兴时，宇文招用佩刀不断地刺瓜送入杨坚口中，想借机刺杀他。元胄见状，上前对杨坚说道："相府有事，不可久留。"宇文招呵斥他说："我正在与丞相谈话，你想干什么！"喝令他退下。元胄双目圆睁，怒气冲冲，提刀站在杨坚身旁。宇文招赏赐元胄酒喝，并且说："我难道会有恶意不成！你为何如此多疑，而加以戒备？"宇文招假装要呕吐，站起身想到后阁房去，元胄恐怕他一离开就会生变，于是多次扶他重新坐好。宇文招又谎称喉咙干渴，命令元胄到厨房取水来，元胄不动。正巧滕王宇文逌迟到，杨坚下台阶迎接他。元胄乘机对杨坚耳语道："情况异常，请赶快离开这里！"杨坚说："他没有掌握军队，又能有什么作为！"元胄说："军队本来就是皇室的，他如果先发制人，到那时一切就全完了。我元胄并不怕死，只是怕死而无益。"杨坚没有听从元胄的劝告，仍旧入坐。元胄听到寝室后面有士兵穿戴甲胄的声音，立即上前对杨坚说："相府公事繁忙，您怎么能如此畅饮停留！"于是扶杨坚下坐床快步离去。宇文招想要追赶杨坚，元胄用身体堵在门口，宇文招不得出；等杨坚到了大门口，元胄才从后面赶上。宇文招后悔自己没有及时下手，以至恨得弹指出血。壬子（七月二十九日），杨坚诬陷宇文招与越野王宇文盛谋反，杀了二人和他们的儿子，并重赏元胄，多得数不过来。

　　北周宗室诸王多次想乘机除掉杨坚，杨坚的都督临泾人李圆通经常保护他，因此得免于难。

陈纪九

【原文】

高宗宣皇帝下之下太建十三年（辛丑，581 年）

开府仪同大将军庾季才，劝隋王宜以今月甲子应天受命。太傅李穆、开府仪同大将军卢贲亦劝之。于是周主下诏，逊居别宫。甲子，命兼太傅杞公椿奉册，大宗伯赵煚奉皇帝玺绂，禅位于隋。隋主冠远游冠；受册、玺，改服纱帽、黄袍；入御临光殿，服衮冕，如元会之仪。大赦，改元开皇。

少内史崔仲方劝隋主除周六官，依汉、魏之旧，从之。置三师、三公及尚书、门下、内史、秘书、内侍五省。御史、都水二台，太常等十一寺，左右卫等十二府，以分司统职。又置上柱国至都督十一等勋官，以酬勤劳；特进至朝散大夫七等散官，以加文武官之有德声者。改侍中为纳言。以相国司马高颎为尚书左仆射，兼纳言，相国司录京兆虞庆则为内史监，兼吏部尚书，相国内郎李德林为内史令。

隋主有并吞江南之志，问将帅于高，颎荐弼与擒虎，故置于南边，使潜为经略。

颎、威同心协赞，政刑大小，帝无不与之谋议，然后行之。故革命数年，天下称平。

六月，癸未，隋诏郊庙冕服必依《礼经》。其朝会之服、旗帜、牺牲皆尚赤，戎服以黄，常服通用杂色。秋，七月，乙卯，隋主始服黄，百僚毕贺。于是百官常服，同于庶人，皆著黄袍；隋主朝服亦如之，唯以十三环带为异。

初，周、齐所铸钱凡四等，及民间私钱，名品甚众，轻重不等。隋主患之，更铸五铢钱，背、面、肉、好皆有周郭，每一千重四斤二两。悉禁古钱及私钱。置样于关；不如样者，没官销毁之。自是钱币始壹，民间便之。

初，周法比于齐律，烦而不要，隋主命高颎、郑译及上柱国杨素、率更令裴政等更加修定。政练习典故，达于从政，乃采魏、晋旧律，下至齐、梁，沿革重轻，取其折中。时同修者十余人，凡有疑滞，皆取决于政。于是去前世枭、轘及鞭法，自非谋叛以上，无收族之罪。始制死刑二，绞、斩；流刑三，自二千里至三千里；徒刑五，自一年至三年；杖刑五，自六十至百；笞刑五，自十至五十。又制议、请、减、赎、官当之科以优士大夫。除前世讯囚酷法，考掠不得过二百；枷杖大小，咸有程式。民有枉屈，县不为理者，听以次经郡及州；若仍不为理，听诣阙伸诉。

隋文帝杨坚

冬，十月，戊子，始行新律。诏曰："夫绞以致毙，斩则殊形，除恶之体，于斯已极。枭首、轘身，义无所取，不益惩肃之理，徒表安忍之怀。鞭之为用，残剥肤体，彻骨侵肌，酷均脔切。虽云往古之式，事乖仁者之刑。枭、轘及鞭，并令去之。贵带砺之书，不当徒罚；广轩冕之荫，旁及诸亲。流役六年，改为五载；刑徒五岁，变从三祀。其余以轻代重，化死为生，条目甚多，备于简策。杂格、严科，并宜除削。"自是法制遂定，后世多遵用之。

独孤皇后，家世贵盛而能谦恭，雅好读书，言事多与隋主意合，帝甚宠惮之，宫中称为"二圣"。帝每临朝，后辄与帝方辇而进，至阁乃止。使宦官伺帝，政有所失，随即匡谏。候帝退朝，同反燕寝。有司奏称："《周礼》百官之妻，命于王后，请依古制。"后曰："妇人与政，或从此为渐，不可开其源也。"大都督崔长仁，后之中外兄弟也，犯法当斩，帝以后故，欲免其罪。后曰："国家之事，焉可顾私！"长仁竟坐死。后性俭约，帝尝合止利药，须胡粉一两。宫内不用，求之，竟不得。又欲赐柱国刘嵩妻织成衣领，宫内亦无之。

然帝惩周氏之失，不以权任假借外戚，后兄弟不过将军、刺史。

隋主既立，待突厥礼薄，突厥大怨。千金公主伤其宗祀覆灭，日夜言于沙钵略，请为周室复雠。沙钵略谓其臣曰："我，周之亲也。今隋主自立而不能制，复何面目见可贺敦乎！"乃与故齐营州刺史高宝宁合兵为寇。隋主患之，敕缘边修保障，峻长城，命上柱国武威阴寿镇幽州，京兆尹虞庆则镇并州，屯兵数万以备之。

及突厥入寇，晟上书曰："今诸夏虽安，戎虏尚梗，兴师致讨，未是其时，弃于度外，又相侵扰，故宜密运筹策，有以攘之。玷厥之于摄图，兵强而位下，外名相属，内隙已彰；鼓动其情，必将自战。又，处罗侯者，摄图之弟，奸多势弱，曲取众心，国人爱之，因为摄图所忌，其心殊不自安，迹示弥缝，实怀疑惧。又，阿波首鼠，介在其间，颇畏摄图，受其牵率，唯强是与，未有定心。今宜远交而近攻，离强而合弱。通使玷厥，说合阿波，则摄图回兵，自防右地。又引处罗，遣连奚、霫，则摄图分众，还备左方。首尾猜嫌，腹心离阻，十数年后，乘衅讨之，必可一举而空其国矣。"帝省表，大悦，因召与语。晟复口陈形势，手画山川，写其虚实，皆如指掌，帝深嗟异，皆纳用之。遣太仆元晖出伊吾道，诣达头，赐以狼头纛。达头使来，引居沙钵略使上。以晟为车骑将军，出黄龙道，赍币赐奚、霫、契丹，遣为乡导，得至处罗侯所，深布心腹，诱之内附。反间既行，果相猜贰。

【译文】

陈宣帝太建十三年（辛丑，公元581年）

北周开府仪同三司庚季才劝说隋王杨坚应该在本月甲子日顺应天命，接受皇位。太傅李穆、开府仪同大将军卢贲也向杨坚劝进。于是，北周静帝颁下诏书，让位迁居别宫。甲子（二月十四日），北周静帝命令兼太傅杞公宇文椿捧着册书，大宗伯赵煚捧着皇帝的玺印，禅位于隋王杨坚。隋文帝戴着远游冠，接受了册书、御玺，又改戴白纱帽，穿上黄袍；然后进入临光殿，再戴上冠冕，穿上衮服，按照皇帝每年正月初一朝见百官群臣的元会礼仪登基称帝。隋文帝下令大赦天下，改年号为开皇。

少内史崔仲方劝说隋文帝废除北周建立的六官制度，而恢复汉、魏旧制，隋文帝听从了他的建议。于是，隋朝设置了太师、太傅、太保三师和太尉、司徒、司空三公，以及尚书、门下、内史、秘书、内侍五省，御史、都水二台，太常等十一寺，左、右卫等十二府，以分别执掌和统领各类职事政务。又设置了上柱国至都督十一等勋爵，用来酬劳勤苦和立功的将帅；设置了特进至朝散大夫七等散官，用来加封有德行和声望的文武大臣。还将门下省长官侍中改称纳言。任命原相国府司马高颎为尚书左仆射兼纳言，相国府司录京兆人虞庆则为内史监兼吏部尚书，相国府内郎李德林为内史令。

隋文帝有吞并江南的志向，向高颎访求将帅，高颎向他推荐了贺若弼和韩擒虎，因此隋文帝派遣他们二人驻守在南面边境，让他们暗中加以筹划。

高颎和苏威同心协力，朝中政事刑罚，无论大小，文帝都先和他们商议，然后才公布实行。所以隋文帝称帝数年来，天下升平，国泰民安。

六月，癸未（二十九日），隋文帝诏令内外百官，在郊祀上天和庙祭先祖时，冠冕服饰都必须依据《礼经》；在朝会时所穿的朝服和国家所用的各种旗帜、祭祀所用的牲畜都崇尚红色，将帅兵士的军服使用黄色，官吏平民的常服通用杂色。秋季，七月乙卯（初八），隋文帝首次穿黄色衣服，百官群臣都表示祝贺。于是百官大臣的常服与庶民百姓相同，都穿黄袍；隋文帝的朝服也是一样，唯一不同的是系以十三环金带。

当初，北周、北齐官府所铸造的钱币先后共有四种，加上民间私自铸造的钱币，名称和品种很多，轻重也不一样。隋文帝对此深为忧虑，于是下令重新铸造五铢钱。所铸钱的背面、正面、钱身、钱孔的边缘都有凸起的轮廓，每一千枚重四斤二两。完全禁止使用前代古钱和民间私铸钱，在各处关口放置新五铢钱样品，凡发现和样品不符合的钱币，即没收入官予以销毁。从此，隋朝流通的钱币得到统一，民间使用起来非常方便。

　　当初，北周的法令和北齐相比，条文烦琐而不得要领，于是隋文帝下令高颎、郑译以及上柱国杨素、率更令裴政等人重新加以修订。裴政熟悉前代典故，通晓执政之道，于是汇集魏、晋旧律，下迄南齐、南梁各朝各代的因循变革，轻重宽严，取其量刑适当的做法或规定，编订为新律。当时参与修订的有十余人，凡有疑难的地方，都由裴政裁定。于是废除了前代斩首后挂于木杆上示众的枭刑、车裂于市的轘刑以及鞭打的鞭刑。如果不是犯了谋叛以上死罪，不收捕家族连坐治罪。新律所规定的死刑有绞刑和斩刑两等，流刑有自两千里至三千里共三等，徒刑有自一年至三年共五等，杖刑有自六十下至一百下共五等，笞刑有自十下至五十下共五等。又制定了八议、申请减罪、官品减罪、纳铜赎罪、官职抵罪的条款，以优待士大夫。新律也革除了前代审问囚犯经常使用的残酷刑法，规定拷打不能超过二百下；就连刑具、枷杖的大小，也都有一定的规定。同时，还规定平民百姓如果有枉屈而县里不受理的，允许依次向郡、州提出申诉；如果郡、州仍不受理的，允许直接向朝廷提出申诉。

　　冬季，十月，戊子（十二日），隋朝开始执行新律。隋文帝下诏书说："绞刑可致人毙命，斩刑能使人身首异处，除灭作恶的罪犯，这样做已经是非常严厉了。前代的枭首、轘身等极刑，于道义上讲并不可取，因为它并不具有惩恶肃纪的功能，只不过表现了残忍苛刻的心性。使用鞭刑肆意摧残囚犯的身体，使囚犯痛彻骨肌，其残酷并不亚于商割肌体。鞭刑虽说是自古代就有的法律科条，但它不是实行仁政的君主所应采用的刑法。因此，枭刑、轘刑以及鞭刑，一律予以废除。同时，在新律中尊崇功臣元勋，不对他们使用徒刑；优待乘轩服冕的高官显贵，以及他们的亲属。前代流放六年，改为最多五年；前代徒刑五年，改为最多三年。其余以轻代重、化死为生的条款，还有很多，在文本中都规定得相当完备。还有前代的杂格、严科等条目，也都一律削除。"自此以后，隋朝法律就固定下来，后世各代也多遵用隋律。

　　隋文帝皇后独孤氏的家族世代尊贵昌盛。但她性情谦恭，喜欢读书学习，议论政事经常与文帝的意见不谋而合，所以文帝对她是既爱又怕，宫中称帝、后为"二圣"。文帝每日临朝，独孤皇后都乘坐车子与他并排前往，一直陪送到文帝坐朝的大殿门口。她又派遣宦官伺察文帝的行为，如果发现朝政有错，就立即加以劝谏纠正。等文帝退朝后，她又与文帝一起返回寝宫。百官群臣上奏说："按照《周礼》规定，百官大臣妻子爵位品级的封赏，应该由王后发布。请求依照古代的制度办事。"独孤皇后说："妇人干政，或许从此就会逐渐盛行，我不能开这个头。"大都督崔长仁是独孤皇后的中表兄弟，犯法应当斩首，隋文帝因为他是皇后的亲戚，打算赦免他的罪行。但是独孤皇后说："严格执法是国家的大事，怎么能徇私枉法呢？"崔长仁终于被依法处死。独孤皇后秉性俭约，隋文帝曾经配制止泻的药，须用胡粉一两。这种东西平常宫中不用，多方搜求，最后还是没有得到。隋文帝又曾经想赏赐柱国刘嵩妻子一件织成的衣领，宫中也没有。

但是，隋文帝吸取了北周任用外戚而失天下的教训，从不把大权要职授予外戚，独孤皇后的兄弟任职不超过将军、刺史。

隋文帝即位后，对突厥的礼遇冷淡，突厥非常怨恨。千金公主因为隋朝灭了自己的宗族，日夜向沙钵略可汗进言，请他为北周宇文氏复仇。于是沙钵略对他的大臣们说："我是周室的亲戚，现在隋文帝代周自立，而我却不能制止，还有何面目再见夫人可贺敦呢？"于是突厥与原北齐营州刺史高宝宁合兵来入侵。隋文帝忧惧，就下敕书令沿边境增修要塞屏障，加固长城，又任命上柱国武威人阴寿镇守幽州，京兆尹虞庆则镇守并州，驻守数万军队以防备突厥。

及至突厥兴兵入侵，长孙晟上书说："现在华夏虽然安定，但是北方突厥仍然不遵王命。如果兴兵讨伐，条件还不成熟；如果弃之不理，突厥又时常侵犯骚扰。因此，我们应该周密谋划，制定出一套制胜的办法。突厥达头可汗玷厥相对于沙钵略可汗摄图来说，兵虽强大但地位低下，名义上虽然臣服于摄图，其实内部裂痕已经很深了；只要我们加以煽动离间，他们必定会自相残杀。其次，处罗侯是摄图的弟弟，虽然诡计多端但势力弱小，所以他虚情矫饰以争取民心，得到了国人的爱戴，因此也招致摄图的猜忌，心中忐忑不安，表面上虽然竭力弥缝和摄图之间的裂痕，但内心深感恐惧。再者，阿波可汗大逻便首鼠两端，处在玷厥和摄图之间，有些惧怕摄图，受到他的控制，这只是由于摄图的势力强大，他还没有决定依附于谁。因此，目前我们应该远交近攻，离间强大势力，联合弱小势力。派出使节联系玷厥，劝说他与阿波可汗联合，这样摄图必然会撤回军队，防守西部地区。再交结处罗侯，派出使节联络东边的奚、霫部族，这样摄图就会分散兵力，防守东部地区。使突厥国内互相猜忌，上下离心，十多年后，我们再乘机出兵讨伐，必定能一举灭掉突厥。"隋文帝看了长孙晟的奏疏，大为欣赏，因此召见长孙晟面谈。长孙晟又一次一边口中分析形势，一边用手描绘突厥的山川地理，指示突厥兵力分布情况，都了如指掌。文帝十分惊奇，全部采纳了他的建议。于是派遣太仆卿元晖经伊吾道出使达头可汗，赐给他一面上绣有狼头的大旗；达头可汗的使节来到长安，隋朝让他坐在沙钵略可汗使节的前面。又任命长孙晟为车骑将军，经黄龙道出塞，携带钱财赏赐奚、霫、契丹等部族，让他们做向导，才得以到达处罗侯住地。长孙晟与处罗侯作了推心置腹的交谈，规劝他率领所属部落臣服隋朝。隋朝的这些反间计实行之后，突厥沙钵略可汗与其他部落果然互相猜忌，离心离德。

【原文】

十四年（壬寅，582年）

春，正月，己酉，上不豫，太子与始兴王叔陵、长沙王叔坚并入侍疾。叔陵阴有异志，命典药吏曰："切药刀甚钝，可砺之！"甲寅，上殂。仓猝之际，叔陵命左右于外取剑。左右弗悟，取朝服木剑以进，叔陵怒。叔坚在侧，闻之，疑有变，伺其所为。乙卯，小敛。太子哀哭俯伏。叔陵抽锉药刀斫太子，中项，太子闷绝于地；母柳皇后走来救之，又斫后数下。乳媪吴氏自后掣其肘，太子乃得起；叔陵持太子衣，太子自奋得免。叔坚手扼叔陵，夺去其刀，仍牵就柱，以其褶抽缚之。时吴媪已扶太子避贼，叔坚求太子所在，欲受生杀之命。叔陵多力，奋袖得脱，突走出云龙门，驰车还东府，召左右断青溪道，赦东城囚以充战士，散金帛赏赐；又遣人往新林追所部兵；仍自被甲，著白布帽，登城西门招募百姓；又召诸王将帅，莫有至者，唯新安王伯固单马赴之，助叔陵指挥。叔陵兵可千人，欲据城自守。

时众军并缘江防守，台内空虚。叔坚白柳后，使太子舍人河内司马申，以太子命召右卫将军萧摩诃入见受敕，帅马步数百趣东府，屯城西门。叔陵惶恐，遣记室韦谅送其鼓吹与摩诃，谓曰："事捷，必以公为台辅。"摩诃绐报之曰："须王心膂节将自来，方敢从命。"叔陵遣其所亲戴温、谭骐驎诣摩诃，摩诃执以送台，斩其首，徇东城。

叔陵自知不济，入内，沈其妃张氏及宠妾七人于井，帅步骑数百自小航渡，欲趣新林，乘舟奔隋。行至白杨路，为台军所邀。伯固见兵至，旋避入巷，叔陵驰骑拔刃追之，伯固复还，叔陵部下多弃甲溃去。摩诃马容陈智深迎刺叔陵僵仆，陈仲华就斩其首，伯固为乱兵所杀，自寅至巳乃定。

丁巳，太子即皇帝位，大赦。

【译文】

十四年（壬寅，公元582年）

春季，正月，己酉（初五），陈宣帝患病，太子陈叔宝与始兴王陈叔陵、长沙王陈叔坚一同入宫侍疾。陈叔陵心怀不轨，对掌管药品的官吏下令说："切药草的刀太钝了，应该磨一磨。"甲寅（初十），陈宣帝去世。仓促之际，陈叔陵命令左右随从到宫外取剑，随从没有明白他的用意，取来他朝服上作为装饰用的木剑进呈，陈叔陵见了大怒。陈叔坚在一旁，看到了陈叔陵的所作所为，怀疑将有变故，于是就暗中监视陈叔陵的举动。乙卯（十一日），陈宣帝遗体入殓，太子俯伏痛哭。陈叔陵乘机抽出切药刀向太子砍去，砍中了太子的颈项，太子昏倒在地；太子生母柳皇后赶来救护太子，也被陈叔陵砍了数下。太子的奶妈吴氏从后面扯住陈叔陵的胳膊，太子才得以爬起；陈叔陵又抓住太子的衣服，太子奋力争脱，才得免于难。陈叔坚扑上去用手扼住陈叔陵的脖子，夺去他手中的刀，然后把他拖到一根柱子旁，就用他的衣袖将他捆在柱子上。当时奶妈吴氏已经扶太子出殿躲避，陈叔坚就去寻找太子，向他请示对陈叔陵如何处置。陈叔陵健壮有力，奋力挣脱衣袖，冲出云龙门，乘车驰还扬州治所东府城。他召集左右随从阻断通向宫廷所在台城的青溪道，又下令赦免东府城囚徒以充战士，散发金帛钱财赏赐战士，又派人前往新林，追还他所指挥的军队,并亲自穿上甲胄,戴上白布帽,登上城西门招募百姓。他又征召宗室诸王和将帅,但无人响应,只有陈伯固单枪匹马来投奔,协助他指挥军队。陵叔陵的军队大约有一千人,打算占据东府城自守。

当时陈朝军队都被部署在沿江一带防守,宫廷内兵力空虚。陈叔坚启奏柳皇后,派遣太子舍人河内人司马申以太子的名义征召右卫将军萧摩诃入宫接受敕令,统率步、骑兵数百人进军东府城,部署在城西门外。陈叔陵惶恐不安,派遣记室参军韦谅把他的鼓吹仪仗送给萧摩诃,并对他说:"如果你帮助我举事成功,我一定任命你为辅政大臣。"萧摩诃骗韦谅说:"必须让始兴王的心腹大将亲自来说,我才能听从命令。"于是陈叔陵又派亲信戴温、谭骐驎来到萧摩诃军营,被萧摩诃抓起来送往台省,斩首后于东府城示众。

陈叔陵自知不能成功,于是回到府内,把妃子张氏和宠妾七人沉入井中溺死,然后率领步、骑数百人从小航渡过秦淮河,想要逃往新林,再乘船投奔隋朝。走到白杨路,遭到政府军队截击。陈伯固看见朝廷大军来到,就躲进街巷想独自逃命,陈叔陵发现后驱马拔刀追赶,陈伯固只好又和他一起返回。陈叔陵的部下丢盔弃甲,纷纷溃逃。萧摩诃的马容陈智深迎面把陈叔陵刺落马下,陈仲华上前就势割下首级,陈伯固则被乱兵杀死;一场混战从寅时开始,到巳时才被平息。

丁巳(正月十三日),陈朝皇太子陈叔宝即皇帝位,大赦天下。

【原文】

长城公上至德元年(癸卯,583年)

于是命卫王爽等为行军元帅,分八道出塞击之。爽督总管李充等四将出朔州道,己卯,与沙钵略可汗遇于白道。李充言于爽曰:"突厥狃于骤胜,必轻我而无备,以精兵袭之,可破也。"诸将多以为疑,唯长史李彻赞成之,遂与充帅精骑五千掩击突厥,大破之。沙钵略弃所服金甲,潜草中而遁。其军中无食,粉骨为粮,加以疾疫,死者甚众。

帝览刑部奏,断狱数犹至万,以为律尚严密,故人多陷罪。又敕苏威、牛弘等更定新律，除死罪八十一条，流罪一百五十四条，徒杖等千余条，唯定留五百条，凡十二卷。自是刑网简要，疏而不失。仍置律博士弟子员。

隋主以长安仓廪尚虚，是岁，诏西自蒲、陕，东至卫、汴，水次十三州，募丁运米。又于卫州置黎阳仓，陕州置常平仓，华州置广通仓，转相灌输。漕关东及汾、晋之粟以给长安。

或见上勤于听受，百僚奏请，多有烦碎，上疏谏曰："臣闻上古圣帝，莫过唐、虞，不为丛脞，是谓钦明。舜任五臣，尧咨四岳，垂拱无为，天下以治。所谓劳于求贤，逸于任使。比见陛下留心治道，无惮疲劳，亦由群官惧罪，不能自决，取判天旨，闻奏过多。乃至营造细小之事，出给轻微之物，一日之内，酬答百司。至乃日旰忘食，夜分未寝，动以文簿忧劳圣躬。伏愿察臣至言，少减烦务，若经国大事，非臣下裁断者，伏愿详决，自余细务，责成所司；则圣体尽无疆之寿，臣下蒙覆育之赐。"上览而嘉之，因曰："柳彧直士，国之宝也。"

【译文】

陈长城公至德元年（癸卯，公元583年）

隋文帝于是任命卫王杨爽等人为行军元帅，兵分八路出塞攻打突厥。杨爽指挥行军总管李充等四将由朔州道出塞，己卯（四月十二日），与突厥沙钵略可汗在白道相遇，李充对杨爽说："突厥因为近来多次侵犯得胜，必定轻视我军而不加防备，如果我用精兵突然袭击，定能打败敌人。"但众将领多持怀疑态度，只有元帅府长史李彻赞成。于是他和李充带领精锐骑兵五千人掩袭突厥军队，大败敌人，沙钵略可汗丢弃所穿的金甲，潜伏于茂草之中才得以逃脱。又突厥军中因为缺粮，只好粉碎尸骨以为粮，加上军中疾病流行，因此死亡极多。

隋文帝省阅刑部奏章，发现每年断狱结案仍有数万起，于是认为现行法令还是订得过于严密，所以人们多犯法获罪。因此，又敕令纳言苏威、礼部尚书牛弘等人重新修订新律令，删除了旧律令中的死罪八十一条，流罪一百五十四条，徒、杖等罪一千余条，只确定保留各种治罪条款五百条，总共十二卷。从此以后，隋朝法律

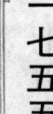

简明切要，疏而不漏。同时，隋朝仍设置律学博士及弟子员。

隋文帝因为长安仓库空虚，这一年，下诏令西起蒲州、陕州，东至卫州、济州，沿黄河十三州招募丁壮运米。又在卫州建造黎阳仓，陕州建造常平仓，华州建造广通仓，由水路依次转运。漕运潼关以东地区和晋州、汾州的粟米供给长安。

柳彧见隋文帝勤于听政理事，百官大臣奏请过于琐碎，于是上疏谏道："我听说古代的圣明帝王，没有比得上唐尧、虞舜的。唐尧、虞舜不过问细小的事务，所以被称作圣明君主。虞舜委任禹、稷、契、皋陶、伯益五位大臣处理政务，唐尧则经常向掌管四方的诸侯询问治国方针，都垂衣拱手，无为而天下大治。这就是所谓劳于求贤，逸于任使。近来见陛下留心治国安民之道，不惮辛苦疲劳，这也是由于百官大臣惧怕获罪，遇事不敢自己决定，只好秉承陛下裁决，因此奏请过多。以至于像营造等细小事情，支出少量财物等琐碎杂务，也都禀奏陛下。陛下在一日之内，须回复众多大臣的奏请，以致常常天晚忘食，夜半未寝，整日为公文表章操心受累。请求陛下体察我的诚挚之言，稍微减少一些琐碎事务。如果是经国安邦的大事，不是百官大臣所能裁决的，自然要由陛下详察明断；其余细务碎事，则责成有关职掌部门长官裁决处理。如此，则陛下劳逸有节，安享无疆之寿；百官大臣亲职任事，蒙受陛下养护之恩。"隋文帝看了他的奏疏后非常称赞，说："柳彧这样的正直士大夫，乃是国家的宝贵财富。"